KB069862

가야의 鐵

Gaya's Iron
Production and distribution

생산과 유통

인제대학교 가야문화연구소
김해시

인제대학교 산학협력단
Inje Industry Academic Cooperation Foundation

인제대학교 LINC+사업단
Leaders in iNdustry-university Cooperation, INJE UNIVERSITY

주류성

가야의 철 생산과 유통

엮은이 인제대학교 가야문화연구소
펴낸이 최병식
펴낸날 2020년 12월 21일
펴낸곳 주류성출판사
서울특별시 서초구 강남대로 435 (서초동 1305-5)
TEL | 02-3481-1024 (대표전화) • FAX | 02-3482-0656
www.juluesung.co.kr | juluesung@daum.net

값 22,000원
잘못된 책은 교환해 드립니다.

ISBN 978-89-6246-433-7 93910

가야의 鐵

Gaya's Iron
Production and distribution

생산과 유통

인제대학교 가야문화연구소
김해시

인제대학교 산학협력단
Inje Industry Academic Cooperation Foundation

인제대학교 LINC+사업단
Leaders in Industry-university Cooperation, INJE UNIVERSITY

주류성

개 회 사

　매년 수로왕의 탄생과 가락국의 건국을 기념하는 가야문화축제가 열리는 날에 첫 번째 행사로 가야의 역사와 문화를 새롭게 조명하는 가야사국제학술회의가 개최되는 것이 전통이었습니다. 그런데, 코로나 사태 때문에 가야문화축제는 열리지 못하고 제26회 가야사국제학술회의는 6개월 정도 연기되어 오늘 개최하게 되었습니다.

　오늘 참석해 주신 발표자와 토론자 여러분, 김해시민 여러분과 김해시장님, 그리고 이제부터 가야사 밝히기와 가야문화발전을 책임질 전국의 역사학과 고고학의 전문가와 학생 여러분께 감사의 말씀을 올립니다.

　지난 4반세기 동안 가야사에 대한 자부심과 애정으로 가야사학술회의를 지속 개최하고 있는 우리 김해시의 노력은 특별하다고 생각합니다. 이 학술회의를 주관하는 인제대학교 가야문화연구소는 이러한 의지와 전통을 충분히 자각하여 보다 나은 학술회의의 개최와 결과를 적극적으로 전파하는데 최선을 다하겠습니다.

　이번 학술회의 주제는 「가야의 철 생산과 유통」입니다. 26년 전인 1994년에 인제대학교 가야문화연구소에서는 '가야 제국(諸國)의 철'이라는 주제로 국제학술회의를 개최한 바 있습니다. 가야문화연구소 창립 이후 첫 번째 학술대회로서 국내외 문헌 및 고고학 전공자들이 한데 모여 가야의 철에 대한 연구성과를 정리하는 자리였습니다. 『삼국지』위서 동이전에서 언급되다시피 철 생산과 유통은 변진(弁辰)·가야 여러 세력들의 성장에 큰 역할을 했다는 공감대가 형성되었습니다. 이번 학술대회는 1994년 이후 제대로 다루어지지 않았던 가야의 철기 생산과 유통에 대하여 최근의 고고학적 성과를 바탕으로 좀 더 심화된 논의의 장이 되리라 기대합니다.

끝으로 발표와 토론 참가를 수락해 주신 국내외 학자 여러분들과 학술대회를 준비하는데 많은 도움을 주셨던 김해시학술위원회의 이주헌·오세연·송원영 선생님, 김해시청과 인제대학교 산학협력단 여러분께 심심한 감사의 말씀을 올립니다. 아무쪼록 오늘과 내일의 가야사국제학술회의가 계획대로 잘 진행되고 풍성한 결실을 맺을 수 있도록 여러분 끝까지 자리해 주시고 성원해 주시기를 바랍니다.

오늘과 내일 참가하시는 모든 분들의 건승과 가정의 평안을 기원하겠습니다.

2020. 10. 30.
인제대학교 가야문화연구소
소장 이 동 희

환 영 사

여러분 반갑습니다. 오늘 가야왕도 김해에서 제26회 가야사국제학술회의를 개최하게 된 것을 매우 뜻깊게 생각하며, 우리 시를 찾아주신 발표자 및 학자 제현 여러분을 56만 김해시민과 함께 진심으로 환영합니다.

주지하다시피 올해는 매년 봄에 개최되던 학술회의가 코로나 사태로 인해 불가피하게 6개월 정도 연기되는 등 개최에 어려움이 많았습니다.

이런 어려운 여건에서도 이번 학술회의를 준비해 주신 이주헌·이동희·오세연·송원영 학술위원님들을 비롯해, 발표와 토론을 맡아주신 국내외 학자 여러분께 진심으로 감사드리며, 학술회의를 주관하고 있는 인제대학교 가야문화연구소 관계자 여러분의 노고에도 심심한 감사와 격려의 마음을 전합니다.

아울러 코로나 사태로 인해 현장 참석이 100명 이내로 제한되었지만, 유튜브 생중계에 많은 분들이 참석해 주고 계신 걸로 알고 있습니다. 참석해 주신 모든 분들께 감사의 인사를 드립니다.

우리 시가 가야사국제학술회의를 어려운 여건 속에서도 계속 개최하고 있는 목적은 가야사의 복원입니다. 26회 동안 가야사에 대해 많은 논의가 있어 왔습니다만, 아직 연구해야 될 주제들이 많이 남아있는 걸로 알고 있습니다.

올해 6월 "역사문화권 정비 등에 관한 특별법"이 제정되어 가야문화권에 대한 연구·조사·복원에 더욱 박차를 가할 수 있게 되었습니다. 여기에 우리 시가 그동안 꾸준하게 이어온 가야사국제학술회의가 가야사 복원의 선두에 서서 올바른 길잡이가 되어 줄 것이라 확신합니다.

이번 학술회의의 주제는 「가야의 철 생산과 유통」입니다. 철의 왕국이라 불렸던 가야의 철은 고대 중국 사서에 기록될 정도로 잘 알려져 있고, 가야 성장의 근간으로 알고 있습니다만, 이에 대한 연구는 많지 않았습니다.

모쪼록 이번 학술회의가 가야 철 문화의 실체를 밝히는데 큰 도움이 되었으면 합니다.

끝으로, 발표·토론을 맡아주신 분들과 참석해주신 시민 여러분께 다시 한 번 감사드리며, 앞으로도 "가야사복원"과 "역사문화도시 김해 만들기" 에 최선을 다하겠다고 약속드립니다. 감사합니다.

2020. 10. 30.

김해시장 허 성 곤

환 영 사

　제26회 가야사국제학술회의 개최를 진심으로 축하합니다. 가야사국제
학술회의는 1991년 '가야사 재조명'이라는 주제로 열린 1회를 시작으로 29
년 동안 이어져 오고 있는 전통 있는 학술 교류의 장입니다. 국내외 연구자
들이 한자리에 모여 가야에 관한 연구 성과를 발표하고 토론하며 가야 연
구의 구심점을 만드는 큰 역할을 맡고 있습니다. 지난 스물다섯 번째 회의
에서는 가야와 당시의 동아시아 여러 국가와의 교류를 비롯한 가야사의 쟁
점들을 중심으로 가야의 역사와 문화 전반을 다루어 가야사 복원에 이바지
해 왔습니다.

　최근 '가야고분군'이 유네스코 세계유산 등재 신청 대상으로 선정되고,
가야 역사문화권 정비 등에 관한 특별법이 만들어지면서 가야에 대한 관심
이 높아지고 있는 이때 이번 학술회의를 국립김해박물관에서 개최하게 되
어 매우 뜻깊게 생각합니다.

　이번 학술회의의 주제는 '가야의 철 생산과 유통'입니다. 가야는 '철의 왕
국'이라고 불릴 정도로 화려한 철기 문화를 꽃피웠습니다. 가야의 여명기
에 해당하는 창원 다호리 유적이나 전성기의 김해 대성동 · 양동리 유적,
부산 복천동 유적 등 가야의 주요 유적에서는 막대한 양의 철기를 무덤에
부장하는 풍습이 성행하였으며, 이는 5세기 이후 크게 성장한 대가야의 유
적과 유물에서도 확인할 수 있습니다. 이와 같은 고고학 자료와 함께 변한
과 가야의 철 생산과 유통을 다룬 문헌 기록이 남아 있어 가야의 철기문화

는 일찍부터 주목을 받아왔습니다. 또한 최근에는 소규모이기는 하지만 김해와 창원 지역을 중심으로 제철 유적이 발견되면서 가야의 제철문화 연구가 점차 가시화되고 있습니다. 김해 하계리와 창원 봉림동 유적에서는 철광석에서 철을 추출하는 제련 공정도 확인되었고, 김해 여래리 유적의 단야 관련 유구와 유물을 통해 가야 철기의 생산과 유통 과정을 추정하는 연구도 이루어지고 있습니다. 이러한 고고학과 역사학 연구 성과들을 종합하여 가야 철 문화를 본격적으로 다루게 될 이번 학술회의가 철을 매개로 동아시아 네트워크의 중추적인 역할을 했던 가야의 실체를 밝히는데 새로운 지평을 열게 될 것으로 확신합니다.

학술회의에서의 연구 성과들을 토대로 앞으로도 더욱 진일보한 학술 활동을 펼쳐 나가는 것은 물론 가야사 연구자들과 관련 기관 정책관계자들이 우호를 다지고 협력을 지속하는 동력이 되기를 바랍니다. 끝으로 귀한 자리를 마련해주신 김해시 허성곤 시장님과 인제대학교 가야문화연구소 이동희 소장님, 발표와 토론을 맡아주신 연구자분들과 관계자분들께도 감사드리며, 가야사국제학술회의의 지속적인 발전을 기원합니다. 감사합니다.

2020. 10. 30.
국립김해박물관장 오 세 연

목 차

가야의 철 문화
- 철기 및 제철 연구의 현황과 과제 -

이 남 규*

Ⅰ. 머리말

　1970년대까지도 우리나라의 고대 철 문화에 대한 연구는 유적에서 발굴된 철기의 보고 정도 수준이었고 1980년을 기점으로 새로운 전환기를 맞

---

* 한신대학교

게 되었다. 당시 연구의 특성은 철기의 형식분류나 변천 등의 일반적인 방식이 아니고 금속학적 분석에 기초한 제철기술의 복원에 중점을 두었다는데 특징이 있다. 그 시기는 유물이 절대 부족하였을 뿐만 아니라 한국고고학의 시대구분조차 제대로 정립되지 못한 시점이어서 그러한 연구방법 이외에 다른 방향을 모색하기 어렵기 때문이기도 했다.

하지만 1990년 이후 다양한 배경하에 전국토에서 유적들의 발굴이 급증하면서 철기의 양이 폭증하였으며, 그 가운데에도 가야지역에서 현저한 철기의 급증현상을 보임에 따라 이 지역 철기에 대한 연구가 활발히 이루어지게 되었다[1].

철기에 대한 연구의 분야도 다양하여 가야지역 철 문화의 기원과 계보에 대해 별도로 혹은 한반도 전체를 논하는 가운데 포함하여 언급한 논고들이 상당히 있으며 기종별로는 농공구, 무기, 무구, 마구, 소재인 鋌, 의기 및 기타 철기들에 대한 논고들이 336편 이상 발표되어[2] 국내 고대철기의 연구에 있어 가야지역을 대상으로 한 논고가 최다 수치를 점하고 있다. 그에 따라 본고에서는 먼저 그에 대한 연구를 중요성과 중심으로 하여 개괄적으로 다루어보고자 한다.

뿐만 아니라 가야지역은 우리나라 고대 철생산과 관련하여 주목받는 지역이어서 그에 대한 연구의 성과도 중요한 검토의 대상이 아닐 수 없다. 따라서 본고에서는 과연 '철의 제국'이라 불리는 가야의 제철문화에 대해 고고학적 및 금속공학적으로 어느 정도의 연구가 진행되어 왔는지 기술부문을 중심으로 하여 살펴보고자 한다.

---

1) 이에 기초하여 4반세기 전 가야의 철에 대해 집중·조명하는 국제학술회의가 열린 바 있고 그 결과가 책으로 간행되기도 하였다(仁濟大學校 加耶文化研究所 編, 1995, 『加耶諸國의 鐵』, 신서원).
2) 이러한 저서와 논문의 수치는 가야의 철을 중점적으로 다룬 논고와 한반도 전체 혹은 영남지역을 대상으로 한 논고로 나누어 볼 수 있다.

Ⅱ. 철기 연구의 현황

가야의 철기문화에 대한 연구는 일반론, 계보론, 기종 및 기능론, 전파교류론, 기술론 등으로 다양한데 이들에 대한 연구경향에 대해 간략히 살펴보자면 다음과 같다.

1. 연구의 통계적 경향[3]

현재까지 가야의 철기만을 대상으로 한 논고를 선별해 보면 그 수는 예상 보다 제한적이다. 대부분이 이 지역의 철 문화에 대해서는 한반도 전체의 초기철기문화를 논하면서 일부 언급하거나, 영남·변진·낙동강유역 등을 공간적 범위로 하여 고대의 철에 대하여 다루는 가운데 함께 언급되는 경우들이 더 많다.

〈그림 1〉에서 보는 바와 같이 이러한 연구들은 현재까지 336편 넘게 발표된 것으로 집계되며 연구부문별로는 총론 및 계통론, 기능론 및 체제론, 생산론 및 분석으로 대별해 보았는데 그 가운데 철기의 기능별 논고가 68% 이상으로 가장 많은 수를 차지하고 있다.

〈그림 2〉에서 알 수 있는 바와 같이 기능별 철기들에 대한 연구에 있어 마구류에 대한 논고가 가장 많고(32.2%)[4] 이어서 무기·무구류, 농공구 등의

---

3) 본고에서 제시하는 수치는 국내의 중요 저서·학술지논문·학위논문을 대상으로 한 것으로서 학술대회발표문은 일단 제외하였다. 따라서 모든 자료 집계가 100% 된 것이라고 할 수 없으나 이를 통해 전체적인 연구경향을 파악해 볼 수 있을 것으로 생각된다.

4) 그만큼 이 분야를 전공하는 전문연구자들도 많은 셈이다. 그 가운데 박사학위 취득자들을 소개하자면 다음과 같다. 강유신, 1997, 『신라·가야의 마구연구』, 영남대학교 박사학위논문, 金斗喆, 2000, 『한국 고대마구의 연구』, 동의대학교 박사학위논문, 張允禎,

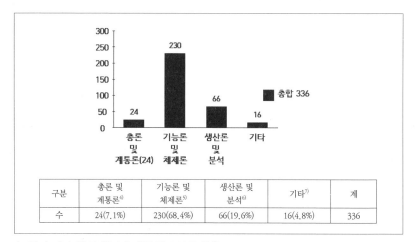

구분	총론 및 계통론[4]	기능론 및 체제론[5]	생산론 및 분석[6]	기타[7]	계
수	24(7.1%)	230(68.4%)	66(19.6%)	16(4.8%)	336

〈그림 1〉 가야 철 및 철기에 대한 연구 부문 현황

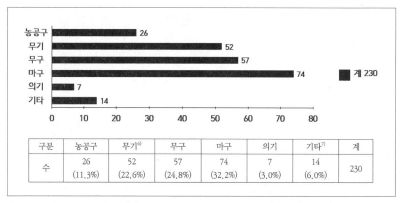

구분	농공구	무기[6]	무구	마구	의기	기타[7]	계
수	26 (11.3%)	52 (22.6%)	57 (24.8%)	74 (32.2%)	7 (3.0%)	14 (6.0%)	230

〈그림 2〉 기능별 가야 철기 연구의 부문 현황

순으로 되어 있다. 그것은 그만큼 영남지역에서 출토된 마구의 수가 많고 종류도 다양하기 때문이라 할 수 있다.

그에 이어서 분묘 부장품 가운데 무기류와 무구류가 차지하는 비중이 많은 만큼 그에 대한 연구도 많이 진척된 셈이지만, 당시의 농경 및 수공업의

___
2003, 『古代馬具からみた東アジアの社會』, 岡山大學校 博士學位論文, 유창환, 2007, 『가야마구의 연구』, 동의대학교 박사학위논문.

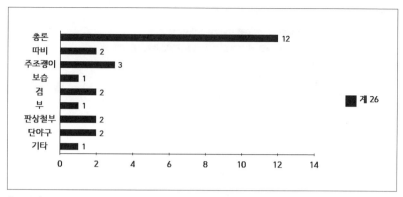

〈그림 3〉 가야 농공구의 연구 현황

발전과 밀접하게 관련된 농공구에 대한 연구는 아직 상대적으로 부족한 편
이다[5].

〈그림 3〉에서 보는 바와 같이 가야를 포함한 영남지역의 농공구에 대한
연구는 아직 부진한 상태이다[6]. 농구에 있어 기경구, 제초구, 수확구에 대
한 구분적 연구 보다는 산발적 연구가 소수 있는 정도이다. 게다가 수공업
의 도구들인 공구에 대한 연구는 그보다 더 빈약한 상황이고[7], 도구들을
통한 가야의 농업 등 경제적 생산문제를 논한 사례들이 있기는 하나[8] 개별

---

5) 이는 자료의 성격상 고고학자의 흥미와 연구 동기를 크게 유발하지 못하기 때문이고 동
   시에 고고학자들이 고대문화의 복원과 해석에 있어 농경과 수공업이 갖는 역사적 중요성
   을 충분히 인식하지 못한 결과라고도 할 수 있다.
6) 그러한 가운데 영남지역의 철제농구를 중심으로 농경에 대한 집중적 연구를 한 김도헌의
   연구가 주목된다(김도헌, 2010, 『영남지역의 원시, 고대 농경 연구』, 부산대학교 박사학
   위논문).
7) 고대는 물론 중세~근대의 역사학이나 고고학에서 농경에 대해서는 많은 관심을 보이면
   서 수공업 분야에 대해서는 그 중요성을 제대로 인식하지 못하고 있어 이에 대한 각성이
   필요하다. 공구류 가운데 도자와 착이 차지하는 비중이 대단히 큼에도 불구하고 이에 대
   한 연구는 턱없이 부족하다.
8) 대표적인 사례로 김도헌, 2009, 「선사·고대의 농구 조합과 생산력의 변화 ─영남지역을
   중심으로─」, 『한국상고사학보』, 『영남고고학』 47, 영남고고학회를 들 수 있다.

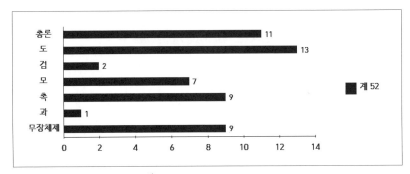

〈그림 4〉 가야 무기의 연구 현황[9]

도구들에 대한 연구에 충분히 기초하고 있지는 못한 상황이다.

　가야의 분묘 출토품 가운데 무기가 차지하는 비중이 대단히 크지만 〈그림 4〉에서 보다시피 이에 대한 연구는 아직 충분히 이루어져 있지 않다. 그 동안 무기류 전반을 총괄적으로 다룬 논고가 다수 있었고[10], 기종별로는 도·검과 촉에 대해 상대적으로 많은 관심을 보여 왔으며 모에 관한 논고가

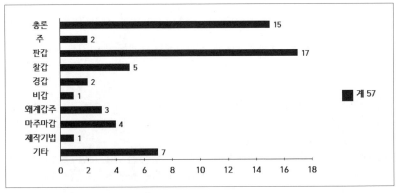

〈그림 5〉 가야 무구의 연구 현황[11]

9) 무기와 무구를 함께 논한 경우는 각각의 표에 포함시켰다.
10) 그 가운데 신라·가야의 무기를 종합적으로 다룬 우병철의 최신 연구가 주목된다(우병철, 2019, 『신라·가야 무기연구』, 경북대학교 박사학위논문).
11) 무구와 마구를 함께 다룬 논고도 각각의 표에 포함시켰다.

일부 있다. 그것은 도가 갖는 무기로서의 위상 및 장식성과 촉 형태의 다양성에 대해 연구자들이 상대적으로 많은 관심을 보인 결과라 할 수 있다.

이러한 무기의 연구는 형식학적 분류와 편년 등을 통한 문화변동, 계보와 전파, 지역성, 타지역과의 교류, 제작기법, 소유형태와 무장체제, 부장양상 등 다양한 시각에서 그 양상을 밝히려는 노력이 있어 왔다.

가야지역은 신라지역과 함께 철제 무구류가 급증하면서 이에 대한 연구가 200년 이후 크게 증가하는 추세를 보이고 있고, 기초적인 형식분류, 기원과 전파, 기술적 계보, 소유계층의 규정, 제작기술의 복원, 한일관계 등에 대한 논고가 발표되어 왔으나 아직 용어사용에 있어 일본에 종속적이고 기술계보상 밝혀야 할 과제들이 많음을 지적하고 있다[12].

그리고 최근 김혁중은 신라·가야무구의 연구사에 대해 그 주제가 크게 '변천과 특징', '등장 배경과 소유 계층', '계통과 제작지', '제작 공정과 기술체계', '갑주의 정치사회적 성격' 등으로 구분됨을 지적하였다[13].

앞서 지적하였듯이 가야 철기 관련 논고 중 최대 다수를 차지하는 것이 마구에 관한 것이다. 이 또한 이미 기술한 무기·무구와 마찬가지로 연구의 주된 관심은 기원과 계보, 변화양상, 제작기술 등으로서 〈그림 6〉에서 보

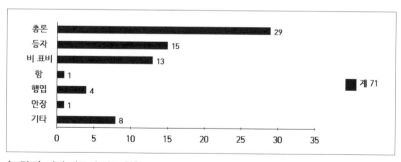

〈그림 6〉 가야 마구의 연구 현황

12) 장경숙, 2005, 『한국 고대 갑옷과 투구의 연구』, 동아대학교 박사학위논문.
13) 김혁중, 2019, 『신라·가야 갑주의 고고학적 연구』, 경북대학교 박사학위논문.

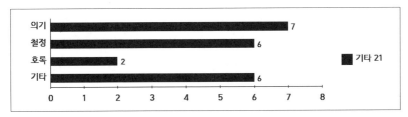

〈그림 7〉 가야 기타 철기의 연구 현황

는 바와 같은 종류의 철제 마구들이 개별적 논문에서 다루어졌으나 전체적
인 종류로 볼 때 제어용과 안정용 마구에 연구가 집중되어 있고 상대적으
로 장식용에 대해서는 아직 논의가 불충분하다.

  그 밖의 철기들도 그 기능이 종교의례용, 소재, 전투장비 및 기타의 부분
적 기능을 갖는 것들로서 아직 철기가 다양한 분야에서 골고루 제작·사용
되고 있었다고 말하기는 어렵다[14].

  이상의 연구 자료들을 일별해보면 고대의 다른 지역 사례들도 마찬가지 이
지만 가야지역의 경우도 농공구에 있어 부·착·도자의 연구가 제대로 이루
어지지 않고 있고, 무구의 부위별 연구가 부족하며, 마구는 제어용과 안정용
중심으로 많은 연구가 발표되었으나 장식용에 대한 상황은 너무 빈약하다.

  이러한 여러 분야의 다양한 철기들은 그 형태와 재질들이 다양하여 그
소재의 생산을 위한 제련부터 중간소재 및 철기의 제작에 이르기까지 다양
한 기술들이 구사되었음은 자명하다. 지난 40년간 그러한 철기들에 대한
철소재 생산 및 철기의 제작기술에 대하여 상당히 높은 수준에 이르는 많
은 연구가 있었다. 다음 장에서 그에 대해 간략히 살펴보면서 가야 제철문
화의 특성에 대하여 파악해보고자 한다.

---

14) 철기문화 발전상 또 하나의 획기는 생활의 다양한 분야에 철기들이 확대·사용되는 것
   인데 중국에서는 한대 이후에 그러한 양상이 보이며 우리나라의 경우는 자료가 부족하
   여 아직 단언하기는 어려우나 내전상태가 종식된 통일신라시대 이후일 가능성이 높다.

III. 제철문화 연구의 주요 성과와 과제

1. 제철유적 조사 현황

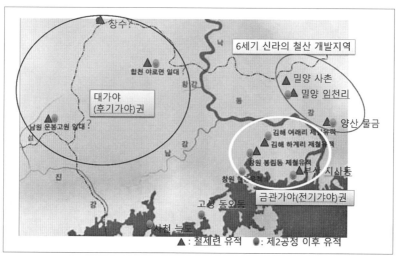

〈그림 8〉원삼국~삼국시대 가야와 신라의 제철유적과 조사 현황[15]

1) 원삼국시대

표 1에 제시한 바와 같이 가야지역에서 원삼국시대의 철 제련유적은 확
인된 바 없고[16], 현재까지 전기가야의 중심지였던 김해지역에서 원삼국시
대의 확실한 철제련유적이 아직 확인되지 않고 있으며[17], 부산·창원·고

---

15) 이남규, 2019,「가야의 제철문화」,『가야 철문화의 특성과 변천』, 제13회 한국철문화연
    구회 학술세미나.
16) 그러한 점은 전국의 상황이 동일하다.
17) 김해 부원동유적(東亞大學校博物館, 1981,『金海府院洞遺蹟』, 古蹟調査報告 第五冊)
    에서 철재가 출토된 것으로 보고되었으나 제시한 도면과 공반유물의 시기가 불확실하
    여 일단 제외하였다.

	유적	유구	제철관련유물	공반유물	시기	비고
부산지역	부산 낙민동패총[18]	포함층	철괴		3C 후반	제련괴
창원지역	창원 다호리 64호 토광묘[19]		철광석		1C	
	창원 성산패총[20]	C트렌치표토하의 야철지?	철편, 송풍관?			성격 불확실
	진해 龍院유적[21]?	포함층	단야재, 완형재			
고성지역	고성 패총[22]	1차조사 control pit	철재	연질고배, 고배대각		철재(내부 흑색에 다공질의 기포)
	동외동 패총[23]	문화층 내 철재층	송풍관?		2세기	
	고성동 유적[24]	의례수혈	철광석	鳥文青銅器 외	3~4세기	
사천지역	늘도 패총[25]	제철주거지 다수	소철괴, 철재, 송풍관, 돌망치?, 노벽편	각종 토기류	B.C. 1세기	사철제련 소재 사용

〈표 1〉 가야지역 원삼국시대의 제철유적[26]

---

18) 國立中央博物館, 1998, 『東萊 樂民洞貝塚』. 이 유적에서 출토된 철재 1점이 분석되어 산화철(FeO)이 60% 포함되어 있음을 밝혔다(국립중앙박물관 보존과학실, 1998, 「東萊 樂民洞.貝塚 出土遺物에 대한 分析」, 『東萊 民樂洞貝塚』, 國立中央博物館). 다만 유적 보고 내용에 불확실한 부분들이 있고, 분석의 수준도 낮아 내용을 전면적으로 수용하기 어려운 부분들이 있다.

19) 李健茂 외, 1995, 「昌原 茶戶里遺蹟 發掘 進展報告(Ⅳ)」, 『考古學誌』 第7輯, 신형기·이대열, 1995, 「茶戶里64號墳 出土 鐵鑛石의 分析」, 『考古學誌』 第7輯, 韓國考古美術研究所.

20) 文化公報部 文化財管理局, 1976, 『馬山外洞城山貝塚 發掘調査報告』. 이 패총 하층의 유구를 야철지로 보고하여 현재 사적 240호의 일부로 지정되어 있으나, 제철 관련 유구와 유물이 재대로 파악되지 않아 이에 대한 재검토가 필요하다.

21) 보고서에는 누락되어 있으나 孫明助가 파악한 사실에 근거한다(孫明助, 1998, 「韓半島 中·南部地方 鐵器生産遺 蹟의 現況」, 『嶺南考古學報』 22, 嶺南考古學會).

성·사천 등의 해안지역들에 위치한 패총유적들에서 2차공정 이후의 제철 조업과 관련된 유물들이 확인되었다.

이들 가운데 시기가 가장 빠른 유적은 사천 늑도(勒島)유적〈그림 10〉으로서 3개 지구의 30기 정도 유구에서 2개소의 추정 단야공방지와 제철관련 유물들(소철괴, 철재, 단조박편, 철기편, 지석, 노벽편, 송풍관편 등)이 확인되었고 공반된 석재의 일부는 단야도구일 가능성이 있어보인다.[27]

가야지역 제철문화 개시기는 아직 불확실하지만 창원 다호리 1호묘[28]를 위시한 목관묘 단계인 분묘들의 양상을 볼 때, 늦어도 기원전 1세기부터 자체적으로 단조철기 및 주조철기의 생산이 가능했을 것으로 보인다. 시기가 약간 늦지만 기원후 1세기로 판단되는 이 유적 64호묘 출토 철광석(6kg 정도)은 영남지역 철제련 관련 자료로 가장 이른 시기의 것이라는데 중요한 의미가 있다.

비록 구체적으로 큰 규모의 제철유적을 제시하기는 어려우나 주지하는 바와 같이 김해 양동리 162호묘[29]를 대표로 하는 목곽묘 등에 다량의 철기

---

22) 國立中央博物館, 1992, 『固城貝塚』.

23) 金東鎬, 1984, 「固城洞外洞貝塚」, 『上老大島』, 東亞大學校博物館.

24) 國立晉州博物館, 2003, 『固城東 外洞遺蹟』, 國立晉州博物館 遺蹟調査報告書 第16冊.

25) 慶南考古學研究所, 2006, 『勒島 貝塚V —考察編—』.

26) 영남지역에서 가장 이른 시기의 제철유적으로 부산 동래의 내성(萊城)유적(釜山市立博物館, 1990, 『東來福泉洞萊城遺蹟』, 調査報告書 第 5冊거)을 거론하기도 하지만(宋桂鉉, 1995, 「낙동강 하류역의 고대 철생산」, 『加耶諸國의 鐵』, 인제대학교 가야문화연구소, 孫明助, 2012, 『韓國 古代 鐵器文化 研究』, 진인진), 이 유적에서 제철 관련 유구와 유물이 제대로 확인되지도 않았으면서 그러한 견해가 발표된 것 자체가 문제라 할 수 있다. 그러한 인식하에 2012년의 제철유적자료집성에서 제외되었던 것 같다(한국문화재조사연구기관협회, 2012, 『한반도의 제철유적』, 주요 유적 종합보고서IV).

27) 이곳 유적 철재의 티타늄 함량이 상당히 높게 분석되어 철제련 원료로 사철이 이용되었을 것으로 추정되었었다(신경환·이남규 외, 2006, 「늑도유적 鐵滓의 분석」, 『勒島 貝塚 V —考察編—』).

28) 李健茂 外, 1989, 「宜昌 茶戸里遺蹟 發掘進展報告 (I)」, 『考古學誌』 1, 韓國考古美術研究所.

〈그림 9〉 원삼국시대 제철관련 유적의 분포

가 부장되는 양상을 통해 2세기 중반경 가야지역의 제철문화가 한 단계 더 발전하였음은 확실해 보인다. 그리고 고성 동외동패총과 부산 낙민동패총 등에서 확인되는 제철관련 자료들은 소규모의 생활유적들에서도 간단한 단야작업을 하면서 필요한 철기의 제작이나 수리를 하였음을 알려준다는 데 중요한 의미가 있다.

다만 이 시대에 목관묘단계에서 목곽묘단계〈그림 12〉로 발전하면서 철기의 종류와 양이 크게 증가하는 현상을 알고 있으면서도 제철유적들이 너무 부족하고, 1차 소재를 생산하였던 철제련유적은 전혀 확인되지 않고 있

---

29) 의대학교박물관, 2000, 『김해양동리고분문화』.

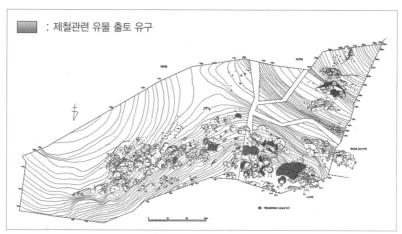

: 제철관련 유물 출토 유구

〈그림 10〉 사천 늑도유적

〈그림 11〉 다호리 1호묘(목관묘)와 출토 부장 철기

김해 양동 162호 목곽묘

〈그림 12〉 목곽묘(양동리 162호묘)와 목곽묘 단계의 철기들

어 당시 제철기술의 성격을 구체적으로 알기 어렵다. 그렇다 하더라도 제 2공정 이후의 자료라도 철저히 분석하고 이후의 조사와 연구의 전략을 새롭게 고구(考究)하는 적극적인 자세가 필요하다.

2) 삼국시대

4세기 이후의 가야지역 제철유적들도 철기의 출토량에 비해 너무 적게 확인되고 있고 금관가야 중심지인 김해시의 경우 시내지역 보다는 주로 주변 지역들에서 조사가 이루어졌으며, 대가야의 중심지였던 고령지역의 경우는 중세 이후의 것들만이 알려져 있어 철기유물과 제철유적 사이에 불균형 양상을 보이고 있다.

2000년 이후 조사된 제련유적인 부산 지사동 유적, 김해 하계리 유적, 창원 봉림동 유적의 4~5세기 제련로들은 원형 내지 타원형의 형태이고, 내경은 80~85㎝ 정도로 백제의 제련로 보다는 다소 작은 편이며[30] 원료는 철광석을 이용하였다. 이러한 유적들에서는 1기 내지는 3기 정도의 제련로에 부속적 기능을 갖는 시설들이 일부 확인되는 정도로서 아직 중부지역이나 밀양지역의 6세기 제철유적 같이 다수의 후속제철공정 유구들이 수반되는 대규모 제철유적은 확인되지 않고 있다.

한편 2차공정 이후 제철작업을 행하던 김해 여래리 유적에서는 다량의 자철광석과 철재, 철괴, 단조박편, 노벽편과 다수의 소구경 송풍관, 지석 등이 출토되었으며 분석 결과 미배소 철광석, 높은 탄소량의 반환원괴 (3.33~4.19wt%C)가 확인되었고, 철제련에 칼슘성분의 물질을 투입한 것으로 판단하였다[31].

---

30) 중원지역에서 조사되고 있는 백제지역의 제련로는 내경 1~1.5m 정도로 큰 편이다.
31) 신경환 외, 2009, 「김해 여래리유적 출토 제철 관련 유물의 분석 고찰」, 『金海 餘來里遺蹟』, 우리文化財研究院.

유적		유구	제철관련유물	시기	비고
김해 지역	하계리[32]	제련로1, 배소로	유출재, 노벽편	4세기	
	여래리[33]	수혈(공방지)	철광석, 철재, 단조박편, 철괴, 노벽편, 송풍관편, 지석등	4세기	소구경송 풍관
	우계리[34]	수혈주거지, 수혈 외	철광석, 철재, 도가니편, 소토, 목탄	6~7세기	탄요,
부산 지역	지사동[35]	제련 및 용해 관련유구 다수	철광석, 유출재, 추정 용범	4세기	제철 관련 건물지
창원 지역	창원 봉림동 B지구[36]	소성유구 (단야로?)	단조박편, 철편, 철광석	4~5세기	철광석 저장시설?
	창원 봉림동 C1지구[37]	제련로1, 소성유구	철광석, 반환원괴, 유출재, 철재, 유출재, 단조박편	〃	AMS연대 (A.D.370)

〈표 2〉 가야지역 삼국시대 제철유적

그 외에 제철의 간접적인 자료가 출토된 마산 현동의 고분군에도 주목할
필요가 있다. 이미 30년전 이 유적 분묘 내에서 괴련철괴가 출토된 바 있
고[38], 최근 수백기의 고분들 중 일부에서 괴련철 혹 환원괴, 철재, 망치 참,

---

32) 東亞世亞文化財硏究院, 2011, 『金海 荷溪里 製鐵遺蹟』.
33) 우리文化財硏究院, 2009, 『金海 餘來里遺蹟』, 學術調査報告 17冊.
34) 경남문화재연구원, 2010, 「김해 생림-상동간 도로건설구간 내 문화유적 발굴조사 결과
약보고」.
35) 東亞大學校博物館, 2005, 「釜山科學地方産業團地 造成敷地內 文化遺蹟 發掘調査(2
次)槪要」. 정식발굴보고서 미간.
36) 한국문물연구원, 2011, 『창원 봉림 국민임대주택단지 사업부지내 昌原 鳳林洞遺蹟(Ⅰ)』.
37) 한국문물연구원, 2012, 『창원 봉림 국민임대주택단지 사업부지내 昌原 鳳林洞遺蹟(Ⅱ)』.
38) 昌原大學校博物館, 1990, 『馬山 縣洞 遺蹟』.

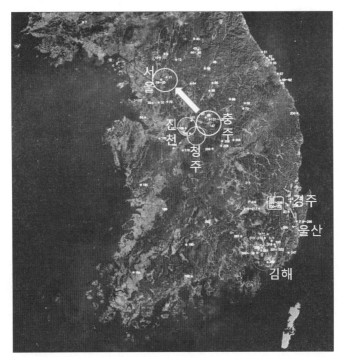

〈그림 13〉 삼국시대 제철관련 유적의 분포

철정 등이 다수 출토되어 주목된다[39].

2. 제철기술 연구의 성과

1) 철기의 분석적 연구

　가야지역 제철관련 조사연구는 일제강점기 패총발굴부터 시작되어 이후 단속적으로 유사한 유적들의 조사가 이어졌지만 당시 이 분야에 대한 기본 지식과 전문성의 부족으로 인해 정상적인 학술적 접근이 곤란하였다. 그

---

39) 삼한문화재연구원, 2019, 「거제-마산3 국도건설공사구간 내 유적 발굴(정밀)조사 결과 보고서(약)」

28　가야의 철 생산과 유통

결과 조사 방법과 유적·유물의 해석에서 지속적으로 오류를 범하는 등 여러 문제들을 야기하였고 현재도 그 후유증들이 남아 있다[40].

가야의 제철기술에 대한 실질적 연구의 개시는 1980년 고고학과 금속공학의 융합적 방식으로 시작되었다. 당시 금속공학 분야의 尹東錫·申敬煥과 고고학분야의 李南珪가 3인 연구체제를 구축하여 각종 철기들에 대한 분석적 연구를 실시하면서 원삼국~통일신라의 철기들을 단계별로 분석하여 우리나라 고대의 제철기술을 본격적으로 밝혀나가기 시작하였다[41].

하여튼 가야지역의 제철기술에 대한 분석적 연구는 이렇게 철기에 대한 금속학적 분석으로 시작되어 이후에도 여러 유적 출토 철기들에 대해서도 지속적으로 시행되어 현재에 이르고 있어 타지역보다 철기유물의 분석 건수는 많은 편이라 할 수 있다.

다만 초기 연구는 기본적으로 한국 고대의 제철기술이 중국으로 영향을

40) 예를 들어 일제가 우리나라에서 최초로 발굴한 것으로 알려져 있는 김해 회현리패총(조선총독부, 1920, 『大正九年度古蹟調査報告』)에서 철재가 출토되기는 하였으나 당시에는 이에 대한 인식이 부족했고, 1974년 발굴된 창원 성산패총(문화공보부 문화재관리국, 1976, 『馬山外洞城貝塚發掘調査報告』)의 경우 발굴자가 제철에 대한 구체적 근거자료의 제시 없이 제철과 관련시켜 해석하는 오류를 범하여 그 이후 여러 문제들이 야기되었다.

41) 尹東錫·申環煥·李南珪, 1982, 『韓國 初期 鐵器遺物에 對1한 金屬學的 研究』, 浦項綜合製鐵所技術研究所 外, 申環煥, 1982, 「貝塚遺蹟에서 發掘된 初期 鐵器遺物에 대한 金屬學的 研究」, 高麗大學校大學院 석사학위논문.
尹東錫, 1983, 「伽倻遺蹟에서 出土된 鐵器遺物의 實驗金屬學的 研究(I)」, 『大韓金屬學會誌』제21권 2호, 大韓金屬學會, 尹東錫, 1983, 「伽倻遺蹟에서 出土된 鐵器遺物의 實驗金屬學的 研究(II)」, 『大韓金屬學誌』제21권 3호, 大韓金屬學會, 尹東錫, 1983, 「伽倻遺蹟에서 出土된 鐵器遺物의 實驗金屬學的 研究(III)」, 『大韓金屬學會誌』제21권 4호, 大韓金屬學會, 尹東錫, 1983, 『三國初期의 製鐵工程과 技術發展』, 浦項綜合製鐵株式會社技術研究所·高麗大學校 生産技術研究所, 尹東錫·申環煥, 1983, 「韓國 初期鐵器時代에 土壙墓에서 出土된 鐵器遺物의 金屬學的考察」, 『한국고고학보』 13, 한국고고학회. 李南珪, 1983, 「南韓 初期鐵器 文化의 一考察 —특히 鐵器의 金屬學的 分析을 中心으로」, 『한국고고학보』 13, 한국고고학회.

제작시기		유물명	분석위치	미세조직	사용소재	가공방법	개재물
3C	후반	판상철부 (29호)	인부	펄라이트(표면) 페라이트(내부)	저탄소강	성형, 침탄	유리질 슬래그
			신부	페라이트(조대) 페라이트(조밀)			
4C	전반	단조철부 (18호)	신부1	페라이트(조대) 페라이트(조밀)	순철에 가까운 저탄소강	단타성형 후 열처리	
			신부2				
			공부	펄라이트(표면) 페라이트(내부)	저탄소강	성형, 침탄	
		철착 (18호)	신부 (날과 인접)	마르텐사이트(표면) 펄라이트(내부)	순철에 가까운 저탄소강	성형, 침탄, 담금질	
			후미	페라이트			
		꺾쇠 (13호)	꺾쇠 다리	페라이트(표면) 펄라이트(내부)	저탄소강	성형, 침탄	
			꺾쇠 등	페라이트(표면) 펄라이트(내부)			
	후반	철촉 (2호)	촉두	마르텐사이트(전체)	0.3~04% 탄소강	성형, 침탄, 담금질	
			촉신	마르텐사이트(표면) 페라이트(내부) 펄라이트(내부)			
		꺾쇠 (23호)	꺾쇠 다리	펄라이트(표면) 페라이트(내부)	순철에 가까운 저탄소강	성형, 침탄	
			꺾쇠 등	페라이트(표면) 펄라이트(내부)			
		환두대도 (23호)	인부	마르텐사이트(선단) 마르텐사이트+ 펄라이트(등쪽)	저탄소강	성형, 침탄, 담금질	
			등	페라이트			
5C	전반	철정 (1호)	인부	펄라이트(표면) 페라이트(내부)	저탄소강	성형, 침탄	
			신부	페라이트(전체)			
		단조철부 (1호)	인부	마르텐사이트(선단) 마르텐사이트+ 펄라이트(내부)	저탄소강	성형, 침탄, 담금질	
			신부	페라이트			
		환두대도 (41호)	신부 (날과 인접)	페라이트(미세, 표면) 페라이트(조대, 내부)	저탄소강	성형, 열처리	
			등 부위	페라이트			

〈표 3〉 김해 대성리유적 철기의 분석 결과[42]

받아 형성되고 이후 자체적인 발전을 한 것으로 보았으며, 단조철기와 주조철기를 함께 분석하면서 소재, 제강기술, 주조기술 및 열처리강화 기술 등을 종합적으로 밝히려 노력했으나 2000년 이후에는 주로 단조철기 중심의 분석에 치중하는 경향을 보였다[43].

이후 자체적인 발전을 한 것으로 보았으며, 단조철기와 주조철기를 함께 분석하면서 소재, 제강기술, 주조기술 및 열처리강화 기술 등을 종합적으로 밝히려 노력한 데 비해 2000년 이후에는 주로 단조철기 중심의 분석에 치중하는 경향을 보였다[44].

하여튼 분석을 통해 얻는 대부분의 결론들은 가야의 철기제작기술은 저온환원법에 의해 생산된 저탄소의 강이나 순철에 가까운 철(즉 괴련철)을 가열단타하면서 침탄 시켜 강으로 만드는 방식이 일반적이었고 이후 담금질·풀림·뜨임 등의 열처리를 통해 철기의 강도를 조절하는 철기제작기술이 구사되고 있었음을 반복적으로 설명하고 있다.

---

42) 박장식 외, 2001, 「가야철기유물의 과학적 분석을 통한 가야철기문화 복원에 관한 연구」, 『김해발전연구』제 4권 1호, 인제대학교 김해발전전략연구원.
43) 그동안 고대 철기들에 대한 분석적 연구는 문화재보존학과에서 철기유물의 보존처리 중 일부를 채취하여 분석하고 이를 석사논문으로 발표하는 사례가 많았다. 그러한 연구에 있어 저자가 유적의 고고학적 맥락을 잘 파악하지 못하거나 중국 및 한국의 고대 제철공정에 대하여 종합적으로 이해하지 못한 채 부분적 분석에 제한되어 고대의 제철기술을 논하는 경우가 대부분이었다. 이렇듯 바람직하지 못한 고고금속학(archaeological-metallurgy)의 연구풍토는 조속히 개선되어야 한다.
44) 그동안 고대 철기들에 대한 분석적 연구는 문화재보존학과에서 철기유물의 보존처리 중 일부를 채취하여 분석하고 이를 석사논문으로 발표하는 사례가 많았다. 그러한 연구에 있어 저자가 유적의 고고학적 맥락을 잘 파악하지 못하거나 중국 및 한국의 고대 제철공정에 대하여 종합적으로 이해하지 못한 채 부분적 분석에 제한되어 고대의 제철기술을 논하는 경우가 대부분이었다. 이렇듯 바람직하지 못한 고고금속학(archaeological-metallurgy)의 연구풍토는 조속히 개선되어야 한다.

제작시기		유물명	분석위치	미세조직	사용소재	가공방법	개재물
3C		판상철부 공부	신부	펄라이트 페라이트	저탄소강	성형, 침탄	
			페라이트 (조대) 페라이트 (조밀)				
4C	전반	환두대도	인부	펄라이트 페라이트 (조대, 조밀)	저탄소강	단타, 성형, 침탄	
			배주	펄라이트(표면) 페라이트(내부) 오수테나이트	저탄소강	성형, 침탄	
		단조철부		펄라이트 (표면, 조밀) 페라이트(조대)	탄소함량 0.11 11% 저탄소강	성형, 침탄	
	후반	꺾쇠		페라이트	저탄소강	성형	유리질 슬래그

〈표 4〉 김해 양동리고분 출토 철기의 분석 결과[45]

2) 제철관련 자료의 분석적 연구

가야지역에서 조사된 삼국시대 제철유적은 출토된 철기의 양에 비해 아직 너무 적은 상황인데 그 철기 중 제련유적의 시기를 보면 4세기 이후 철 제련이 크게 확대된 것으로 보인다. 이 시기 제철기술의 실상을 파악하기 위해서는 많은 유적의 조사와 방대한 양의 분석연구가 필요하지만 현재의

---

45) 金東院, 1998,「金海 良洞里 古墳群 出土 鐵製遺物의 金屬學的 研究」, 동아대학교 대학원 석사학위논문.

제작시기		유물명	분석위치	미세조직	사용소재	가동방법	개재물
4C	2/4	철부 (69호)	인부(No.1)	펄라이트(표면) 페라이트(내부)	저탄소강	성형, 침탄	유리질 슬래그
			공부(No.2)	페라이트(조대) 페라이트(조밀)			
	3/4	철부 (42호)	인부(No.3)	펄라이트	저탄소강	성형, 침탄	〃 뷔스타이트
			공부(No.4)	페라이트			
		철부 (43호)	신부(No.5)	펄라이트 페라이트	저탄소강	성형, 침탄	올라빈
		철부 (44호)	신부(No.6)	페라이트(조대) 페라이트(조밀)	저탄소강		올라빈
			공부(No.7)	페라이트			
		철부 (46호)	인부(No.8)	펄라이트 마르텐사이트	저탄소강	성형, 침탄, 담금질	
			공부(No.9)	페라이트			
		철부 (57호)	인부(No.10)	펄라이트 마르텐사이트	약 0.6~0.7% 탄소 강소재	성형, 담금질	파열라이트 유리질 슬래그
			인부(No.11)	펄라이트 페라이트			
			공부(No.12)	펄라이트 페라이트			
5C	1/4	철모 (26호)	인부(No.13)	펄라이트 페라이트	저탄소강	성형, 침탄	유리질 슬래그
			신부(No.14)	페라이트			
		철부 (35호)	신부(No.15)	펄라이트 페라이트	약 0.7% 탄소 강소재		
		철모 (36호)	인부(No.16)	마르텐사이트			
			공부(No.17)	펄라이트 세멘타이트	1.0% 내외 과공석강	성형, 담금질	

〈표 5〉 부산 복천동 고분군 출토 철기의 분석 결과[46]

---

46) 김미도리, 2005, 「동래 복천동 고분군 출토 철기 제작기술 연구」, 용인대학교 대학원 석사학위논문.

수준은 초보적 단계에 머물러 있다.

(1) 원료 및 첨가제 사용 여부의 분석

먼저 원료에 철 제련 원료인 철광석에 대한 분석이 일부 이루어졌는데 창원 봉림동 유적의 분석사례〈그림 15〉에서는 높은 품위의 철광석을 배소하여 제련에 이용하였던 것으로 파악된데 비해 사천 늑도 유적[47]과 부산 지사동 유적[48]에서는 티타늄의 양을 근거로 하여 사철제련의 가능성을 지적하고 있다.

그동안 유출재나 노내재의 성분에 대한 정성적 및 정량적 분석 등에서 Ca 성분에 대해 주목해 왔다[49]. 예를 들자면 창원 봉림동 유적의 경우는 CaO의 수치가 매우 낮아 조재(造滓)작용을 하는 첨가제를 사용하지 않은 것으로 본 반면〈표 6〉 부산 지사동 유적의 분석에서는 소량 사용한 것으로 판단하였다.

성분(%) 시편No.	FeOx	SiO₂	Al₂O₃	MgO	MnO	K₂O	CuO	SO₃	TiO₂	V₂O₅	P₂O₅	CaO
유출재1	84.68	8.47	2.90	1.13	0.21	0.26	0.05	0.10	0.10	0.10	0.31	1.60

〈표 6〉 창원 봉림동유적 유출재의 XRF 분석결과

---

47) 신경환·이남규 외, 2006, 「늑도유적 鐵滓의 분석」, 『勒島 貝塚Ⅴ −考察編−』.
48) 朴成澤, 2004, 『釜山 智士洞과 慶南 勿禁遺蹟 出土 製鐵슬래그의 金屬學的 調査 研究』, 東亞大學校 大學院博士學位논문, 박성택·최창옥, 2004, 「지사동 출토 제철슬래그의 금속학적 조사 연구」, 『보존과학회지』 16집, 한국문화재보존과학회.
49) CaO의 성분이 많이 나올 경우 유동성이 좋은 염기성 슬래그가 원활히 만들어져 충분한 양의 유출재가 배출되는데 그러한 첨가제의 사용여부를 밝히려는 노력이 많이 있어 왔다.

(2) 고대 철기 소재의 성격 규명

가야의 철기 가운데 주조괭이와 같은 주조철기도 존재하나 대다수는 단조철기들이고 그 소재는 괴련철을 정련하여 만든 것으로 이해되고 있다. 1100℃ 전후의 비교적 낮은 온도에서 저온고체환원법에 의해 생산되는 괴련철은[50], 철기 제조과정에서 침탄이 이루어져 괴련강이 되는데 가야의 단조철기들은 거의 모두 이러한 방식으로 제작된 것으로 보고 있다[51]. 철괴 상태의 괴련철은 제련과정에서 제련로의 하부에 위치한 송풍구 주변이나 아래쪽에 집중적으로 형성되고 그 주변으로 반환원괴〈그림 16- ②〉가 분산적으로 분산분포하는데 이러한 중간단계(FeOx)의 산물은 주로 재제련 용으로 사용되고 철재와의 선별이 제대로 되지 않은 것은 폐기되었던 것 같다[52].

당시의 철 제련에서의 철회수율은 철재의 철분 함유량을 통해 가늠해볼 수 있다. 창원 봉림동 유적에서 출토된 유출재〈그림 15-③〉와 노내재〈그림 15-④〉의 정량분석 결과들〈표 6·7〉에서 철성분(FeO)의 함량이 상당히 높은 편(84.68 및 76.41%)으로 나와 있는 것은 제련과정에서 철과 불순물의 분리가 충분히 이루어지지지 못해 결국 철광석 내부의 철분이 충분히 추출되지 못했음을 보여주는 것이다[53]. 이는 앞서 설명한 조재제 미사용과도 밀접하게 관련되어 있는 것으로 보인다.

현재 가야지역의 철제련 유적들의 조사 수가 적을 뿐만 아니라 분석·보

---

50) 탄소가 거의 없는 철로서 물론 그보다 높은 온도에서도 생성이 가능하나 침탄으로 인한 선철화를 막기 위해서는 낮은 온도에서의 생산이 적절한 것으로 보인다.
51) 박장식 외(주 52), 논자는 백괴련강 소재를 먼저 만들어 철기를 제작하는 백제의 경우와 대비하고 있고 이후의 분석자들도 이러한 견해를 단순히 따르는 경향들이 있는데 이를 증명하려면 양국의 철소재 대한 분석적 연구가 충분히 이루어져야 할 것이다.
52) 분석된 봉림동 유적의 반환원괴가 그러한 사례에 해당하는 셈이다.
53) 이를 일반적으로 철회수율로 표현하고 있다. 이 회수율의 정도가 제철의 성패를 좌우한다.

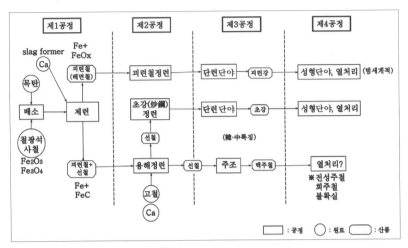

〈그림 14〉 한국 고대의 제철공정도[54]

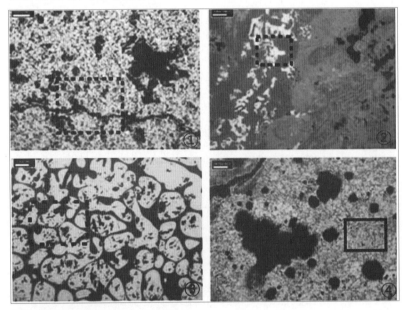

〈그림 15〉 철제련유적 자료의 분석결과
(창원 봉림동유적 ① 배소철광석, ② 반환원괴, ③ 유출재, ④ 노내철재)

---

54) 이남규, 2019, 「한국 고대 제철공정의 재검토 — 중국과의 비교적 시각에서」, 『한국고고
학보』 111, 한국고고학회에서 제시한 공정도로서 단련단조→단련단야, 성형단조→성형
단야로 각각 수정하여 제시한 것임.

성분(%) 시편No.	FeOx	SiO₂	Al₂O₃	MgO	MnO	K₂O	CuO	SO₃	TiO₂	SrO	V₂O₅	P₂O₅	CaO
철재1	76.41	14.42	4.12	1.31	0.24	0.49	0.33	0.06	0.13	0.01	0.11	0.30	2.31

〈표 7〉 창원 봉림동 유적 노내재의 XRF 분석결과

고된 자료도 충분히 축적되어 있지 않은 상태여서 당시의 실상을 정확히 파악하기는 아직 어려우며 그 이후의 2차 공정을 보여주는 유적도 김해 여래리 유적 외에는 별로 없다. 뿐만 아니라 용해주조유적도 신라지역에 비하면 너무 빈약한 상태이다[55].

3. 향후의 주요 과제

가야의 경우는 고분들에서 철기가 대량으로 출토하여 소위 '철의 제국'으로 불리고 있음에도 불구하고 현재까지 제철유적의 확인 및 조사 사례는 백제지역에 비해 크게 부족할 뿐만 아니라 발굴된 유적들은 규모면에서도 빈약한 상태를 보이고 있다. 그에 따라 앞서 살펴 본 철기의 연구와는 대조적으로 제철분야에 대한 연구는 상당히 낙후되어 있다. 게다가 초기부터 이 지역의 제철관련 유적들에 대한 조사는 시행착오 및 부실 등으로 인해 이후 학술적으로 악순환적 오류의 상황을 재생산하는 경우도 있어 이에 대한 개선이 요구되고 있다. 또한 그러한 상황은 제철유적에 대한 것 외에 철기의 분석 분야에서도 보여지고 있어 이에 대한 검토와 수정이 필요하다.

---

55) 부산 지사동 유적에서 용해작업을 한 것으로 말해지고 있으나 보고서가 미간이다.

1) 가야 제철기술문화의 중요성에 대한 인식의 제고(提高)

가야지역에서 출토되는 철기의 수가 압도적으로 많고 다양하여 그동안 이에 대한 연구는 기능론과 체제론에 크게 경도되면서 상대적으로 철 및 철기의 생산론에 대한 연구는 적게 이루어졌을 뿐만 아니라 그 양상도 개별적 및 산발적인 것이었고 종합적 접근은 제대로 이루어지지 못하였다.

2017년 새정부가 들어서서 '가야사 복원'을 국정과제로 포함시키면서 하드웨어에 많은 돈을 쏟아 부으면서도 연구는 상대적으로 소홀히 한 것으로 보여진다[56]. 그러한 결과 철의 제국이라는 가야의 철에 대한 연구는 본격적으로 이루어지지 못하였고, 그 결과 제철분야는 여전히 제자리걸음을 하고 있다[57].

앞서 Ⅱ장에서 본 바와 같이 국내에서 고대의 철기 가운데 가야지역 출토품들이 가장 많이 연구된 셈인데 거의 대부분의 고고학자들은 형식학적 속성 부분을 중심으로 하는 연구를 진행해 왔고 기술적 속성에 대해서는 이해가 부족한 수준이라 해도 과언이 아니다. 바람직한 고고학 연구자는 이 두 분야 모두에 대해 전문적 지식을 갖추고 있어야 함에도 불구하고 후자에 대해서는 거의 대다수가 제대로 된 지식체계를 갖추지 못하고 있다는 점이 큰 문제가 아닐 수 없다. 특히 현대의 학문이 융합적 연구를 지향하는 상황에서 가장 기술공정체계가 복잡한 철 및 철기의 기술적 속성을 제대로 모른다는 것은 연구대상의 반도 이해하지 못하고 있다는 말이 되는 것이다. 따라서 이후, 다른 지역과 시대의 철기도 마찬가지이지만, 이 분야

---

56) 전문가들의 충분한 논의와 검토 없이 우리의 역사문화와 문화재들에 대한 정책이 역사 인식이 부족한 정치가들의 입맛에 따라 좌지우지되고 이에 우리의 혈세가 비효율적으로 사용되는 일이 더 이상 반복되어서는 안된다.
57) 발표문을 모아 학술대회 한두 번 하는 정도로 가야 제철 연구에 진전이 있기를 기대하는 것은 어불성설이다.

의 모든 연구자들이 형식학적 연구 수준에만 머물러 있지 말고 철 및 철기의 생산과 관련된 제철기술적 문화에 대해서도 종합적이고 전문적인 지식을 함께 갖추어야 한다는 인식상의 큰 전환이 필요하다.

2) 제철유적 조사 연구의 확대

변진지역에서 목관묘단계부터 철기사용이 크게 증가하기 시작하고 목곽묘단계에서 한 단계 더 진전된 제철문화의 발전이 엿보이지만 정작 그와 관련된 유적과 유물은 패총에서 철재 등의 일부 자료가 확인되는 정도이고 제련유적에 대한 정보는 전혀 확보되어 있지 않다. 이에 관해서는 창원 다호리 유적 64호 토광묘에서 출토된 철광석을 통해 간접적으로 그 가능성을 유추해볼 수 있을 뿐이다.

영남지역의 원삼국시대 철기의 출현과 발전양상을 근거로 할 때 철 제련은 이미 시작되고 있었다고 보아도 큰 무리는 없을 것 같다. 당시 분석된 철기의 성격을 볼 때 일반적으로 괴련철을 먼저 생산하고 정련, 단련, 성형 단계를 거쳐 단조철기를 제작하였고 한편에서는 주조철기도 자체적으로 생산하고 있었지만 이에 중국과 같은 열처리기술이 적용되는 수준은 아니었던 것으로 밝혀지고 있다. 따라서 가야지역에서 이와 관련된 제공정의 원삼국~삼국시대 제철유적들이 가야 제국(諸國)들에서 다수 확인되어야 함에도 불구하고 이제까지 조사된 제철유적은 〈표 1〉과 〈표 2〉에 제시한 바와 같이 15개소 정도에 불과하며 그나마 원삼국시대의 유적들은 조사와 보고에 있어 많은 문제점들을 안고 있다.

무기, 무구 등이 확대·발전되는 4세기대 이후의 제철문화는 대단히 중요한 연구대상임에도 불구하고 가야지역은 백제지역에 비해 크게 낙후되어 있다. 이 시대의 철 제련 유적(김해 하계리 유적, 창원 봉림동 유적)이나 2차 공정 이후의 제철유적(김해 여래리 유적) 모두 평지나 저평한 구릉에 위치하고 있는 점은 백제의 경우와 유사한데 아직 조사사례가 적은 것은 이러한 위치의 가야유적들이 구릉상의 분묘들에 비해 적게 발굴된 결과로 보여진다. 따라서 가야의 제철유적에 대한 정보를 더 얻기 위해서는 이와 같은 입지의 유적에 대한 조사 확대가 필요하다.

아울러 가야제국은 분지별로 거점세력들이 형성되어 있는 지리적 특성을 보이고 있는 만큼 그러한 지역들에 대해 제철유적 확인을 위한 대대적인 지표조사를 실시할 필요가 있고[58], 확인된 지점들에 대한 학술적 발굴이 이루어져야 한다.

그동안 가야 제철유적은 금관가야 중심지였던 김해를 중심으로 한 지역들에서 주로 조사되어 왔는데 『신증동국여지승람』에도 기록된 대가야지역 '야로(冶爐)철산'의 확인과, 최근 논란이 되고 있는 남원·장수 일원의 제철유적 성격 규명 등이 가야의 제철문화 규명을 위해 시급한 과제가 되고 있다.

3) 전문가의 부족과 발굴 오류의 극복

우리나라 고대의 제철문화는 동아시아뿐만 아니라 세계에서도 독보적인 위상을 갖는 것임에도 불구하고 이 분야의 전문가는 너무 부족한 실정이다. 그것은 앞서 지적하였듯이 그 중요성에도 불구하고 이에 대한 인식이 부족하고, 한편으로는 융합적 연구능력을 필요로 하여 그 내용에 대해 어려움을 느끼고 있기 때문이라 할 수 있다.

최근 국립중원문화재연구소가 우리나라의 제철고고학에 대한 연구를 중점적으로 추진하고 있으나 주로 중부지역을 대상으로 하고 있고, 전문연구

---

58) 예를 들어 창원 불모산 남측의 불모산로 66번길 일대에 대규모의 제철슬래그 산포지가 존재함에도 불구하고 장기간 방치되어 왔다. 최근 이 지역에 대한 개발의 움직임도 있어 본격적 조사가 절실히 필요해 보인다.

원의 부족과 예산 등에서 한계를 갖고 있다. 더구나 가야의 철 문화를 집중적으로 연구하여야 할 국립가야문화연구소의 상황은 더 부족하다. 조속히 이러한 국립연구기관들의 정상적 체제 갖춤과 예산적 뒷받침이 되도록 하는 정책적 노력이 필요하다.

그리고 그보다 더 큰 문제는 점증하는 제철유적 조사의 독자적 수행이 가능한 전문연구자가 발굴조사기관 전체에 거의 없다는 사실이다. 그로인해 현재도 여전히 제철유적 발굴조사들이 부실하게 진행되고 있을 뿐만 아니라 많은 오류를 범하고 있기도 한 것이다[59]. 그럼에도 불구하고 각 발굴조사기관들은 개선의 의지를 전혀 보이고 있지 않아 개탄스럽다. 결과적으로 현재 진행되는 많은 제철유적 발굴조사는 고고학의 목적인 '문화의 복원'이 아니라 제철기술문화 파괴였다는 후학들의 비판을 받게 될 것이다[60]. 최근까지 가야지역 제철유적 가운데 전문가에 의해 발굴되거나 지도와 자문을 철저히 받아가면서 조사가 진행된 사례는 거의 없었던 점도 크게 개선되어야 할 사항이다.

4) 철저한 분석의 확대

제철고고학에서 유구·유물의 분석적 연구를 통한 '기술적 속성'의 파악은 선택사항이 아니라 의무사항이다. 제철유적 조사현장에서 담당자를 만나보면 누구나 그 필요성을 인정하면서도 '시간과 돈'의 논리 앞에서 전문연구자적 양심을 버리고 발굴업자로 전락하여 잘못된 현실에 굴복하는 모

---

59) 제철유적 조사 오류는 1. 조사전략 미비, 2. 조사방법상의 오류, 3. 유구·유물 해석의 오류, 4. 분석상의 각종 오류, 5. 유적·유물 해석의 오류 등 다양하다. 더 큰 문제는 발굴보고자 자신이 무슨 오류를 범했는지도 모른 채 반복적 시행착오를 보인다는 점이다.
60) 이러한 전공자 부족의 상태에서 제철유적 발굴현장의 학술자문도 파행적으로 실시되는 경우가 많다. 여러 제철유적 발굴조사보고서 말미에 제시된 비전문가들의 자문의견서 내용들은 유적의 성격을 제대로 파악하지 못하고 있어 문제가 심각하다.

습들이 대부분이다. 그 결과 유적의 소중한 부분들이 분석대상이 되지 못하고 멸실되어 그 지역의 제철문화 복원을 어렵게 하고 있다.

제철고고학은 '폐기물의 고고학'이다. 유구는 거의 파괴되고 폐기물 만 남아 있는 경우가 대부분이기 때문이다. 그러한 폐기물 안에 사라져버린 제철기술의 각종 정보들이 숨어있는 것이다. 하지만 많은 경우들에서 제철 관련 유물들이 갖고 있는 이러한 출토 맥락을 제대로 파악하지 못하는 보존과학자들에게 시료가 전달되어 '분석을 위한 분석'이 되거나 분석오류를 야기하기도 하는 경우들이 있어 주의를 요한다[61].

가야지역의 경우 김해의 하계리와 여래리, 창원 봉림동의 제철유적들은 제철전문가의 자문에 기초한 분석시료 채취와 분석이 고고학자와 금속학자가 함께하는 융합적 방법론으로 실시되어 그러한 문제를 최소화 하였으나 차후에는 발굴계획 수립, 발굴과정, 폐기물의 분류, 종합적 분석전략을 수립 및 분석고찰까지 발굴담당자와 소통해가면서 조사연구를 진행하는 가장 바람직한 방식으로 전환되어야 한다.

그리고 가야의 제철연구는 철기의 분석에서 시작되었지만 앞서 본 바와 같이 최근에도 그 연구대상이 농공구와 무기에 한정되는 한계가 지속되고 있어 이에 대한 개선이 필요하다. 조속히 복잡한 형태를 갖는 무구, 마구 및 소재인 철정 등에도 금속학적 분석연구가 확대되어 당시의 발달했던 성형단야 기술의 실체를 제대로 밝히는 것도 향후의 중요 연구과제이다.

이러한 분석적 연구를 개인적 차원에서 수행하기에는 부담이 크며, 필요한 전문가의 양성과 최첨단 시설의 마련에는 많은 예산이 소요되는 만큼 그러한 분석연구가 가능하도록 국가적 차원에서의 노력이 필요하다. 하지

---

61) 예를 들어 제동(製銅)유적을 제철유적으로 해석한 경우도 있었다(호남문화재연구원, 2013, 『완주 운교유적』, 학술조사총서 제173책).

만 현재의 국립문화재연구소 체제로 이러한 첨단연구를 수행하기는 어려워 보인다. 그 해결 방안으로 그러한 역할을 담당할 수 있는 '국립고고학연구소'의 설립을 적극 고려해야 한다[62].

5) 가야 제철로를 모델로 한 복원실험 연구 활성화

단절된 전통제철문화의 복원과 그 활용을 위한 제철복원실험이 다양하게 실시되고 있다. 지난 약 30년간 여러 시대의 제철로나 문헌자료 내용을 근거로 철제련 복원실험을 실시하여 왔다. 하지만 그를 통해 세부적 제철기술들이 상당히 많이 복원되고 있으나 많은 사례들이 백제와 6세기 신라의 제련로를 모델로 한 것들이었고 가야의 제련로를 그 대상으로 한 사례는 극히 드물었다[63].

물론 대가야박물관이나 이은철 도검장이 김해시 축제의 일환으로 실시한 철 제련 작업이 있기는 하였으나 분석적 연구가 제대로 실시되지 못하였고 정식으로 결과보고서가 간행된 것이 아니어서 공식적인 제철복원실험이라 말하기 어려운 실정이다.

이처럼 가야지역은 조사된 제철유적이 적을 뿐만 아니라 이 지역의 노를 모델로 한 철제련 실험도 제대로 실시되지 못한 것은 지극히 유감이다. 가야를 말로만 '철의 제국'이라 운운 하지 말고 이러한 실험적 연구를 통해 당시 제철기술의 실체를 제대로 밝히면서 그러한 표현을 하는 것이 적절할 것이다.

---

62) 이에 대해서는 이미 필자가 제안한 바 있다(이남규, 2014, 「한국 역사고고학의 신지평을 향하여」, 『한국고고학의 신지평』, 제38회 한국고고학전국대회 발표요지).
63) 국립중원문화재연구소, 2017, 『고대 제철기술 복원실험(3, 4차) 결과 보고서』 참조.

의 캡션 텍스트로서 이미지 내부 라벨: 전북동부, △:발굴유적

6) 전북지역 가야제철의 사실 규명

최근 들어 전라북도의 제철유적들이 조사되고 그와 함께 가야의 문화가 연계되면서 전북가야라는 개념하에 가야가 전라북도지역에서 제철을 실시한 것으로 이해되는 분위기가 조성되었다. 그에 대한 관련 논고가 계속 발표되어 왔다.

곽장근은 먼저 운봉고원의 20여 개소에 달하는 제철유적들을 가야세력인 기문국이 대규모 철산개발을 한 결과로 보았으며 장수지역에 70여 개소의 제철유적을 남긴 장수가야는 철의 제국으로서 가야계 소국으로 판단하였다[64].

---

64) 곽장근, 2015, 「운봉고원의 제철유적과 그 역동성」, 『백제문화』제52집, 공주대학교 백제문화연구소 ; 곽장근, 2017, 「장수군 제철유적의 분포양상과 그 의미」, 『호남고고학보』 제57집, 호남고고학회 ; 곽장근, 2020, 「전북 동부지역 제철유적 현황과 그 시론」, 『건지인문학』제27집, 전북대학교 인문학연구소.

이렇듯 남원–장수 일원을 중심으로 새롭게 조사·보고된 제철유적들이 가야에 의한 것으로 판단하고 있으나 아직까지 발굴을 통해 가야의 제철유적으로 확인된 사례가 없다는 점에서 최근 발표된 전북지역에서의 가야 제철 문제는 근본적으로 재검토가 필요하다. 아울러 이 지역의 제철유적 조사에 있어서도 이 분야의 전문가 없이 발굴이 졸속하게 진행되는 문제도 점검을 요한다[65].

VI. 맺음말

이상에서 가야지역의 철기에 대한 연구 경향을 개괄적으로 다루어 본 후 제철문화 연구의 주요 성과와 향후의 과제에 대해서도 간략히 언급하였다.

중요학술지와 학위논문으로 발표된 가야의 철기 관련 논고 336편 가운데 기능론·체제론이 약 68.4%, 생산론·분석이 19.6% 가량 각각 점유하고 있고, 기능별 철기의 연구에 있어서는 마구(32.2%)가 개별 분야로는 가장 많이 다루어졌지만 무기(22.6%)·무구(24.8%)를 통합해서 본다면 무장체제 부분이 가장 많은 수를 점하는 셈이다.

이러한 가야철에 대한 연구가 타지역의 고대 철문화에 비해 많이 이루어지기는 하였지만 조사된 원삼국~삼국시대 제철유적 수는 아직 너무 부족한 상태이다.

원삼국시대의 제련로는 아직 미확인 상태일 뿐만 아니라 패총 등에서 파

---

65) 이러한 전북가야의 제철 관련 문제가 이 분야 전문가들을 배제한 채 졸속하게 진행되고 있는 것은 현 정부가 '가야사 복원' 정책을 무분별하게 추진한 파생적 결과라 할 수 있다. 지금이라도 정부 차원에서의 조정이 필요하다.

악된 제철관련 자료도 그 성격이 모호한 상태이고 철제련 유적은 김해-창원지역에서 소규모로 조사된데 불과하여 유적들에 기초하여 가야의 제철문화를 본격적으로 논하기는 시기상조이다.

그에 비해 40년 전부터 가야의 철기에 대한 분석이 이루어져 제철기술의 특성이 상당히 파악되어 있는 상태이며 제철유적 자료의 분석 결과도 일부 제시되어 있다.

이러한 가야의 제철문화 연구의 미비점 보완을 위해 1. 가야 제철기술문화의 중요성에 대한 인식의 제고, 2. 제철유적 조사 연구의 확대, 3. 전문가의 부족과 발굴 오류의 극복, 4. 철저한 분석의 확대, 5. 가야 제철로를 모델로 한 복원실험 연구 활성화, 6. 전북지역 가야제철의 사실 규명 등을 향후 연구 및 개선이 필요한 주요 과제로 제시하였다.

앞으로 '철의 제국' 가야의 철 및 철기에 대한 연구가 더욱 진전되기 위해서는 정부의 종합적 연구투자와 연구자 각 개인들의 융합적이고 올바른 탐구자세가 절실히 필요하다.

「가야의 철 문화」에 대한 토론문

정 인 성(영남대학교)

　　이남규 선생님은 "영남지역의 원삼국시대 철기의 출현과 발전양상을 근거로 할 때 철제련은 이미 시작되고 있었다고 보아도 큰 무리는 없을 것 같다."라고 하셨다. 이는 간접증거에 바탕한 추론인데 나머지 발표자들의 이해와 간극이 있는 것 같다. 영남지역 진변한 사회의 철기출현과 더불어 철제련이 시작되고 있었다고 추론한 고고학적 근거가 있으시다면 부연설명 부탁드린다. 진변한지역에서는 "괴련철을 먼저 생산하고 정련, 단련, 성형 단계를 거쳐 단조철기를 제작하였고 주조철기도 자체적으로 생산하고 있었다."고 하였다. 제철과 관련된 거의 모든 공정이 재지사회에서 이루어지고 있었다는 평가인데 중국과는 달리 열처리 기술이 적용되지 않았던 이유는 무엇인지 궁금하다.

　　두 번째, 남원-장수 일원을 중심으로 새롭게 조사 보고된 제철유적들이 가야에 의한 것으로 판단하고 있으나 아직까지 발굴을 통해 가야의 제철유적으로 확인된 사례가 없다는 점에서 최근 발표된 전북지역에서의 가야 제철 문제는 근본적으로 재검토가 필요하다고 하셨다. 지금까지 공개된 자료로 판단하는 남원-장수 일원의 소위 제철관련 유구 유물들에 대한 구체적인 평가를 부탁드린다.

가야의 철기 생산과 정치권력의 성격 변화

김 재 홍*

Ⅰ. 머리말

　가야는 공간적으로 낙동강과 소백산맥을 배경으로 성장하였고 시간적으로 기원전 1세기~562년까지 존속하였다. 공간적으로는 소백산맥을 넘어 섬진강유역과 금강 상류역으로 넓어지고 있어 향후 현재도 지역적인 범위는 유동적이다. 가야는 하나의 통합된 국가로 이루어진 것이 아니라 여러 나라로 이루어져 있었다. 『삼국유사』에서는 가야를 5~6개의 통합된 가

---

* 국민대학교

야로 기록하고 있으나 『삼국사기』에는 가락국(駕洛國), 대가야(大加耶), 가라(加羅), 아라(阿羅), 포상팔국(浦上八國) 등 다양한 가야의 소국을 싣고 있다. 『일본서기』에도 멸망할 시점에 13개 정도의 나라를 기록하고 있다. 가야는 5~6개 정도의 가야로 구성된 통합성과 10여 개의 국가로 나누어진 자율성이 공존하는 사회였다.

가야가 지닌 통합성과 자율성을 고려한 연구가 필요하다. 기존에 가야사를 발전단계적으로 보아 소국-연맹-영역국가로 발전하였다는 단계론적인 시각이 존재한다. 특히 대가야는 신라와 마찬가지로 영역국가로 발전하였다는 논리가 고고학과 문헌사학에서 제기되고 있다. 고대 국가의 전개과정을 발전 단계로 보아 영역국가를 고대국가로의 진입으로 보는 시각이다. 고대국가는 다양한 경로를 거쳐 발전하였으며, 다양한 유형의 국가 형태가 존재하였다. 신라와 같이 여러 소국을 무력으로 통합하여 영역국가적 고대국가를 지향한 유형이 있는 반면에, 가야와 같이 분지라는 자연 경관을 배경으로 여러 정치체가 자율적인 국가를 유지하는 유형도 존재하였다.[1]

가야의 국가적 성격을 규명하기 위해서는 가야가 가진 힘의 원천을 파악할 필요가 있다. 가야는 일반적으로 철과 교역을 통해 성장한 것으로 보고 있다. 가야 철기문화의 발전을 통해 가야의 국가적인 성격을 밝힐 수 있다는 의미이다. 가야의 철기문화는 일찍부터 주목을 받아 왔으며, 인제대 가야문화연구소에서는 "가야의 철"이라는 주제로 학술대회를 개최하고 책자로 간행하기도 하였다.[2]

가야는 일찍부터 철을 생산하고 대내외적으로 유통하는 과정에서 국가의 경쟁력을 확보하였다. 이를 통해 정치권력을 성장시켰고 시기적으로 정

---

1) 김재홍, 2017, 「고대국가를 바라보는 시각, 자율과 통합」, 『한국상고사학보』 98, 한국상고사학회.
2) 인제대 가야문화연구소 편, 1995, 『가야제국의(加耶諸國)의 철(鐵)』, 신서원.

치권력의 변화를 엿볼 수 있다. 따라서 철기의 생산과 유통을 검토하는 것은 궁극적으로 가야 정치권력의 성격을 해명하는 길이 될 것이다. 더 나아가 가야사의 전개 과정상에서 가야와 신라의 문화적인 차이를 해명하는 길로 접근해 갈 수 있을 것이다.

II. 금관가야, 철제 농공구와 권력의 형성

1. 판상철부의 제작

영남 동남부지역의 철기문화는 기원전 2세기에 전국계 철기문화가 영향을 미치면서 시작되었으나, 전 지역에 걸쳐 고르게 분포하지 않고 있다. 이후 한의 군현이 설치되고 고조선 유민이 남하하면서 철기문화가 삼한 지역에 본격적으로 확산되었다. 철기문화가 발달하면서 동검과 동모 등의 청동기는 점차 실용적인 철기로 대체되고 청동무기는 의기화한다. 한의 철기문화가 남부지방으로 파급되는 과정을 잘 보여주는 것이 목관묘(木棺墓) 유적이다.

이 중에서 청동기와 철기를 공반하는 목관묘 유적은 영남지역 각지에서 확인되고 있다. 대표적인 유적은 경주의 입실리·구정동·조양동·사라리, 대구의 팔달동, 경산 임당동, 성주 예전리, 영천 어은동, 창원 다호리, 김해 양동리 등으로 비교적 넓은 지역에서 확인된다.[3] 그 입지는 주로 강이나 하천변의 평야로 주위에는 산이나 구릉으로 둘러싸여 있다. 『삼국사기』 등 사

---

3) 국립중앙박물관·국립광주박물관, 1992, 『한국의 청동기문화』, pp.48~65.

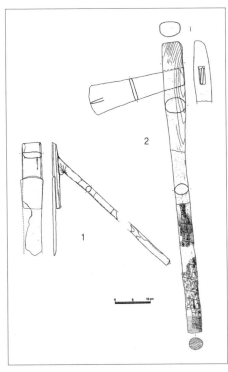

〈그림 1〉 판상철부의 사용례(1.괭이나 자귀 2.도끼)
(김도헌, 2004)

료에는 '화(火)'·'벌(伐)' 등으로 표현된 지역이다. 이 유적에서는 출토된 유물의 성격이 비슷할 뿐만 아니라 어느 하나의 중심지를 상정하기보다는 각 지역마다 독자적인 위치를 차지하고 있다. 현재 청동기와 철기를 공반하는 집단은 각지에서 지역별로 일정한 차별성을 지니면서 거의 전 지역에서 성장하였을 것으로 추정된다.

이 시기 철기문화를 보여주는 유적으로는 창원 다호리고분군이 있다. 다호리유적은 기원전 2세기 후엽에서 기원후 2세기 전엽에 해당하는 분묘유적으로 주목된다. 낮은 설상대지에 만들어진 목관묘 유적으로 1호묘가 대표적인 유구이다. 다호리 1호묘는[4] 통나무로 만든 구유 모양 목관과 함께 널 아래 바닥에 설치된 요갱에서 각종 칠기(漆器)와 철기·청동기를 비롯한 여러 종류의 유물이 담긴 바구니가 발견되었다. 이 무덤은 중국 전한 때의 성운문경(星雲文鏡)과 오수전(五銖錢)이 출토되어 기원전 1세기 후엽으로 편년된다.

출토된 유물은 청동기와 철기로 나누어진다. 청동기로는 동검·동모 등

---

4) 이건무 외, 1989, 「의창 다호리유적 발굴진전보고(Ⅰ)」, 『고고학지』 1, 한국고고미술연구소; 국립중앙박물관, 2012, 『창원 다호리 1~7차 발굴조사종합보고서』.

의 무기류, 성운문경·허리띠장식·청동고리 등의 장신구류, 오수전, 소동탁 등이 있고 철기로는 철검·철모·철과(鐵戈)·환두도자(環頭刀子) 등의 무기류, 판상철부·주상철부(柱狀鐵斧)·주조철부·단조철부·따비·철겸 등의 농공구류 등이 출토되었다. 그 유구와 유물로 보아 다호리 1호묘는

〈그림 2〉 대구 팔달동 90호(1)와 판상철부(2)

구야국의 거수(渠帥)나 주수(主帥)의[5] 무덤으로 추정된다. 피장자는 무기류 뿐만 아니라 농공구류도 함께 부장하여 당시 지배층이 생산력과 군사력을 동시에 장악해 가는 모습을 유추할 수 있다. 특히 농공구류에서도 철기화가 상당히 진행된 모습을 볼 수 있다. 이 중에서 주목되는 것이 판상철부, 주조괭이, 따비, 철겸 등의 철제 농공구이다.

판상철부(板狀鐵斧)는 나무자루를 부착하는 방법에 따라 나무자루의 윗부분에 구멍을 내어 판상철부를 끼어 도끼로 사용하거나 'ㄱ'자형의 나무자루를 묶어 자귀나 괭이로 사용하였다(〈그림 1〉). 다호리 1호에서는 도끼자루에 끼운 것과 'ㄱ'자형의 나무자루에 묶여진 것이 모두 출토되어 다양한

---

5) 이 글에서는 기존에 지역 지배자로서 사용한 수장(首長)이라는 용어 대신에 『삼국지』 위서 동이전에 나오는 읍락의 군장인 '거수(渠帥)'·국읍의 군장인 '주수(主帥)'나 가야의 지배층인 '한기(旱岐)'라는 사료상의 용어를 사용한다. 수장은 일본에서 조어한 용어로서 우리 역사에 적용할 경우에 일반성만 부각되고 변한과 가야의 특성이 잘 드러나지 않기 때문이다.

용도를 보여 주고 있다. 이것은 대구 팔달동 90호[6]에서 묘광 내에 부장되고 벽면에 그것으로 판 흔적이 남아 있어 괭이로 사용되었음을 보여 주고 있다(〈그림 2〉). 따라서 이것은 나무를 베는 도끼, 나무를 다듬는 자귀, 땅을 파는 괭이 등 다양한 용도로 사용되었음을 알 수 있다.

판상철부는 연(燕)의 박인도(薄刃刀)와 형태상으로 유사하여 그 기원으로 보기도 하지만[7] 편인석부와[8] 합인석부를[9] 그 조형으로 볼 수 있다. 이것은 변·진한지역 목관묘에서 가장 많이 출토되고 있다. 판상철부는 기원전 1세기~기원후 1세기에 실용적인 도구로서 사용되었으나 2세기에 조영된 경주 사라리 130호 목관묘에서 바닥과 네 모서리에 판상철부 70점이 깔려 나와 의례용으로도 기능하였다. 2세기 후엽에 해당하는 김해 양동리 162호 목곽묘 이후부터는 두께가 두꺼워지고 날이 더욱 무뎌지면서 봉상철부(棒狀鐵斧)로 전환되기 시작하여 3세기 후엽에는 비실용적인 판상철부형철정(板狀鐵斧形鐵鋌)으로 변화된다.[10]

외날따비는 신부의 길이에 비해 폭이 좁게 생긴 형태로서 신부와 공부의 각도가 120~170°인 것을 이른다.[11] 이것은 흙을 깊이 파서 뒤집어엎기는 곤란하지만 파종구를 만들고 땅을 가는 용도로 사용되었다. 이 단계의 따비는 몸통이 약간 가늘고 단면이 마름모꼴을 띠는 데 비하여 다음 단계의 목곽묘에서는 날의 폭이 넓으며 마름모꼴이 약해진다.[12] 외날따비는 3~4

---

6) 영남문화재연구원, 2000, 『대구 팔달동유적 Ⅰ』.

7) 이남규, 1997, 「전기가야의 철제 농공구」, 『국사관논총』 74, 국사편찬위원회, p.21.

8) 김도헌, 2004, 「고대의 판상철부에 대한 검토-영남지역 분묘 출토품을 중심으로-」, 『한국고고학보』 53, 한국고고학회.

9) 신동조, 2007, 「영남지방 원삼국시대 철부와 철모의 분포정형 연구」, 경북대 석사학위논문, pp.37~38.

10) 송계현, 1995, 「낙동강하유역의 고대 철생산」, 『가야제국의 철』, 인제대 가야문화연구소, p.138.

11) 천말선, 1994, 「철제농구에 대한 고찰」, 『영남고고학』 15, 영남고고학회, p.16.

12) 손명조, 1998, 「변·진한 철기의 초현과 전개-철 생산체제의 변화를 중심으로-」, 『변·

세기경에도 계속 사용되지만 주로 1~2세기에 실용적인 농구로서 기능하였다. 걷이 농구에서도 반월형철도(半月形鐵刀)가 사라지고 새로이 철겸(鐵鎌)이 출현하여 널리 사용되고 있다. 쇠낫은 날의 휘는 부분이 크고 세장한 형태가 주류를 이루고 있으며 다음 단계의 목곽묘에서는 날의 폭이 넓고 직인(直刃)에 가깝게 변하고 있다.[13]

기원전 1세기에서 기원후 2세기까지 영남지역의 목관묘에서는 철검, 철모 등의 무기류가 발달하지만 따비나 판상철부 등 농공류의 발달이 현저하였다. 이보다 먼저 중국 연나라의 철기문화가 수용되던 기원전 4~3세기에도 주조괭이, 긴자루의 호미 등 철제 농공구류가 우선적으로 도입되었다. 이로 보아 철기문화가 도입되는 초기에는 무기류보다는 농공구류가 효용성을 가지고 있었다.

2. U자형쇠날과 쇠스랑의 유통

영남지역의 목곽묘(木槨墓)는 대체로 2세기 후엽경에 출현한 무덤으로 묘광이 장방형을 띠고 부부를 함께 묻는 경우가 거의 없어 낙랑지역의 목곽묘와 구분되는 지역적인 특성을 보인다.[14] 여기에서는 이전의 조합우각형파수부호와 주머니호가 거의 소멸하고 대부장경호, 노형토기 등 새로운 형태의 와질토기가 나타난다. 반면에 철기는 이전부터 사용한 판상철부, 주조·단조철부, 따비, 재갈 등이 계속하여 사용되고 있으나 U자형쇠날이나 쇠스랑과 같은 새로운 철제 농구가 특징적이다. 또한 철제 단검이 계속

진한의 세계』, 제2회 부산광역시립박물관 복천분관 학술발표대회.
13) 안재호, 1997, 「철겸의 변화와 획기」, 『가야고고학논총』 2; 김도헌, 1999, 「삼한사회에서 철겸의 역할」, 제49회 부산고고학연구발표회발표요지.
14) 이재현, 1995, 「변·진한 사회의 발전과정─목곽묘의 출현배경과 관련하여─」, 『영남고고학』 17, pp.26~30; 김영민, 1998, 「가야와 신라의 묘제」, 『가야와 신라』, pp.2~9.

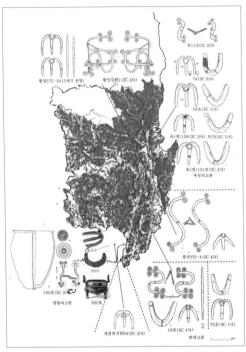

〈그림 3〉 U자형쇠날과 쇠스랑의 분포【윤온식 2019】

적으로 사용되고 철모도 종류가 다양해지고 길어지는 변화를 보인다. 환두대도(環頭大刀), 유경식 철촉(有莖式鐵鏃) 등의 새로운 무기도 출현한다.[15] 철제 무기류는 의기성이 풍부하여 부장품으로서의 성격을 가진다. 철모는 길이가 길어지고 공부가 짧아 본래의 기능인 찌르는 용도가 약화되며, 재갈도 S자형에 고사리 모양을 장식하거나 재갈을 지나치게 크게 만들기도 하여 실용성을 상실하고 있다. 이와 같이 목곽묘 문화는 앞 시기의 목관묘 문화를 계승하면서 새로운 요소가 결합하고 있다. 이러한 새로운 요소는 다른 지역과 비교하여 독자성이 두드러진다.[16]

목곽묘 부장품의 특징은 목관묘에 비해 철제 무기류의 종류가 다양해지고 철제 농구도 U자형쇠날과 쇠스랑 등의 새로운 종류가 등장하는 점이다(〈그림 3〉). 특히 농구의 변화가 눈에 띈다.

U자형쇠날은 평면형태가 U자인 쇠날을 가진 농구로서 자루의 장착 방법에 따라 가래, 삽, 따비, 화가래라고 한다. U자형쇠날은 날과 자루가 평

---

15) 김영민, 1996, 「영남지역 삼한후기문화의 특징과 지역성」, 부산대 석사학위논문, p.58.
16) 김재홍, 1996, 「신라(사로국)의 형성과 발전」, 『역사와 현실』 21, 한국역사연구회.

〈그림 4〉 화가래(U자형쇠날)와 쇠스랑의 조합 농작업(빈풍칠월도)

행하게 연결되어 요즘의 삽날이나 가래의 기능을 가지고 있었고 화가래는 날과 자루가 직각으로 연결되어 괭이와 같이 땅을 파는 기능을 가지고 있었다. 우리나라에서는 주로 화가래의 기능보다는 따비나 가래의 역할을 주로 하였다고 여겨진다. 여기서는 두 가지의 기능과 형태를 고려하여 U자형쇠날로 명명한다.[17] 이로 보아 이것은 목관묘 단계의 농구인 따비나 주조 괭이의 기능을 하였다고 여겨지며, 이 시기의 주요한 갈이 농구로 기능하였다.

쇠스랑은 3개의 발이 하나의 투겁에 연결되어 있는 형태로 현재 농가에서 거름을 칠 때 주로 사용하고 있으나 삼국시대 제주도에서는 땅을 일구는 도구로서 사용하였다.[18] 이로 보아 쇠스랑은 다양한 용도로 사용되었으며 주로 논과 밭을 막론하고 땅을 정지하는 작업구나 흙을 부수는 작업에 사용하는 농구였다. 쇠스랑은 괭이의 기능으로도 사용되었으나 거친 땅에서는 단단한 흙을 부수는 역할을 하였으며, 진흙땅에서는 흙을 고르는 기

---

17) 김재홍, 2011, 『한국 고대 농업기술사 연구—철제(鐵製) 농구(農具)의 고고학—』, 도서출판 고고, p.94.

18) 龍朔初, 有儋羅者, 其王儒李都羅遣使入朝 …… 地生五穀, 耕不知用牛, 以鐵齒杷土. (『新唐書』 儋羅傳)

능을 수행하였다. 괭이에 비해 세밀한 작업을 수행하였다는 점에서 농업기술상의 진보를 보여준다. U자형쇠날(따비나 화가래)과 쇠스랑을 이용한 농작업은 조선 후기 이방운의 「빈풍칠월도(豳風七月圖, 〈그림 4〉)」에[19] 묘사되어 있어 이러한 농작업이 후대에 계속하여 이루어진 것을 알 수 있다.[20] 우리나라 전통시대의 대표적인 농구 조합으로 자리하게 되었다.

연번	지역	유구	매수	비고
1	포항	옥성리 나108호	11매	
2	울산	중산리Ⅶ-8호	1매	
3		하대 44호	10매	
4	부산	기장 가동 Ⅱ-85호	10매	
5	김해	대성동 45호	3매	
6		양동리 162호	40매	
7		양동리 200호	20매	
8		양동리 212호	다수	

〈표 1〉 목곽묘 출토 봉상철부

새로운 농구 조합상(〈표 1〉)은 포항 옥성리[21], 울산 하대[22], 김해 양동리[23] 등의 대형 목곽묘에서 확인되고 있다.[24] 포항 옥성리에서는 가101·나58·74

19) 국립중앙박물관, 1997, 『동원이홍근수집명품선(회화)』, 도판 46-2.
20) 곽종철, 1999, 「한국과 일본의 고대농업기술」, 『한국고대사논총』 4, 한국고대사회연구소.
21) 영남매장문화재연구원·포항시, 1998, 『포항 옥성리고분군 Ⅰ·Ⅱ』; 국립경주박물관·포항시, 2000, 『옥성리고분군 Ⅰ·Ⅱ·Ⅲ』; 윤형원, 1999, 「포항 흥해 옥성리고분군 연구」, 서울대 석사학위논문.
22) 부산대박물관, 1997, 『울산 하대유적-고분 Ⅰ-』.
23) 동의대박물관, 2000, 『김해 양동리고분문화』.
24) 윤온식, 2019, 「사로국 고고학 연구」, 경북대 박사학위논문, p.128.

호에서 각각 U자형쇠날-쇠스랑의 조합상이 확인되고 가108호에서 쇠스랑, 나78호에서 U자형쇠날이 출토되었다. 가108호에서는 봉상철부 11 매도 함께 출토되었다. 울산 하대의 43·76호에서 U자형쇠날과 쇠스랑의 조합상이 확인된다. 김해 양동리에서는 118호·280호·299호에서 U자형쇠날, 126호에서 쇠스랑이 단독으로 출토되었다. 이로 보아 당시 영남지역에서는 U자형쇠날과 쇠스랑의 농구 조합을 가진 농업 형태와 매장의례가 변한 거수층(후대 가야 한기층)을 중심으로 이루어지고 있었음을 알 수 있다.

이 시기에 새로이 출현하는 농공구와 무기를 제작하는 철소재도 변화를 맞이한다. 판상철부는 2세기에 들어와 실용적인 용도와 더불어 무덤 부장용으로도 사용되었다. 2세기 후엽부터 새로운 형태의 철부가 나타난다. 이 시기 목곽묘가 등장하면서 판상철부는 사라지고 봉상철부가 나타난다(〈표 2〉).[25] 봉상철부(棒狀鐵斧)는 2세기 후엽에 해당하는 양동리 162호 목곽묘부터 출현하며, 이전 시기 판상철부에서 두께가 두꺼워지고 날이 더욱 무뎌지는 형태를 띠게 된다. 봉상철부는 대형 목곽묘에서 주로 출토되는데, 포항 옥성리고분군, 울산 하대고분군, 김해 양동리고분군 등에서 확인할 수 있다. 이것은 영남 동남 해안의 포항-울산-김해 지역을 중심으로 분포하고 있다. 봉상철부는 10매를 단위로 묻혔으며, 규격도 일정한 형태로 제작하고 있다. 이것은 대부분 10매씩 묶어서 목곽의 모서리에 묻고 있는 양상을 보인다.[26]

현재 봉상철부와 함께 U자형쇠날과 쇠스랑이 출토되는 유구는 옥성리 가108호의 한 예만 있지만, 봉상철부와 U자형쇠날·쇠스랑은 2세기 후엽

---

25) 김도헌, 2004, 「고대의 판상철부에 대한 검토-영남지역 분묘 출토품을 중심으로-」, 『한국고고학보』 53, 한국고고학회, p.73.
26) 안해성, 1997, 「영남지역 판상철부의 변천과 사회적 성격」, 동의대 석사학위논문, p.83.

동일한 시점에 출현하여 대형 목곽묘에 묻힌다는 점에서 관련성을 엿볼 수 있다. 이러한 연관성으로 보아 U자형쇠날과 쇠스랑을 제작하기 위한 철소재로 봉상철부를 상정할 수 있다.

연번	지역	유구	U자형쇠날	쇠스랑	비고
1	포항	옥성리 가 101호(경)	○	○	
2		옥성리 가 108호(경)		○	봉상철부 11매
3		옥성리 나 58호(영)	○	○	
4		옥성리 나 74호(영)	○	○	
5		옥성리 나 78호(영)	○		
6	경주	황성동 575번지 64호		○	
7	울산	중산리 Ⅶ-4호		○	
8		하대 43호	○	○	
9		하대 76호	○	○	
10	김해	대성동전시관 54		○	
11		대성동주차장부지 1호		○	
12		양동리 126호		○	
13		양동리 118호	○		
14		양동리 280호	○		
15		양동리 299호	○		중원식

〈표 2〉 목곽묘 출토 U자형쇠날과 쇠스랑

3. 농경의 발전과 정치권력의 형성

영남지역에서 목관묘를 사용하기 시작하는 시점에 철기문화가 도입되었다. 목관묘 단계의 문화는 청동기문화를 기반으로 새로이 철기문화가 정착하면서 성립하였다. 아직 동검이나 동모 등의 청동 무기는 철검 등 철제 무기와 함께 사용되었으며, 괭이나 도끼, 따비 등 농공구는 철을 재료로 제작되었다. 철기문화로 전환하면서 농공구류가 우선적으로 철기로 전환되었다. 청동기문화기에 농공구류는 나무나 돌로 제작되고 무기류와 의기류는 청동으로 만들었다. 철기가 도입된 이후에도 목제나 석제 농공구가 제작되었으나 점차 철제 농공구로 전환되고 있었다.

목관묘(木棺墓)가 조성되던 시기에는 따비-괭이 농사가 경작의 주류를 형성하고 있었으며, 갈이(따비, 괭이)-걷이(철겸)의 과정이 철제 농구로 수행되고 있었다. 물론 굳은 땅에서는 주로 철제 농구가 사용되었고 낮은 자연 저습지에서는 신창동의 예와 같이 나무괭이와 나무쇠스랑이 주로 이용되었다. 당시에는 철제 농구의 보급이 널리 이루어지지 않았고 종류와 수량도 많지 않았다.

목관묘가 조성되던 기원전 1세기에서 기원 2세기에 농공구로서 주목되는 자료가 판상철부이다. 판상철부는 적어도 목관묘 단계에서는 실용성을 유지하고 있었으며, 도끼, 자귀, 괭이 등 생산도구로서 기능하였다. 그 분포권역은 대구-경산, 경주, 부산-김해지역을 중심으로 하고 있으나 어느 한 지역에만 집중하는 경향은 보이지 않는다. 비록 목관묘에서 각 분묘당 1매 또는 소량으로 묻히는 경우가 많으나 처음부터 실용적인 도구로서 사용되었다. 부장 위치는 주로 충전토나 목관 상부 등 목관 외부에 묻히는 경향을 띠고 있는 것으로 보아 의례용이라기보다는 실용적인 도구로 판단된다.[27] 그러나 점차 10매 이상 묻히는 경향이 나타나면서 제의(祭儀) 행위와 관련을 지을 수 있다. 따라서 판상철부는 처음에는 1매나 소량이 묻히며 점차 다량으로 매납되면서 특정 분묘로의 집중이 관찰된다.

판상철부는 괭이, 자귀, 도끼 등 다기능을 가진 농공구류로서 목관묘 단

---

27) 안해성, 1997, 「영남지역 판상철부의 변천과 사회적 성격」, 동의대 석사학위논문, p.98.

계 집단의 성격을 잘 반영하고 있다. 판상철부는 실용적인 도구이면서 철소재로 사용된 것으로 보아 당시 사회는 철제 농공구를 주요한 철기로 인식하였음을 알 수 있다. 중국에서도 화폐는 처음에 조개껍질을 사용하다가 농구를 본뜬 청동 화폐로 변하였으며, 전국시대 이후에 명도전 등 무기를 본뜬 화폐가 사용되었다는[28] 점과 경향이 유사하다. 아직 판상철부를 화폐로 사용하였는지 알기 어려우나 적어도 교환 가치를 가진 철소재로 상정할 수 있을 것이다.

판상철부가 실용적인 도구로 사용되는 시점은 기원전 1세기에서 기원 2세기경으로 『삼국지』 동이전의 상황을 반영하고 있다. 『삼국지』에는 삼한사회에 보이는 계층으로 거수(渠帥)와 하호(下戶)가 나온다. 부여와 고구려에서는 가(加)-호민(豪民)-하호 등으로 계층분화가 이루어졌으나 삼한에서는 군장인 거수와 일반 읍락민인 하호로 계층이 분화되어 있었다.[29] 거수층은 집단 내부의 하호층을 통제하는 한편으로 주변의 지역 집단을 장악하면서 이들과 뚜렷이 구별되는 세력집단으로 성장하고 있었다. 지역집단은 『삼국사기』 신라본기 초기기록에 나오는 음즙벌국(音汁伐國), 거칠산국(居柒山國), 압독·압량국(押督·押梁國), 실직곡국(實直谷國) 등과 같은 소국이라고 여겨진다. 이것은 '산(山)'·'벌(伐)'·'곡(谷)'·'독(督)'·'양(梁)' 등의 명칭 어미를 사용한 것으로 보아 산이나 계곡 사이의 들판에 자리잡은 지역집단을 통합하여 성립한 단위정치체로 여겨진다. 이러한 초기 소국은 목관묘 유적과 관계가 있다고 여겨진다.[30]

목곽묘(木槨墓)가 출현하면서 철기문화에도 변화가 나타난다(〈그림 5〉). 무기류에서 철제 단검의 부장이 줄어들고 철제 장검과 환두대도가 늘어

---

28) 關野雄, 2005, 『中國考古學論攷』, 同成社, pp.3~17.

29) 김재홍, 1991, 「신라 중고기 촌제(村制)와 지방사회구조」, 『한국사연구』 72, 한국사연구회.

30) 김재홍, 1996, 「신라(사로국)의 형성과 발전」, 『역사와 현실』 21, 한국역사연구회.

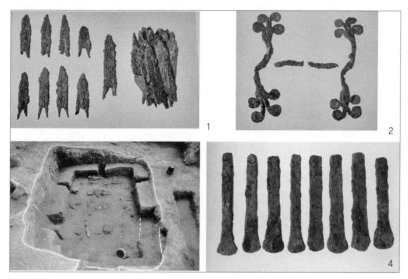

〈그림 5〉 김해 양동리 162호 목곽묘(3)와 출토유물(1. 철촉 2. 재갈 4. 봉상철부)

나게 된다. 또한 철모가 다량으로 부장되고 유경식철촉이 다량으로 부장된다. 철제 농공구류에서도 새로운 변화가 보이는데, U자형쇠날과 쇠스랑이 새로운 농구로 등장한다. 새로운 농구는 영남·동남 해안지역에서 출현하였으며, 대형 목곽묘에만 부장되는 특징을 보인다.

　U자형쇠날과 쇠스랑이 2세기 후엽부터 대형 목곽묘에 묻히는 시점에 철소재로서 봉상철기도 출현한다. 봉상철부는 2세기 후엽에서 3세기 중엽 사이의 기간에만 대형 목곽묘에 묻히고 판상철부는 부장되지 않는다.[31] 앞에서도 지적하였듯이 이 시기 U자형쇠날과 쇠스랑을 제작한 철소재로는 봉상철부를 들 수 있다. 봉상철부는 그 자체로도 판상철부처럼 괭이 등의 기능으로 사용하였으나, 다양한 농구를 제작한 철소재로도 이용되었을 것이다. 봉상철부와 관련하여 지적하여야 할 사료가 다음의 기록이다.

---

31) 손명조, 1998, 「변·진한 철기의 초현과 전개-철생산체제의 변화를 중심으로-」, 『변·진한의 세계』, 제2회 부산광역시립박물관 복천분관 학술발표대회, p.73.

A-①

(변진의) 나라에서 철이 나는데, 한(韓)·예(濊)·왜(倭)가 모두 가져갔다. 물품을 매매할 때에 모두 철을 사용하니, 중국에서 돈(錢)을 사용하는 것과 같았다. 또한 이군(낙랑군, 대방군)에도 공급하였다.[32]

A-②

(진한의) 나라에서 철이 생산되는데, 예·왜·마한이 모두 와서 이를 사 간다. 무릇 무역을 할 때는 모두 철로 화폐를 삼는다.[33]

위 기록은 동일한 사실을 전하고 있는 것으로 3세기 당시의 변·진한의 상황을 잘 반영하고 있다. 시기에 대한 논란이 있으나 낙랑군과 대방군이 언급된 것으로 보아 대방군이 설치된 이후의 상황을 설명하고 있다. 3세기 초 공손탁의 아들 공손강은 낙랑군 둔유현 이남의 황지에 대방군을 설치하였다. 2세기 후반, 남부지역의 한과 예가 강성해져 동이 지역이 격동에 처해지자, 공손강이 이를 수습하여 대방군을 설치하였던 것이다. 대방군이 설치된 시기는 건안 연간인 196~219년이라고 사서에 나오지만 실은 공순강이 공손탁을 이은 204년 이후 207년 사이로 추정된다.[34] 이는 위 사료가 3세기 전반의 상황을 반영하고 있다는 것을 설명하고 있다. 3세기 당시 사용한 철소재나 화폐는 고고학 자료상으로 봉상철부에 해당한다.

U자형쇠날과 쇠스랑의 출현은 새로운 농구의 확산뿐 만 아니라 농업 기술의 발전을 의미한다. 논의 토양은 점성이 강하기 때문에 논(水田) 농사에

---

32) 國出鐵, 韓·濊·倭皆從取之. 諸市買皆用鐵, 如中國用錢, 又以供給二郡.(『三國志』 권30, 魏書30, 烏丸鮮卑東夷傳 弁辰)

33) 國出鐵, 濊·倭·馬韓並從市之. 凡諸貨易, 皆以鐵爲貨.(『後漢書』 권85, 東夷列傳 辰 韓)

34) 임기환, 2000, 「3세기~4세기 초 위·진의 동방정책」 『역사와 현실』 36, 한국역사연구 회, p.7.

적합한 갈이기구는 땅에 꽂혔을 때 생기는 진공상태의 저항도가 낮은 것이 바람직하다. 이러한 상황에서 U자형쇠날과 쇠스랑은 가벼우면서도 흙에 대한 저항력이 낮고 강인하기 때문에 논농사에서 작업 효율을 크게 높일 수 있다. 또한 선진 농구의 도입으로 구릉지대나 산간에서는 밭의 개발이 활발하게 진행되면서 기존의 밭작물 재배지 외에도 보리농사가 늘어나고 이에 따라서 곡물류에서 맥류(麥類)가 차지하는 비율도 상대적으로 높아져 가고 있었다.

철제 농구를 통해 논·밭농사에서 생산력이 확대되면서 남부지역에는 새로운 통합력이 생기고 있었다. 2세기 후반경 환제와 영제의 시기(146~188년)에 삼한지역에서 새로운 구심점이 형성되고 있었다.

> B. (한나라) 환령지말(桓靈之末) 한(韓)과 예(濊)가 강성하여 군현이 제압할 수 없게 되자 백성들이 많이 한국으로 흘러 들어갔다.[35]

위 사료는 2세기 후반경에 후한의 통제력이 약화된 상황을 틈타 한(韓) 지역에서도 정치적 통합이 일어나고 낙랑이 경계할 정도로 성장하던 상황을 반영하고 있다. 당시 한 지역에서는 목곽묘가 출현하면서 철제 무기류가 증가하여 지역 집단간의 정치적인 통합이 진행되고 있었다. 이러한 상황은 『삼국사기』에 보이는 초기 소국 간의 통합을 진전시켰고 이어서 『삼국지』 동이전에 나오는 변진 12국과 진한 12국으로 통합되었을 것이다.[36]

2세기 후엽부터 진행된 변·진한지역의 통합과 관련하여 주목되는 현상이 대형 장방형 목곽묘의 출현이다. 이 시기 목곽묘에서는 환두대도, 유경

---

35) 桓靈之末, 韓濊彊盛, 郡縣不能制, 民多流入韓國. (『三國志』 권30, 魏書30, 烏桓鮮卑東夷傳 韓)
36) 이 경우 『삼국지』 위서 동이전에 나오는 변·진한의 소국이 대체로 2세기 전반경에 성립되었다는 견해이며 시사하는 바가 크다(김태식, 1993, 『가야연맹사』, 일조각).

〈그림 6〉 울산 하대44호
장식달린 봉상철부

식철촉 등의 새로운 무기와 더불어 U자형쇠날, 쇠스랑 등의 새로운 농구가 나타난다. 무기류는 대도나 철촉과 같이 상대를 공격하는 무기가 발달하였다. 목곽묘에서 출토된 환두대도 등 무기류는 2세기 후반부터 삼한사회가 통합되는 양상을 잘 보여주고 있다.

이와 더불어 주목해야 할 자료가 U자형쇠날, 쇠스랑 등의 세밀한 작업이 가능한 갈이 농구이다. 새로운 갈이 농구는 향후 우리나라 전통시대 수경구(手耕具)의 근거를 이룰 정도로 발달된 농작업과 연결되어 있었다. 이 시기 새로이 나타나는 U자형쇠날, 쇠스랑의 제작과 관련하여 봉상철부가 소재로 사용되었다. 이 시기 변·진한의 통합력은 군사적인 대응뿐 만 아니라 대형 목곽묘에 묻힌 국읍의 주수(主帥)의 성장과 관련을 가지고 있었다. 초대형 목곽묘와 관련을 가지는 주수(主帥)는 새로운 농구를 사용한 농업 생산력의 확대를 통하여 국가의 내적 발전을 기하였고, 군사력을 강화하여 주변 소국을 정복하였던 것이다. 영남지역 2세기 후엽에서 3세기 중엽까지 U자형쇠날, 쇠스랑은 초대형 목곽묘에 부장되었으며, 주수의 무덤과 연결할 수 있다. 봉상철부도 그 자체 농구를 제작하는 철소재이지만 권위의 상징으로 사용되었다. 김해 양동리 212호와 울산 하대 44호에서 봉상철부는 고사리무늬 쇠자루의 날로 사용되고 있다(〈그림 6〉). 이것은 주수층의 무덤인 초대형 목곽묘에서 주수의 상징으로 사용된 것을 반영하고 있다.

Ⅲ. 금관가야, 철제 판갑과 권력의 확산

1. 철제 판갑의 제작과 유통

2세기 후엽에 출현한 장방형 목곽묘는 영남지역에서 공동적으로 나타나는 것으로 보아 변한과 진한의 묘제가 동일한 단계를 밟아 갔음을 알 수 있다. 그러나 3세기 후엽이 되면 변한과 진한지역의 목곽묘에서 동시에 변화가 일어난다.

3세기 후엽경에 낙동강 동·서안의 부산—김해지역에서는 주·부곽이 다른 묘광으로 구획되어 창(昌)자형의 장방형 목곽묘가 조성되었다.[37] 이것은 독립된 부곽이 설치되고, 철기류는 목곽 가운데에, 토기류는 발치에 부장하는 특성이 있다. 여기에서는 통형동기, 외절구연고배, 노형기대 등이 대표적으로 묻힌다.[38] 이 지역에서는 대부직구호가 거의 보이지 않고 무경식 철촉이 사용되는 등 경주지역과는 다른 양상을 보여 주고 있다. 이 시기의 특징적인 유물로는 철제(鐵製) 갑주(甲冑)와 마구(馬具)가 있다. 대표적인 판갑(板甲)으로는 복천동 38호, 양동리 78호 등의 것을 들 수 있다(〈그림 7〉).[39] 또한 유자이기(有刺利器)에서도 경주지역과는 다른 특성이 보인다. 김해지역은 선단부도 톱니바퀴처럼 장식하여 양측에 미늘을 만들고, 경주지역은 양측에 C자형의 미늘을 1쌍 혹은 2쌍으로 만들고 있다. 부산지역은 두 지

---

37) 심재용, 2019, 「금관가야 고분 연구」, 부산대 박사학위논문.

38) 홍보식, 2000, 「고고학으로 본 금관가야」, 『고고학을 통해 본 가야』, 한국고고학회, pp.30~36; 김영민, 2000, 「유자이기로 본 4~5세기의 복천동고분군」, 『한국 고대사와 고고학』, 학산김정학박사송수기념논총, 학연문화사, pp.350~351.

39) 복천박물관, 2010, 『한국의 고대갑주』, 2010년 특별기획전; 국립김해박물관, 2015, 『갑주, 전사의 상징』, 2015년 특별기획전.

〈그림 7〉 금관가야의 판갑(1. 김해 양동리78호 2. 김해 퇴래리 3. 부산 복천동38호)

역의 유자이기가 모두 나타나는 점이지대적 성격을 보이고 있다.

　김해 구야국에서는 양동리고분군에 대신하여 대성동고분군이 중심 고분군의 역할을 하기 시작한다. 3세기 후엽 대성동 29호분을 기점으로 구야국의 중심이 대성동고분군 일대에 형성되었을 것으로 추정된다. 대성동 29호부터는 토기의 다량 부장, 도질토기의 출현, 순장의 시행, 금동관의 존재, 북방계 유물의 부장 등 새로운 문화양상을 보여준다. 대성동고분군 주변에서는 궁성인 봉황토성, 신성 구역인 구지봉 등이 위치하고 있어 구야국의 변화를 알 수 있다.

　이 시기에 포항-경주-울산을 중심으로 묘광의 평면형태가 단축:장축의 비가 1:3을 이루는 세장방형 목곽묘가[40] 분포하고, 경산-대구 방향으로

---

40) 김재홍, 1996, 「신라(사로국)의 형성과 발전」, 『역사와 현실』 21, pp.109~111; 김재홍, 2001, 「4~5세기 신라의 고분문화와 지역지배」, 『한국고대사연구』 24, pp.124~129.

확산되었다. 해당 유적으로는 포항 옥성리, 경주 사라리·황성동·구정동·구어리·죽동리, 울산 중산리·다운동·양동·하대, 경산 임당동, 대구 서변동·비산동 등이 있다. 세장방형 목곽묘는 유물의 부장을 위한 부곽이 발생하면서 묘광이 길어지는 형태로서 동일한 묘광에 격벽을 설치한 것이다. 이것은 무덤의 평면 형태가 방형에 가까운 부산·김해식이나 함안 중심의 서부경남식과는 구별이 될 정도로 지역적 특색이 강하다. 이러한 세장방형 목곽묘는 동일한 묘광 내에 주·부곽이 따로 설치되는 자체의 변화를 거쳐 4세기 후엽 경에는 2개의 묘광에 주·부곽을 설치하는 고총으로 발전하게 된다.[41]

세장방형 목곽묘에서 출토되는 유물로 지역적인 특색을 가진 유자이기, 고사리무늬철모(蕨手文鐵鉾),[42] 오리모양토기, 대부직구호(臺附直口壺) 등이 나타난다. 이의 분포는 대체적으로 세장방형 목곽묘의 그것과 일치하고 있으나 그 주변 지역에서도 간헐적으로 출토되고 있다. 대표적인 판갑(板甲)으로는 경주 구정동 3곽, 중산리 1A-75호 출토품을 들 수 있다. 3세기의 대형 장방형 목곽묘에서는 철제 농구를 집중적으로 부장하였다면 이 시기의 무덤에서는 철제 무기류 및 무구류의 부장이 많아지고 있다.

3세기 후엽 이후 영남지역에는 삼한 소국의 범위를 벗어난 통합의 움직임이 일어나고 있었다. 이러한 움직임의 중심지는 변한의 구야국과 진한의 사로국이었다. 4세기를 전후하여 김해와 부산지역은 고분 문화를 공유하고 있어 김해 구야국과 부산 독로국이 연합하여 하나의 정치체를 구성한 것으로 보인다. 후대 사료에서 '금관가야'로 칭하는 존재이다. 거의 비슷한 시기에 포항-경주-울산지역을 중심으로 사로국이 확장되기 시작하였다.

---

41) 김용성, 1996, 「임당 1A1호분의 성격에 대하여 고총의 시원적 양상」, 『석오윤용진교수 정년기념논총』, pp.321~327.

42) 신동조, 2007, 「영남지방 원삼국시대 철부와 철모의 분포정형 연구」, 경북대 석사학위 논문, pp.82~85.

연번	지역	유구	판갑	비고
1	포항	마산리 목곽묘	○	
2	경주	구정동 3곽	○ ○	
3		사라리 55호	○	
4		월성로 가-29호	○	
5		동산리 34호	○	
6	울산	중산리 1A-75호	○	
7		구미리 709-3번지 15호	○	찰갑 1령
8	부산	복천동 38호	○	
9		복천동 42호	○	
10		복천동 46호	○	
11		복천동 57호	○ ○	
12		복천동 69호	○ ○	
13		복천동 71호	○ ○	
14		복천동 86호	○ ○ ○ ○	
15		복천동 164호	○	
16	김해	대성동 2호	○	
17		대성동 39호	○	
18		양동리 78호	○	
19		양동리 167호	○	
20		양동리 321호	○	
21		양동리 Ⅳ지구 1호	○	

〈표 3〉 가야와 신라의 종장판갑

이 과정에서 사로국을 중심으로 하는 진한의 소국은 점차 신라로 통합되어 가고 있었다.

4세기 영남 동남 해안지역의 목곽묘에서는 종장판주(縱長板冑)와 종장판갑(縱長板甲)이 출토된다.[43] 이전 시기의 가죽제 갑옷 등 유기질제 갑옷에 대신하여 철제 판갑이 제작되었다. 이 시기 종장판갑은 세부적인 차이는 있으나 외형은 통일된 형태를 보이는데, 5세기까지도 대부분의 판갑이 종장판을 사용하고 있다(〈표 3〉). 복천동 38호에서 출토된 판갑을 제외하고 대부분의 판갑은 철혁(綴革)이 아닌 결정(結釘)의 방법을 취하고 있다. 이 시기 판갑은 권위의 상징물로서 극히 장식성이 강조되고 있다. 특히 부산 복천동고분군에서는 하나의 무덤에 2벌 이상의 판갑을 묻기도 하며, 대부분 장식성을 강조하고 있다.[44]

4세기 마구(馬具)는 기승용이며 재갈, 등자 등에서 특성을 보인다. 마구의 기원과 성격은 부여족의 남하와 연결시키거나,[45] 중국 동북지역으로 폭넓게 설정하기도 하며,[46] 고구려와 연결시키기도 한다.[47] 고구려와 관련하여 부산 복천동에서는 삼엽문환두대와 더불어 고구려식 철서(鐵鋤)도 출토되어[48] 고구려 문화의 영향이 미치기 시작하였다. 마구류의 변화와 더불어 무기류에서도 철모와 철촉에서 변화가 보인다. 3세기 철모는 대부분 길이가 길고 장식성이 풍부하여 실용성이 부족하였으나 4세기 철모는 날부분이 짧아지고 병부가 길어져 실용적인 무기로 변하고 있다.[49]

---

43) 김혁중, 2018, 「신라·가야 갑주의 고고학적 연구」, 경북대 박사학위논문.

44) 김영민, 2008, 「금관가야의 고고학적 연구」, 부산대 박사학위논문, pp.162~164; 송정식·이유진, 2008, 「복천동 86호분 종장판갑의 구조와 특징」, 『박물관연구논집』 14, 부산박물관; 송정식, 2012, 「가야종장판갑의 장식적 요소와 상징적 의미」, 『양동리, 가야를 보다』, 2012년 기획특별전, 국립김해박물관.

45) 신경철, 1994, 「가야 초기 마구에 대하여」, 『부대사학』 18, 부산대 사학회; 신경철, 2000, 「영남의 고대갑주」, 『한국 고대사와 고고학』, 학산김정학박사송수기념논총, 학연문화사, pp.262~263.

46) 김두철, 2000, 「한국 고대 마구의 연구」, 부산대 박사학위논문.

47) 부산대박물관, 1996, 『동래 복천동고분군 Ⅲ』, pp.46~47.

48) 김재홍, 2011, 『한국 고대 농업기술사 연구—철제 농구의 고고학—』, 도서출판 고고.

49) 복천박물관, 2004, 『금관가야와 신라』, 2004년 특별기획전, p.94.

연번	지역	유구	판상철부형철정	비고
1	경주	월성로 가-29호	3매	
2		구어리 1호	20매	
3	울산	중산리 ID-15호	2매	
4		중산리 IC-3호	1매	
5	부산	복천동 38호	20매	
6		복천동 46호	20매	
7	김해	양동리 235호	30매	
8		양동리 280호	10매	
9		대성동 29호	44매	100매 추정
10		대성동 23호	12매	
11	창원	삼동동 3호	3매	

〈표 4〉 판상철부형철정

철제 무기 및 무구의 변화와 더불어 판상철부도 변화를 겪고 있다. 판상철부형철정(板狀鐵斧形鐵鋌)은[50] 날부분이 팔자형(八字形)으로 벌어지는 것으로 3세기 후반부터 나타난다. 판상철부형철정(〈표 4〉)은 그 평면형태가 판상철부와 유사하나 인부와 기부의 두께가 얇아진 형태이며, 판상철부에 비해 너비가 훨씬 넓어지고 있다. 4세기 전후로 편년되는 창원 삼동동 3호 석관묘에서 출토된 것은 길이가 32.0㎝ 정도로 커지나 전체적으로 넓적해지고 날의 양끝이 벌어져[51] 도구로 사용되기에 부적절하다. 이것은 4세기 이후에 출토례가 줄어들어 소멸된다고 추정된다.[52] 가야 지역에서 판상철

---

50) 박지혜, 2013, 「4~6세기 영남지방 출토 철정의 변천과 지역성」, 경북대 석사학위논문.
51) 송계현, 1995, 「낙동강하류의 고대 철생산」, 『가야제국의 철』, 인제대 가야문화연구소, pp.138.
52) 이남규, 1997, 「전기가야의 철제 농공구」, 『국사관논총』 74, 국사편찬위원회, pp.21.

부형철정이 나타나는 시점에 경주지역에서는 무덤 바닥에 고사리무늬 장신 철모를 열 지어 깔아 마치 시상대처럼 사용하게 된다.

4세기경 새로운 형식의 목곽묘에서 판상철부형철정이 매납되는 시점에 철제 갑주(甲胄)가 출현한다. 현재 4세기 종장판갑의 제작에 사용된 철소재에 대한 과학적인 분석은 이루어지지 않았으나, 이 시기 목곽묘에서 판상철부형철정과 더불어 종장판갑의 부장이 확인되므로 상호 간의 관련성을 추정할 수 있다. 3세기 후엽 이후에 봉상철부에 뒤이어 판상철부형철정이 출현한 배경에는 종장판갑의 출현이 있었다. 이전 시기의 판상철부와 봉상철부가 실용적인 농공구로서 기능하였으며, 철소재로도 사용되었다. 그러나 판상철부형철정은 도구로서의 기능은 처음부터 고려하지 않았으며, 대신 폭이 넓어지고 얇아지면서 날을 세우지 않아 철소재로 사용하였을 것으로 추정된다. 판상철부형철정과 철정은 철소재로서 판갑의 제작에 사용되었을 것이다(〈그림 8〉).

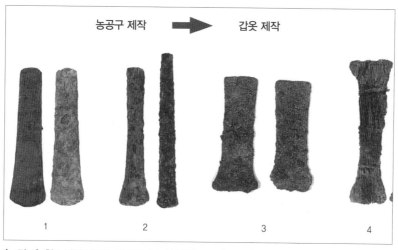

〈그림 8〉 철소재의 변천(1. 판상철부 2. 봉상철부 3. 판상철부형철정 4. 철정)

2. 정복 전쟁과 정치권력의 확산

3세기 후엽 영남 동남 해안지역의 목곽묘 문화는 크게 2개의 권역으로 나뉘며, 후에 가야와 신라로 다른 길을 걷게 된다. 목곽묘는 포항–경주–울산을 중심으로 세장방형 목곽묘와 김해–부산을 중심으로 하는 장방형 목곽묘로 양분하게 되며, 토기, 철기 등 유물의 부장양상에서 차이를 보이게 된다. 3세기 동일한 장방형 목곽묘 문화에서 출발하였으나 점차 차이를 보이게 되었다.

새로운 변화와 함께 양 지역에서는 종장판주와 종장판갑이 출토되고 기승용마구(騎乘用馬具)가 출토된다. 종장판갑의 제작에는 이 시기부터 나타나는 판상철부형철정이 소재로 기능하였을 것으로 추정된다. 찌르는 무기인 철모도 날 부분이 짧아지고 병부가 길어져 실용적인 무기로 변하고 있다. 방어용 무기인 철제 갑주가 출현하고 공격용 무기인 철모도 실용적인 무기로 전환하고 있다.

고분문화가 양대 권역으로 구분되는 변화는 가야와 신라의 구분이라는 정치적인 변화를 수반하였다. 3세기까지 정복 전쟁이 변한과 진한의 각 지역 내 소국 사이에 개별적으로 이루어졌다면 3세기 후엽 이후에는 구야국과 사로국, 더 나아가 가야와 신라의 대결이라는 방향으로 나아가고 있었다. 이를 잘 보여주는 전쟁이 사료에 '포상팔국(浦上八國)의 난'으로 표현된 포상팔국의 전쟁이다. 이 기사에서 전쟁의 대상은 처음에는 포상팔국과 가라국(加羅國=금관가야), 아라국(阿羅國=아라가야)의 전쟁이었으나 최종적으로는 가야의 포상팔국과 신라 사이의 전쟁으로 귀결되었다. 가야 내부의 헤게모니를 둘러싼 전쟁으로 보기 보다는 사료 그대로 가야와 신라의 전쟁으로 볼 필요도 있다. 전쟁의 시점도 사료에는 3세기 전반으로 나오고 있으나 전체 내용이 여러 국가의 등장과 시간성을 보여주고 있으므로 3세기

변한 내 국지적인 전투에서 4세기에 가야와 신라의 전쟁으로 발전하는 양상을 읽을 수 있다.[53]

포상팔국의 전쟁에 대한 대체적인 내용은 포상팔국이 가라(안라)를 공격하자 가라국에서 왕자를 보내거나(또는 안라국에서 사신을 보내) 신라에 구원을 요청하고 있다. 이에 대해 신라 이사금은 군대를 편성하고 대응하게 된다. 동원된 신라 군대는 사료에 6부병(部兵)으로 나온다. 6부병은 평시에 개별 부에 소속되어 있으나 전시에는 신라군을 구성하게 되는 것이다. 신라의 개별 6부는 국왕의 전시 동원에 맞추어 군대를 내어 주었던 것이다. 이사금 시기에 신라는 개별 6부로 나누어져 있었으며, 개별 6부는 자치를 행하고 있었다. 평소 자치를 누리던 개별 부는 군사권과 외교권은 가지고 있지 않았다. 신라(사로국)의 군사권과 외교권은 부를 통합한 국왕의 고유 권한이었다. 전시에는 신라 6부병도 국왕의 아래에 통합되어 신라군으로 기능하였다.

신라와 다른 군대 편성 방식을 보여주는 것이 가야 포상팔국의 군대이다. 포상팔국의 군대는 개별 국가의 국왕이나 장군이 개별적으로 지휘하고 있었다. 이는 포상팔국의 군대가 평소에 각각의 국가별로 편제되어 있었다는 사실을 보여주고 있다. 포상팔국은 각 나라마다 국왕이 통치하고 전시에도 각 나라의 국왕이나 장군이 자국의 군대를 통솔하고 있었다. 가야 전체를 보아서도 마찬가지 구조적인 모습을 보여주는데, 가야의 정치체로서 가라국(금관가야), 아라국(아라가야), 포상팔국의 3개의 정치집단이 나오고 있다. 이러한 정치체는 궁극적으로 가야라는 연맹을 구성하여 신라와 구별되는 집단이지만, 개별 사안에 따라 쉽게 연맹의 형태를 무너트리고 있다. 이와 같이 가야는 신라와는 다른 정치 구조를 보여주고 있다.

---

53) 김재홍, 2020, 「삼국 초기의 해상 영웅」 『해상세력으로서의 '소가야'』 삼강문화재연구원.

가야의 여러 나라는 기본적으로 하천 변의 소분지를 끼고 소국을 세우거나 해안의 만이나 반도를 배경으로 소국을 영위하고 있었다. 분지나 해안이라는 환경 속에서 소우주적인 국가를 운영하고 있었던 것이다. 신라와 달리 소국의 자율성이 강한 기초 위에서 성립하여 각 국가마다 독자적인 문화가 발달하고 있었으며, 이것이 가야가 가진 발전의 원동력이었다.[54]

Ⅳ. 대가야, 철제 농공구와 권력망의 형성

1. 철제모형농공구의 분포

철제모형농공구는 실용적인 농공구와 달리 그 규격이 10.0㎝ 이하의 농공구로서 주로 고분에 부장하는 용도로 사용하였다.[55] 현재 백제지역, 영산강유역, 대가야문화권 등 3개의 주요 분포권을 보이고 있다. 대가야문화권에서 철제모형농공구는 고령을 중심으로 분포하며, 함양, 합천, 남원, 장수, 임실, 순천 등지에서도 출토되었다.

대가야권역에서 출토된 철제모형농공구는 따비형, 철서형(鐵鋤形), 철부형(鐵斧形), 낫형 등 4가지 종류이다(〈그림 9〉). 가장 이른 시기의 출토예로 보이는 고령 쾌빈동 1호 목곽묘에서는 따비형 2점, 철서형 2점, 철부형 4

---

54) 김재홍, 2019, 「기문과 반파의 역사적인 위치와 성격」, 『호남과 영남 경계의 가야』, 2019년 가야사 기획학술심포지엄, 국립나주문화재연구소·국립가야문화재연구소, p.225.

55) 천말선, 1994, 「철제농구에 대한 고찰」, 『영남고고학』 15, 영남고고학회; 안순천, 1996, 「소형철제모형농공구 부장의 의의」, 『영남고고학』 18, 영남고고학회; 김재홍, 2004, 「대가야지역의 철제농기구; 소형철제농기구와 살포를 중심으로」, 『대가야의 성장과 발전』, 한국고대사학회; 坂靖, 2005, 「小型鐵製農工具の系譜-ミニチュア農工具再考-」, 『考古學論攷』 28, 橿原考古學研究所紀要.

점, 낫형 8점 등 16점의
농공구가 출토되었는데,
철제모형농공구는 각기
규격이 달라 아직 정형
화되지 않은 단계로 판
단된다. 비록 형태나 규
격면에서 정형화를 보여
주지 못하고 있지만 이
른 시기부터 철제모형농
공구가 고령지역에서 사
용되었음을 알 수 있다.
그러나 지산동 35호분

〈그림 9〉 남원 월산리고분군의 철제모형농공구

단계를 전후로 철제모형농공구는 형식과 규격이 정형화되어 가고 있다. 물
론 6세기 이후에는 다시 크기가 커지는 현상이 나타나고 있다.[56] 대가야계
토기가 대가야권의 모든 계층에 확산되는 것과는 달리 철제모형농공구는
고령지역에 집중되고 주변 지역에는 몇 기의 대형묘에서 출토되는 양상을
보여주고 있다.

　형식별 출토상황은 지산동과 쾌빈동에서 따비·철서·철부·낫의 4종류,
본관동에서 철서·낫의 2종류, 합천 반계제에서 철부·낫의 2종류, 함양 백
천리에서 낫의 1종류, 남원 월산리에서 따비·철서·철부·낫의 4종류, 남
원 두락리에서 철부·낫 등의 2종류, 장수 삼고리에서 철부의 1종류, 임실
금성리에서 철부·낫 등의 2종류, 순천 운평리에서 철부·낫 등의 2종류가
출토되었다(〈표 5〉). 각 유적별로 주류를 이루는 형식은 지산동과 월산리에

---

56) 김재홍, 2004, 「대가야지역의 철제농기구—소형철제농기구와 살포를 중심으로—」, 『대가
　　야의 성장과 발전』, 한국고대사학회, pp.93~95.

서 4개가 모두, 본관동에서 철서, 반계제에서 철부, 백천리에서 낫, 삼고리에서 철부, 운평리에서 철부와 낫 등으로 형식별로 뚜렷한 지역색을 나타내고 있다. 이 중에서 남원 월산리에서는 M1-A호에서 따비·철서·낫, M5호에서 철부·낫, M6호에서 철서·철부 등이 출토되어, 고령지역과 더불어 철제모형농공구의 모든 형식이 확인되었다. 특히 M5호에서는 철부 10점, 낫 10점이 세트로 출토되어 10개를 단위로 부장하였다는 사실을 알수 있다.[57]

연번	지역	유적	따비형	철서형	철부형	낫형	비고
1	고령	지산동	○	○	○	○	
2		쾌빈동	○	○	○	○	
3		본관동		○		○	
4	합천	반계제			○	○	
5	함양	백천리				○	
6	남원	월산리	○	○			
7		두락리			○	○	
8	장수	삼고리			○		
9	임실	금성리			○	○	
10	순천	운평리			○	○	

〈표 5〉 철제모형농공구의 분류와 부장례

---

57) 김재홍, 2018, 「전북 동부지역 가야 고분의 위세품과 그 위상」, 『호남고고학보』 59, 호남고고학회.

2. 대가야 권력망의 형성

철제모형농공구는 대가야권문화와 관련을 가지고 있으며, 대가야권 정치체의 결속력을 잘 보여 주고 있다. 백제 및 신라의 중앙과 지방간 세력관계를 잘 보여 주는 자료가 금동관이지만 대가야지역에서는 금동관의 사여를 통해 대가야권의 확장을 증명하지 못한다. 농공구인 철제모형농공구와 살포의 분포를 통해 알 수 있다.

철제모형농공구가 출토된 지역은 고령 지산동고분군·쾌빈동고분군·본관동고분군, 합천 반계제고분군, 함양 백천리고분군, 남원 월산리고분군, 남원 두락리고분군, 장수 삼고리고분군, 임실 금성리고분군, 순천 운평리고분군 등지이다. 또한 살포가 출토되는 유적은 합천 옥전 M1호·M3호, 남원 두락리 32호, 임실 금성리 고분, 부안 죽막동 제사유적, 순천 운평리 M3호·M5호 등이다. 이것은 대가야권역에 해당하는 유적이거나 대가야계 유물을 반출하는 유적이다. 철제모형농공구와 살포는 전체적으로 보아 대가야권역에 해당하거나 그와 관련이 깊은 지역에 분포한다는 사실을 알 수 있다.

철제모형농공구와 살포가 출토된 지역은 대가야의 중심지인 고령에서 사방으로 뻗어 나아갈 때에 거쳐야 하는 요충지에 해당한다. 대가야가 백제, 신라, 중국, 왜 등과 교류하기 위해서 교통로를 개척할 필요가 있었다. 대가야가 낙동강 동안으로 진출하려 할 때에 거쳐야 하는 합천·옥전지역은 신라세력이 낙동강 서안으로 진출하고자 할 경우에도 거쳐야 하는 교통로 상에 위치하고 있다. 대가야가 서해안으로 가서 대중국 교섭을 하고자 할 경우에는 합천 반계제, 함양 백천리, 남원 월산리·두락리, 임실 금성리, 부안 죽막동을 거쳐야만 하였다. 또한 백제로 가기 위해서는 남원 월산리·두락리, 장수 삼고리 등을 거쳐야 하였다. 지리산을 근거로 발전하고 있던 대가야는 왜로 가기 위해 남강–섬진강을 통해 바다로 나아갔다.

대가야의 대중국·백제·왜 교섭은 이 루트 상에 있는 소국 한기(旱岐)의 협조를 받아 이루어졌을 것이다. 이러한 교통로상에 위치하는 요충지에 분포하고 있는 유적에서 철제모형농공구와 살포가 출토되고 있다.[58]

철제모형농공구와 살포가 출토되는 유적은 각 지역에서 중심이 되는 고총(高塚)으로 각 지역의 중심지에 입지한다. 이것은 그 지역에서 대표적인 한기층의 무덤으로 다른 고분을 압도하고 있다. 각 지역 한기층의 무덤에서 고령지역의 철제모형농공구와 동일한 형태의 것이 출토되었다는 사실은 대가야의 왕과 그 주변 소국의 한기가 농경의례를 같이 한다는 의미로 해석할 수 있다. 이는 대가야에서 행하던 농경의례를 중요 교통로상의 요충지에 있던 한기가 동일하게 거행한다는 점을 의미한다. 그 이면에는 대가야의 발달된 농경 도구를 새로이 진출하는 지역의 한기에게 분배하여 그 지역의 농업 통제권, 더 나아가 정치적 지배권을 인정한다는 의미일 수도 있다.

가야 한기(旱岐)의 나라는 자율성을 가진 지역 집단이나 소국으로 여겨진다. 지역의 소국은 대가야의 고분문화를 향유하고 있었으나, 지역 내에서는 재지적인 속성을 가지고 있었다. 대가야 내 반파국의 한기는 대가야의 대왕이나 왕이었지만, 지역 소국의 한기는 대가야와 연맹한 소국의 한기로 기능하였다. 지역 소국의 한기는 군사와 외교적인 면에서 대가야의 일원이었으나 지역 내 지배는 자율적으로 행하였다. 지역 소국은 소국의 정체성을 유지하고 그 한기는 자율적인 통치를 그대로 행사하였다. 대가야 연맹의 일원이었지만 지역 소국의 한기는 독자적으로 통치하였으며, 대가

---

58) 김재홍, 2018, 「전북 동부지역 가야 고분의 위세품과 그 위상」, 『호남고고학보』 59, 호남고고학회.

야와는 외교나 군사 부분에서 공동보조를 맞추었을 것으로 보인다.[59]

V. 맺음말

이 글은 가야 철기문화의 전개 과정을 통하여 각 시기마다 정치 권력의 성격이 변하는 양상을 분석한 논문이다. 그 과정에서 고고학 자료와 문헌 사료를 정합적으로 검토하여 가야 정치 권력의 변화에 접근하고자 하였다.

1~2세기 목관묘에서는 다기능의 판상철부(괭이, 자귀, 도끼), 따비 등 농공구의 출토가 현저하며, 이는 철기문화 초기에 농공구를 중심으로 철기화가 이루어진 상황을 반영한다. 2세기 후엽 장방형 목곽묘 단계에서는 환두대도, 철모 등 공격용 무기와 더불어 U자형쇠날, 쇠스랑과 같은 새로운 농구를 부장하게 된다. 3세기까지 목관묘와 목곽묘에는 농구의 부장이 대형묘를 중심으로 이루어지며, 이는 농업 생산력의 향상을 통해 국가 권력을 집중하고자 하는 변한 거수층의 의도를 반영하고 있다. 이 시기에는 『삼국사기』와 『삼국지』에 나오는 소국이 형성되고 있었으며, 주변 소국 간의 항쟁이나 정복을 통해 세력을 확대하고자 하였다.

새로운 변화는 3세기 후엽에 나타나는데 김해-부산에서 장방형 목곽묘는 금관가야, 포항-경주-울산에서 등장하는 세장방형 목곽묘는 신라의 정치체를 알려 주고 있다. 이 시기에는 철제 갑주를 중심으로 부장이 이루어지며, 영남 동남 해안지역에서 금관가야와 신라가 형성되는 과정을 잘 보여준다. 이 시기에는 포상팔국의 전쟁에서 보이듯이 신라 대 가야의 대

---

59) 김재홍, 2017, 「고대국가를 바라보는 시각, 자율과 통합」 『한국상고사학보』 98, 한국상고사학회.

결 구도가 형성된다.

5~6세기 대가야 권역에서는 대형 수혈식석곽묘에서 철제모형농공구가 출토되는데, 주요 요충지에 고분을 조성한 한기층이 대가야와 동일한 농경 의례를 공유하였음을 보여준다. 이는 대가야의 영역국가적인 성격을 보여주기 보다는 대가야연맹을 구성한 소국이 자율성을 가지고 대가야권역의 권력망을 구성하였다는 것을 알려준다. 지역 소국의 한기는 대외적인 군사 및 외교에서는 대가야와 뜻을 같이 하였으나 평소 개별 소국에서 자율적인 통치를 행하였던 상황을 잘 나타낸다.

무력으로 세력을 확대하여 통합을 지향한 신라의 길과 달리 자율적인 소국 사이의 네트워크를 형성하여 독자성을 유지한 가야의 길에 주목할 필요가 있다. 이는 발전단계의 차이가 아니라 각 나라가 처한 자연환경, 문화환경 등에 따른 우성적인 선택이었던 것이다.

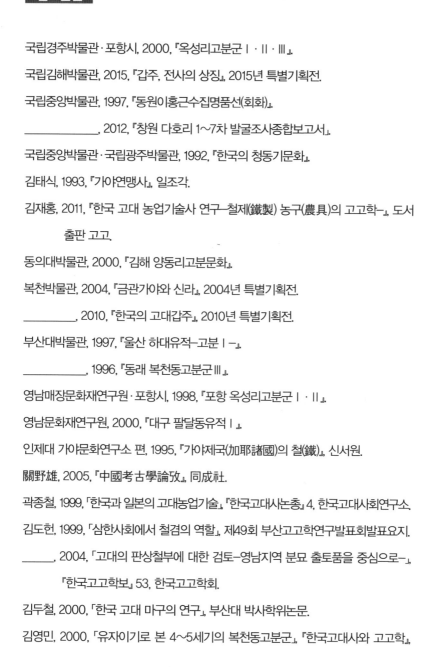

참고문헌

국립경주박물관·포항시, 2000, 『옥성리고분군 I · II · III』.

국립김해박물관, 2015, 『갑주, 전사의 상징』, 2015년 특별기획전.

국립중앙박물관, 1997, 『동원이홍근수집명품선(회화)』.

────────, 2012, 『창원 다호리 1∼7차 발굴조사종합보고서』.

국립중앙박물관·국립광주박물관, 1992, 『한국의 청동기문화』.

김태식, 1993, 『가야연맹사』, 일조각.

김재홍, 2011, 『한국 고대 농업기술사 연구—철제(鐵製) 농구(農具)의 고고학—』, 도서
　　　　출판 고고.

동의대박물관, 2000, 『김해 양동리고분문화』.

복천박물관, 2004, 『금관가야와 신라』, 2004년 특별기획전.

────────, 2010, 『한국의 고대갑주』, 2010년 특별기획전.

부산대박물관, 1997, 『울산 하대유적-고분 I —』.

────────, 1996, 『동래 복천동고분군 III』.

영남매장문화재연구원·포항시, 1998, 『포항 옥성리고분군 I · II』.

영남문화재연구원, 2000, 『대구 팔달동유적 I 』.

인제대 가야문화연구소 편, 1995, 『가야제국(加耶諸國)의 철(鐵)』, 신서원.

關野雄, 2005, 『中國考古學論攷』, 同成社.

곽종철, 1999, 「한국과 일본의 고대농업기술」, 『한국고대사논총』 4, 한국고대사회연구소.

김도헌, 1999, 「삼한사회에서 철겸의 역할」, 제49회 부산고고학연구발표회발표요지.

────, 2004, 「고대의 판상철부에 대한 검토—영남지역 분묘 출토품을 중심으로—」,
　　　　『한국고고학보』 53, 한국고고학회.

김두철, 2000, 「한국 고대 마구의 연구」, 부산대 박사학위논문.

김영민, 2000, 「유자이기로 본 4∼5세기의 복천동고분군」, 『한국고대사와 고고학』,

학산김정학박사송수기념논총, 학연문화사.

_____, 1996, 「영남지역 삼한후기문화의 특징과 지역성」, 부산대 석사학위논문.

_____, 1998, 「가야와 신라의 묘제」, 『가야와 신라』.

_____, 2008, 「금관가야의 고고학적 연구」, 부산대 박사학위논문.

김용성, 1996, 「임당 1A1호분의 성격에 대하여고총의 시원적 양상」, 『석오윤용진교수
    정년기념논총』.

김재홍, 1991, 「신라 중고기 촌제(村制)와 지방사회구조」, 『한국사연구』 72.

_____, 1996, 「신라(사로국)의 형성과 발전」, 『역사와 현실』 21, 한국역사연구회.

_____, 2001, 「4~5세기 신라의 고분문화와 지역지배」, 『한국고대사연구』 24, 한국
    고대사학회.

_____, 2004, 「대가야지역의 철제농기구; 소형철제농기구와 살포를 중심으로」, 『대
    가야의 성장과 발전』, 한국고대사학회.

_____, 2018, 「전북 동부지역 가야 고분의 위세품과 그 위상」, 『호남고고학보』 59,
    호남고고학회.

_____, 2019, 「기문과 반파의 역사적인 위치와 성격」, 『호남과 영남 경계의 가야』,
    2019년 가야사 기획학술심포지엄, 국립나주문화재연구소·국립가야문화재
    연구소.

_____, 2020, 「삼국 초기의 해상 영웅」, 『해상세력으로서의 '소가야'』 삼강문화재연구원.

김혁중, 2018, 「신라·가야 갑주의 고고학적 연구」, 경북대 박사학위논문.

박지혜, 2013, 「4~6세기 영남지방 출토 철정의 변천과 지역성」, 경북대 석사학위논문.

손명조, 1998, 「변·진한 철기의 초현과 전개—철 생산체제의 변화를 중심으로—」,
    『변·진한의 세계』, 제2회 부산광역시립박물관 복천분관 학술발표대회.

송계현, 1995, 「낙동강하류역의 고대 철생산」, 『가야제국의 철』, 인제대 가야문화연구소.

송정식, 2012, 「가야 종장판갑의 장식적 요소와 상징적 의미」, 『양동리, 가야를 보다』,
    2012년 기획특별전, 국립김해박물관.

송정식·이유진, 2008, 「복천동 86호분 종장판갑의 구조와 특징」, 『박물관연구논집』 14, 부산박물관.

신경철, 1994, 「가야 초기 마구에 대하여」, 『부대사학』 18, 부산대 사학회.

신경철, 2000, 「영남의 고대갑주」, 『한국 고대사와 고고학』, 학산김정학박사송수기념논총, 학연문화사.

신동조, 2007, 「영남지방 원삼국시대 철부와 철모의 분포정형연구」, 경북대 석사학위논문.

심재용, 2019, 「금관가야 고분 연구」, 부산대 박사학위논문.

안순천, 1996, 「소형철제모형농공구 부장의 의의」, 『영남고고학』 18, 영남고고학회.

안재호, 1997, 「철겸의 변화와 획기」, 『가야고고학논총』 2.

안해성, 1997, 「영남지역 판상철부의 변천과 사회적 성격」, 동의대 석사학위논문.

윤온식, 2019, 「사로국 고고학 연구」, 경북대 박사학위논문.

윤형원, 1999, 「포항 흥해 옥성리고분군 연구」, 서울대 석사학위논문.

이건무 외, 1989, 「의창 다호리유적 발굴진전보고(Ⅰ)」, 『고고학지』 1, 한국고고미술연구소.

이남규, 1997, 「전기가야의 철제 농공구」, 『국사관논총』 74, 국사편찬위원회.

이재현, 1995, 「변·진한 사회의 발전과정—목곽묘의 출현배경과 관련하여—」, 『영남고고학』 17, 영남고고학회.

임기환, 2000, 「3세기~4세기 초 위·진의 동방정책」, 『역사와 현실』 36, 한국역사연구회.

천말선, 1994, 「철제농구에 대한 고찰」, 『영남고고학』 15, 영남고고학회.

홍보식, 2000, 「고고학으로 본 금관가야」, 『고고학을 통해 본 가야』, 한국고고학회.

坂 靖, 2005, 「小型鐵製農工具の系譜—ミニチュア農工具再考」, 『考古學論攷』 28, 橿原考古學研究所紀要.

「가야의 철기 생산과 정치권력의 성격 변화」
에 대한 토론문

남 재 우(창원대학교)

"가야는 5~6개 정도의 가야로 구성된 통합성과 10여 개의 국가로 나누어진 자율성이 공존하는 사회였다."라는 표현의 의미와 대가야와 가라국, 아라가야와 안라국의 차이는 무엇인지 궁금하다.

"가야는 일찍부터 철을 생산하고 대내외적으로 유통하는 과정에서 국가의 경쟁력을 확보하였다. 이를 통해 정치권력을 성장시켰고 시기적으로 정치권력의 변화를 엿볼 수 있다." : 교역을 통한 정치적 성장을 무시할 수 없지만, 정치집단 내의 갈등, 인근 집단과의 갈등으로 인한 내재적 발전도 고려되어야 한다.

日本古代の鉄器文化と加耶

村上恭通*

Ⅰ. はじめに

　弥生時代以降の鉄器文化は韓半島、中国との交渉なくして成立しなかった。弥生時代には増大する木材加工に対して鉄器が石器を駆逐する動向をみせ、狩猟具・武器である鏃も鉄器化し、石や青銅で作られていた剣も鉄製となり、地域のリーダーたちの権威を表現するようになった。古墳時代を迎えると、鉄製武具、武器、馬具や農

---
* 愛媛大学

具がますます充実し、鉄器副葬のあり方にはその質・量から被葬者の階層差まで見られるようになる。また鉄器や鉄の生産技術も段階的に獲得し、その背景には韓半島からの影響の存在が確実視されている。

　発掘による鉄製品の増加と資料的な充実は、開発事業が先行した韓国嶺南地域でまず起こり、そのため日本考古学における鉄器研究もその比較研究をまず加耶地域を対象として進んだ。しかし昨今の湖西、湖南、嶺東、嶺西地域における鉄製品の増加は、日本考古学に対して視野の拡張を求めるようになり、加耶地域と日本との間で執り行われた鉄に関する交流はより精緻さが要求されている。このような状況も考慮しながら、日本の鉄器文化に与えた加耶地域からの影響について考察してみたい。なお、加耶成立前の初期鉄器時代、原三国時代の当該地域を指す場合も「加耶地域」という名称を用いることとする。

II. 弥生時代の鉄器文化と加耶地域

1. 鉄器相の変化と加耶地域

1) 弥生時代前期末~中期初頭

　鋳造鉄斧の破片を再加工した小型加工斧や鑿が北部九州を中心として、瀬戸内・山陰にかけて波及する（図1）。骨角器の加工痕に関する研究によれば、その利用はさらに遡る可能性がある〔河合2011〕。鍛造鉄器の利用については現状では不明である。

この時期、すなわち円形粘土帯土器を指標とする水石里式土器段階の後半には〔武末2004〕、韓半忠清道・全羅道といった西海岸地域で鋳造鉄斧・鑿、鍛造鉇が韓国式青銅器群とともに副葬される。ただし、この西海岸で副葬される鋳造鉄斧あるいはその破片が日本列島に舶載された可能性は低く、むしろ遼東地域[1]を中心に普及した中国の多種多様な鋳造鉄斧の破片が卓越している〔村上1997a〕。西海岸地域では鉇もこの時期、青銅製から鍛造鉄器へと材質転換し、鋒が圭頭状を呈するものから剣先状へという変化が起こる〔村上2018a〕。鉇は韓

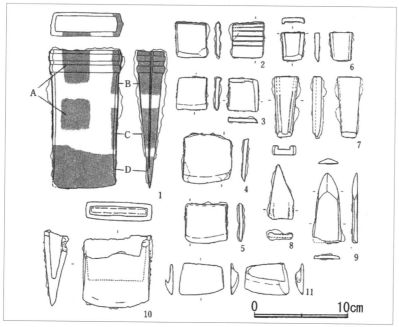

図1. 鋳造鉄器の再加工品

1. 福岡県比恵遺跡, 2. 福岡県庄原 遺跡, 3~5. 福岡県下稗田遺跡, 6. 熊本県神水遺跡, 7. 佐賀県吉野ヶ里遺跡, 8. 福岡県那珂遺跡, 9. 福岡県上野原遺跡, 10. 福岡県若山遺跡, 11. 熊本県上高橋高田遺跡

---

1) その南限は韓半島西北部も含めて想定している。

半島以上に日本での展開が著しい工具であるが、同時期の弥生遺跡での出土例はいまのところない。研究の現状では、加耶地域におけるこの段階の鋳造鉄器や鍛造鉇の動向はいまだ不明な点が多い。

2) 弥生時代中期前半

　鋳造鉄器片の再加工品が小型化工具として使用される一方で、北陸地方の八日市地方遺跡(石川県小松市)での調査成果から、完形品の鋳造鉄斧類が一定量波及し、地域・遺跡によっては大型石器に対しても鉄器が補完している様相がうかがえるようになった〔林2017〕。鍛造鉄器は板状鉄斧や剣先状の先端部をもつ鉇が北部九州に現れる。

　加耶地域においては、この時期すでに原始的な鉄器生産の痕跡を遺す莱城遺跡(釜山市)がある。鍛冶遺構である1号住居址では鍛冶炉、鉄塊、鉄器未製品とともに北部九州系土器が出土し、土器出土総量の94%を占めていた。また同じく北部九州系弥生土器を多量に出土する勒島遺跡(慶尚南道泗川市)にも鉄器生産の痕跡が遺されていた。弥生人が加耶地域産鍛造鉄器だけでなく、その生産風景に触れたのもこの時期であろう。ただし、鋳造鉄斧については亀山洞遺跡(金海市)出土品をみるかぎり、弥生文化と同じく遼東地域産である。金海地域は九州系弥生土器が集中する地域であり、この地域か、または勒島遺跡が九州へ鉄器を送り出す窓口を担った。

3) 弥生時代中期後半~後期前半

　この段階は北部九州で鉄器生産が始まり、短期間に鍛冶技術が伝播し、西日本各地にその痕跡が点在する。ただし、在地生産鉄器が網羅的に各種石器に代替する地域は限られており、木の伐採を担う

大型板状鉄斧や鋳造鉄斧などは舶載品に依存せざるを得なかった。板状鉄斧は茶戸里墳墓群(慶尚南道昌原市)などでみられるように加耶地域における主要な鍛造鉄器であり、勒島遺跡が衰退した時期であるため、金海地域がその交易の主要な窓口を担ったと考えられる。加耶地域で生産・副葬された鉄戈は小型品に限られていたが、北部九州に伝わると大型化し、曲線的な外形の作り出しは傑出した鍛造技術が反映されている(図2)。加耶地域の工人と北部九州(奴国)の工人間でとりおこなわれた技術伝授・伝習の形態にはいろいろな可能性が想定されるが、この技術が以後の武器類生産の基礎となり、韓半島にはない大きさ・形状の鉄剣生産につながった〔杉山2015〕。

　一方、北部九州における甲技法の鍛造鉄鎌〔都出1967〕[2]や単純な構造の鍛造鉄斧はむしろ楽浪地域や韓国中部地域との共通点が多く、これらの受容経路・窓口を西海岸側に想定する余地もあろう(図3)。

　生産のみでなく、鉄が葬制や祭祀と関わり始めるのも中期後半である。北部九州では剣、矛、戈、鉇、刀子などが副葬されるようになる。また棺外または墓坑上で斧、鉇、刀子といった鉄器の供献がみられる〔村上2018b〕。これらもまた茶戸里墳墓群を代表とするような加耶地域の影響をみてとることができる。

　この段階に鉄は生産、墓制、祭祀とあらゆる場面に関わるようになり、また鉄素材を獲得するという活動も必要となった。中期後半は弥生鉄器文化の発展における大きな画期であるといえよう。

---

2) 刃部を下に置いた場合、折り返しが右にあるものを甲技法、左にあるものを乙技法とした〔都出1967〕。

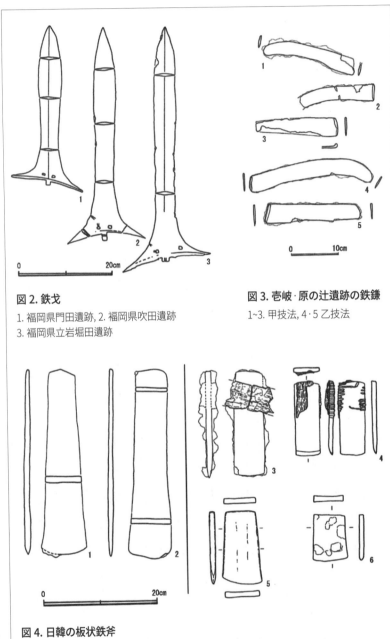

図 2. 鉄戈
1. 福岡県門田遺跡, 2. 福岡県吹田遺跡
3. 福岡県立岩堀田遺跡

図 3. 壱岐・原の辻遺跡の鉄鎌
1~3. 甲技法, 4・5 乙技法

図 4. 日韓の板状鉄斧
1. 泗川市勒島遺跡, 2. 釜山市温泉洞遺跡, 3. 大分県下郡桑苗遺跡, 4. 群馬県長谷津遺跡

4) 弥生時代後期後半~終末

　大局的にみれば終末期に向けて利器の鉄器化が完成を指向するものの、指標に依ってはその完成度の評価が複雑な段階である。鉄器の器種構成だけを挙げれば同じであっても、大型鉄器から小型鉄器まで全て在地で鍛造できる地域と、大型鉄器は全て舶載し、小型品しか生産できない地域という対比もある〔村上2017〕。また一遺跡に焦点を当てると鉄器化の著しい進行がうかがえても、その遺跡を含めた一定地域を俯瞰すると石器の残存率が多い遺跡も共存し、地域としては完成していない場合もある。石器利用への回帰を可能とする可逆的な鉄器化社会と回帰する必要がない不可逆的な鉄器化社会が日本列島内に共存しているのがこの段階の特色である。

　この段階は中国産鋳造鉄斧と同様、加耶地域産鉄器への依存度がますます高くなる。代表的な板状鉄斧の使用痕跡をみると、当初は長大で、伐採斧（縦斧）として使用されるが、摩耗して小型化すると柄の種類を替えて加工斧（横斧）として使用されるようになり、旧状の半分以下の大きさになるまで使用される（図４）〔村上2019〕。大型板状鉄斧の斧頭であれば、斧としての機能を終えるまでに３~４種類の木柄に付け替えられたのである。強靱かつ耐久性がある板状鉄斧は中国産鋳造鉄斧と同様、（迫られる←削除）木の伐採・加工にその威力を大いに発揮した。舶載鉄器や舶載鉄素材を獲得するために、多くの地域は-石器を忘却しつつあった段階だけに-対価物の生産から逃れられなくなったのである。各地の鉄器に対する獲得欲は北部九州地域に向けられ、さらにその先には金海地域があった。舶載鉄素材についても同様であり、達川鉄山（慶尚南道蔚山市）や隍城洞遺跡（同慶州市）の周辺地域で生産された鉄は『三国志』烏桓鮮卑東夷伝の韓伝に記

された「弁辰鉄」としてますます需要が高まっていったと考えられる。

　ただし、推測される弥生社会の中国産鋳造鉄斧舶載量を考慮すると、韓半島西海岸ルートも十分に機能している。また嶺東地域の中島文化に特有の鍛造鉄斧なども列島内で散見される。他地域の生産品が金海地区に集約されたのか、ほかにも弥生社会への窓口が存在したのか検討の余地があろう。

　この段階の加耶地域では良洞里墳墓群（金海市）の木槨墓段階に鉄器の大量副葬が発現する。代表的な162号墓では板状鉄斧、棒状鉄斧、剣、矛、鏃などが副葬されていた。弥生社会における鉄と葬制との関係性は各地に浸透しつつはあったが、この加耶地域の様相には遠く及ばなかった。

Ⅲ. 古墳時代の鉄器文化と加耶地域

1. 鉄器相の変化と加耶地域

1) 古墳時代前期

　古墳時代を迎えると、集落で出土する鉄器に関しては前段階の様相と大きく異なる点が少ないものの、鉄器生産と鉄器の副葬状況に大きな変化が現れる。鉄器生産については、北部九州に蒲鉾形の定形的な鞴羽口が突如現れ（図5－1）、大型鍛冶滓、鍛造剥片や粒状滓を副産するような高度な高温鍛冶技術がみられるようになる。これにより精錬や古鉄再生が可能となった。この羽口に類似する例は

嶺東地域の中島文化にあるため、その分布の南限に対して注意が必要であるが、半島南部の東岸地域にその起源があるとみられる。この羽口の出土遺跡は北陸や南関東まで点在しており、各地で弥生時代までにはなかった新しい鍛冶技術の伝播を示している。さらに、ほぼ同時期の中原遺跡（佐賀県唐津市）では円筒形の大型羽口が出土しており（図５－２）、博多遺跡が受容したものとは異なる系譜の鍛冶技術が西北部九州にも伝わったとみられる。旧馬韓地域からの受容した可能性も想定できよう。

　鉄器の副葬状況については、前期前半段階に大型古墳への鉄器大量副葬が開始される。鉄鏃のような小型鉄器には古墳時代の個性が表現されるものの、大量副葬という点は良洞里墳墓群を後継した大成洞古墳群（金海市）にみられるような金官加耶での葬制に倣ったものであろう。この副葬する鉄の量で他を圧倒しようとする表現は古墳時代中期まで続く。注目されるのは板状鉄斧（短冊形鉄斧）[3]の副葬である。原三国時代の茶戸里段階に始まる板状鉄斧の副葬は金海加耶でますます顕著になり、それが装具として重要な位置を占めていたことがわかる。前期古墳でも、その副葬量の多寡に偏差はあるが、副葬品の品目として頻出する器種である。そのなかで注目されるのは、椿井大塚山古墳（京都府木津川市）で出土した20余点の異型板状鉄斧である（図６－３・４）。この鉄斧の基部には棒状鉄素材の未加工部分を遺しており、その鉄素材が百済地域で出土した「弾琴台型鉄鋌」と同一形態・規格と指摘された（図６－１・２）〔李2016〕。この鉄鋌の名称は、集水施設から40点まとまって出土した４世紀代の弾琴台土城（忠

---

3) 古墳時代の板状鉄斧は「短冊形鉄斧」と呼ばれる〔古瀬1974〕。

清北道忠州市)に由来するものである〔武末2012〕。この鉄鋌は、銑鉄を精製して鋼にし、鏨で分割したわが国の鉄素材「庖丁鉄」に酷似し、鉄素材として最適な形状と大きさを呈している。これらは百済地域から金官加耶地域を経由して日本列島にもたらされたのか、金官加耶地域でも同様の鉄鋌が生産されていたのか、あるいは百済地域から直接舶載されたのであろうか？弾琴台には当該期の大規模な製鉄基地があったことも判明しており、その鉄生産力は金官加耶にも勝るとも劣らない。この問題の解決は重要な課題であるといえよう。

　前期後半には大量鉄器副葬が増加する一方で、鉄を用いた武装に新たな画期がみられる。それは竪矧板・方形板革綴短甲の出現であり、その背景には半島南部系鉄製品工人の渡来と日本列島の工人を取り込む形での新たな工人組織の形成があったと評価されている（図7）〔橋本1998〕。竪矧板・方形板革綴短甲のモデルは縦長板釘結板甲と考えられており、それが集中的に分布する加耶地域は古墳時代の鉄製短甲の歴史にとって重要な役割を担った。

2) 古墳時代中期~後期

　5世紀代には鉄製農具に大きな画期を迎え、韓半島南部に由来するU字形鋤先は列島内における耕起技術に大きな影響を与えた〔都出1967〕。鉄鎌にも乙技法によるものが現れ、渡来文化との接触を反映している〔金田1996〕。4世紀代に加耶地域、湖西地域で登場するサルポ（鏟）は、日本列島では加耶系が先行してみられ、5世紀代以降、百済系が顕著になるという[4]〔李2010〕。ただし古墳時代のサル

---

[4] 韓半島の例を含めて、ホケノ山古墳(奈良県桜井市)、椿井大塚山古墳出土のサルポが最古級であり、加耶系サルポに類似する。このことから加耶にも現段階

ポを実用農具として評価するには集落出土例が求められる。同様の
ことは韓半島ではサルポ以上に普及した鋳造梯形斧にも指摘でき、
すでに伝統となっていた生業を支える道具に関しては、象徴物とし
ては受容されても一般化はしなかった。

　古墳時代中期は鉄と武装との関係がますます密接になる時期であ
り、甲冑の列島産化が著しく進行する時期である。それまで日韓交
渉の重要な窓口を担ってきた金官加耶は、4世紀末以降の高句麗の
南下やそれに連動した新羅による圧迫を受け、また加耶内部におけ
る中核的勢力が大加耶に交替するといわれている。とくに後者の動
向は日本列島における韓半島系副葬品にも大きく反映されており、
5世紀後半に金官加耶系から大加耶系へ、そして6世紀を迎えて大
加耶系から百済系へと移行すると指摘されている〔朴1998〕。ただし、
帯金式の倭系甲冑の検討から、当該時期においても倭王権と金官加
耶の強い紐帯が維持されたことが指摘されている。蓮山洞古墳群（釜
山市）では王権中枢でしか持ち得ない襟付短甲が出土し、複数領副
葬なども含めて、継続的な倭的様相がみられるという（図8）〔橋本
2015〕。金官加耶が日韓交渉の窓口として機能を維持したという評価
〔田中2009〕は、古墳時代社会が5世紀以降、ますます必要とする鉄
素材・鉄塊に関する交渉を考えるうえでも首肯しうるものである。

　鉄器生産についても鍛冶具とその副葬という新たな要素が日本列
島にもたらされた。近年、日韓の膨大な資料が調査された結果、加
耶地域と日本列島との関係が克明に描かれるようになった（図9）
〔寺井2019〕。ただ、その一方で、5世紀以降、日本列島内で増加する

　で発見されているサルポよりも古い例の存在 が想定されている〔李2010〕。

日本古代の鉄器文化と加耶　　97

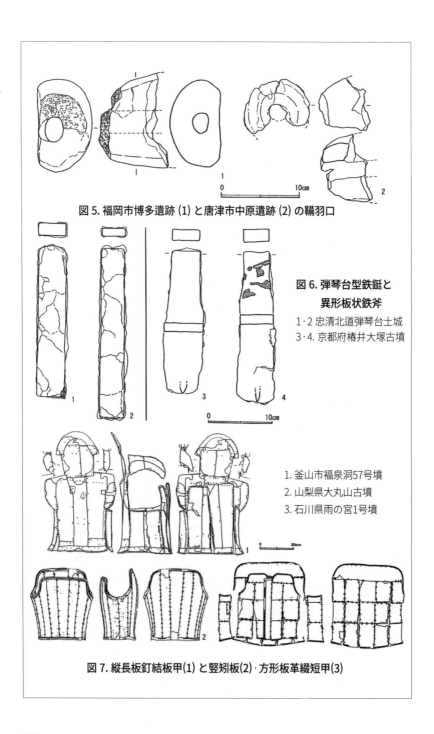

図 5. 福岡市博多遺跡 (1) と唐津市中原遺跡 (2) の鞴羽口

図 6. 弾琴台型鉄鋌と
異形板状鉄斧

1・2 忠清北道弾琴台土城
3・4. 京都府椿井大塚古墳

1. 釜山市福泉洞57号墳
2. 山梨県大丸山古墳
3. 石川県雨の宮1号墳

図 7. 縦長板釘結板甲(1) と竪矧板(2)・方形板革綴短甲(3)

鉄器生産の痕跡は、韓半島における様相との差違が明確となっている。

　轄羽口などの検討は韓半島各地との接点を示すものの〔真鍋2013〕、生産の中核である鍛冶炉等の生産施設は大きく異なっている。改めて述べるまでもなく、加耶、新羅地域では前時代から①製鉄→鋳造（銑鉄を鋳型

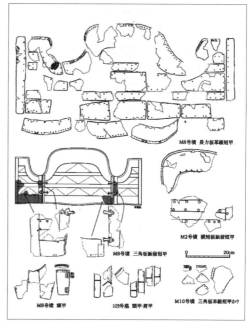

図8. 蓮山洞古墳群出土帯金式甲冑

に流して製品化）、②製鉄→炒鋼（銑鉄を脱炭して鋼生産）→鍛冶（高温鍛冶・低温鍛冶）、の双方を可能としていた。古墳時代中期以降の鉄器生産は、②の最終工程である鍛冶（高温鍛冶・低温鍛冶）のみであり、この工程自体は前期より可能であったため、中期にいかなる鍛冶の要素が加わったのかは判然としない。明白な点は製鉄、鋳造、炒鋼技術は受容していないことである。ただし、6世紀代の鍛冶については大県遺跡群（大阪府柏原市）に顕著なように、百済からの影響についてはすでに指摘されているとおりである〔北野2010〕。

　古墳時代後期の6世紀中葉にようやく開始する中国山地の製鉄も、その生産を担った製鉄炉は加耶地域を含めた韓半島南部の製鉄炉とは全く異なっている。韓半島の製鉄炉が中国の戦国・漢代の系譜

図 9. 韓半島における鉄鉗の分布

を汲み、円筒形自立炉で、大型L字形送風管１本を炉内に挿入して操業するのに対し、古墳時代後期の製鉄炉は平面隅丸方形（楕円形）で、両側壁に設けられた複数の小孔から送風された。両者は炉内反応や製鉄原理が全く異なっており、前者から後者が発生するようなものではない。つまり、加耶産の鉄や鉄器の活発な交流の背景には、製鉄技術の伝播・流出に関する秘匿が表裏一体としてあったのであろう[5]。これこそ高度な政体間の関係である。

　ただし、６世紀中葉に中国山地で製鉄が開始されて以降も、韓半島からの鉄素材の舶載は必要であった。列島内の製鉄炉は小規模で、生産量も限られており、その数も少ないため、古代国家成立に向け

---

5) 中九州の有明海沿岸地域の８世紀代の製鉄炉は小型で、平面形隅丸方形であるが、送風管は後方か ら１本挿入される。古墳時代後期の北部九州における製鉄炉も中国山地の製鉄炉とは異なり、こうほ う送風管が一本である可能性が高い。したがって、北部九州の古墳時代後期以降の製鉄炉は、小型で はあるものの原理的には韓半島の製鉄炉に近い。恒常かつ頻繁な交流を背景に技術が伝わった可能性が想定される〔村上2007〕。

てますます必要とされる鉄に全て対応することはできなかったので
ある。7世紀後半、近畿地方でも大規模製鉄が可能となるが、6世
紀中葉以降、加耶地域、そして台頭する百済地域の鉄とがどのよう
に拮抗し、日本列島にもたらされたのか、大いに関心がもたれる〔村
上2007〕。

【参考文献および図面引用文献】

大谷晃二, 2012,「金鈴塚古墳の金銀装大刀はどこで作られたか？」,『木更津市郷土博物館金のすず特別企 画展・金鈴塚古墳展－甦る東国古墳文化の至宝－』木更津市郷土博物館金のすず。

金田善敬, 1996,「古墳時代後期における鍛冶集団の動向－大和地方を中心に－」,『考古学研究』43-2、考古学研究会。

河合章行, 2011,「骨角器の製作について（補遺）」,『青谷上寺地遺跡出土品調査報告７骨角器（２）』鳥取県埋蔵文化財センター。

北野重, 2010,「韓鍛卓祖と大県遺跡」,『鍛冶研究会シンポジウム 2010 韓鍛冶と倭鍛冶－古墳時代における鍛冶工の系譜－』, 鍛冶研究会事務局。

杉山和徳, 2015,「日本列島における鉄剣の出現とその系譜」,『考古学研究』61-4、考古学研究会。

武末純一, 2004,「弥生時代前期前半期の歴年代－九州北部と朝鮮半島南部の併行関係から考える－」,『福岡大学考古学論集－小田富士雄先生退職記念－』, 小田富士雄先生退職記念事業会。

武末純一, 2012,「新鳳洞古墳群にみられる日本文化系要素」,『清州新鳳洞古墳群発掘30周年記念国際学術会議』。

田中謙, 2017,「弥生時代後期における木工具の「分化」とその地域性」,『瀬戸内海考古学研究会第７回公開大会』瀬戸内海考古学研究会。

田中俊明, 2009,『大加耶連盟の工房と「任那」』日本史リブレット70、吉川弘文館。

都出 比呂志, 1967,「農具鉄器化の二つの画期」,『考古学研究』13-3、考古学研究会。

寺井誠, 2019,『渡来文化の故地についての基礎的研究－新羅・加耶的文化要

素を中心として－』平成28~30年度日本学術振興会科学研究費補助金基盤研究(C)研究成果報告書。

橋本達也, 1998,「竪矧板・方形板革綴短甲の技術と系譜」,『青丘学術論集』12、(財)韓国文化研究振興財団。

橋本達也, 2015,「甲冑からみた蓮山洞古墳群と倭王権の交渉」,『故孫明助先生追慕論文集友情の考古学』, 故孫明助先生追慕論文集刊行委員会。

橋本達也・鈴木一有, 2014,「古墳時代甲冑集成」,『21世紀初頭における古墳時代歴史像の総括的提示とその国際発信』, 科学研究費補助金・基盤研究A。

林大智, 2017,「北陸における農工具の鉄器化について」,『木製品からみた鉄器化の諸問題』。

古瀬清秀, 1974,「古墳時代鉄製工具の研究－短冊形鉄斧を中心として－」,『考古学雑誌』60-2、日本考古学協会。

真鍋成史, 2013,「古墳時代中期における渡来系鍛冶技術の導入過程について」,『たたら研究』52、たたら研究会。

村上恭通, 1997a,「肥後における鉄研究の成果と展望」,『肥後考古学』10、肥後考古学会。

村上恭通, 1997b,「原三国・三国時代における鉄技術の研究－日韓技術比較の前提として－」,『青丘学術論集』11、(財)韓国文化研究振興財団。

村上恭通, 1998,『倭人と鉄の考古学』青木書店。

村上恭通, 2007,『古代国家成立過程と鉄器生産』青木書店。

村上恭通, 2017,「鉄器化した弥生社会の実現とその背景－弥生時代鉄器生産論の可能性－」,『瀬戸内海考古学研究会第7回公開大会』, 瀬戸内海考古学研究会。

村上恭通, 2018a,「朝鮮半島における燕系鉄器その後継鉄器群」,『第29回東アジア古代史・考古学研究会 交流会発表会資料集－農工具を中心として－』,

東アジア古代史·考古学研究会。

村上恭通, 2018b,「弥生時代の鉄と祭祀」,『瀬戸内海考古学研究会第8回公開大会』瀬戸内海考古学研究会。

村上恭通, 2019,「弥生時代の板状鉄斧と袋状鉄斧」,『瀬戸内海考古学研究会第9回公開大会』瀬戸内海考古学研究会。

孫明助·尹部映編, 2001,『密陽沙村製鐵遺跡』国立金海博物館学術報告1、国立金海博物館。

朴天秀, 1998,「考古学から見た古代の韓·日交渉」,『青丘学術論集』12、(財)韓国文化研究振興財団。

李東冠, 2010,「日韓における鑱(サルポ)の変遷と変容」,『還暦、還暦?、還暦！－武末純一先生還暦記念献呈文集·研究集－』武末純一先生還暦記念事業会。

李東冠, 2016,「日本列島古墳時代前期の百済系鉄鋌の流入とその系譜」,『古文化談叢』76、九州古文化研究会。

日本古代의 철기문화와 加耶

무라카미 야스유키*

Ⅰ. 머리말

야요이시대 이후의 철기문화는 한반도, 중국과의 교섭 없이는 성립할 수 없었다. 야요이시대에는 증가하는 목재가공에 대하여 철기가 석기를 대체하는 동향을 보이고, 수렵구·무기인 화살촉(鏃)도 철기화되며, 돌과 청동으로 만들어졌던 검(劍)도 철제가 되어, 지역 지도자들의 권위를 표현하게 되었다. 고분시대를 맞이하면 철제무구, 무기, 마구와 농구가 더욱 충실

---

* 에히메대학

해지고, 철기부장의 양상은 질·양면에서 피장자의 계층차가 나타나게 되었다. 또한 철기와 철생산기술도 단계적으로 습득하며 그 배경에는 한반도로부터의 영향이 확실시 되고 있다.

발굴조사에 따른 철제품의 증가와 자료의 充實은 개발 사업이 선행된 한국 영남지방에서 먼저 일어났고, 일본고고학에서 철기의 연구도 그 비교 연구를 먼저 가야지역을 대상으로 진행되었다. 그러나 최근 호서, 호남, 영동, 영서지역에서 철제품 증가는 일본고고학에 대하여 관점의 확장을 요구하게 되었고, 가야지역과 일본 사이에 이루어졌던 철과 관련된 교류는 보다 정밀함이 요구되었다. 이러한 상황도 고려하면서, 일본 철기문화에 끼쳤던 가야지역으로부터의 영향에 대해 고찰하고자 한다. 또한, 가야성립 이전인 초기철기시대, 원삼국시대 해당지역을 가리키는 경우도「가야지역」이라는 명칭을 사용하도록 하겠다.

Ⅱ. 야요이시대 철기문화와 가야지역

1. 철기양상 변화와 가야지역

1) 야요이시대 전기말∼중기초두

주조철부 파편을 재가공한 소형가공도끼(小型加工斧)와 끌(鑿)은 북부큐슈를 중심으로 세토우치(瀬戸内)·산인(山陰)지역에 걸쳐 파급된다(도1). 골각기 가공흔에 관한 연구에 의하면 그 사용시기는 소급될 가능성이 있다 [河合, 2011]. 단조철기 이용에 대해서는 현재 불분명하다.

이 시기 즉, 원형점토대토기를 지표로 하는 수석리식(水石里式)토기 단계

후반에는[武末, 2004], 한반도의 충청도, 전라도 등 서해안지역에 주조철부·끌(鑿), 단조의 조각칼(釛)이 韓國式靑銅器群과 함께 부장된다. 다만, 서해안에서 부장된 주조철부 혹은 파편이 일본열도에 전래되었을 가능성은 낮고, 오히려 요동지역[1]을 중심으로 보급된 중국의 다종다양한 주조철부 파편이 卓越하다[村上, 1997a]. 서해안지역에서는 조각칼(釛)도 이 시기에 청동제에서 단조철기로 재질을 변환하고, 칼 끝(鋒)이 圭頭狀에서 뾰족한(劍先狀) 것으로 변화가 일어난다[村上, 2018a]. 조각 칼(釛)은 한반도

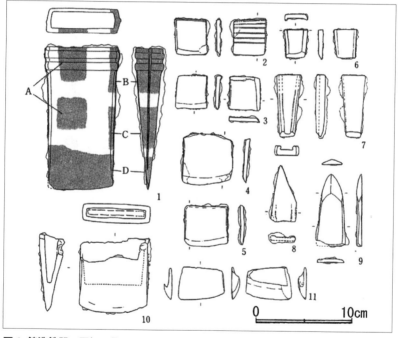

図 1. 鑄造鉄器の再加工品

1. 福岡県比恵遺跡, 2. 福岡県庄原 遺跡, 3~5. 福岡県下稗田遺跡, 6. 熊本県神水遺跡, 7. 佐賀県吉野ヶ里遺跡, 8. 福岡県那珂遺跡, 9. 福岡県上野原遺跡, 10. 福岡県若山遺跡, 11. 熊本県上高橋高田遺跡

---

1) 그 남쪽 한계는 한반도 서북부도 포함하여 상정하고 있다.

보다 일본에서의 전개가 뚜렷한 공구이지만, 같은 시기의 야요이 유적에서는 출토 예가 현재까지는 없다. 이와 관련한 연구의 현상도 가야지역에 있어서 이 단계의 주조철기와 단조 조각칼의 동향은 아직까지 불명한 점이 많다.

2) 야요이시대 중기전반

주조철기편의 재가공품이 소형화공구(小型化工具)로써 사용되는 반면, 호쿠리쿠(北陸)지방의 이시카와현(石川県) 코마츠시(小松市) 요우카이치지카다(八日市地方) 유적에서의 조사 성과를 통해 완형품 주조철부류가 일정량 파급되어, 지역·유적에 따라서 대형석기에 대해 철기가 보완하고 있는 양상이 확인되었다[林, 2017]. 단조철기는 판상철부와 뾰족한 검의(劍先狀) 선단부(先端部)가 특징인 조각칼(鉇)이 북부큐슈에서 확인된다.

가야지역에서 이 시기는 이미 원시적인 철기생산 흔적이 확인된 부산시 내성유적이 있다. 단야유구인 1호주거지에서 단야로, 철괴, 철기 미제품(未製品)과 함께 북부큐슈계토기가 출토되고, 토기출토 총량의 94%를 차지하고 있다. 또한, 같은 북부큐슈계 야요이토기가 대량 출토된 경상남도 사천시 늑도유적에서도 철기생산 흔적이 확인되고 있다. 야요이인이 가야지역산(加耶地域産) 단조철기 뿐만 아니라 생산풍경을 접한 것도 이 시기이다. 다만 주조철부에 대해서는 김해시 구산동유적 출토품을 보는 한, 야요이문화와 같이 요동지역산이다. 김해지역은 큐슈계 야요이토기가 집중하는 지역이며, 이 지역 또는 늑도유적이 큐슈로 철기를 보내는 창구역할을 하였다.

3) 야요이시대 중기후반~후기전반

이 단계는 북부큐슈에서 철기생산이 시작되고, 단기간에 단야기술이 전파되어 일본각지에서 그 흔적이 확인된다. 다만 재지생산철기가 각종 석기를 망라하여 대체하는 지역은 한정적이며, 나무 벌채에 사용하는 대형판상철부와 주조철부 등은 박재품(舶載品)에 의존할 수밖에 없었다. 판상철부는 경남 창원시 다호리분묘군 등에서 보이는 것처럼 가야지역의 중요한 단조철기이다. 늑도유적이 쇠퇴한 시기였기 때문에 김해지역이 교역의 주요한 창구가 되었다고 생각된다. 가야지역에서 생산·부장된 철과는 소형품에 한정되었지만, 북부큐슈에 전파되면서 대형화되고, 곡선적인 외형제작은 걸출한 단조 기술이 반영되어 있다(도2). 가야지역 공인과 북부큐슈(奴國나코쿠) 공인간에 이루어진 기술전수·전습 형태는 여러 가능성이 상정되지만, 이 기술이 이후 무기류생산의 기초가 되고, 한반도에는 없는 크기·형태의 철검생산으로 연결된다[杉山, 2015].

반면, 북부큐슈에서 갑기법(甲技法)의 단조철겸[都出, 1967][2]과 단순한 구조의 단조철부는 오히려 낙랑지역과 한국 중부지역에 공통점이 많고, 이들의 수용경로·창구가 서해안으로 상정될 여지도 있다(도3).

생산뿐만 아니라 철이 부장, 제사와 관련되기 시작한 때도 중기후반이다. 북부큐슈에서는 검, 모(矛), 戈, 사(鉇), 도자 등이 부장되게 되었다. 또한 棺外 혹은 묘광위에 도끼(斧), 사, 도자 등의 철기 공헌이 보여진다[村上, 2018b]. 이것도 또한 다호리고분군으로 대표하는 가야지역의 영향을 잘 보여주는 것이다.

이 단계에 철은 생산, 묘제, 제사와 모든 방면에 관여하게 되었으며, 또한 철소재를 획득하는 활동도 필요하게 되었다. 중기후반은 야요이 철기문화의 발전에 큰 획기라고 할 수 있다.

---

2) 인부를 밑으로 두는 경우, 접히는 부분이 오른쪽에 있는 것을 甲技法, 왼쪽에 있는 것을 乙技法으로 했다[都出, 1967].

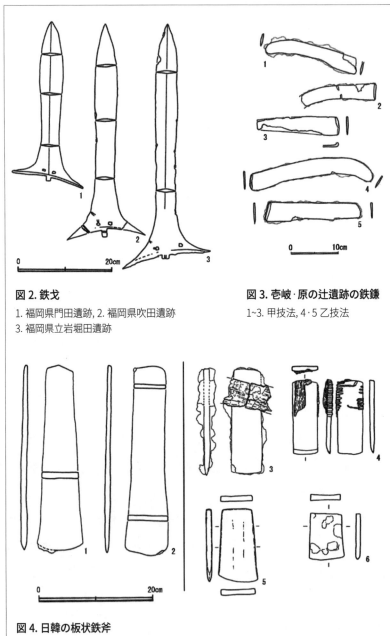

図2. 鉄戈

1. 福岡県門田遺跡, 2. 福岡県吹田遺跡
3. 福岡県立岩堀田遺跡

図3. 壱岐·原の辻遺跡の鉄鎌

1~3. 甲技法, 4·5 乙技法

図4. 日韓の板状鉄斧

1. 泗川市勒島遺跡, 2. 釜山市温泉洞遺跡, 3. 大分県下郡桑苗遺跡, 4. 群馬県長谷津遺跡

4) 야요이시대 후기후반〜종말

　대국적으로 보면 종말기를 향하며 이기(利器)의 철기화가 완성을 지향하지만, 지표에 따라서는 그 완성도의 평가가 복잡한 단계이다. 철기 기종 구성만을 들어 똑같을지라도 대형철기부터 소형철기까지 모든 단조가 가능한 지역과 대형철기는 모두 박재(舶載)하고 소형품 밖에 생산할 수 없는 지역이 대비된다[村上, 2017]. 또한 하나의 유적에 초점을 맞추면 철기화의 현저한 진행이 엿보이지만, 그 유적을 포함한 일정 지역을 아우르면 석기의 잔존율이 높은 유적들이 공존하여, 지역으로서는 철기화가 완성되지 못한 경우도 있다. 석기이용으로의 회귀를 가능하게 하는 가역적 철기화사회와 회귀할 필요가 없는 불가역적 철기화사회가 일본 열도 내에서 공존하고 있는 것이 이 단계의 특색이다.

　이 단계는 중국산 주조철부와 마찬가지로 가야지역산 철기의 의존도가 점점 높아졌다. 대표적으로 판상철부 사용흔적을 보면 처음에는 길고 커서 벌채부(縱斧)로써 사용되나, 마모(摩耗)되고 소형화 될수록 자루의 종류를 바꾸어 가공부(橫斧)로써 사용되기도 하며, 원래 형태의 반보다 작은 크기가 될 때까지 사용된다(도4)[村上, 2019]. 대형 판상철부의 도끼머리(斧頭)가 남아있다면, 도끼로서의 기능을 마칠 때까지 3〜4가지 나무자루로 교체되었다. 강인하고 내구성이 뛰어난 판상철부는 중국산 주조철부처럼 나무의 벌채·가공에 큰 위력을 발휘하였다. 박재(舶載) 철기나 박재(舶載) 철소재를 획득하기 위해 많은 지역이 석기를 망각해 가던 단계인 만큼 대가물(對價物)생산을 피할 수 없게 되었다. 각지의 철기에 대한 획득욕은 북부 규슈 지역으로 향하였고, 그 끝에는 김해 지역이 있었다. 박재(舶載) 철소재도 마찬가지로, 울산광역시 달천철산이나 경북 경주시 황성동유적 주변 지역에서 생산된 철은『三國志』烏桓鮮卑東夷傳의 韓傳에 기록된 '변진철(弁辰鐵)'로써 더욱 그 수요가 높아졌다고 생각된다.

다만, 추측되는 야요이사회의 중국산 주조철부의 박재(舶載)량을 고려하면, 한반도 서해안루트도 충분히 기능을 하고 있다. 또한 영동지역 중도문화(中島文化) 특유의 단조철부 등도 열도 내에 확산되었다. 타 지역의 생산품이 김해지역에 집약되었거나, 다른 야요이사회의 창구가 존재했는지는 검토의 여지가 있다.

이 단계의 가야지역에서는 김해시 양동리고분군 목곽묘단계에 철기의 대량부장이 이루어진다. 대표적으로 162호묘에서 판상철부, 봉상철부, 검, 모, 촉 등이 부장되어왔다. 야요이사회에서의 철과 장제와의 관계성은 각지에 침투하고 있지만, 가야지역의 양상에는 크게 미치지 못했다.

Ⅲ. 고분시대 철기문화와 가야지역

1. 철기상의 변화와 가야지역

1) 고분시대 전기

고분시대를 맞이하면, 취락에서 출토되는 철기가 전 단계의 양상과는 크게 다른 점이 없지만, 철기생산과 철기부장 상황에 큰 변화가 나타난다. 철기생산에 대해서는 북부큐슈에 어묵형(蒲鉾形 카마보코형)의 정형적인 송풍구가 갑자기 나타나고(도5-1), 대형단야재, 단조박편과 입상재를 부수적으로 산출하는 고도의 고온단야기술이 보이기 시작한다. 이에 따라 정련과 고철재생이 가능하게 되었다. 이 송풍관과 유사한 예는 영동지역 중도문화에 있기 때문에 분포상 남쪽 경계에 대해서는 주의할 필요가 있지만, 한반도 남부 동해안에 기원이 있다고 보여 진다. 이 송풍관의 출토유적은 호쿠

리쿠(北陸)와 미나미간토(南関東)까지 점재하고 있고, 각지에 야요이시대까지 없던 새로운 단야기술이 전파되었다. 반면 거의 동시기인 사가현 카라츠시(佐賀県 唐津市) 나까바루(中原)유적에서는 원통형의 대형 송풍관이 출토되었고(도5-2), 하카타(博多)유적이 수용했던 송풍관과는 다른 계보의 단야기술이 서북부큐슈에도 전파된 것으로 보여 진다. 옛 마한(舊馬韓)지역에서 수용되었을 가능성도 상정 가능하다.

철기의 부장양상에 대해서는 전기 전반단계의 대형고분에 철기대량부장이 개시되었다. 철촉과 같은 소형철기는 고분시대의 개성이 표현되지만, 대량부장이라는 점은 양동리 분묘군을 후속한 김해시 대성동고분군에서 보이는 금관가야의 장제를 모방한 것이라 하겠다. 이 부장한 철의 양으로 다른 분묘를 압도하려는 표현은 고분시대 중기까지 이어진다. 주목되는 것은 판상철부(短冊形鐵斧)[3]의 부장이다. 원삼국시대의 다호리단계에 시작된 판상철부의 부장은 김해지역에서 더욱 두드러지며, 이것이 장구(裝具)로써 중요한 위치를 차지하고 있었음을 알 수 있다. 전기고분에서도 그 부장량의 많고 적음에 편차가 있지만, 교토부 키즈카와시(京都府 木津川市) 츠바이오오츠카야마고분(椿井大塚山古墳)에서 출토된 20여점의 이형판상철부(異型板狀鐵斧)이다(도6-3, 4). 철부의 기부에는 봉상철소재(棒狀鐵素材)의 미가공 부분이 남아 있어 그 철소재가 백제지역에서 출토된 탄금대형철정(彈琴臺型鐵鋌)과 동일한 형태·규격임이 지적되었다(도6-1, 2)[李, 2016]. 이 철정의 명칭은 집수시설에서 40점이 일괄 출토된 4세기대 충청북도 충주시 탄금대토성(彈琴臺土城)에서 유래된 것이다[武末, 2012]. 이 철정은 선철을 정련하여 강철로 만들고, 끌(鑿)로 분할한 일본의 철소재인 「庖丁鐵」과 흡사한데, 철소재로서 최적의 형상과 크기를 나타내고 있다. 이것이 백제지

---

3) 고분시대의 판상철부는 단책형철부(短冊形鉄斧)로 불려진다[古瀬, 1974].

역에서 금관가야지역을 경유하여 일본열도로 가져왔는지, 금관가야지역에서도 이와 유사한 철정이 생산되었는지 혹은 백제지역에서 직접 가져왔는지? 탄금대에는 해당 시기 대규모 제철기지가 있었다는 사실도 밝혀졌으며, 그 철생산력은 금관가야에 결코 뒤지지 않는다. 이 문제의 해결은 앞으로 중요한 과제라고 말할 수 있을 것이다.

전기 후반에는 대량의 철기 부장이 증가하는 한편, 철을 이용한 무장에 새로운 획기가 보인다. 그것은 수직판·방형판혁철단갑(竪矧板·方形板革綴短甲)의 출현이며 그 배경에는 한반도 남부계 철제품 공인의 도래와 일본열도의 공인을 포섭하는 형태의 새로운 공인조직의 형성이 있었다고 평가되고 있다(도7)[橋本, 1998]. 수직판·방형판혁철단갑의 모델은 종장판정결판갑(縱長板釘結板甲)으로 생각되며, 그 갑옷이 집중적으로 분포하는 가야지역은 고분시대 철제단갑(短甲)의 역사에 중요한 역할을 하였다.

2) 고분시대 중기~후기

5세기는 철제농구가 큰 획기를 맞이하며, 한반도 남부에 유래(由來)하는 U자형삽날(U字形鋤先)은 일본열도 내에서 기경기술(耕起技術)에 큰 영향을 주었다[都出, 1967]. 철겸도 乙技法이 나타나며, 도래문화와의 접촉을 반영하고 있다[金田, 1996]. 4세기대에 가야지역, 호서지역에 등장하는 살포(鑃)는 일본열도에서는 가야계가 선행하고, 5세기대 이후 백제계가 현저해진다[4] [李, 2010]. 다만 고분시대 살포를 실용농구로써 평가하기 위해서는 취락 출토예가 요구된다. 같은 양상으로 한반도에서 살포 이상으로 보급된 주조제형부(鑄造梯形斧)로도 지적할 수 있으며, 이미 전통이 되었던 생업

---

4) 한반도의 예를 포함하여, 나라현 사쿠라이시(奈良県 桜井市) 호케노야마고분(ホケノ山古墳), 츠바이오오츠카야마고분(椿井大塚山古墳) 출토 살포가 가장 오랜 것이며, 가야계 살포와 유사하다. 이 점을 통해 가야지역에도 현단계에 발견되고 있는 살포보다 오래된 예의 존재를 상정하고 있다[李, 2010].

을 지탱하는 도구에 관해서는 상징물로서 수용되었지만 일반화되지는 않았다.

고분시대 중기는 철과 무장(武裝)의 관계가 점점 밀접해지는 시기이며, 갑주의 열도산화(列島産化)가 현저하게 진행한 시기이다. 이전까지 한일교섭의 중요한 창구를 담당했던 금관가야는 4세기말 이후 고구려 남하와 신라의 압박을 받고, 또 가야 내부에서 핵심세력을 대가야로 교체한 것으로 알려져 있다. 특히, 후자의 동향은 일본열도에서 한반도계 부장품에도 크게 반영되었고, 5세기 후반에 금관가야계에서 대가야계로, 그리고 6세기를 맞이하여 대가야계에서 백제계로 이행한다고 지적되고 있다[朴, 1998]. 다만, 대금식(帶金式) 왜계 갑주의 검토를 통해 해당 시기에도 왜 왕권과 금관가야의 강한 유대가 유지되었음이 지적되고 있다. 부산광역시 연산동 고분군에서는 왕권 핵심부에서만 가질 수 있는 깃이 달린 단갑(襟付短甲)이 출토되었으며, 복수의 갑주(複數領) 부장 등을 포함하여 계속적인 왜적(倭的) 양상이 보인다고 한다(도8)[橋本, 2015]. 금관가야가 한일교섭의 창구로써 기능을 유지했다는 평가[田中, 2009]는 고분시대 사회가 5세기 이후 더욱 필요로 하는 철소재–철괴에 관한 교섭을 생각할 때에도 수긍할 수 있다.

철기생산에 대하여 단야구와 그 부장이라는 새로운 요소가 일본열도에도 가져왔다. 최근 한일의 방대한 자료가 조사된 결과, 가야지역과 일본열도와의 관계가 극명하게 그려지게 되었다(도9)[寺井, 2019]. 단, 그 한편으로 5세기 이후 일본 열도 내에서 증가하는 철기생산의 흔적은 한반도에서 양상과 차이가 명확하게 되었다. 송풍관 등의 검토는 한반도 각지와 접점을 제시할 뿐[眞鍋, 2013], 생산의 중심인 단야로 등의 생산시설은 크게 다르다. 가야, 신라지역에서는 이전 시대부터 ① 제철→주조(선철을 거푸집에 부어서 제품화), ② 제철→초강(선철을 탈탄하여 강 생산)→단야(고온단야·저

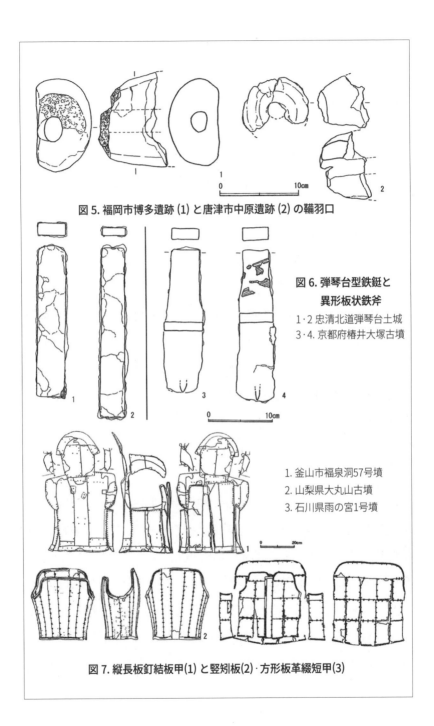

図 5. 福岡市博多遺跡 (1) と唐津市中原遺跡 (2) の鞴羽口

図 6. 弾琴台型鉄鋌と
異形板状鉄斧
1・2 忠清北道弾琴台土城
3・4. 京都府椿井大塚古墳

1. 釜山市福泉洞57号墳
2. 山梨県大丸山古墳
3. 石川県雨の宮1号墳

図 7. 縦長板釘結板甲(1) と竪矧板(2)・方形板革綴短甲(3)

온단야) 뿐이며, 이 공
정 자체는 전기보다 가
능하였기 때문에 중기
에 어떠한 단야의 요소
가 추가되었는지 분명
하지 않다. 명백한 점
은 제철, 주조, 초강기
술은 수용하지 않은 것
이다. 다만 6세기대의
단야에 대해서 오사카
부 카시하라시(大阪府
柏原市) 오오가타유적
군(大県遺跡群)에 현저
한 것처럼 백제에서의
영향에 대하여는 이미

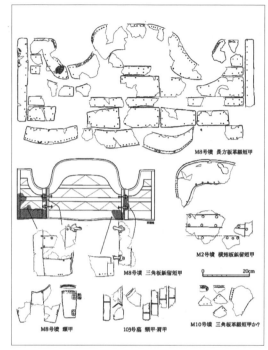

図 8. 蓮山洞古墳群出土帶金式甲冑

지적한 바와 같다[北野, 2010].

고분시대 후기의 6세기 중엽에 겨우 개시한 주코쿠(中國) 산지의 제철도
그 생산을 담당한 제철로는 가야지역을 포함한 한반도 남부의 제철로와는
전혀 다르다. 한반도의 제철로가 중국의 戰國·漢代의 계보를 이어받은 원
통형 자립로(自立爐)로서 대형 L자형 송풍관 1개를 노내에 삽입하여 조업
하는 것에 반하여, 고분시대 후기의 제철로는 평면말각방형(타원형)으로 양
측벽에 설치된 복수의 작은 구멍을 통해 송풍한다. 양자는 노내 반응과 제
철원리가 전혀 다르며, 전자에서 후자가 발생하는 것은 아니다.

요컨데 가야산의 철과 철기의 활발한 교류의 배경에는 제철기술의 전파·유출에 관한 은닉의 표리일체였을 것이다[5]. 이것은 고도의 정치체간 관계이다.

다만 6세기 중엽에 주코쿠(中國)산지에서 제철이 개시된 이후에도 한반도에서 철소재의 박재(舶載)가 필요했다. 열도 내의 제철로는 소규모로서 생산량도 한정적이고, 그 수량도 적기 때문에 고대국가 성립을 위해 더욱 필요한 철을 모두 대응할 수는 없었다. 7세기후반, 긴키(近畿)지방에도 대규모 제철이 가능하게 되었지만, 6세기 중엽 이후 가야지역, 그리고 대두되는 백제지역의 철이 어떻게 대항하면서 일본열도에 반입되었는지 크게 관심이 간다[村上, 2007].

図 9. 韓半島における鉄鉗の分布

---

5) 중큐슈(中九州)의 아리아케해(有明海) 연안지역의 8세기대 제철로는 소형이고, 평면형태는 말각방형이지만, 송풍관은 후방에서 1개가 삽입되었다. 고분시대 후기의 북부큐슈 제철로도 중국잔지의 제철로와는 다르게 송풍관이 1개일 가능성이 높다. 따라서, 북부큐슈의 고분시대 후기이후 제철로는 소형이지만, 원리적으로는 한반도 제철로에 가깝다. 항상 잦은 교류를 배경으로 기술이 전해졌을 가능성이 상정된다[村上, 2007].

【参考文献および図面引用文献】

大谷晃二, 2012,「金鈴塚古墳の金銀装大刀はどこで作られたか？」,『木更津市郷土博物館金のすず特別企 画展·金鈴塚古墳展－甦る東国古墳文化の至宝－』木更津市郷土博物館金のすず。

金田善敬, 1996,「古墳時代後期における鍛冶集団の動向－大和地方を中心に－」,『考古学研究』43-2、考古学研究会。

河合章行, 2011,「骨角器の製作について(補遺)」,『青谷上寺地遺跡出土品調査報告 7 骨角器（2）』鳥取県埋蔵文化財センター。

北野重, 2010,「韓鍛卓祖と大県遺跡」,『鍛冶研究会シンポジウム 2010 韓鍛冶と倭鍛冶－古墳時代における鍛冶工の系譜－』, 鍛冶研究会事務局。

杉山和徳, 2015,「日本列島における鉄剣の出現とその系譜」,『考古学研究』61-4、考古学研究会。

武末純一, 2004,「弥生時代前期前半期の歴年代－九州北部と朝鮮半島南部の併行関係から考える－」,『福岡大学考古学論集－小田富士雄先生退職記念－』, 小田富士雄先生退職記念事業会。

武末純一, 2012,「新鳳洞古墳群にみられる日本文化系要素」,『清州新鳳洞古墳群発掘30周年記念国際学術会議』。

田中謙, 2017,「弥生時代後期における木工具の「分化」とその地域性」,『瀬戸内海考古学研究会第 7 回公開大会』瀬戸内海考古学研究会。

田中俊明, 2009,『大加耶連盟の工房と「任那」』日本史リブレット70、吉川弘文館。

都出 比呂志, 1967,「農具鉄器化の二つの画期」,『考古学研究』13-3、考古学研究会。

寺井誠, 2019,『渡来文化の故地についての基礎的研究－新羅·加耶的文化要

素を中心として－』平成28~30年度日本学術振興会科学研究費補助金基盤研究(C)研究成果報告書。

橋本達也, 1998, 「竪矧板·方形板革綴短甲の技術と系譜」, 『青丘学術論集』12、(財)韓国文化研究振興財団。

橋本達也, 2015, 「甲冑からみた蓮山洞古墳群と倭王権の交渉」, 『故孫明助先生追慕論文集友情の考古学』, 故孫明助先生追慕論文集刊行委員会。

橋本達也·鈴木一有, 2014, 「古墳時代甲冑集成」, 『21世紀初頭における古墳時代歴史像の総括的提示とその国際発信』, 科学研究費補助金·基盤研究A。

林大智, 2017, 「北陸における農工具の鉄器化について」, 『木製品からみた鉄器化の諸問題』。

古瀬清秀, 1974, 「古墳時代鉄製工具の研究－短冊形鉄斧を中心として－」, 『考古学雑誌』60-2、日本考古学協会。

真鍋成史, 2013, 「古墳時代中期における渡来系鍛冶技術の導入過程について」, 『たたら研究』52、たたら研究会。

村上恭通, 1997a, 「肥後における鉄研究の成果と展望」, 『肥後考古学』10、肥後考古学会。

村上恭通, 1997b, 「原三国·三国時代における鉄技術の研究－日韓技術比較の前提として－」, 『青丘学術論集』11、(財)韓国文化研究振興財団。

村上恭通, 1998, 『倭人と鉄の考古学』青木書店。

村上恭通, 2007, 『古代国家成立過程と鉄器生産』青木書店。

村上恭通, 2017, 「鉄器化した弥生社会の実現とその背景－弥生時代鉄器生産論の可能性－」, 『瀬戸内海考古学研究会第7回公開大会』, 瀬戸内海考古学研究会。

村上恭通, 2018a, 「朝鮮半島における燕系鉄器その後継鉄器群」, 『第29回東アジア古代史·考古学研究会 交流会発表会資料集－農工具を中心として－』,

東アジア古代史·考古学研究会。

村上恭通, 2018b,「弥生時代の鉄と祭祀」,『瀬戸内海考古学研究会第８回公開大会』瀬戸内海考古学研究会。

村上恭通, 2019,「弥生時代の板状鉄斧と袋状鉄斧」,『瀬戸内海考古学研究会第９回公開大会』瀬戸内海考古学研究会。

孫明助·尹邰映編, 2001,『密陽沙村製鐵遺跡』国立金海博物館学術報告１、国立金海博物館。

朴天秀, 1998,「考古学から見た古代の韓·日交渉」,『青丘学術論集』12、(財)韓国文化研究振興財団。

李東冠, 2010,「日韓における鍬（サルポ）の変遷と変容」,『還暦、還暦？、還暦！－武末純一先生還暦記念献呈文集·研究集－』武末純一先生還暦記念事業会。

李東冠, 2016,「日本列島古墳時代前期の百済系鉄鋌の流入とその系譜」,『古文化談叢』76、九州古文化研究会。

낙동강하구 유역 철 문화의
전개 과정과 전기 가야의 제철

김 일 규*

Ⅰ. 머리말

　낙동강하구 유역에 위치하는 김해는 3세기 후반에 작성된 중국의 『三國志』에 '변진철'로 소개될 정도로 고대 철 생산지로 유명한 곳이다. 김해시 생림, 상동 일대의 동척 철광산은 고려시대에 채광된 광산이며, 생림면에는 생철이라는 재철 관련 용어로 된 지명이 있고, 상동면에는 매리 철광산

---

* 부산대학교

이 위치하고 우계리유적에서는 6~7세기대의 제철유구가 확인되었다. 낙동강 건너 물금에는 삼국시대의 제철유적이 발굴 조사되었으며, 물금 철광산은 1991년까지 채광되었을 정도로 낙동강하구 유역은 철광산으로도 유명하다.

이처럼 전기 가야의 고지인 김해는 철과 밀접하게 연관되어 있지만, 가야의 철과 철기 생산인 제철의 직접적인 고고학 조사 자료가 미미한 이유로 관련 연구가 미비한 실정이다.

본 발표에서는 낙동강하구 유역의 김해지역에 철 문화가 유입되어 전개되는 과정을 최근 발굴 조사한 제철 유적과 유구, 공반 유물 및 변한~가야의 유적에서 출토된 철기의 검토를 통해 살펴보고자 한다. 이 과정에서 종적 시간 축에서의 철기와 제철 기술을 상호 비교하여 변화상을 검토해 보겠다. 이를 바탕으로 해당 시기의 철기에 반영된 사회의 변동양상 및 제철 기술이 해당 사회에 어떻게 작용하였는지를 살펴보겠다.

II. 낙동강하구 유역 철 문화의 출현과 전개

1. 철기의 출현

한반도의 철 문화는 중국의 戰國系 철기가 유입되면서 시작되었다는 것이 학계의 정론이며, 청천강 이북지역에 먼저 유입된 철 문화는 점차 대동강 유역과 남부지역으로 확산하였다(손명조, 2009). 한반도 남부는 호서지역을 시작으로 이후 영산강 유역과 낙동강 유역으로 전파되면서 철 문화가 본격화되었다. 호서지역의 철 문화는 주조철기의 농·공구류 중심이지만,

낙동강 유역으로 전파될 무렵에는 여기에 단조제의 무기와 농·공구류가 부가되었다.

낙동강 유역의 철 문화는 영남내륙의 대구지역에 먼저 유입되어 점차 주변으로 파급된 것으로 이해하고 있다. 그렇지만 이번 세기에 들어와 김해 구산동 취락유적에서 초기철기가 출토되어 낙동강하구의 김해지역도 대구지역과 철기의 유입 시점은 격차가 거의 없다는 사실을 알게 되었다.

대구지역은 월성동과 팔달동 분묘군 등의 목관묘에서 출토된 철기가 주조제 농·공구를 비롯하여 단조제의 무기와 농·공구가 조합된 것이다. 그렇지만, 김해 구산동 취락유적에서는 주조 철기 및 파손된 주조 철기 조각을 재가공한 철기와 단조제 손칼 같은 비교적 간단한 공구 등 소량의 철기가 여전히 석기와 공존하는 조합인 것에서 대구지역과 수준 차이가 뚜렷하다. 취락과 무덤에서 출토된 유물을 단순 비교하는 것은 다소 무리한 감이 없진 않지만, 출토된 철기의 양상으로 본다면 먼저 대구지역에 철 문화가 유입된 후 시간적 차이를 가지지 않고 곧바로 낙동강하구 유역으로 파급된 것으로 보는 것이 타당하다.

낙동강하구 유역의 철 문화 출현단계의 유적인 김해 구산동 취락유적에서 출토된 철기는 〈그림 1〉에서 보듯이 삼한시대 전기 후반의 삼각점토대토기 및 일본 야요이 중기 전반의 토기 형식인 조우노코식~수구 I 식과 공반하였다. 삼각점토대토기와 조우노코식~수구 I 식 단계는 익산 평장리유적 출토 漢鏡인 사엽사룡문경의 연대(김일규, 2019a)를 적용하면 기원전 2세기 중엽을 상한으로 하는 기원전 2세기 후반으로 편년할 수 있다. 호서지역의 철기 출현이 기원전 2세기 초엽으로 편년되므로(김일규, 2019a), 낙동강 유역에 철 문화가 유입된 시점은 호서지역보다 1~2단계 후행한다.

낙동강하구 유역에 철 문화가 출현한 단계의 제철 기술은 제련과 정련의 흔적은 찾아볼 수 없으며, 〈그림 1-11·14·17〉과 같이 파손된 주조 철기

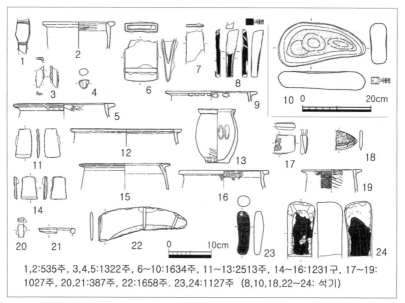

1,2:535주, 3,4,5:1322주, 6~10:1634주, 11~13:2513주, 14~16:1231구, 17~19: 1027주, 20,21:387주, 22:1658주. 23,24:1127주 (8,10,18,22~24: 석기)

〈그림 1〉 구산동유적의 초기철기와 공반유물

의 철편을 재가공–연마 등의 방법으로 날[刃] 정도만 조성한 것이다. 한편으로는 연마되고 두드린 흔적이 있는 불 먹은 대석을 비롯하여 숫돌과 두드린 흔적이 확연한 망치 돌로 볼 수 있는 敲石이 출토되었는데, 이러한 유물들로 볼 때 구산동 취락유적에서는 철편을 불에 달군 뒤 두드려서 형태를 변형시키는 정도의 간단한 단야 공정이 행해졌을 개연성도 배제할 수 없다.[1]

철기는 전국계로 볼 수 있지만, 〈그림 1-1〉과 같은 손칼은 호서지역의 초기철기에서 보이지 않는 점을 감안하면, 직접적 유입 루트에 대해서는 좀 더 신중할 필요가 있다.

────────

[1] 김상민(2019)은 구산동과 동래 내성에서 확인되는 이러한 공정을 생산 1기로 분류하였다.

2. 漢式 철 문화의 유입과 정착

1) 漢式 철기의 유입

〈그림 2〉의 대성동 84호묘는 석개 토광묘로 무덤 내에서 홍도, 석검, 석
촉이, 개석 사이에서 〈그림 2-2〉의 유리구슬과 〈그림 2-3〉의 단조 철부
가 출토되었다.[2]

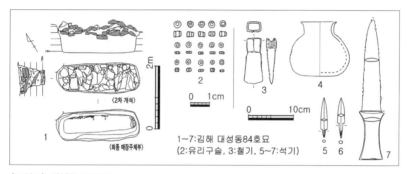

〈그림 2〉 대성동 84호묘

〈그림 3〉에서 보듯이 창원 다호리유적의 출현기 목관묘에서는 단조 철기
위주로 부장되었으며, 철기 구성은 철검, 철모, 철과 등의 단조제 무기와 철
부, 철착, 철사, 철겸 등의 단조제 농공구를 비롯하여 판상철부와 같이 공구
로도 철 소재로도 이용된 철기가 주를 이루는데, 따비, 쇠스랑 같은 농구는
아직 출토되지 않고 〈그림 3-12·18〉과 같이 전국계 철기가 지속하고 있다.

대성동 84호묘의 조영 연대는 출토된 유리제 구슬로 편년할 수 있다. 중
국에서는 蜻蛉眼式珠라는 상감 유리구슬이 전국시대까지 주를 이루고 서

---

2) 발굴 보고자는 이 철부를 후대 교란유물로 보고 있지만, 구슬 역시 철부와 같이 뚜껑 돌
사이에서 출토되었다. 이를 고려하면 철부도 구슬과 함께 뚜껑 돌을 덮는 과정에서 장송
의례용으로 매납된 것으로 볼 수 있다.

한 초기까지도 유행하였으며, 〈그림 2-2〉와 같은 유리구슬은 서한시대에 출현한 형태이다(陝西省考古學研究所, 2006). 그러므로 대성동 84호묘에서 출토된 유리제 소옥은 한반도 북부에 한사군이 설치된 이후에 그곳을 통해서 김해에 유입된 것으로 보는 것이 타당하다.

중국에서 농·공구류에 단조제 철기가 일반화된 시점은 서한 중기 초강법이 발명되면서부터이다. 따라서 대성동 84호묘가 조영된 연대는 기원전 108년을 상회할 수 없는 기원전 1세기 초엽으로 편년하는 것이 가장 안정적일 것이다. 그리고 〈그림 3〉에서 확인할 수 있듯이 다호리유적에서 석기는 전혀 찾아볼 수 없고 철기 위주[3]로 부장이 시작된 목관묘의 연대는 공반

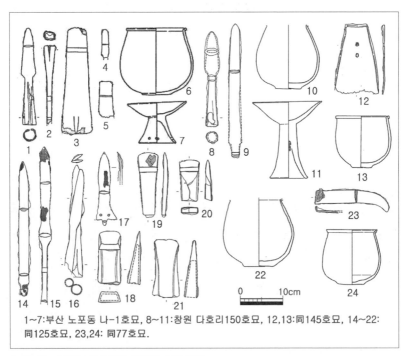

1~7:부산 노포동 나-1호묘, 8~11:창원 다호리150호묘, 12,13:同145호묘, 14~22: 同125호묘, 23,24: 同77호묘.

〈그림 3〉 기원전 1세기 전반 목관묘 출토 철기

3) 물론 세형동검과 같은 청동기가 일부 부장되기도 하지만 그 비율은 아주 낮다.

된 토기로 볼 때 기원전 1세기 전반의 후단에 해당한다(김일규, 2016). 그러므로 낙동강하구 유역에 한식 철기가 출현하여 본격적으로 파급된 시점은 기원전 1세기 전반으로 편년할 수 있다.

한편, 인근의 울산에 있는 철광석 산지인 달천유적에서 조사된 철광석 채굴 갱의 조성연대가 출토유물의 검토에서 기원전 1세기대로 편년되는 것은 시사하는 바가 크다. 한사군 설치 이후로 편년하는 무덤에서는 한 계통의 단조제 철기가 주로 출토되고, 달천 철광석의 채굴도 이 시점부터이다. 이러한 현상은 이 단계부터 비로소 제련에서 철기 제작까지 제철의 전 공정이 이루어졌음을 의미한다. 그렇지만 이는 어디까지나 단조 철기 생산에 한정하는 것이고, 주조 철기의 생산과 관련된 고고학적 증거는 아직 확인되지 않았다. 따라서 이 단계의 제철 기술은 직접제련으로 괴련철을 생산하고 이를 정련, 단련하여 단조 철기만 제작할 수 있는 수준이었을 것이다.

2) 철 문화의 정착

기원전 1세기 후반이 되면 〈그림 4〉에서 보듯이 철기의 기종이 다양해지고, 〈그림 4-21〉과 같은 토착적인 농구가 출현하였다. 그리고 다수의 철촉 부장이 확인된다. 소모성 철기의 대표적 기종인 철촉이 제작되어 무덤에 부장되었다는 것은 충분한 철 생산의 확보와 함께 철기가 일반화된 것으로 볼 수 있다(최종규, 1995).

이 단계의 가장 큰 특징 중 하나는 한식 문화와 함께 철기가 본격적으로 정착한 것이다. 대표적인 한식 유물로는 〈그림 4-24·26〉의 마구와 〈그림 4-27〉의 사수반량전 및 동 단계 유적의 목관묘에서 출토된 한경과 오수전을 비롯하여 칠기(漆器) 등이 있다.

한식 문화의 정착은 철기에서도 그대로 확인된다. 〈그림 4-24·26〉의

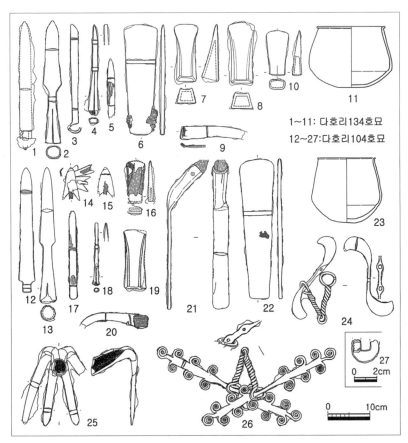

〈그림 4〉 기원전 1세기 후반 목관묘 출토 철기

재갈은 단조 기술의 수준이 잘 드러나 있다. 함은 3조의 철봉을 꼬아서 제
작하였고, 재갈멈치는 중간에 굴레 연결구멍을 내고, 측면 부분에는 고사
리 모양으로 장식하였는데, 단접, 천공, 재단 등 단조 기술의 대부분이 반
영되어있다.

〈그림 4-7·8〉의 주조철부[鐵钁]는 같은 기형인 〈그림 4-19〉와 비교하
면 차이가 명확하다. 특히 〈그림 4-7〉 철부의 인부는 그 차이가 더 심한
데, 인부가 부채모양으로 아주 넓어졌으며 상면 측선의 돌기는 인부까지

연결되지 않고 2/3 지점에서 없어진다. 이는 제작 당시의 형태에서 상당히 변형된 것이다. 〈그림 4-7·8〉의 주조철부에서 확인되는 이러한 현상은 인부가 변형된 것을 제외하고는 달리 설명할 수 없다. 주조철기는 탄소 함유량이 높은 기계적 특성으로 인해 형태변형이 쉽지 않은데, 이를 위해서는 반드시 脫炭을 통한 軟化 처리가 우선되어야 한다. 변형된 인부의 상태로 볼 때 〈그림 4-7·8〉의 주조철부는 인부를 탈탄 처리한 후 가열 단타하여 선형으로 변형시킨 가단주철로 볼 수 있다. 따라서 이 단계에는 주조철기를 가단주철로 만드는 탈탄 연화 처리 기술이 유입된 것으로 볼 수 있다.

기원전 1세기 후반이 되면 한식 문화가 낙동강하구 유역에 본격적으로 유입되었지만, 당해 시기 서한의 선진 제철 기술은 전래되지 않았다. 그러나 단조철기 제작기술은 완성단계에 이르렀고, 가단주철 기술도 확보하였을 개연성이 크다. 그렇지만 선철제련과 주조철기 제작과 관련된 직접적인 고고학적 증거는 여전히 확인되지 않고 있다.

3. 한식 철 문화의 2차 파급

2세기 후반에 낙동강하구 유역에서는 고고학적으로 큰 변화가 나타난다. 무덤은 목곽묘로 변하고, 토기는 瓽자형토기와 노형토기로 대표되는 신식와질토기 및 연질토기가 목관묘 단계의 고식와질토기와 점토대토기를 대체하였다. 이러한 변화상은 철기의 기종과 기형에서도 확인되는데(손명조, 2009; 김일규, 2014), 〈그림 5·6〉에서 볼 수 있듯이 환두대도, 장검, 유관식 철모, 착형 철촉, 유엽형 철촉, 이조선주조철부, 봉상철부, 鐵釜, 유자이기, 비실용적인 의례용 마구 등의 새로운 철기가 출현하였다. 이러한 유물들은 〈그림 5-5〉의 鐵釜, 〈그림 5-3〉의 동한경 및 銅鼎과 같은 한식 유물과 공반하였다.

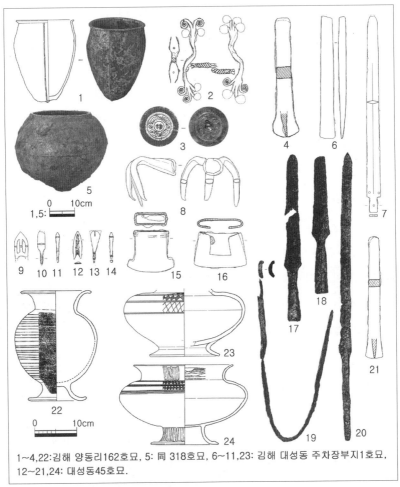

1~4,22:김해 양동리162호묘, 5: 同 318호묘, 6~11,23: 김해 대성동 주차장부지1호묘,
12~21,24: 대성동45호묘.

〈그림 5〉 목곽묘 출현단계의 철기와 공반유물 1

특히 〈그림 6-2〉의 재갈은 아주 큰 재갈멈치와 가늘고 긴 3연식 함으로
제작되어 실제 사용이 곤란한 무덤 부장용이며, 〈그림 6-1〉의 유자이기도
실용품이 아닌 의장용 예기로 볼 수 있다. 이처럼 비 실용의 의례용 철기도
본격적으로 생산되었다. 그리고 목곽묘가 출현한 이후 철기의 부장 양상
은 앞 시기의 목관묘와 비교할 수 없을 정도로 대량으로 부장하였다. 이러

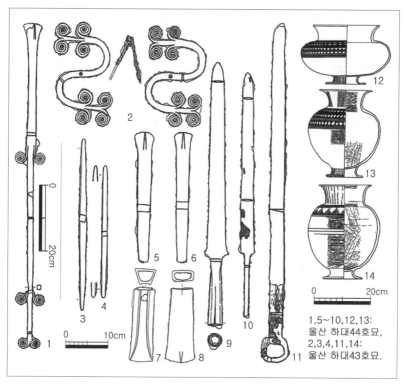

〈그림 6〉 목곽묘 출현기 철기와 공반유물 2(김일규 2014에서 수정)

한 현상은 이 시점부터 철기의 생산이 폭발적으로 증가하였다는 것을 나타
낸다.

　여기서 또한 주목되는 철기는 〈그림 5-15〉의 이조선주조철부와 〈그림
5-5〉의 鐵釜 및 〈그림 5-4·6·21〉의 봉상철부이다. 이조선주조철부는
동한 말~조위 시기의 屯田制와 관련된 농공구로 잘 알려져 있고(李京華,
1976; 김일규, 2013), 〈그림 5-5〉의 鐵釜도 서한 말기~동한시대 중원지역
에서 유행한 기종이다(김일규, 2016). 낙동강하구 유역에서 상기한 한식 유
물과 중원식 철기가 출토된 것은 이 단계에 한의 문물이 직접적으로 이 지
역에 유입되었음을 의미한다.

봉상철부는 공구와 철 소재로 이용된 利器로서 판상철부와 같은 기능을 가진 철기이다. 이 봉상철부는 부장 시점이 목곽묘 출현 단계로 한정되는 형식인데, 이 시점에 한하여서는 기존의 판상철부를 대체하고 있다. 낙동강 유역에서 목곽묘가 출현하면서 철기의 기종과 철 소재의 형태가 목관묘 단계와 완전히 다른 양상을 띠는 현상은 제철의 공정과 기술 변화를 의미한다. 이는 곧 이 시점에 한의 문물이 유입될 때 중원의 선진 제철 기술도 동반하였다는 것을 시사한다.

해당 시기 중원의 제철 기술은 선철 제련과 주조철기, 선철 탈탄 정련−초강법−에 의한 초강의 생산이 대표적이다. 낙동강하구 유역에서 이 단계에 해당하는 위와 같은 제철 공정을 증명할 수 있는 유구는 아직 확인되지 않았다. 그렇지만, 경주에서는 이 단계에 해당하는 황성동유적에서 선철을 탈탄 정련하는 초강로로 판단되는 정련시설과 주조철기를 제작하는 용해로를 비롯하여 이 공정에서 생성된 노 벽체와 거푸집, 송풍관, 철괴계 유물, 철재, 흑연화 목탄, 입상재, 단조박편, 재결합재, 탈탄 촉매제로 사용된 배소된 철광석 편과 철광석 가루 등의 파생유물들이 다량으로 출토되었다 (大澤正己·長家伸, 2005; 김일규, 2006, 2007a, 2007b, 2017). 그리고 주조철기와 초강은 선철을 원료로 하고, 또한 황성동유적의 용해로에서 출토된 선철은 분석 결과 비소(As)가 함유된 것이 확인되어 달천광산의 철광석을 제련한 철을 소재로 하였을 가능성이 높으므로(윤동석·大澤正己, 2000), 이때부터 선철 제련도 행해졌음을 알 수 있다(신경환 외, 2007).

낙동강하구 유역과 경주지역의 목곽묘 출현단계의 양상을 비교하면 무덤의 형태와 법량, 목곽묘와 신식와질토기의 출현 시점, 철기의 부장량 등에서 낙동강하구 유역이 월등한 것을 알 수 있다(김일규, 2019b). 이러한 양상으로 볼 때 김해지역에도 한 문물의 2차 파급기에 선철 제련을 비롯하여 주조철기 제작, 초강법에 의한 초강의 생산 등 당시 한의 선진 제철 기술이

유입되어 운영되었을 것이다. 따라서『三國志』〈魏書 東夷傳 弁辰條〉에
기록된 "國出鐵, 韓·濊·倭皆從取之. 諸市買皆用鐵, 如中國用錢, 又以
供給二郡."의 소위 '弁辰鐵'은 이 시점부터라고 할 수 있다.

Ⅲ. 전기 가야의 철기와 제철

1. 전기 가야의 철기

가야 고고학에서 가야의 始點은 3세기 말엽 김해 대성동 29호분을 획기
로 삼는다(신경철, 1992). 대성동 29호분을 시작으로 대성동 13호분, 18호
분, 91호분, 2호분, 68호분 등 4세기대 전기 가야의 무덤에서 출토된 철기
는 삼한시대 철기와는 전혀 다른 양상이다. 가장 눈에 띄는 현상은 무기와
마구의 변화 및 철제 무구의 등장이다.

먼저 무기에 있어서 철모와 철촉의 변화가 가장 두드러진다. 철촉은〈그
림 7-11~14〉에서 보듯이 촉두인 봉부가 강조된 사두형 철촉이 주를 이루
는데, 봉부를 더 강조한 정각식 철촉도 제작되었다. 봉부를 강조한 것은 정
확성과 함께 관통력을 증가시키는 효과를 낳는다. 철모는 삼한시대의 것과
는 완전 다른 형식이다. 신부가 축소되어 공부보다 짧아진 대신 신부 단면
은 정 마름모에 가깝게 아주 두껍게 처리하여 파괴력과 관통력을 극대화하
였고, 공부의 단은 연미형으로 처리하여 자루와 접합 부분을 확대하여 충
격에 대한 저항력을 증대시켜 쉽게 부러지지 않게 하였다. 이외에도〈그림
7-10·23〉과 같이 공구가 아닌 의장기와 무기로 제작한 철부 및 환두대도
의 부장량도 증가하였다.

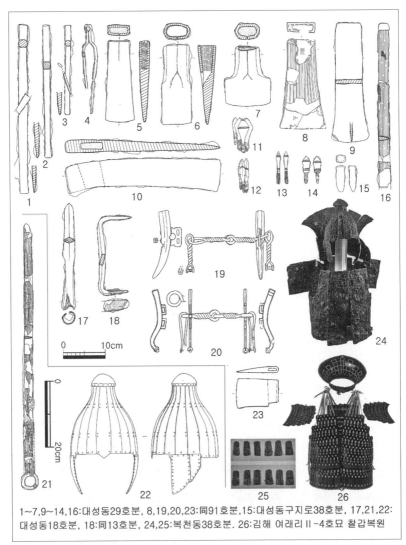

1~7,9~14,16:대성동29호분, 8,19,20,23:同91호분,15:대성동구지로38호분, 17,21,22:
대성동18호분, 18:同13호분, 24,25:복천동38호분, 26:김해 여래리Ⅱ-4호묘 찰갑복원

〈그림 7〉 전기 가야 철기 1

4세기 전반에는 〈그림 7-19·20〉과 같이 마구에서도 변화가 뚜렷하다. 기존의 한식 마구와는 다른 북방식 마구의 특징인 고삐 연결 금구, 즉 인수가 부착된 형식이 새롭게 출현하였다. 이와 같은 형식은 모용선비의 전

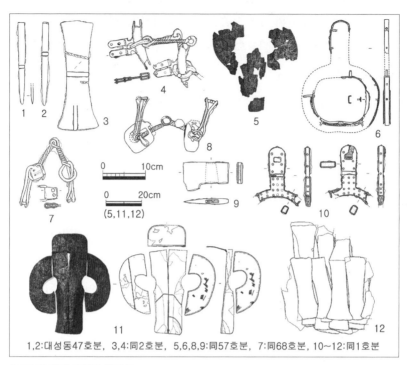

1,2:대성동47호분, 3,4:同2호분, 5,6,8,9:同57호분, 7:同68호분, 10~12:同1호분

〈그림 8〉 전기 가야의 철기 2

연 마구에서 계보를 구할 수 있다(김일규, 2015, 2018; 심재용, 2016). 특히 이 재갈에서 주목할 점은 인수와 고삐를 연결하는 소위 인수 외환의 제작법이다. 철봉을 U자형으로 만든 후 양쪽 끝단을 납작하게 하여 구멍을 내고 철봉을 가로질러 끼운 후 가로지른 철봉의 양쪽 끝단을 두드려 고정하였는데, 이는 완전치는 않지만 리베팅 제작법과 일맥상통하는 것으로, 〈그림 7-19〉의 재갈멈치 입문 금구의 연결도 같은 방법이다. 이와 같은 리베팅 기법은 이전의 철기에서는 볼 수 없는 선진적인 기술로 전기 가야의 철기 제작 수준을 짐작할 수 있게 한다. 이러한 리베팅 기법은 5세기가 되면 釘結 기법으로 제작된 대금식판갑에서 절정을 이룬다.

〈그림 7-22·24~26〉과 같이 전기 가야에서는 철제 갑주가 등장하였다.

〈그림 7-22·25·26〉의 찰갑은 중국에서 그 기원을 구할 수 있지만, 〈그림 7-24〉의 판갑은 한반도 남부의 고유한 형식으로 이전의 피혁제 갑주를 철제로 바꾼 것이다.

이와 같은 갑주의 변화는 무기의 변화와 밀접하게 관련되는데, 철제 갑주의 출현에 따른 무기의 변화인지 아니면 그 반대인지는 차치하더라도 가야의 성립과 함께 제철 특히 단조 철기의 제작기술은 발전하였다. 전기 가야 성립기 고분에서 출토된 단조 철기 제작 공구로는 〈그림 7-1~4·15〉의 철기가 있다. 〈그림 7-1~3〉은 철판과 철 소재를 재단하거나 각지게 접는 공구인 鏨이며, 〈그림 7-4·15〉의 집게와 소형 쐐기는 철기의 미세한 부분을 제작하거나 조정하는데 이용된 공구로 판단된다.

〈그림 8〉과 같이 등자, 판비, 마주와 같은 철제 마구 등이 제작된 4세기 후반에는 전기 가야의 철기 제작기술이 정점에 이르렀다고 해도 지나치지 않다. 전기 가야의 철기 제작기술이 반영된 이러한 철기들은 동진-16국시대 중국의 철기 구성과 비교해도 크게 뒤처지지 않는 것에서 전기 가야의 제철 기술 수준을 잘 알 수 있다.

2. 전기 가야의 단야구

〈그림 9〉의 유물은 4세기 말엽~5세기 초엽에 조영된 전기 가야의 무덤군인 김해 퇴래리 소업유적에서 출토된 단야구로 메질을 하는 망치와 집게, 끌(鏨)이다. 여기서 주목되는 것은 Ⅱ-1호 석곽묘에서 〈그림 9-4·5〉의 망치와 〈그림 9-7〉의 천공용 송곳(鐵針), 〈그림 9-8〉의 절단용 끌(鏨) 그리고 〈그림 9-13〉의 집게가 공반하여 출토된 것이다. 특히 공반한 〈그림 9-4〉의 소형 망치와 〈그림 9-5〉의 대형의 망치는 세트일 가능성이 있는데, 이 경우 전자는 모루 망치, 후자는 중 망치(큰 쇠메)로 볼 수 있다. 최

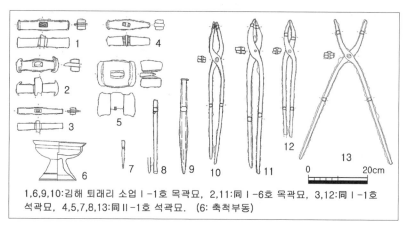

1,6,9,10:김해 퇴래리 소업 I -1호 목곽묘, 2,11:同 I -6호 목곽묘, 3,12:同 I -1호 석곽묘, 4,5,7,8,13:同 II -1호 석곽묘. (6: 축척부동)

〈그림 9〉 전기 가야 고분 출토 단야구

근까지도 전통적인 대장간에서는 2~3인이 1조로 조업하고 중 망치는 조수가 주로 사용하는 공구인 것을 고려하면, 철기 제작을 위한 단야 공정에서의 2인 1조 구성은 이미 전기 가야에서 이루어졌음을 알 수 있다.

한편, 소업유적과 같이 단일 유적의 시간적 격차가 크지 않은 무덤에서 단야구가 집중적으로 부장되어 있다. 이러한 현상으로 보아 이 무덤군을 조영한 집단은 전기 가야에서 철기 생산을 담당한 공인집단일 개연성이 크다. 소업유적의 인근에는 후술할 하계리 유적을 비롯하여 여래리 유적, 창원 봉림동 유적 등 삼국시대의 제철과 관련된 유적이 다수 존재하는 것은 물론 매리, 물금 등 철광산도 인접하여 있는 것은 이를 방증한다.

3. 전기 가야의 제철

삼한시대까지 낙동강하구 유역에서 제철과 관련된 유구는 부산 낙민동 패총과 창원 성산패총에서 확인된 노가 있지만, 이것들이 제철 과정상의 것인지, 만일 제철 과정의 노라면 어떤 공정의 것인지에 대해서는 아직 의

견이 분분하다.

낙동강하구 유역의 전기 가야에 해당하는 제철 유적은 김해 하계리유적이 대표적인데, 이 항에서는 이 유적의 자료를 주 검토대상으로 하는 한편, 후기 가야 내지는 신라의 제철 유적에 해당하는 밀양 금곡유적의 제철 유구를 보조 자료로 하여 전기 가야의 철과 철 소재의 생산 및 철기 제작기술에 대해서 살펴보겠다.[4]

〈그림 10-1〉은 김해 하계리유적에서 조사된 제련로이다. 유구는 원형의 노에 장타원형 배재부가 연결된 구조이다. 남아있는 노의 벽체를 통해서 최소 3회의 조업이 이루어진 것을 알 수 있다. 하계리유적 내에서는 제련로 1기만 조사되었지만, 노의 남쪽에 있는 후대에 조성한 소류지로 인해 대부분의 철 생산시설은 이미 파괴되었을 것이다.[5] 보고자는 노의 성격을 출토 유물의 분석 결과에 근거하여 선철 생산에 필요한 고탄소 환원괴를 제조하는 제철로라고 보고하였다.

제련로의 잔존상태가 나쁜 이유는 제련된 철괴를 수거하기 위해 노 벽체를 뜯어내었기 때문이다. 즉 제련된 철괴의 수거가 아주 철저하게 이루어졌음을 의미한다. 그러므로 일부 잔존한 유물의 분석만으로 배소와 선철 제련 사이에 또 하나의 공정을 추가하는 것은, 다소 무리한 감이 없지 않다고 생각한다.

하계리 유적 제철로와 같이 원형의 제련로와 배재부가 결합된 형태는 삼국시대 한반도 남부지역에서 확인되는 일반적인 형태로 진천 석장리유적, 밀양 사촌유적, 창원 봉림동유적에서 이미 확인된 바 있는 노의 구조이며, 이 노들은 선철 제련로로 인식하고 있다. 그러므로 하계리 유적의 제철로

---

4) 낙동강하구 유역의 제철유적인 양산 물금유적, 창원 봉림동유적, 부산 지사동유적, 밀양 사촌유적은 후기 가야 내지는 신라의 유적이므로 이 글에서는 직접적으로 검토하지 않는데, 이 유적들의 구조와 성격이 전기 가야의 것과 별반 차이가 없을 것이다.
5) 발굴 보고자인 동아세아문화재연구원의 최경규선생님의 조언이 있었다.

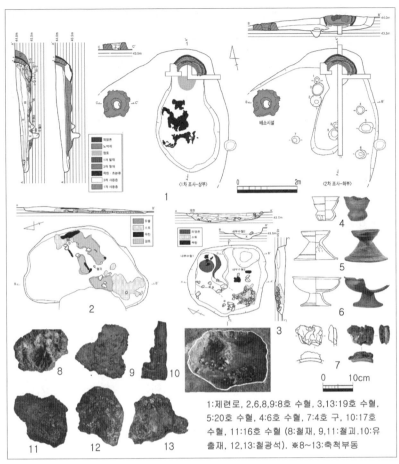

<그림 10> 하계리유적의 제련로 및 제철 관련유구와 출토유물

역시 선철 제련로라고 봐도 무방하다고 판단된다.

한편 제련로의 서쪽에 접하여 있는 노지는 배소 시설로 보고하였지만, 분석 결과에서는 배소와 전혀 관련 없는 것이라고 하였다. 발표자도 분석 결과에 동의하는 바이다. 배소 공정은 운송과정에서 효율을 고려하면 철 광석이 채굴된 장소 가까운 곳에서 바로 행해졌을 개연성이 크다고 생각한다.

〈그림 10-4~6〉과 같은 4세기 중엽~5세기 초엽으로 편년하는 가야토기가 출토된 하계리 유적은 전기 가야의 철 생산유적임이 틀림없다. 하계리 유적을 제외한 상기한 유적은 5세기 중엽~6세기대로 편년하므로 한반도 남부에서 기왕에 조사된 선철을 제련한 제철 유적보다 하계리 유적이 선행한다. Ⅱ장에서 2세기 후반에 선철 제련이 시작되었다고 언급하였는데, 이때 조업된 선철 제련로도 이와 유사한 구조였을 것이다. 따라서 전기 가야에서도 이전 삼한 후기―목곽묘 단계―의 제철 기술이 그대로 이어졌다고 생각한다.

이 유적에서 눈에 띄는 유구는 8호, 19호 수혈이 있다. 보고서의 생산구역 내에 위치하는 유구들이다. 8호 수혈은 내부토에서 목탄과 소토 덩어리가 다량으로 확인되었으며, 철괴와 철재가 출토되었다. 19호 역시 내부토에서 목탄과 소토가 확인되고, 바닥에서는 불을 먹은 돌이 집석으로 검출되었고 이 불 먹은 집석 주변에는 목탄과 소토가 다량 분포하였으며, 집석 상부에도 소토 덩어리가 집중적으로 검출되었다. 수혈의 북 장벽에 접하여 'ㄱ'자 모양의 소형 수혈이 조성되어 있는데 내부에는 목탄과 소토가 가득 차 있었고, 불 먹은 돌과 바닥이 소결되어 있어 아궁이일 가능성이 있다. 수혈 내에서 철광석과 철재가 출토되었다.

두 유구는 모두 소성이 행해진 시설이고, 내부에서 철재를 비롯하여 철괴 내지는 철광석이 출토되어 제철과 관련된 구조물로 추측할 수 있다. 특히 19호 수혈은 주거지 구조가 아님에도 장시간 불을 피운 흔적인 바닥 소결과 다량의 소토 덩이, 그리고 불을 먹은 집석 등 노 시설 흔적이 확인되므로 이 경우 제철과 관련된 조업이 이루어졌다고 볼 수 있다. 하계리 유적이 철광석을 원료로 선철을 제련하는 생산지였으므로 19호 수혈에서는 제련된 선철을 재처리하는 공정이 행해졌을 가능성이 크다.

밀양 금곡 제철유적에서는 선철을 탈탄 정련하여 초강을 생산하는 초강로[6]와 용해로가 검출되었다. 금곡 제철유적은 5세기 말엽~6세기에 조업이 이루어진 유적이지만, 제철과 관련한 노와 시설물 공정 등은 전기 가야의 것과 비교하더라도 큰 차이가 없다고 생각한다. 금곡 제철유적에서는 선철 제련, 정련(제강), 용해[7] 공정이 같은 공간에서 동시에 이루어졌다. 그리고 5세기 전반으로 편년하는 진천 석장리유적에서도 제련과 정련(제강) 공정이 함께 이루어졌다. 하계리 유적에서는 제강과 용해 공정이 확인되지 않았지만, 유적의 파괴가 심한 것을 감안한다면 제련과 정련(제강)이 행해졌을 개연성도 배제할 수 없다.[8] 퇴래리 소업유적에서 확인되는 단야공인 집단의 존재로 볼 때 전기 가야에서는 철기만 전문적으로 제작하는 공간과 제련, 정련(제강) 등 철 소재를 제작하는 조업이 행해진 공간은 별도로 구분되었을 것이다.

최근 조사된 김해 봉황대 유적의 4호 건물지와 건물지 부근에서 바닥이 소결되어 노지와 대석이 공반된 유구가 여럿 조사되었다(가야문화재연구소, 2017). 이 유구들은 정련과 철기 제작에 직접 관련된 단야 공정이라기보다는 파손된 철기를 수리하거나 간단하게 형태를 변형시키는 정도의 조업이 행해진 곳으로 판단한다.[9]

전기 가야의 제철은 철광석 채굴과 배소 공정, 선철 제련과 정련(제강) 등 철 소재를 생산하는 공정, 그리고 철기를 직접 제작하는 공정이 각각의 장

---

6) 보고서에서는 분석 결과에 근거하여 55호로 초강로라고 하였는데, 11호, 12호 노도 초강로라고 생각한다.

7) 용범이 출토되어 용해공정으로 주조철기 제작이 행해졌을 것이지만, 용범의 출토량이 아주 소량인 것에서 주 공정이 아니고 한시적으로만 조업이 행해졌을 것으로 생각한다.

8) 3세기~4세기까지 조업이 이루어진 경주 황성동 유적의 경우 정련(제강), 용해, 단야 공정이 동일 공간에서 행해졌지만, 제련 공정은 확인되지 않았다. 이는 철광산과 소비지의 거리가 먼 것에서 그 원인을 찾을 수 있을 것이다.

9) 이들 유구의 대석과 노 주변의 흙을 물 채질한 결과 아주 미량이지만 철기 제작공정에서 파생된 것으로 볼 수 있는 박편들이 검출된 것을 발굴 당시 현장에서 직접 확인하였다.

소에서 별도로 행해졌다. 그리고 도성 내에서는 철기의 수리 등을 위한 간단한 단야 공정이 행해졌다. 이처럼 전기 가야에서는 제철의 각 공정을 철저히 구분하여 분업화한 시스템이 적용되었음을 확인할 수 있다.

IV. 맺음말

김해지역은 기원전 2세기 후반에 철기가 유입되어 석기와 공존하는 시간을 거쳐 기원전 1세기 전반에 한 문물이 유입되면서 철기가 석기를 구축하고 일반화되었다. 2세기 후반 한 문물의 2차 파급 때는 선철제련, 주조철기 제작, 초강 생산 등 중원의 선진 제철 기술이 공반하였는데, 이때부터 한반도 남부 철 생산의 중심지로 자리매김하였다.

3세기 말엽~5세기 초엽의 전기 가야의 제철기술은 3세기대 변한—목곽묘 단계—의 제철 기술을 그대로 이어받아 발전하였는데, 특히 무기, 갑주, 마구 등의 철기 제작에서는 중원의 철기와 비교해도 손색이 없을 정도였다. 전기 가야의 중심고분에서는 중국의 삼연 문물과 함께 일본 열도의 왜 문물의 출토가 많은데, 전기 가야는 철을 매개로 이 지역들과 직접 교류하면서 번영하였을 것이다.

전기 가야에서는 철광석 채굴과 배소, 제련과 철 소재 생산, 철기 생산 등 제철의 각 공정이 분업화되어 시스템적으로 운영되었으며, 지배층은 이 시스템을 관리, 통제하면서 입지를 견고히 하였을 것이다.

참고문헌

가야문화재연구소, 2017, 「2017년도 김해 봉황동 유적 발굴조사 현장설명회자료」.

김상민, 2019, 「한반도 동남부지역 철기생산기술의 등장과 발전배경」, 『한국상고사
학보』 104.

金一圭, 2006, 「隍城洞遺跡の製鋼技術について」, 『七隈史學』.

김일규, 2007a, 「한국 고대 제철유적의 조사현황과 특징」, 『제50회 전국역사학대회
고고학발표자료집』.

_____, 2007b, 「最近 調査成果로 본 韓國 鐵文化의 展開」, 『東アジアにおける鐵
文化の起源と傳播に關ける國際シンポジウム』.

_____, 2013, 「한강 중·하류역 2~5세기 일상토기의 변천」, 『考古廣場』 12.

_____, 2014, 「嶺南地域 철문화의 출현과정과 전개」, 『영남고고학』 69.

_____, 2016, 「중국제 유물의 편년을 통해 본 와질토기 출현시점 검토」, 『考古廣場』 19.

_____, 2017, 「한반도 고대의 강 제작기술」, 『쇠·철·강-철의 문화사』 중앙박물관
2017 특별전.

_____, 2019a, 「평장리 출토 漢鏡을 통한 세형동검문화기의 기년 연구」, 『韓國考古
學報』 111.

_____, 2019b, 「영남지역 2~3세기 토기문화의 변동양상」, 『철기시대 토기와 토기
문화의 변동』 한국학중앙연구원출판부.

大澤正己·長家伸, 2005, 「황성동 출토의 단조·단야관계 유물의 금속학적조사」,
『경주 황성동유적Ⅲ』 한국문화재보호재단.

陝西省考古學硏究所, 2006, 『西安北郊秦墓』 三秦出版社.

손명조, 2009, 「한반도 철기문화의 수용과 전개」, 『동북아 고대철기 문화의 형성과
전개』 전북대학교 고고문화인류학과 20주년기념 BK사업단 해외석학초청
특강 및 국제학술대회.

신경철, 1992, 「김해 예안리 160호분에 대하여」, 『가야고고학논총』 1.

신경환·이남규·장경숙·이재용, 2007, 「경주 황성동 제철유적 시료의 분석적 고찰」, 『경주 황성동 유적V』 한국문화재보호재단.

윤동석·大澤正己, 2000, 「황성동유적 제철관련유물의 금속학적 조사」, 『경주 황성동 유적II』 국립경주박물관.

李京華, 1976, 「澠池縣發現的古代窖藏鐵器」, 『文物』 8.

최종규, 1995, 『三韓考古學研究』 서경문화사.

「낙동강 하구 유역 철 문화의 전개 과정과 전기 가야의 제철」에 대한 토론문

남 재 우(창원대학교)

"3세기 말엽~5세기 초엽의 전기 가야의 제철기술은 3세기대 변한—목곽 묘 단계—의 제철 기술을 그대로 이어받아 발전하였다."고 하셨다. 3세기대 를 가야의 범위에 포함시킬 수는 없는지 궁금하다.

「낙동강 하구 유역 철 문화의 전개 과정과
전기 가야의 제철」에 대한 토론문

정 인 성(영남대학교)

김일규 선생님은 "김해지역은 기원전 2세기 후반에 철기가 유입되어 석기와 공존하는 시간을 거쳐 기원전 1세기 전반에 한 문물이 유입되면서 철기가 석기를 구축하고 일반화되었다."고 하였다. 그런데 이러한 정리는 일본열도의 철기 도입기의 상황을 설명하는 데는 타당한 정리일지 몰라도 한국의 상황, 나아가 김해지역의 상황과는 맞지 않는 듯하다. 즉 야요이=금석병용기의 입장이라면 석기와 공존하는 철기의 이미지가 성립하겠지만 한반도의 경우 엄연히 청동기시대가 있다. 관련하여 김해지역에서 철기가 도입되어 확산되는 상황에서 석기가 일반적인 도구의 역할을 한 사례가 있는지 궁금하다.

그리고 "2세기 후반 한 문물의 2차 파급 때는 선철제련, 주조철기 제작, 초강 생산 등 중원의 선진 제철 기술이 공반하였는데, 이때부터 한반도 남부 철 생산의 중심지로 자리매김하였다."라고 평가하였다. 이 시기 시작된 철기 제련 및 제철관련 유적이 김해지역에 있는지 궁금하다. 간접자료를 통한 추론이라고 한다면 이 단계의 제철기술이 한(낙랑)의 기술이라는 증거가 있는지 답변을 부탁드린다. 아울러 2세기 후반이라는 연대관은 발표자의 후기 와질토기 출현시기에 대한 이해와 통한다고 생각한다. 후기 와질토기의 출현에 한식토기의 영향이 있다는 판단이 깔려 있는지 답변을 부탁드린다.

"3세기 말엽~5세기 초엽의 전기 가야의 제철기술은 3세기대 변한—목곽묘 단계-의 제철 기술을 그대로 이어받아 발전하였는데, 특히 무기, 갑주, 마구 등의 철기 제작에서는 중원의 철기와 비교해도 손색이 없을 정도였다."라고 하며 2단계 이래의 계승성을 강조한다. 2단계의 단절성을 강조하는 발표자가 3단계의 계승성을 주장하는 고고학적 근거를 충분히 제시하지 않았는데 이 점 보충 설명을 부탁드린다.

「낙동강 하구 유역 철 문화의 전개 과정과
전기 가야의 제철」에 대한 토론문

김 권 일(신라문화유산연구원)

　발표자께서는 제철관련 시료의 금속분석 결과에 근거해 김해 하계리 제
철유적 제련로가 선철을 생산하는 노일 것으로 파악하였다. 금속분석 결과
에서 초기환원괴와 유출재, 철재에서 3.68~10.65wt%C의 탄소가 검출되
었으나(신경환 외, 2011), 이 시료들은 제련의 결과물인 환원괴(완성된 철괴)가
아닐뿐더러, 분석에 사용된 SEM-EDS는 특정 부위의 미량원소 함량을
보여주는 정성분석이지 이 유물의 명확한 성격을 보여주는 정량분석이 아
니다. 현재까지의 연구에 의하면 한반도 고대 철 제련기술은 괴련철과 선
철이 섞인 혼합철괴를 생산하고 장인(匠人)의 선별에 의해 괴련철은 단조
철기 제작에, 선철은 주조철기 제작에 사용된 것으로 추정되고 있다(신경환
외, 2014). 현재까지의 제철복원실험에서도 선철의 선별생산에 성공한 사
례가 없는 점은 고대 선철 선별생산을 상정하기 어렵게 하는 요인이 되고
있다. 따라서 상기 결과를 토대로 김해 하계리 제련로를 선철 제련로로 판
단하기에는 신중할 필요가 있다고 생각되는데, 발표자의 견해는 어떠한지
알고 싶다.
　〈그림 4-7·8〉의 주조철부 인부가 넓어지는 등의 현상을 주조 후 변형된
것으로 보고 인부를 탈탄처리한 가단주철로 파악하였다. 하지만 금속분석
연구에 의하면 4세기대까지 주조철부에 대한 별도의 열처리는 거의 확인
되지 않는다(國立文化財研究所, 2019, 938). 기본적으로 주조철기의 형태는
거푸집(鎔范)의 내강(內腔)에 좌우된다. 처음부터 이러한 형태의 주조철부

가 제작된 것으로 보는 것이 더 타당한 것이 아닌지 묻고 싶다.

　김해 퇴래리 소업유적 출토 대형 망치(그림 9-5)는 정련단야 공정의 존재를 보여주는 유물로 생각된다. 왜냐하면 작은 망치는 철기 제작의 중간과 마지막 공정에 주로 사용되지만 큰 망치의 경우 제련에서 생산된 부정형 철괴를 압착하거나 서로 다른 소재를 합단하는, 즉 철 소재의 제작에 사용된다. 따라서 큰 망치의 출토는 당시 정련단야 공정의 존재를 보여주는 유물로 생각되는데, 발표자의 의견은 어떤지 궁금하다.

「낙동강 하구 유역 철 문화의 전개 과정과
전기 가야의 제철」에 대한 토론문

소 배 경(삼강문화재연구원)

발표자는 2세기 후엽이 되면 김해지역에서도 선철제련을 비롯하여 주조 철기제작, 초강법에 의한 초강의 생산 등 漢의 선진 제철 기술이 유입되어 운영되었을 것으로 보았다. 실제로 목곽묘 부장 유물을 통해 이를 입증하고 있다. 하지만 낙동강하구 유역에서 이 단계에 해당하는 위와 같은 제철 공정을 증명할 수 있는 철기 생산유적은 아직 확인되지 않았다. 가야시기 제철유적으로는 김해 하계리 제련로와 제철공방지를 통해 그 당시의 제철 조업을 소규모 전문취락 형태(소배경, 2020)로 이루어진 것으로 추정하는 정도이다. 이 유적에서도 유출재분석 결과, 철광석 함량이 높게 확인(국립중원문화재연구소, 2016)되고 있어 선철조업보다는 괴련철 중심의 제련공정일 가능성도 제기되고 있는 실정이다. 그리고 밀양 금곡제철유적에서 보이는 제련-정연단야-용해 공정이 같은 공간에서 동시에 이루어지고 있다. 제련로와 함께 2차 공정인 정련단야로 및 단야로 등이 60여기 정도로 집중되는 특징을 보인다. 그래서 제련공정 이후 선철중심의 생산체계가 아니라 불순물이 포함된 괴련철 중심의 제철조업에 의한 정연단야 공정이 반드시 필요했기 때문에 생긴 현상으로 보인다. 이에 대한 발표자의 의견을 듣고 싶다.

문헌으로 본 가야의 철생산과 유통

目 次

Ⅰ. 머리말
Ⅱ. 『삼국지』 「위서동이전」 "國出鐵" 주체
Ⅲ. 3세기 가야의 철생산과 유통
Ⅳ. 4세기 가야의 철생산과 유통
Ⅴ. 맺음말

Ⅰ. 머리말

"가야는 쇠의 나라이다"는 인식은 일찍부터 大衆에게 강고하게 뿌리내려져 있다. 『三國志』, 『三國史記』 등 주요 史書 뿐만 아니라 국내·외에서 간행되는 교양서, 신문, 영상 등 다양한 매체에서 가야를 설명할 때 鐵은 제외하지 않는다. 이 인식은 지금까지 발굴된 자료와 선학들의 연구성과가 상당히 축적된 결과이다.

가야의 철연구는 1994년 가야사 학술회의에서 "加耶諸國의 鐵"이라는 주제로 문헌과 고고학 연구성과가 각각 제출된 이후[1] 가야권역에서 철기·제철 자료가 급증하였고, 이를 바탕으로 연구방법론이 개진 혹은 다양해지

---

* 대성동고분박물관
1) 인제대학교 가야문화연구소, 1995, 『加耶諸國의 鐵』, 신서원.

문헌으로 본 가야의 철생산과 유통 **153**

면서 많은 결과물이 축적되었다. 그러나 시간이 지날수록 양자의 성과는 격차가 심하였다. 고고학은 활발한 유적조사로 확보된 많은 자료를 여러 측면에서 살펴 생산, 유통뿐만 아니라 제련로, 철광석, 철재 분석 등 다양한 연구를 통해 많은 연구성과를 제출하였다.[2] 반면, 문헌에서는 연구성과가 간혹 나왔지만, 자료 한계로 말미암아 그 성과는 새롭지 않았다.

최근, "가야(변한)=철" 인식에 대한 회의론이 고대사와 고고학 연구자에 의해 각각 제기되었다.[3] 『삼국지』「위서동이전」을 비판적인 시각에서 다루고, 철·철기생산 자료 분석을 통해 기존의 인식을 비판적으로 이해하였다. 오랫동안 지체된 가야(변한) 철생산과 유통 문제에 자극을 줄 만한 논지로 학계로부터 관심을 끌었다. 다만 이들의 논의는 사료와 고고자료를 통해 새로운 의견을 제시하기 보다는 기존 연구에 대한 비판적인 시각만 드러낸 것에 불과하다고 생각한다.

필자는 이 계기로 3~4세기 가야 철생산과 유통의 추이를 살펴보고자 한다. 우선 "가야=철" 회의론의 배경인 "國出鐵" 기사 관련 문헌들을 살펴 『삼국지』「위서동이전」기사의 주체를 구체화할 것이다. 다음으로 3~4세기 대 철생산관련 문헌자료를 검토하고 그것에 고고자료를 對比하여 가야의 철생산과 유통의 추이를 살펴볼 것이다.

---

2) 가야의 철·철기생산과 유통에 관한 연구성과는 아래의 논문과 자료를 참조.
　　손명조. 2003, 「가야의 철생산과 유통」, 『가야 고고학의 새로운 조명』, 혜안. 한국문화재 조사연구기관협회, 2012, 『한반도의 제철유적』. 이남규, 2012, 「한반도를 중심으로 한 동 아시아 고대 철기문화 연구동향」, 『2012 동아시아 고대철기문화연구—연국철기문화의 형성과 확산』, 국립문화재연구소 국제학술포럼 필자료집. 신동조·장기명, 2016, 「가야 의 철생산과 철기문화」, 『가야고고학개론』, 진인진. 국립중앙박물관·한국철문화연구회, 2019, 『가야 철문화의 특성과 변천』, 제13회 국립중앙박물관·한국철문화연구회 학술세 미나 자료집.
3) 李道學, 2018, 「弁韓 '國出鐵' 論의 檢證과 意味」, 『단군학연구』 39, 93~123쪽. 김새봄, 2019, 「금관가야 성립 전·후 철기의 변천과 유통」, 『가야 철문화의 특성과 변천』, 제13회 국립중앙박물관·한국철문화연구회 학술세미나 자료집, 83~99쪽.

Ⅱ. 『삼국지』「위서동이전」 "國出鐵" 주체

변한의 철생산과 유통 기록은 『삼국지』「위서동이전」(이하 『삼국지』)에서 처음 확인할 수 있다. 이후, 『후한서』「동이전」(이하 『후한서』) 등 후대의 사서에서 비슷한 기사가 확인된다〈표 1〉. 문헌의 가야 철생산과 유통 문제는 주로 『삼국지』의 기록에 근거하여 몇몇 논의가 있었지만, 최근 『삼국지』와 『후한서』의 "國出鐵"의 주체가 서로 다른 점을 상기시켜 철생산지 문제가 제기된 바 있다.

그들이 제기한 '진한주체론'은 『삼국지』의 애매모호한 서술과 『후한서』 기사가 후대 사서에 계속 기재된 점을 근거하였다. 과거에도 '진한주체론'을 주창한 바 있으나,[4] 『후한서』의 신뢰성 문제로 일부의 견해로만 치부되었다. 이후 이도학이 다시 제출하였는데 『후한서』를 우선시하여 "國出鐵" 기사가 배치된 문단을 진한의 기사군으로 확정하고 후대 사서들이 그것을 계승한 점, 고고학적 성과를 관련 기사와 조응한 점을 근거로 삼았다.[5] 그러나 『삼국지』와 『후한서』를 대조하는데 사료의 전거를 전혀 검토하지 않고 해당 기사의 후대 계승을 강조하여 결론짓는 것은 연구방법론상 문제가 있다고 생각한다.

학계에서는 『삼국지』와 『후한서』가 가진 사료적 한계를 계속 지적하였다.[6] 3세기 후반 陳壽가 편찬한 『삼국지』는 원본이 전해지지 않고, 429

---

4) 文暻鉉, 1973, 「辰韓의 鐵産과 新羅의 强盛」, 『대구사학』 7·8합집.
　권병탁, 2004, 『한국산업사연구』, 영남대학교출판부.
5) 李道學, 2018, 앞의 논문, 93~123쪽.
6) 『삼국지』와 『후한서』의 동이전 비교는 많은 연구자들이 논의하였는데, 대표적인 것은 아래의 논문들이다.
　全海宗, 1980, 「東夷傳의 文獻的 研究」, 一潮閣, 기수연, 2002, 『『後漢書』「東夷列傳」 研究 : 『三國志』「東夷傳」과의 비교를 중심으로』, 단국대학교 박사학위논문. 신현웅,

년 裴松之가 주석한 『삼국지』가 南宋代에 판각된 이후 지금까지 전해지고 있다.[7] 440년 范曄이 편찬한 『후한서』는 『삼국지』의 내용을 축약하고, 일부는 자의적으로 개변한 것으로 알려져 있다.[8] 이와 같은 한계를 각각 가지고 있어, "國出鐵" 주체를 비정하는데 양 사서의 비교만으로 다룰 것이 아니라, 해당 기사의 전거를 검토하여 확정해야 할 것이다.

중국과 우리 사서에서 확인된 "國出鐵" 기사는 모두 10책 11건이며, 주체별로 나눌 수 있다〈표 1〉. '변한주체론'은 『삼국지』에서 처음 확인되며, 이후 『태평어람』은 『위략』을, 『대동운부군옥』은 『삼국지』의 것을 각각 인용하였다. '진한주체론'은 『후한서』에 처음 확인되지만 『후한서』는 『삼국지』 기사를 고쳐 진한 기사로 배치하였다. 이후에 편찬된 사서들은 "後漢書曰"을 문두에 적어 인용하거나 『삼국지』의 기사를 기재하되 진한의 기사로 배치하였음을 알 수 있다.

『후한서』 이후의 사서들은 대부분 '진한주체론'을 따르고 있다. 이들 사서의 편찬자들이 『삼국지』보다 『후한서』를 따른 이유는 알 수 없으나, 『후한서』의 구체적인 서술체계 때문인 것으로 추정된다. 『삼국지』는 간결하게 서술하였으나 주체가 분명하지 않고 내용이 상호 모순되거나 난해한 문장이 곳곳에서 확인된다. 반면 『후한서』는 『삼국지』를 축약·개변하였지만 주체가 분명하고 내용을 체계적으로 구성하여 독자들이 이해하기 쉽게 서술되어 있다. 북송대에 간행된 『자치통감』이 魏의 연호를 사용하면서도 『후한서』의 서술체계를 따른 점을 보면 『후한서』의 서술체계가 후대 사가들에게

2003, 「後漢書·三國志 韓傳 硏究」, 동국대학교 박사학위논문. 윤용구, 2019, 「『삼국지』와 『후한서』 韓傳의 '辰王' 이해 −出土文獻와 傳存文獻의 字句변화를 중심으로−」 『역사와 담론』 92, 79~110쪽.

7) 윤용구, 1998, 「3세기 이전 중국사서에 나타난 한국고대사상」, 『한국고대사연구』 14 : 「송원판 『삼국지』 동이전 연구」, 2017, 한국목간학회 제25회 정기발표회 발표문.

8) 윤용구, 1998, 위의 논문, 144~151쪽.

번호	서명 (편찬시기)	변한	진한
1	三國志 (경원연간 이후)	弁辰~國出鐵, 韓濊倭皆從取之. 諸市 買皆用鐵, 如中國用錢, 又以供給二郡 　(卷三十　魏書 三十 烏丸鮮卑東夷傳)	
2	後漢書 (440)		辰韓~國出鐵 濊倭馬韓並從市之 凡 諸貨易 皆以鐵爲貨 　(卷八十五 東夷列傳 第七十五 韓)
3	翰苑 (660)		後漢書曰, 辰韓~國出鐵, 濊·倭·馬 韓並從市之, 諸貨易皆以鐵爲貨 　　　　　　　　(蕃夷部 三韓)
4	通典 (801)		辰韓~國出鐵, 韓·濊·倭皆從取之. 諸市買皆用鐵, 如中國用錢, 又以供 給二郡. 　(卷一百八十五 邊防 一 東夷 上)
5	太平御覽 (977)	魏略曰 弁辰國出鐵, 韓濊皆從市之, 諸市買皆用鐵, 如中國用錢也 　(卷八百一十三 珍寶部 十二 鐵)	後漢書曰 辰韓~國出鐵, 獩·倭·馬 韓並從市之, 凡諸貨易, 皆以鐵爲貨 　(卷七百八十 四夷部 一 　　　　　　東夷 一 辰韓)
6	太平寰宇記 (979)		辰韓~國出鐵, 韓·濊·倭, 皆從取之. 凡諸市易者, 皆用鐵, 如中國用錢刀. 又以供給二郡 　(卷一百七十二 四夷一 東夷一 　　　　　　　　　三韓國)
7	册府元龜 (1013)		辰韓~國出鐵, 韓·濊·倭皆從取之. 諸市買皆用鐵, 如中國用錢. 又以供 給二郡 　(卷九百五十九 外臣部 四 土風一)
8	大東韻府羣玉 (1589)	市買用鐵 弁辰之國出鐵韓濊倭皆從取 之諸————如中國之用錢「陳壽志」 　　　　　　　(卷之十九 入聲)	
9	練藜室記述 (1776)		辰韓~土産鐵, 韓濊·倭皆從取之. 諸 市買皆用鐵, 如中國用錢, 又以供給 二郡. 　　(別集 卷十九 歷代典故 三韓)
10	東史綱目 (1778)		辰韓~國出鐵, 韓濊·倭皆從取之. 諸 市買皆用鐵, 如中國用錢, 又以供給 二郡. 　　　　　　　　(第一戊申年)

〈표 1〉 각종문헌 속의 "國出鐵" 기사 표

적지 않은 영향을 끼친 것으로 볼 수 있다.

그런데 648년 房玄齡 등이 간행한 『晉書』「동이열전」은 『삼국지』·『후한서』를 전거하였지만, "國出鐵" 기사가 수록되어 있지 않다. 『진서』「동이열전」에는 고구려, 예맥, 변한조가 수록되지 않았다. 마한조에 삼한은 마한, 진한과 함께 변한이 있다고 했는데[9] 변한조가 수록되지 않은 것은 648년 당시 변한 즉 가야가 신라에 이미 복속되었기 때문에 편수자들이 별도로 설정하지 않은 것으로 보인다.[10] 한편 『진서』에 "國出鐵" 기사가 없는 점은 『진서』 진한조와 『삼국지』·『후한서』의 내용이 유사한 점을 보아 방현령 등이 "國出鐵" 기사를 변한의 사실로 판단하였기 때문에 기록하지 않았을 가능성이 높다.

다음으로 주목할 것은 주체가 다른 두 개의 기사가 『태평어람』에 실린 점이다. 『태평어람』은 北宋 太平興國 2년(977)부터 6년에 걸쳐 완성한 백과사전이다. 이것은 다양한 항목으로 구성하였고 각종 문헌에서 발췌한 내용과 그 출처를 그대로 기록하여 사료적 가치가 높다.[11] 『태평어람』의 "國出鐵" 기사는 각각 『위략』과 『후한서』를 인용한 것인데 전자는 弁辰을, 후자는 辰韓을 주체로 한 것이었다.

『후한서』는 앞서 언급하였듯이 범엽이 『삼국지』를 축약·개변한 것을 확인할 수 있지만, 魚豢의 『위략』은 원본이 전해지지 않아 그 실체는 알 수 없다. 그런데 『위략』은 『삼국지』·『한원』·『사통』 등 다수의 사서에서 다양한 逸文들을 확인할 수 있다. 특히 『삼국지』에도 다수의 문장이 보이는데 배송지가

9) 『晉書』 「東夷列傳」 馬韓, "韓種有三 一日馬韓 二日辰韓 三日弁韓…"
10) 김양훈, 2020, 「3세기 포상팔국전쟁 이후 남부가야제국 동향」, 『지역과 역사』 46, 24~25쪽.
11) 『太平御覽』은 이미 실전된 고대 자료를 인용하여 그 출처를 밝히고 있다. 인용 서적들이 宋 이전의 古本이기 때문에 현존하는 先秦·漢·唐의 전적의 교정에도 이용될 수 있고 名物의 고증에도 많은 도움이 되는 등 사료적 가치가 매우 높다(국사편찬위원회 편, 2006, 『韓國古代史料集成 : 中國編』 5).

주석작업을 하면서 내용을 교정하거나 부족한 것을 채우는데 이용하였다. 따라서 어환의 『위략』은 고조선 멸망, 염사치의 낙랑망명 등 한반도 관련기사가 다수 확인되므로 한국고대사 연구에 중요한 사서임은 분명하다.

『위략』과 『삼국지』의 "國出鐵" 기사를 비교하면 몇몇 단어만 다를 뿐, 전체적인 구성이 동일한 점을 보아 양 사서는 동일 문헌을 전거하였음을 알 수 있다.[12] 몇몇 단어가 다른 이유는 알 수 없으나 편찬 시기와 진수의 기록관을 고려하여 여러 면을 생각할 수 있다. 양 사서의 편찬 시기는 알 수 없지만 『위략』의 기사 하한을 265년, 『삼국지』는 경원 연간(260~264)으로 보고 있다.[13] 그렇다면 『삼국지』의 序에 언급한 바[14], 관구검의 고구려 침입(246) 이후 한반도 제세력의 정보가 중원에 알려졌듯이 가야의 철생산 정보도 함께 전해진 것으로 추정할 수 있다. 하지만 어환은 246년 이전의 정보만 기록하거나 혹은 246년 이후에 획득한 새로운 정보를 누락시켜 『위략』을 편찬하였을 가능성이 있다. 二郡을 언급하지 않은 점을 보면 대방군 설치(196~220) 이전의 기록만 활용하였을 가능성이 있다. 하지만 『翰苑』에 실린 『위략』에 대방관련 기사[15]가 있는 점을 보아, 『위략』은 대방군 설치 이후 편찬된 것은

---

12) 전해종은 『삼국지』위서동이전에 첨부된 배송지주 『위략』의 하한연대를 125년인 점, 魏明帝(226~239) 이후의 기사가 영세한 점, 『삼국지』위서동이전의 후한말 기사를 진수가 보충한 점을 고려하여 후한말~위초에 저술한 『原魏略』이 있었을 것으로 추정하였다(全海宗, 1980, 위의 책, 134~135쪽).

13) 박대재, 2006, 『고대한국 초기국가의 왕과 전쟁』, 경인문화사.

14) 『三國志』, 「魏書」三十, 序, "景初中, 大興師旅, 誅淵, 又潛軍浮海, 收樂浪帶方之郡 而後海表謐然, 東夷屈服. …其後高句麗背叛 又遣偏師致討 窮追極遠 踰烏丸 骨都 過沃沮 踐肅愼之庭 東臨大海 長老設有異面之人 近日之所出 逐周觀諸國 采其法俗 小大區別 各有名號, 可得詳紀…."
『三國史記』卷第十七, 「高句麗本紀」第五, 東川王 20年, "秋八月 魏遣幽州刺史毋丘儉 將萬人 出玄菟來侵…."

15) 『翰苑』, 蕃夷部, 三韓 "魏略曰 韓在帶方南 東西以海爲限 地方四千里 一曰馬韓 二曰辰韓 三曰弁辰 辰韓 古之辰國也 馬韓在其西 其人土著 種稻知作綿布 鯷壑東 鯷人居海中州 鼇波 俱海也[中]有也."

분명하다. 이로 보아 어환이 『위략』의 "國出鐵" 기사를 적을 때 246년 이후에 획득한 새로운 정보 중 "진한"을 누락시켜 기록하였을 가능성이 높다.

『삼국지』는 진수가 입수한 새로운 정보를 기록하면서 "변진"을 적지 않았을 가능성이나 또는 그의 간결한 문장 추구로 "변진"을 삭제하였을 가능성이 있다. 이를 논하기 위해서는 현재까지 유통된 『삼국지』 판본을 검토해 볼 필요가 있다. 『삼국지』의 원전인 '진수본'은 전해지지 않아 원전의 구성체계가 어떻게 되었는지 알 수 없다. 현재 전해지는 『삼국지』 판본 중 남송대에 간행된 '소흥본', '소희본' 등이 가장 이른 것이다.[16] 남송 소흥연간(1131~62), 소희연간(1190~1194)에 각각 간행된 '소흥본'과 '소희본'은 정치체별로 문단을 구성하였지만, '소희본'은 분전명이 기재된 점이 특징적이다.

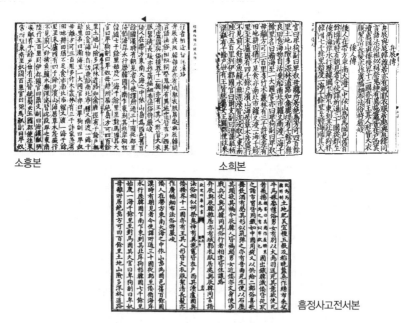

소흥본   소희본

흠정사고전서본

〈그림 1〉 『삼국지』 주요 판본[17]

---

16) 윤용구, 2012, 『삼국지』 판본과 「동이전」 교감, 『韓國古代史硏究』 60, 250~256쪽.
17) 『삼국지』 판본 연구는 윤용구, 2012, 앞의 논문과 中國哲學書電子化計劃(https://

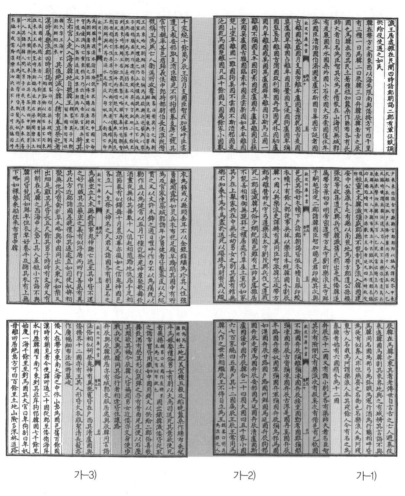

가-3)   가-2)   가-1)

〈그림 2〉 절강대학도서관 소장 欽定四庫全本 『三國志』 韓傳

  '소희본'에 분전명이 있는 것은 판본자가 원전 혹은 '배송지주'를 그대
로 따랐는지, 혹은 '소희본' 간행자가 자의로 기재하였는지 알 수 없다.
다만 앞서 간행된 '소흥본', 靑代의 '무영전본'(1739)과 '흠정사고전서본'

---

ctext.org/zh) 참조.

(1773~1782) 등 후대의 판본들이 분전명 없이 정치체별로 단락을 나눈 점을 보면 '진수본'은 분전명을 기재하지 않고 종족 혹은 정치체별로 단락을 나누었을 것이다.

그런데 〈그림 2〉에서 알 수 있듯이 『삼국지』 「韓」은 마한 1문단, 진한·변한 3문단으로 모두 4개 문단으로 구성되어 있다. 종족별로 단락을 나누면 「韓」은 3문단으로 구성될 것인데, 어떤 배경으로 4개 문단으로 구성하였는지 알 수 없다. 다만, 표면적으로 보면 진수가 진·변한을 분명히 구분하지 못하였기 때문이었을 가능성이 높다.

가─1) ①辰韓在馬韓之東 ②其耆老傳世 自言古之亡人避秦役來適韓國 馬韓割其東界地與之 ③有城柵 ④其言語不與馬韓同 名國為邦 弓為弧 賊為寇 行酒為行觴 相呼皆為徒 有似秦人 非但燕 齊之名物也 ⑤名樂浪人為阿殘 東方人名我為阿 謂樂浪人本其殘餘人 今有名之為秦韓者 ⑥始有六國 稍分為十二國

가─2) ①弁辰亦十二國 ②又有諸小別邑 各有渠帥 大者名臣智 其次有險側 次有樊濊 次有殺奚 次有邑借 ③有已柢國 不斯國 弁辰彌離彌凍國 弁辰接塗國 勤耆國 難彌離彌凍國 弁辰古資彌凍國 弁辰古淳是國冉奚國 弁辰半路國 弁樂奴國軍彌國 弁軍彌國 弁辰彌烏邪馬國如湛國 弁辰甘路國戶路國州鮮國 馬延國 弁辰狗邪國 弁辰走漕馬國 弁辰安邪國 馬延國 弁辰瀆盧國斯盧國優由國 弁辰韓合二十四國 ④大國四五千家 小國六七百家 總四五萬戶 ⑤其十二國屬辰王 辰王常用馬韓人作之 世世相繼 辰王不得自立為王 ⑥土地肥美 宜種五穀及稻 曉蠶桑 作縑布 乘駕牛馬 ⑦嫁娶禮俗 男女有別 ⑧以大鳥羽送死 其意欲使死者飛揚 ⑨國

出鐵 韓濊倭皆從取之 諸市買皆用鐵 如中國用錢 又以供給二郡
⑩俗喜歌舞飲酒 有瑟 其形似筑 彈之亦有音曲 ⑪兒生便以石厭
其頭 欲其褊 今辰韓人皆褊頭 男女近倭 亦文身 ⑫便步戰兵仗
與馬韓同 ⑬其俗行者相逢皆住讓路

가—3) ①弁辰與辰韓雜居 ②亦有城郭 ③衣服居處與辰韓同 ④言語法
俗相似 ⑤祠祭鬼神有異 ⑥施竈皆在戶西 ⑦其瀆盧國與倭接界
⑧十二國亦有王 ⑨其人形皆大 ⑩衣服絜清長髮 ⑪亦作廣幅細
布 ⑫法俗特嚴峻.

진·변한 기사군을 자세히 살펴보면 가—1)은 진한의 위치와 유래를,
가—2)은 "弁辰"을 문두에 내세워 국명과 정치구조를 먼저 서술하고 경제·
사회·풍속 등을, 가—3)은 "弁辰與辰韓雜居"을 앞세우고 변한의 사실을
진한과의 비교하면서 기록하였다.

진수가 위와 같은 체계로 구성한 이유는 알 수 없다. 몇 가지를 추정한다
면, 진수의 변한 인식과 서술태도에 관련되었을 것이다. 우선 진수의 진·
변한 인식과 연관될 것인데, 진수가 가—2)처럼 진한과 변한의 국명을 한
문단에 열거한 점은 양자를 하나의 공동체로 보았을 것이다. 변한의 출처
와 경계를 기록하지 않은 점, 개별 소국을 구분없이 나열한 점(가—2)—③),
변진과 진한이 잡거한 사실(가—3)—①), 변진의 언어, 법속 등 사회 전반을
진한과 비교하여 서술한 점(가—3))에서 추측할 수 있다.

한편 진수는 사실을 근거하여 기록하되, 간결한 문체를 선호하였다. 그
러나 이로 인하여 주체가 불분명하고 이해하기 어려운 문장을 낳았는데
가—2)—⑤, ⑨ 등이 대표적이다. 또한 그는 현재의 사실을 충실하게 반영하
였다. 『삼국지』는 가—1)—⑤의 "…今有名之爲秦韓者"처럼 현재 사정에 대

한 기록은 "今"을 문두에 두었는데, 이것은 그가 획득한 새로운 정보를 반영하는 서술태도를 엿볼 수 있다. 역시 가—2)—⑪의 편두 기사도 마찬가지이며 "今辰韓人~"을 기록한 것은 현재의 사정을 반영한 것이다. 앞서 "弁辰"을 문두에 두고, 진·변한 구분 없이 국명과 함께 여러 내용이 언급된 점을 보면 편두는 본래 공통 습속인데, 현재 진한만 해당하는 사실로 이해할 수 있다. 가—2)—⑨ 기사는 "今"이 없는데, 『위략』과 달리 "弁辰"을 기록하지 않고, "倭", "又以供給二郡"을 기록하였다. 이 사실은 246년 이후에 획득한 정보를 기술한 것인데, 진한도 변한과 함께 철생산과 유통이 이루어졌고 왜와 한군현에도 공급된 사실을 반영하여 가—2)에 배치한 것으로 보인다.

이상으로 『삼국지』의 진·변한 기사 체계를 살펴본 바, 가—2)는 진·변한의 공통 기사군이며, "國出鐵" 주체는 진한과 변한 모두에게 해당되는 것으로 보아야 할 것이다.

Ⅲ. 3세기 가야의 철생산과 유통

3세기 가야의 철생산과 유통은 중국의 三國 등 동북아 제국으로부터 주목을 받았음을 『위략』과 『삼국지』를 통해 알 수 있다. 하지만 기록이 소략하여 당시 철생산과 유통의 성격을 구체적으로 파악하는데 한계가 있다. 대부분 연구자들은 구체적인 논의보다는 간략히 언급하는 수준에 그쳤다. 필자는 지금까지의 연구 한계를 인지하고 『삼국지』의 "國出鐵" 기사를 통해 3세기 가야 철생산과 유통에 대한 몇 가지 문제를 살펴보고자 한다.

가야의 철생산이 한군현 등 동북아 제국에 알려진 사실이 『위략』과 『삼국지』에 기록된 것은 3세기 이전에 가야의 철생산이 이미 시작되었음을 짐작할 수 있다. 변한의 철생산 개시기에 대하여 다양한 의견이 제시되었는데,[18] 늑도유적 외 생산유적이 조사된 바 없어 대부분 분묘출토 철광석, 판상철부 등 철기유물 중심으로 생산 시기를 가늠하고 있다.

다호리유적에서 기원전 1세기 후반의 1호 목관묘에서 한국식동검을 계승한 철검과 영남 특유의 농공구인 따비, 주조·단조·판상철부 등 다양한 종류의 철기가 출토되었다.[19] 늑도유적은 화분형토기, 야요이토기 등 외래계토기와 함께 다수의 단야로, 판상철부가 출토되어 기원전 1세기경에 철기를 생산한 것으로 보고 있다.[20] 혹자는 다호리 1호 외 판상철부 복수매납 등 철기유물 부장이 빈약한 점, 30·64호에서 철광석이 부장[21]된 점을 보고 2세기 전반부터 본격화한 것으로 이해한 견해가 있다.[22] 하지만 다호리유적과 늑도유적의 현황을 보면 변한의 철생산은 기원전 1세기에 시작되었고 김해 구산동의 왜인집단 거주지,[23] 『漢書』에 倭가 "歲時來獻見"한 사실이 기록된 점[24]을 보아 변한의 철생산은 기원 전후에 낙랑군에 알려지지 않았을까 생각된다.

---

18) 송계현, 1995, 「낙동강하류역의 고대 철생산」, 『加耶諸國의 鐵』, 신서원, 131쪽. 손명조, 2012, 『韓國 古代 鐵器文化 硏究』, 진인진, 69쪽. 김상민, 2017, 「한국제철기술의 등장과 삼국의 발전상」, 『동북아시아 제철기술의 흐름』, 152~153쪽. 이남규, 2019, 「가야의 제철문화 연구의 성과와 과제」, 『2019년도 제3회 국립중앙박물관·한국철문화연구회 학술세미나자료집』, 24쪽.

19) 국립중앙박물관, 2001, 『昌原 茶戸里 遺蹟』. 국립김해박물관, 2011, 『昌原 茶戸里 遺蹟 : 9차 발굴조사보고서』: 2013, 『昌原 茶戸里 遺蹟 : 10차 발굴조사보고서』.

20) 이남규, 2006, 「늑도유적 제철관련자료의 고찰」, 『늑도패총』V, 경남고고학연구소, 5~8쪽. 김일규, 2007, 「철생산 유적」, 『한국 선사·고대 수공업 생산유적 자료집』, 제50회 전국역사학회 필자료집, 281~395쪽. 한국문화재조사연구기관협회, 2012, 『한반도의 제철유적』.

21) 국립중앙박물관, 2012, 『창원 다호리―1~7차 발굴조사 종합보고서―』.

22) 신동조·장기명, 2016, 위의 책, 461~462쪽.

23) 慶南考古學硏究所, 2010, 『金海 龜山洞 遺蹟』.

24) 『漢書』, 「地理志」下, "…樂浪海中有倭人 分爲百餘國 以歲時來獻見云."

문헌상 3세기 이전 변한의 철생산은 『삼국지』와 『삼국유사』를 통해 살펴볼 수 있다. 『삼국지』의 "염사치 사화"(『위략』)[25]에는 지황 연간(20~22)에 숯을 만들기 위해 노예를 동원하여 벌채하였다고 전한다. 『삼국유사』에 의하면 탈해가 호공의 집을 빼앗기 위해 스스로 야장을 칭하고 숫돌과 숯을 묻었다.[26] 이들의 기록은 1세기 당시 진·변한의 철·철기생산이 수장층 주도의 조직체계에서 이루어졌음을 말해준다. 또한 이 기록은 다호리, 대성동(구지로, 가야의 숲 포함), 도항리 등 변한지역의 목관묘군에서 농공구류 등 다양한 철기가 출토된 사실과 연결되며, 기원후 1세기에 철생산체계가 어느 정도 정착되었음을 의미한다. 그런데, 이같은 정착이 어떤 배경으로 이루어졌는지 정확히는 알 수 없다. 이에 대하여 필자는 당시 중국과 한반도의 정세변동을 연관지어 살펴보고자 한다.

　기원전 1세기경 漢은 흉노정벌의 후유증으로 피폐해진 경제를 부흥시키기 위해 철, 소금, 술 전매 등 국가 주도의 경제정책을 실시하였다. 하지만 소금·철 전매제 실시로 民의 부역이 증가하고 이에 대한 불만으로 대규모 농민봉기나 유이민이 발생하였다.[27] 이를 해결하기 위해 기원전 81년 昭帝가 鹽鐵會議를 개최하였지만, 별다른 해결책을 마련하지 못하였다.[28] 이 회의의 주된 주제인 철기 전매제의 철폐여부 논의에서 전매 철폐론자들은 철전매로 인한 철제농구의 품질저하와 농기구 획일화로 인한 각종 폐해를

---

25) 『三國志』, 「魏書」 三十, 韓, "魏略曰……見田中驅雀男子一人 其語非韓人 問之 男子曰 我等漢人 名戶來 我等輩千五百人伐材木 為韓所擊得 皆斷髮為奴 積三年矣…."

26) 『三國遺事』 卷第一, 「紀異」 第一, 脫解王, "…童日我本冶匠乍出隣鄕而人取居之 請堀地檢看 從之 果得礪炭乃取而居."

27) 『漢書』, 「列傳」 七十二, 王貢兩龔鮑傳第四十二, "…今漢家鑄錢 及諸鐵官皆置吏卒徒 攻山取銅鐵 一歲功十萬人已上 中農食七人 是七十萬人常受其飢也 鑿地數百丈 銷陰氣之精 地藏空虛 不能含氣出雲 斬伐林木亡有時禁 水旱之災未必不繇此也."
　『鹽鐵論』 一, 禁耕, "…故鹽冶之處 大傲皆依山川 近鐵炭 其勢咸遠而作劇 郡中卒踐更者多不勘 責取庸代…."

28) 趙峻九, 「前漢朝 鐵專賣에 관한 一硏究」, 明旨大碩士論文, 1991, 4~13쪽.

우려하였다. 이 사실은 漢의 철·철기생산은 민간 중심으로 농·공구가 생산되었고, 다양한 기종의 철기가 생산되었음을 설명해준다.

　漢 武帝의 통제정책은 대규모의 유망을 야기하였다. 이때 상당수의 漢人들이 한반도로 유망하였을 것인데, 고조선 우거왕때 대규모의 漢人들이 고조선에 망명한 사실[29]을 통해 살펴볼 수 있다. 변·진한의 경우는 고조선 相인 歷谿卿이 거느린 2천호가 辰國에 정착하였고[30] 사로국 성립 이전 조선[31]과 중국계 유이민[32]이 정착하여 읍락을 이루었다. 이 사실과 기원전 1세기 전반 영남 각지의 분묘에서 농공구류 철기 중심으로 출토된 점을 미루어 보아 변·진한의 철·철기생산은 漢 武帝의 전매책 실시 이후 漢·朝鮮係 工人들이 영남지역에 정착하면서 이루어진 것으로 추정된다.

　하지만 그들의 정착만으로 철기생산체계가 구축된 것은 아닐 것이다. 재지집단의 적극적인 수용을 바탕으로 갖추었을 가능성을 생각해볼 수 있다. 『三國遺事』「駕洛國記」에서 九干이 首露를 받드는 모습을 보면,[33] 선진기술을 가진 유이민집단을 받아들이는 재지집단의 자세를 짐작할 수 있다. 이 정황을 『삼국지』「염사치 사화」의 벌목노예 동원과 연계하면, 당시 철기생산체계는 선진기술 뿐만 아니라 많은 노동력이 필요한 체계로 갖추었음을 알 수 있다. 즉, 이 체계는 노동력 동원이 수월했던 재지집단 수장층의 협조에 의해 이루어졌을 것으로 생각한다.

---

29)『史記』,「列傳」一百一十五, 朝鮮列傳第五十五, "…傳子至孫右渠 所誘漢亡人滋多…."

30)『三國志』,「魏書」三十, 韓, "魏略曰 初右渠未破時 朝鮮相歷谿卿以諫右渠不用 東之辰國 時民隨出居者二千餘戶 亦與朝鮮貢蕃不相往來."

31)『三國史記』卷第一,「新羅本紀」第一, 始祖赫居世居西干, "…先是, 朝鮮遺民分居山谷之間, 爲六村…."

32)『三國志』,「魏書」三十, 韓, "辰韓在馬韓之東, 其耆老傳世, 自言古之亡人避秦役 來適韓國…."

33)『三國遺事』卷第二,「紀異」第二, 駕洛國記.

이후 가야의 철·철기생산 양상을 볼 수 있는 문헌은 보이지 않는다. 영남 지역에서 확인된 여러 유적에서 다양한 철기가 상당수 조사되어 철기생산이 한층 진전되었음을 추정할 수 있을 뿐이다. 하지만 3세기 가야의 철생산과 유통 양상은 『위략』과 『삼국지』에서 확인할 수 있다. 아래의 기사를 통해 몇 가지의 문제를 검토하여 3세기 가야의 철생산·유통 양상을 살펴보고자 한다.

나-1) 魏略日 ①弁辰國出鐵, ②韓穢皆從, ③市之, ④諸市買皆用鐵, ⑤ 如中國用錢

『太平御覽』

나-2) ⑥國出鐵 ⑦韓濊倭皆從⑧取之 ⑨諸市買皆用鐵 ⑩如中國用錢 ⑪又以供給二郡

『三國志』

첫째, 철을 생산한 '國'의 위치 문제이다. 나-1)은 '弁辰'을 기록하였지만, 나-2)는 "弁辰", 國名 표기도 없이 진·변한 공통기사군(가-2)에 배치되어 있다. 이같이 진수의 애매모호한 서술로 인해 삼한의 철생산지 위치에 대하여 논의가 제기된 것이지만, 앞서 살펴본 바 『삼국지』 "國出鐵" 주체는 진한과 변한 모두 해당하는 것으로 확인되었다.

현재 가야지역의 3세기대 대규모 철생산지는 확인된 바 없다. 김해 대성동·양동리유적의 철기 대량부장을 보면 대규모 철생산지가 김해와 그 인접지역에 존재하였을 것으로 추정할 수 있다.[34] 하지만 3세기대 대규모 제

---

34) 國名이 표기되지 않아 가야의 철생산지가 특정 國 혹은 개개 國에서 입지하였는지 알 수 없다. 『위략』과 『삼국지』 등에 가야의 철생산 사실이 기록한 점을 보면 군현, 동이제국에 충분히 생산할 수 있는 대규모 생산지가 있었음을 시사한다. 현재의 자료를 보면 3세기 가야의 철생산지는 가락국이 입지한 김해가 유력하다. 하지만 曹魏代의 對韓교섭은 특정 유력국 거점 혹은 개개의 國과 이루어졌기 때문에 철생산지는 3~4세기대 제철

철유적은 울산 달천철장만 확인되며, 외래계 유물도 보이기 때문에 김해지역을 소비지로 보는 견해가 있다.[35] 그렇다면 달천철장의 철과 거래가 성립할 수 있는 고부가가치 물품이 변한에서 생산되어야 한다. 변한포를 대외교역 물자로 주로 언급하지만[36], 진한도 역시 포를 생산하였기 때문에 성립하기 어렵다. 또한 사로국이 달천철장의 철을 구야국에 공급하였다면, 사로국이 가락국보다 정치·경제적으로 우월해야 할 것인데 현재 그것을 증명할 만한 자료가 없다.[37]

2세기 후반의 양동리 162호묘에서 환두대도 등 무기와 장식용 철기, 철복, 봉상철기 등 다양한 철기가 출토되었다. 그 중 봉상철기는 대량 확인되었는데, 대부분 파괴된 대성동 45호도 상당량이 확인된다. 봉상철기는 판상철부에서 형태가 변화된 철소재이며 김해 중심으로 분포하였다.[38] 이것은 김해지역이 독자적인 철·철기생산과 유통체계를 갖추었음을 시사한다. 2세기 후반 이후 철복, 동경 등 다양한 외래계유물이 경주·울산보다 김해지역에서 다수 확인된 점도 위의 정황을 대변한다. 따라서 "國出鐵"의 國은 몇몇이 해당되지만, 지금까지 검토된 문헌과 고고자료를 보면 구야국을 변한의 유력 철생산지로 보아야 한다.

유적이 확인된 함안, 창원, 고성 등 남해안 일대의 몇몇 '國'도 해당될 것이다(김양훈, 위의 논문, 21~23쪽). 본고는 원활한 논지 전개를 위해 자료가 축적된 김해 중심으로 살펴볼 것이다.

35) 이도학, 2018, 앞의 논문, 117쪽.

36) 이현혜, 1995, 「철기보급과 정치권력의 성장—진변한지역 정치집단 중심으로」, 『加耶諸國의 鐵』, 신서원, 14~16쪽.

37) 『삼국사기』·『삼국유사』에는 3세기 초 신라가 가락국을 구원한 '포상팔국전쟁' 기사가 있다. 이 사실은 신라가 가락국보다 우월한 위치에 있었음을 보여준다. 그러나, 이 기사는 비록 3세기 전반의 사실이나, 가락국 멸망이후 거칠부의 『國史』 등 신라측 사서에 의해 윤색된 것으로 추정된다. 따라서 『삼국사기』·『삼국유사』는 6세기 후반 이후 윤색된 기록을 따랐기 때문에 '포상팔국전쟁'은 3세기대 신라의 對가야 우위론을 증명할 수 없다(김양훈, 위의 논문, 8~15쪽).

38) 손명조, 2012, 앞의 책, 109쪽.

둘째, 市의 존재이다. 市는 사전적으로 '시장'이라는 공간적 의미와 '사다'는 활동적 의미를 지니고 있다. 나-1)과 2)를 살펴보면, ③市는 ⑧取로 되어 있지만, 제3자의 서술에 불과하며[39] ③市는 '사다'로 해석된다. ⑨은 ④문장과 동일한데, "市買"는 사전적 의미로 '사고팔다' 즉 거래, 매매로 해석할 수 있지만[40], "諸"가 문두에 있어 "市買"를 공간적 의미로 이해할 수 있다. 비록 "市買"를 활동적 의미로 해석해도 고대사회의 거래, 매매 등은 항구 등 특정 장소에서 이루어졌기 때문에 공간적 의미도 내포하는 것으로 보아야 한다.

철 교역이 활발했던 변한의 市는 상호 거래의 안전을 보장하는 정치적 중립지역에서 성립한 것[41]이라고 제기된 바 있다. 秦·漢시대의 市는 자유로운 매매가 이루어지면서도 감독관을 둔 사실[42]이 있다. 3세기 당시 倭의 시장에도 수장층이 시장을 감독하고, 관리를 보내 諸國을 감찰하는 등 시장과 교역을 관리하였다.[43] 이것은 고대사회의 市가 개방과 통제라는 양면을 지닌 공간임을 말해준다. 따라서 철과 같이 일정한 통제가 필요한 고부가가치의 물품거래는 특정 정치집단의 영향력이 미치는 市에서 이루어졌을 가능성이 높다.[44] 즉 변한에서 철교역이 이루어진 市는 대외세력이 쉽게 오가며 정치적 통제가 가능한 지역에서 형성되었음을 알 수 있다.

---

39) 김창석, 2012, 「고대 交易場의 중립성과 연맹의 성립-3~4세기 가야연맹체를 중심으로」, 『역사학보』 216, 232쪽.

40) 단국대학교 동양학연구소, 2008, 『漢韓大辭典』 4, 988쪽.

41) 김창석, 2012, 위의 논문, 236~238쪽.

42) 서울대학교 역사연구소, 2015, 『역사용어사전』, 1087~1089쪽.

43) 『三國志』, 「魏書」 三十, 倭, "…國有市 交易有無 使大倭監之 自女王國以北 特置一大率檢察 諸國畏憚之 常治伊都國 於國中有如刺史 王遣使詣京都帶方郡諸韓國及郡使倭國 皆臨津搜露 傳送文書賜遺之物詣女王 不得差錯…."

44) 백승옥은 고대사회일수록 시장이 약탈이나 부정의 개입을 막을 수 있는 장치가 필수적이므로 國의 차원에서 시장관리가 이루어졌을 것이라고 한다(백승옥, 2003, 『加耶 各國史 研究』, 혜안, 305쪽).

변진 12국 중 구야국의 대표적인 市는 김해 봉황동 일대로 추정하고 있는데 김해 봉황동의 구릉일대는 토성이 둘러싸였고, 그 아래에는 고상건물지군이 있으며, 배(船)의 조각이 출토되었기 때문이다.[45] 이 사실은 봉황동 일대가 市의 형성요건인 통제와 개방이 용이한 지역이었음을 보여준다.[46]

市의 존재는 철소재의 규격화를 촉진하였을 것이다. 정치체간의 교역은 배후의 안전뿐만 아니라 물자의 공정거래를 바탕으로 이루어졌다. 공정거래는 상호 간의 신뢰와 공정한 교환매개체를 통해 성립하므로 화폐가 주된 매개체이다. 고대 중국은 일찍부터 명도전, 오수전 등 실물화폐가 발달하여 상업이 융성하였다. 변한은 철을 교환매개체로 사용하였는데, 철소재가 공정거래를 위한 화폐의 역할을 한 것이다. 이를 위해 권력집단이 철소재를 일정한 규격으로 대량생산하여 교환 가치를 부여하고, 시장에서의 공정거래와 교역 활성화를 주도하였을 것이다. 대성동, 양동리고분군에 출토된 판상철부와 봉상철기가 일정한 규격을 갖추었고 많은 수량이 일부 대형묘에서만 부장된 점을 통해서도 짐작할 수 있다.

셋째, 변한의 철교역 대상국 문제이다.[47] 위의 기사를 보면, 변한의 철교

---

45) 동양문물연구원, 2014, 『김해 봉황동유적』.

46) 『삼국유사』 단군신화 "神市"의 존재를 보아 제천의례가 행할 수 있는 공간에서 市가 형성한 것으로 추정할 수 있다(서울대학교 역사연구소, 2015, 『역사용어사전』, 서울대학교출판문화원, 1084쪽). 그렇다면, 市는 제사가 거행되는 제단부근이며, 많은 사람들이 모여드는 넓은 공간에 들어섰을 가능성이 있다. 김해의 경우, 구지봉이 입지한 구산동 일대에 시장이 형성되었을 가능성이 있는데, 구지봉 아래에 넓은 평지가 형성되었고, 350톤의 대형 고인돌이 입지한 점, 야요이인 집단거주지가 입지한 점을 통해서 생각해 볼 수 있다.

47) 가야의 철교역국 중 하나인 濊를 고구려로 본 견해가 있다(유우창, 2013, 「가야-고구려 동맹'의 형성과 추이」, 『역사와 세계』 44, 3~11쪽). 이 견해는 『삼국지』에 기록된 고구려의 濊 복속시기를 환령지말(146~189)과 漢末이 일치한 점을 들어 2세기말~3세기 초로 본 점에서 나온 것이다. 그렇다면 정시 8년(247) 不耐濊王이 위나라에 조공 사실은 어떻게 이해하며, 3세기 초에 고구려가 예를 완전 복속하였다면, 3세기 후반에 만든 『삼국지』에 「濊傳」이 고구려와 별도로 수록할 필요가 있었을까 의문이다. 『위략』과 『삼국지』의 國出鐵 기사의 전거가 동일한 점을 보아 진수는 전거자료를 그대로 인용하였기

역은『위략』과 달리『삼국지』는 倭·二郡과도 이루어졌다. 倭는 고고자료상 김해 구산동 등 남해안과 일본 열도간의 빈번한 교섭을 증명하는 자료가 풍부함에도『위략』에 기록되지 않았다. 앞서 언급하였듯이, 어환이『위략』을 저술하면서 동이의 정보를 자의로 누락시켰거나『삼국지』와 다른 시기의 정보를 사용하여 기록하였을 수도 있다. 하지만『삼국지』는 "변진"을 적지 않고, 진·변한의 공통기사군에 배치한 점을 보면 246년 이후에 입수한 정보를 기록한 것으로 추정된다.

　『위략』에 보이지 않던 군현으로의 철공급이『삼국지』에 기록된 것은 요동을 둘러싼 魏와 공손씨 정권의 대결로 야기된 二郡의 불안정한 철수입 루트가 한군현-가야 루트로 변경된 사실이 전해졌기 때문일 것이다. 요동의 平郭은 鐵官과 鹽官이 소재하여 漢의 주요 생산거점지이며,[48] 후한 말 공손도가 점령한 곳이다. 2세기 말~3세기 전반 요동을 둘러싼 삼국과 요동 정권의 격돌, 요동 서안평을 둘러싼 魏와 高句麗 대결 등으로 요동의 철을 군현에 수출하는데 원활하지 못하였을 것이다. 결국 한군현은 철수입이 불안정해지면서 변한의 철을 주목하였고, 교섭을 통해 가야로부터 철을 공급받은 것으로 생각한다.

　한편,『삼국지』는 변한과 한군현의 철교역을 "取"가 아닌 "供給"이라고 표현하였다. '공급'의 의미를 한군현의 변진 철생산 규제의 근거[49], 군현의 시각에 불과[50]하거나 혹은 제철기술 전수대가[51]를 표현하기 위해 기록하였다는 견해가 있다. 철생산 규제와 제철기술 전수 대가는 앞서 언급하였듯이 3세기 당시 변한은 이미 생산체계가 구축된 상황이므로 합리적인 견

때문에 "國出鐵" 기사의 濊는 고구려와 상관없다고 생각한다.
48) 『漢書』「地理志」八, 下, "遼東郡……平郭, 有鐵官鹽官…."
49) 鈴木靖民, 1995, 「加耶의 鐵과 倭」『加耶諸國의 鐵』, 신서원, 50쪽.
50) 김창석, 2012, 앞의 논문, 232쪽.
51) 이도학, 2018, 앞의 논문, 112쪽.

해라고 생각하지 않는다. 또한 2세기 말 韓·濊가 강성하여 군현 주민들이 韓國으로 도망가고,[52] 경초 연간(237년~239년) 조위가 한군현을 장악한 후 부종사 오림 등이 진한 8국을 낙랑으로 이속[53]하는 등 韓을 압박해도 한군현이 韓에 정치·경제적 통제를 행사하기 어려운 실정이기 때문에 위의 견해들은 합리적이지 않다. 진수가 『삼국지』를 편찬할 때 한군현 등 여러 세력으로부터 정보를 입수한 점을 보면, 韓 관련 기사는 군현의 시각에서 기록할 수 밖에 없다. 또한, 韓의 下戶들이 한군현에 가서 朝謁한 사실[54]을 보면, 변한의 제세력이 직접 한군현에 방문하여 교역하였으므로 군현 입장에서 '공급'받았다고 이해하는 것이 합리적이다.

Ⅳ. 4세기 가야의 철생산과 유통

우리는 4세기대 '가야=철' 인식을 하나의 역사적인 사실로 받아들이고 있다. 대성동, 복천동 등 주요 가야고분군에서 마구, 갑주 등 다양한 철기가 대량 출토되었고, 이를 바탕으로 많은 연구가 이루어져 자리 잡은 것이다. 하지만, 가야의 철과 연관된 직접적인 문헌자료는 아직 확인된 바 없고, 『일본서기』「신공기」를 통해 4세기 후반 가야의 철생산과 유통을 엿볼 수 있을 뿐이다. 따라서 필자는 『일본서기』「신공기」와 4세기대 동북아 정

---

52) 『三國志』, 「魏書」 三十, 韓, "桓靈之末, 韓濊彊盛, 郡縣不能制, 民多流入韓國…."

53) 『三國志』, 「魏書」 三十, 韓, "景初中, 明帝密遣帶方太守劉昕·樂浪太守鮮于嗣越海定二郡……部從事吳林以樂浪本統韓國, 分割辰韓八國以與樂浪, 吏譯轉有異同, 臣智激韓忿, 攻帶方郡崎離營. 時太守弓遵·樂浪太守劉茂興兵伐之, 遵戰死, 二郡遂滅韓."

54) 『三國志』, 「魏書」 三十, 韓, "景初中……諸韓國臣智加賜邑君印綬, 其次與邑長. 其俗好衣幘, 下戶詣郡朝謁, 皆假衣幘, 自服印綬衣幘千有餘人…."

번호	「帝紀」	교역국수	마한	진한	형식	번호	「帝紀」	교역국수	마한	진한	형식
1	276년 2월	8			歸化	10	282년 9월	29			歸化
2	276년 7월	17			內附	11	286년 8월	11		○	內附
3	277년 시세	3			內附	12	286년 시세	11	○		來獻
4	278년 3월	6			來獻	13	287년 8월	2	○		內附
5	278년 12월	9			內附	14	288년 9월	7			校尉 內附
6	280년 6월	10		○	歸化	15	289년 5월	11	○		來獻
7	280년 7월	20	○		朝獻	16	289년 시세	30			來獻
8	281년 3월	5	○		朝獻	17	290년 2월	7	○		校尉 上獻
9	281년 6월	5			內附	18	291년 시세	17			內附

〈표 2〉 晉과 마한·진한 교섭 표(선석열, 2015, 표2 수정. ▨ : 남부가야제국 참여가능 시기)

세를 검토하여 4세기대 가야의 철생산과 유통을 추론하고자 한다.

3세기 후반 한반도 남부 제세력의 대중교섭이 이전 시기와 다른 양상으로 변질되었다. 『晉書』에 의하면, 동이 ○국이 내조하거나 동이교위를 거쳐 晉과 교섭한 사실이 여러 차례 확인된다〈표 2〉.[55] 이 사실은 한반도 남부의 제세력의 對中교섭 방식이 西晉代에 이르러 중원을 직접 방문하거나 혹은 요동의 동이교위를 거쳐 이루어졌음을 알 수 있다. 한편 東夷의 교섭 주체는 개별 國이 아니라 동이 ○국으로, 제 정치체들이 교섭집단을 조직

---

55) 晉의 對동이 교섭현황을 보면, ①晉의 對동이 교섭은 18건 ②동이○국 형식은 10건 ③마한과 진한은 각각 6건, 2건 ④동년에 연거푸 晉을 방문한 경우가 6건, ⑤280, 286년은 마한, 진한이 번갈아 방문, ⑥동년에 동일세력이 거듭 방문한 예는 알 수 없으며 ⑦281, 289년은 마한이 방문한 후 동이 ○국이 방문하였고, ⑧277, 282, 288, 291년은 동이 ○국이 한 차례만 방문한 사실이 있다(김양훈, 앞의 논문, 24~25쪽).

하여 이루어진 것이었다. 晉과의 교섭을 위해 교섭집단을 조직한 것은 교섭 거점지와 방식이 바뀌면서 교섭 비용이 증가하였기 때문일 것이다. 교섭 거점지가 대륙 혹은 요동으로 이전되면서 이동 거리가 늘어났고, 다양한 민족이 드나들지만, 폭약고와 같은 요동에서 안전한 교섭을 위한 부대 비용이 많이 소요되었을 것으로 추정된다.[56]

동이제국의 교섭집단은 비용확보가 용이한 유력국 중심으로 조성되었을 것인데 3세기 후반 유력국인 백제국, 사로국 등이 각각 마한과 진한의 교섭주도국이었을 것이다. 하지만,『晉書』에 변한의 기록이 없으므로 가락국, 안라국 등의 남부가야제국의 활동은 확인할 수 없다. 다만 대성동 29호분 동복 등 북방계 유물들이 출토된 점, 상당량의 토기·철기가 부장된 점을 보면 다른 소국보다 우월한 정치·경제력을 가진 가락국이 일부 소국들과 결속하여 對晉교섭을 주도한 것은 분명하다.

가락국이 晉과의 교섭을 주도할 수 있었던 배경은 3세기 후반 이후 김해지역 고분군에서 엿볼 수 있다. 3세기 후반 이후 대성동, 양동리 등 김해지역 목곽묘를 보면, 철기 기종이 이전 시기보다 다양해지고, 부장 수량이 급격히 늘어났다. 4세기에 이르러서는 고급기술이 요구되는 갑주, 투구 등 고급 철기도 부장되었다. 이 배경은 한층 진보된 제작기술과 대량생산체계를 확보하였기 때문에 가능한 것이었다.

이후 중국 동북과 한반도 서북부 지역은 예상할 수 없는 정치적 소용돌이 속에 있었다. 290년 사마염 死後, 晉 정국이 불안정해지고 황실의 분열이 가속화되었다. 북방의 흉노, 고구려 등 여러 민족들은 晉의 변경지역을 공격하여 요동 등 중국 북방지역을 둘러싼 세력 간의 다툼이 빈번하였다. 한반도 서북부의 한군현 즉 낙랑·대방은 晉과 북방민족의 계속된 대결로

---

56) 김양훈, 앞의 논문, 28쪽.

말미암아 중국 본토와의 교류가 단절되었고 고구려, 백제로부터 압박을 계속을 받다가 313·314년 고구려에게 잇달아 패퇴되었다.

4세기 전반 가락국의 對중국 교섭을 보여주는 사료는 확인된 바 없다. 하지만 91호분 대금구 등 중국·북방계 유물을 보아 가락국은 전연과 고구려가 치열하게 대립한 319~355년에 자력으로 對中교섭을 주도한 것으로 추정할 수 있다. 311년 고구려는 요동의 서안평을 공격하고, 315년 현도성을 격파하였다. 319년 선비족 모용외는 요동에 있었던 동이교위를 몰아내고, 319년부터 요동을 둘러싸고 고구려와 대결하였다. 337년 전연을 세운 모용황은 342년 고구려 환도성을 침입하는 등 일방적인 승리를 거두었다. 이같은 정황 속에서 가락국은 요동을 차지한 전연과의 교섭이 이루어진 것이다.[57]

355년 고구려와 전연의 극적인 화해 이후 한반도의 정세는 고구려와 백제의 대결로 급변하였다. 고구려는 334년 평양성 축조 이후 중단되었던 남진정책을 추진하였는데, 369년 치양성,[58] 371년 평양성에서 백제에 패하였다.[59] 백제가 승리한 것은 366·368년 신라[60]·倭의 교섭 등 백제와 주변

---

57) 4세기대 전연계 유물이 가락국으로 유입된 배경을 고구려에 유입된 전연문화의 전파 혹은 남조와의 교류관계(조성원, 2017, 「4세기 금관가야의 대외관계 검토」, 『고고광장』 21, 부산고고학연구회, 48쪽), 중국 동북지역과 여전히 강한 네트워크 형성(김일규, 2018, 「금관가야고분 출토 외래유물의 성격과 의의」, 『湖南考古學報』 60, 49쪽), 337년 전연의 천도 때 입조(심재용, 2019, 「금관가야 고분 연구」, 부산대학교 박사학위논문, 62쪽)로 보기도 한다. 필자는 가락국과 전연의 교섭이 서진시대 동이교위와의 교섭루트를 그대로 계승하여 이루어진 것으로 생각한다. 313·314년 고구려가 낙랑·대방을 차지한 이후 355년까지 중국 동북지역을 둘러싼 전연과 고구려의 대결이 거듭되면서 전연과 가락국의 교섭루트는 고구려의 영향을 받지 않았을 것으로 추정되기 때문이다.

58) 『三國史記』卷第二十四, 「百濟本紀」第二, 近肖古王 24年, "秋九月, 髙句麗王斯由帥步騎二萬, 來屯雉壤, 分兵侵奪民戶. 王遣太子以兵徑至雉壤, 急擊破之, 獲五千餘級. 其虜獲分賜將士."

59) 『三國史記』卷第二十四, 「百濟本紀」第二, 近肖古王 26年, "冬, 王與太子帥精兵三萬, 侵髙句麗, 攻平壤城, 麗王斯由力戰拒之, 中流矢死, 王引軍退."

60) 『三國史記』卷第二十四, 「百濟本紀」第二, 近肖古王21年, "春三月, 遣使聘新羅.";

국의 우호관계에서 배경을 찾을 수 있다. 이 중 백제와 倭의 교섭과 함께 전개된 백제와 가야의 교섭이 하나의 배경인데, 이면에는 가야의 철생산과 유통 전모가 숨어있다.

다-1) (46년 春 3월) 사마숙녜는 곧바로 傔人 爾波移와 탁순인 過古 두 명을 백제국에 파견하여 그 왕을 위로하였다. 그때 백제의 肖古王은 매우 기뻐하며 후하게 대접하였다. 이에 五色綵絹 각 한필과 角弓箭 그리고 ①철정 40매를 이파이에게 선물하였다.…[61]

다-2) 52년 가을 9월 丁卯 초하루 丙子 久氐 등이 千熊長彦을 따라와서 ②七枝刀 1자루와 七子鏡 1개 및 여러 가지 귀중한 보물을 바쳤다. 그리고 (백제왕의) 啓에 "우리나라 서쪽에 시내가 있는데 그 근원은 ③谷那鐵山으로부터 나옵니다. 7일 동안 가도 미치지 못할 정도로 멉니다. 이 물을 마시다가 문득 이 산의 철을 얻어서 성스러운 조정에 길이 바치겠습니다…"[62]

다-3) (2년 여름 4월) 聖明王은, "옛적에 우리 선조 速古王, 貴首王의 때에, ④安羅·加羅·卓淳의 旱岐 등이 처음으로 사신을 보내고 서로 통교하여 친교를 두터이 맺어, 子弟의 나라로 여기고 더불어 융성

二十三年, "遣使新羅, 送良馬二匹."

61) 『日本書紀』卷第九, 氣長足姬尊 神功皇后, "卌六年春三月乙亥朔 ……爰斯摩宿禰卽以傔人爾波移與卓淳人過古二人 遣于百濟國 慰勞其王 時百濟肖古王 深之歡喜 而厚遇焉 仍以五色綵絹各一匹 及角弓箭 并鐵鋌卌枚 幣爾波移…."

62) 『日本書紀』卷第九, 氣長足姬尊 神功皇后, "五十二年秋九月丁卯朔丙子 久氐等從千熊長彦詣之 則獻七枝刀一口·七子鏡一面 及種種重寶 仍啓日 臣國以西有水 源出自谷那鐵山 其邈七日行之不及 當飮是水 便取是山鐵 以永奉聖朝…."

하기를 바랐다.…"[63]

다-1)·2) 사료는 백제의 철생산과 유통에 관한 기사이다. 『일본서기』는 기록의 과장과 윤색이 심하여 내용을 그대로 신뢰할 수 없다. 특히 「신공기」는 고대 한반도 관계기사가 본격적으로 기록된 것이지만, 「백제기」와 유력 씨족의 가기류 등 전거자료를 천황중심 사관에 입각한 윤색과 과장을 입혀져 그대로 따르지 않는다.[64] 그런데, 다-1)·2)는 「신공기」의 다른 기사에 비해 윤색과 과장이 덜한 편인데 초고왕, 구저, 칠지도, 곡나철산 등 백제 관련 관직명, 인명, 지명 등이 「백제기」를 전거하여 기록되었기 때문에 윤색·과장 부분을 제거하고 기년을 2주갑 인하하면 4세기 후반 백제와 倭의 교섭 개시는 사실에 가깝다고 볼 수 있다.[65] 다-3)은 흠명기 2년조 백제 성왕의 회고담 기사로써 4세기 근초고왕·근구수왕대 백제와 가야제국의 우호관계 사실을 회고한 것이며, 다-1)·2)와 연관하면 4세기 후반 백제-가야-倭의 교섭을 반영한 기록이라고 볼 수 있다.

「신공기」에 백제의 철생산과 유통의 사실이 기록된 것은 백제-倭의 교섭에서 철의 비중이 적지 않았음을 보여주며, 4세기 후반 한반도와 倭의 교섭이 어떠한 전모로 인하여 시작되었음을 짐작할 수 있다. 다-1)의 ①철정 40매는 백제가 철생산국임을 대외적으로 과시한 기록이다. 즉 4세기 후반에 이르러 백제가 倭에 철정 40매를 제공하는 등 대왜교섭에 본격적으로 나섰음을 보여준다. 다-2)의 백제와 倭의 교섭에서 ②칠지도와 ③곡나철산의 정보를 전해준 사실은 백제의 안정된 철·철기생산과 유통체계가 구

---

63) 『日本書紀』卷第十九, 天國排開廣庭天皇 欽明天皇, "… 聖明王曰 昔我先祖速古王貴首王之世 安羅·加羅·卓淳旱岐等 初遣使相通 厚結親好 以爲子弟 冀可恒隆…."

64) 백승충, 2005, 『일본서기』 「신공기」 소재 한일관계기사의 성격」, 『광개토대왕비와 한일관계』, 景仁文化社, 114~115쪽.

65) 백승충, 앞의 논문, 102~114쪽.

축되었음을 대외적으로 과시하고 백제의 대왜교섭을 주도하려는 그들의 의지를 표현한 것이다. 다—3)의 근초고왕·근구수왕대 ④안라·가라[66]·탁순 한기들의 백제 방문은 다—1)의 백제가 倭의 사마숙녜에게 철정 40매를 제공하는 중 탁순인 과고가 참여한 점과 연계하면 철을 둘러싼 백제—가야 제국—倭의 교섭이 본격적으로 이루어졌음을 짐작할 수 있다.

백제가 倭에게 철정 40매, 칠지도, 곡나철산 정보를 전달한 사실은 倭가 對백제 교섭을 통해 철정을 수입하거나 철·철기생산체계를 입수하였음을 의미한다. 일본열도의 고분시대 철생산 개시는 6세기 전반 이후,[67] 단야 등 철기생산은 5세기 이후에 집중된 점[68]을 보면 백제의 제철기술은 5세기 이후부터 일본열도에 전달되었을 것이다. 따라서 4세기 후반 倭가 백제로부터 수입한 것은 철정인데, 현재까지 일본열도에서 출토된 4세기대 백제계 철정은 드물다. 최근 椿井大塚山에서 출토된 이형판상철부의 미가공 부분이 탄금대토성 철정과 형태, 규격 등이 동일한 점을 들어 椿井大塚山 출토품을 백제로부터 반입하였을 가능성을 제기하였다〈그림 3〉.[69] 4세기부터 백제와 倭의 철교역이 이루어졌을 가능성을 엿볼 수 있다. 하지만 일본열

---

66) 몇몇 연구자들은 다—3) 기사의 '가라'를 고령으로 지칭하여 4세기부터 대가야가 존립하였다는 '4세기 가라론'을 주장한다(김세기(1995), 노중국(1995), 주보돈(1998), 권주현(1999) 등). 이 주장은 대체로 신공기 49년조 등 백제계 사서를 근거한 것이다. 이에 반해 해당 기사의 전거인 백제계 사료에 대한 재검토 필요를 제기하고, 이를 근거하는 고고자료가 없는 점을 들어 부정하고 있다(김태식, 2000, 「加耶聯盟體의 性格 再論」, 『한국고대사논총』 10, 168~190쪽. 백승충, 2005, 「가야의 지역연맹론」, 『지역과 역사』 17, 14~16쪽). 필자는 후자의 견해를 지지하며, 또한 541년 사비회의 당시 성왕이 오랜 기간의 백제와 가야제국 친교를 언급하였을 뿐이지 "4세기 가라론"의 근거로 보기 어렵다.

67) 穴澤義功, 2004, 「日本古代の鐵生産」, 『國立歷史民俗博物館研究報告』110, 75~76쪽. 村上恭通, 2016, 「日韓の鐵生産」, 『日韓 4~5世紀の土器·鐵器生産と集落』, 한일교섭의 고고학 –삼국시대– 연구회 자료집, 246쪽.

68) 龜田修一, 2016, 「4~5世紀の日本列島の鐵器生産集落」, 『日韓 4~5世紀の土器·鐵器生産と集落』, 한일교섭의 고고학 –삼국시대– 연구회 자료집, 302쪽.

69) 이동관, 2016, 「고분시대 전기 백제계 철정의 유입과 그 계보」, 영남고고학회·구주고고학회 제12회 합동고고학회 자료집, 64쪽.

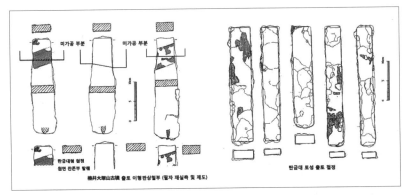

〈그림 3〉 椿井大塚山 출토 이형판상철부 및 탄금대토성 출토 철정(이동관, 2016, 72쪽)

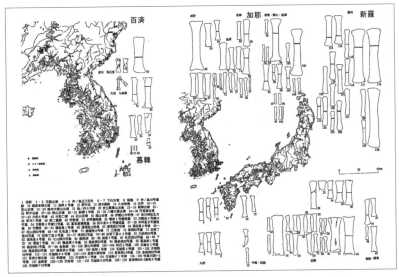

〈그림 4〉 한·일 철정 분포상(東潮, 2004, 38∼39쪽, 圖3.)

도에서 확인된 철정이 대부분 가야의 것과 유사한 점을 보면〈그림 4〉,[70] 4세기 후반 倭가 수입한 백제계 철정은 위세품에 불과하며, 아직 본격적인 철교역은 이루어지지 않았을 것이다.

---

70) 東潮, 2004, 「弁辰と加耶の鐵」, 『國立歷史民俗博物館研究報告』 110, 36∼43쪽.

倭는 철정의 수입을 가락국에 의존하였다. 4세기 후반에 이르러 제 정치체의 성장과 더불어 신라와의 대립[71]으로 철수요가 더욱 급증하였고, 가락국에게 철의 공급증대를 요청하였을 것이다. 4세기 후반의 분묘인 대성동 88, 2호 등 대형묘에서 파형동기, 통형동기 등 다수의 왜계유물이 확인되었고, 일본열도에서는 철정이 다수 출토된 사실이 방증한다. 그럼에도 불구하고 백제가 倭에게 철정 40매 등을 전해준 것은 백제가 倭의 사정을 파악하여 교섭을 개시하였음을 엿볼 수 있는데, 그 이면에는 가락국의 사정도 있었을 것이다.

4세기 후반 가락국은 여전히 철기를 풍부하게 생산하였다. 대성동, 복천동 등지에서 상당량의 철정과 다종다양한 철기가 부장되었다. 앞선 시기와 달라진 점은 중심과 더불어 주변부에도 철생산과 유통이 이루어졌고[72], 수장층에게 집중되었던 철정이 주변부의 고분군에서 확인된 점이다.

특히 가락국의 주변부인 창원 석동유적에서 철정이 부장된 분묘 120기가 확인되었다.[73] 창원 석동은 조선시대에 철이 산출되었던 불모산[74] 남쪽

71) 『三國史記』卷第二, 「新羅本紀」第二, 訖解尼師今 35년, "春二月 倭國遣使請婚 辭以女旣出嫁."; 36년, "二月, 倭王移書絶交.": 訖解尼師今 37년, "倭兵猝至風島 抄掠邊戶 又進圍金城急攻. 王欲出兵相戰…."
『三國史記』卷第三, 「新羅本紀」第三, 奈勿尼師今 9年, "夏四月 倭兵大至, 王聞之 恐不可敵 造草偶人數千 衣衣持兵 列立吐含山下 伏勇士一千於斧峴東原 倭人恃衆直進 伏發擊其不意 倭人大敗走 追擊殺之幾盡."
72) 4세기 가락국의 생산과 유통이 주변부로의 확산을 잘 보여주는 김해지역의 유적은 여래리, 하계리 등 제철유적과 장유 관동리의 잔교유적이 대표적이다. 그 중, 관동리 잔교유적은 고김해만의 해안가에 위치하며 대형건물지, 지면식건물지, 도로, 잔교시설(선착장)이 확인되었다. 조사자는 육로와 해로의 연결지점에 전용창고 공간이 형성되었고, 잔교시설과 도로가 연결된 점을 들어 관동리유적을 津(항구)으로 보고 있다(소배경, 「김해 관동리유적과 가야의 항구」, 『가야의 포구와 해상활동』, 주류성, 2011, 15~45쪽). 이 견해는 가락국의 대외교섭항이 중심에서 주변부로 확대되었고, 가락국의 수장층이 그것을 통제 혹은 개방하고 있었음을 방증한다.
73) 동아세아문화재연구원, 『昌原 石洞 複合遺蹟』, 2017.
74) 『朝鮮王朝實錄』, 「世宗實錄地理志」, 慶尙道 晉州牧 昌原都護府 "…沙鐵産部南岳上

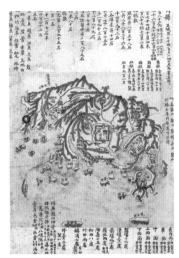

② 388호 목곽묘 출토유물

① 「해동지도」 속의 석동유적

③ 408호 목곽묘 출토유물

〈그림 5〉 창원 석동유적 위치 및 주요 출토유물(동아세아문화재연구원, 2017)

에 위치하며, 남해로의 출입이 용이한 지역이다. 이 점은 가락국의 철생산과 유통이 외부로의 진출입이 쉬운 주변부로 확산되었음을 의미한다(〈그림 5〉-①). 한편, 388호 목곽묘에서 철정이 종장판갑, 통형동기과 함께 출토되었고(〈그림 5〉-②), 408호 목곽묘는 망치와 대형집게가 나왔다(그림 5〉-③). 이들과 석동유적의 철정 출토양상을 보면 4세기 후반~5세기 전반 석동집단의 철기 생산과 유통은 가락국 수장층 지배하에서 운영되었음을 추정할 수 있다.[75] 또한, 특정 계층이 철정을 독점하지 않은 점은 특정 수장층의 독점에서 벗어나 주변부의 다양한 세력이 참여하는 생산과 유통체계를

里 夫乙無山⋯."

『新增東國輿地勝覽』, 慶尙道, 昌原都護府, "⋯土産 鐵出佛母山⋯."

75) 심재용은 창원 석동을 김해 봉황동으로 들어가는 기항지로 보고, 여기서 출토된 철정은 석동집단이 기항지 운영·관리의 대가로 대성동 수장층으로부터 받은 것으로 해석하였다(심재용, 2019, 앞의 논문, 145쪽).

구축하였을 가능성도 엿볼 수 있다.[76] 이로 보아 4세기 후반에 이르러 가락국의 철생산과 유통은 중심과 주변부, 여러 계층이 참여하는 다각적인 체계로 구축된 것으로 생각된다.

그런데, 가락국 수장층은 倭와의 교섭에서 자국의 사정에 따라 철생산과 유통을 조절하였을 것이다. 철생산과 유통은 해당 정치체의 외교 동향으로부터 지대한 영향을 받았을 것이다. 경제 물자는 경제주체에 의한 공급과 수요 조절이 자율적이지만, 특정한 물자는 특정 주체에 의해 조절되기도 한다.[77] 그 중에서 철은 권력자의 결정에 따라 공급과 수요가 조절되는 물자로써 대내·외적 정세변동에 따라 권력자가 생산과 유통을 통제하거나 개방하였을 것이다. 이 측면에서 보면, 가락국의 철생산과 유통은 국가 주도의 체계로 구축되었기 때문에 수장층의 외교정책에 의해 조정되었고, 주변국의 외교 향방에 의해 영향을 받았을 가능성이 있다.

4세기 후반 가락국의 외교 양상을 보여주는 직접적인 기록은 없다. 다만, 『삼국사기』의 377년[78], 381년[79] 신라가 전진을 방문한 사실과 『일본서기』의 360~370년대 백제–신라–가야–倭의 사각관계를 통해서 가락국의 동향을 엿볼 수 있다. 381년 고구려를 통해 전진을 방문한 위두가 부견에게 "역시 중국과 마찬가지로 시대가 변혁되고 이름도 바뀌었으니 지금 어찌 같을 수 있겠습니까"라고 말한 점을 보면 신라의 對가야 관계가 이전과

---

76) 철정이 특정 계층 뿐만 아니라 상당수의 분묘에서 확인된 점은 철정이 가진 위세적 가치가 낮아지면서 가락국 수장층의 배후세력 지배가 위세품 사여, 분배 등이 아닌 인적 지배 방식으로 변하였을 가능성도 엿볼 수 있다.

77) 김장석, 2004, 「물류시스템과 대외교류의 정치경제학에 대한 고고학적 접근」, 『한성기 백제의 물류시스템과 대외교섭』, 학연문화사, 39~40쪽.

78) 『資治通鑑』卷一百四,「晉紀」二十六, 烈宗孝武 太元 2年, "春, 高句麗·新羅·西南夷 皆遣使入貢于秦".

79) 『三國史記』卷第三,「新羅本紀」第三, 奈勿尼師今 26년조, "…遣衛頭入符秦 ??方物 符堅問衛頭曰 卿言海東之事 與古不同 何耶 荅曰 亦猶中國, 時代變革 名號改易 今 焉得同."

다른 양상으로 바뀌었음을 추측할 수 있다. 또한, 신라가 고구려를 통해 전진과의 교섭이 이루어진 사실은 신라의 對中 해상교역로가 가야와 倭에 의해 차단되었음을 알 수 있다. 이러한 신라의 동향을 344년 이후 계속된 倭의 침공, 373년 백제 독산성주의 신라망명사건[80], 360~370년대 백제-가야제국-倭의 교섭 등과 연계하여 살펴보면 4세기대 가락국과 신라는 서로 반목과 대결을 하는 관계로 변질되었음을 시사한다. 이로 인하여 가락국은 신라와의 대결에 맞서기 위해 자국의 철생산과 유통을 조절하였을 것인데 4세기부터 무기류가 급증하면서 후반에 이르러 토착화된 투구, 마구, 재갈 등이 대성동고분군에서 확인된 점[81]에서 추측할 수 있다. 결국 倭는 백제와의 교섭을 통해 철정을 확보하려고 시도하였을 것이다.

가락국의 철생산과 유통정책은 인접한 안라국과 탁순국의 철·철기생산 체계에도 영향을 끼쳤을 것이다. 안라국과 탁순국은 일찍부터 자체적인 생산체계를 갖추었지만, 가락국의 그것에 미치지 못하였다. 가락국과 안라·탁순국이 국경을 맞대어 상호간의 교류가 빈번하였음에도 불구하고, 철·철기생산체계를 공유하지 못하였기 때문이다. 이것은 가락국의 수장층이 생산체계를 구축하면서 기술을 강력하게 통제하였음을 의미한다. 그런데 안라, 탁순으로 각각 비정되는 창원 현동, 봉림동에서 4세기 후반~5세기 초 대규모의 제철유적이 발견되었다.[82] 이같은 생산체계는 어떠한 계기에 의해 구축되었을 것인데 366년 탁순국의 백제방문이 하나의 계기로 생각할 수 있다.

80) 『三國史記』卷第三, 「新羅本紀」第三, 奈勿尼師今 18년조, "百濟禿山城主率人三百來投 王納之 分居六部 百濟王移書曰 兩國和好 約爲兄弟 今大王納我逃民 甚乖和親之意 非所望於大王也 請還之 荅曰 民者無常心 故思則來 斁則去 固其所也 大王不患民之不安 而責寡人 何其甚乎 百濟聞之 不復言."

81) 심재용, 2019, 앞의 논문, 40~53쪽.

82) 창원시·창원대 경남학연구센터, 2019, 『창원의 고대사회, 가야』, 창원시·창원대 경남학연구센터 학술심포지엄 자료집.

366년 백제와 倭의 교섭 중 가야인 즉 탁순인 과고가 보이는 점은 가야의 대외교섭 변화가 있었고 백제의 철교역에 가야제국이 참여하였음을 시사한다. 4세기 함안, 창원 등지의 분묘에는 농공구 중심의 철기만 출토되었는데 5세기대에 들어서 갑주와 무기, 마구 등이 출토되었다.[83] 또한 창원현동, 봉림동 등 각지에서 제철 관련 집단의 흔적이 확인되었다. 이 사실은 4세기 후반 이후 철·철기생산체계가 자체적으로 갖추었고, 생산기술을 확보한 전문집단이 구축되었음을 시사한다. 비록 현재 고고자료상 백제−안라·탁순의 철교역을 방증할 수 없으나, 4세기 후반 교섭 당시 倭가 곡나철산 정보를 입수한 점을 고려하면 안라·탁순은 백제와의 교섭을 통해 기존의 생산체계를 발전시켰을 가능성을 생각해 볼 수 있다.

한편 안라국의 철·철기생산 역량은 400년 고구려의 신라 구원전에서 활동한 "安羅人戍兵"[84]을 통해서 엿볼 수 있다. 광개토왕릉비문의 "안라인수병"은 여러 연구자들의 해석에 따라 다양한 논의가 있었지만,[85] "안라"를 國名으로 이해하는 것이 다수를 점하며, 필자도 이를 따른다. 비문에서 한 문단에 "안라인수병"이 3차례가 보이는 점은 고구려 남정 중 "안라인수병"의 활동이 고구려와의 우호 여부를 떠나 고구려인에게 인상적이었음을 의미한다. 이것은 "안라인수병"의 군사적인 역량이 탁월하였음을 의미하며, 그기반은 이전보다 한층 진보된 안라국의 철·철기생산체계라고 생각한다.

83) 홍보식, 2012, 「4세기의 아라가야와 금관가야」, 『고고학을 통해본 아라가야와 주변제국』, 경남발전연구원 역사문화센터·고분문화연구회 학술대회 필자료집, 119쪽.

84) 駕洛國史蹟開發硏究院, 1992, 『譯註 韓國古代金石文』 1, 廣開土王碑, "…安羅人戍兵□新羅城□城倭寇大潰城□□□□盡□□□安羅人戍兵新□□□□其□□□□□□□□言□□□□□□□□□□□□□□□□□辭□□□□□□□□□□□□□□潰□□□□安羅人戍兵昔新羅寐錦未有身來論事□國罡上廣開土境好太王□□□□寐錦□□僕勾□□□□朝貢…."

85) 광개토왕릉비문의 "安羅人戍兵" 연구사는 위가야, 「4세기 아라가야의 성장−문헌사료의 재검토를 중심으로」, 『아라가야의 전환기, 4세기』, 선인, 2019, 74~84쪽 참조.

V. 맺음말

  지금까지 3~4세기 가야 철생산과 유통의 추이를 문헌자료 중심으로 살펴되, 고고자료를 대비하여 분석하였다. 필자는 본 논의에서 크게 2가지 문제, 즉 3세기 '가야(변한)=國出鐵' 회의론과 4세기 가야제국-백제-倭의 철교역을 주목하였다.

  첫째, '가야(변한)=國出鐵' 회의론을 비판적인 측면에서 논의하고, 3세기 대 철생산과 유통 제문제를 검토하였다. 앞선 논의의 연구방법론이 문제가 있음을 제기하였고, 관련기사의 전거·진수의 변한인식과 서술태도를 주목하여 『삼국지』의 "國出鐵" 기사는 변·진한 공통의 사실인 것으로 판단하였다. 이를 바탕으로 1~3세기대 가야 철생산과 유통의 추이와 제문제를 검토하였다. 3세기대 가야 철생산과 유통 기반에 대하여 기원전 1세기 전후 유이민집단의 영남지역 정착과 재지집단의 적극적인 수용을 강조하였다. 다음으로, 고대사회 수장층과 시장의 정치적 상호관계에서 철생산과 유통이 이루어졌음을 인식하고 3세기대 가야 철생산과 유통의 제문제-철생산지, 시장, 교섭 등-를 분석하였다.

  둘째, 4세기대 철생산과 유통은 『일본서기』를 주목하였고, 동북아 정세변동과 가야의 외교사정을 통해 그 추이를 추론하였다. 관련 기사인 「신공기」 46, 52년조 기사의 윤색과 과장을 제거한 바탕에서 백제-가야제국-倭의 철교역 가능성을 제기하였다. 특히 백제와 倭의 철교역은 4세기 후반 倭의 철 수요문제와 가야의 외교사정으로 시도되었지만, 양국의 철교역은 아직 본격화되지 않은 것으로 추정하였다. 한편, 4세기 전반의 안라국, 탁순국의 철·철기생산체계는 가락국의 강력한 시스템 통제로 인하여 낮은 수준에 머물렀지만, 4세기 후반 이후 백제-가야제국 교섭을 통해 한층 발전된 것으로 추론하였다.

지금까지 가야 철생산과 유통의 문헌적 연구는 관련 문헌이 절대적으로 부족하여 세세하게 논의를 진행하지 못하였음은 주지의 사실이며, 역시 필자도 그 한계를 느꼈다. 문헌적 검토를 이전보다 풍부해진 고고자료와 대비하여 주요 문제를 살펴보았지만, 문헌자료의 한계가 지대하여 많은 억측이 본고의 곳곳에 드러나 있다. 이 문제는 향후 여러 연구자들의 叱正을 받아들여 새로이 살펴보도록 하겠다.

참고문헌

김상민, 2017, 「한국제철기술의 등장과 삼국의 발전상」, 『동북 아시아 제철기술의 흐름』.

김새봄, 2019, 「금관가야 성립 전·후 철기의 변천과 유통」, 『가야 철문화의 특성과 변천』, 제13회 국립중앙박물관·한국철문화연구회 학술세미나 자료집, 2019.

김양훈, 2020, 「3세기 포상팔국전쟁 이후 남부가야제국 동향」, 『지역과 역사』 46, 2020.

김장석, 2004, 「물류시스템과 대외교류의 정치경제학에 대한 고고학적 접근」, 『한성기백제의 물류시스템과 대외교섭』, 학연문화사.

김창석, 2012, 「고대 交易場의 중립성과 연맹의 성립-3~4세기 가야연맹체를 중심으로」, 『역사학보』 216.

백승옥, 2003, 『加耶 各國史 硏究』, 혜안.

백승충, 2005, 「『일본서기』 「신공기」 소재 한일관계기사의 성격」, 『광개토대왕비와 한일관계』, 景仁文化社.

소배경, 2011, 「김해 관동리유적과 가야의 항구」, 『가야의 포구와 해상활동』, 주류성.

손명조, 2012, 『韓國 古代 鐵器文化 硏究』, 진인진.

신동조·장기명, 2016, 「가야의 철생산과 철기문화」, 『가야고고학개론』, 진인진.

심재용, 2019, 「금관가야 고분 연구」, 부산대학교 박사학위논문.

윤용구, 2012, 「『삼국지』판본과 「동이전」 교감」, 『韓國古代史硏究』 60.

이남규, 2019, 「가야의 제철문화 연구의 성과와 과제」, 『제3회 국립중앙박물관·한국철문화연구회 학술세미나자료집』.

李道學, 2018, 「弁韓 '國出鐵' 論의 檢證과 意味」, 『단군학연구』 39.

이동관, 2016, 「고분시대 전기 백제계 철정의 유입과 그 계보」, 영남고고학회·구주고고학회 제12회 합동고고학회 자료집.

인제대학교 가야문화연구소, 1995, 『加耶諸國의 鐵』, 신서원.

全海宗, 1980, 『東夷傳의 文獻的 研究』, 一潮閣.

趙峻九, 1991, 「前漢朝 鐵專賣에 관한 一研究」, 明旨大碩士論文.

창원시·창원대 경남학연구센터, 2019, 『창원의 고대사회, 가야』, 창원시·창원대 경
　　　남학연구센터 학술심포지엄 자료집.

한국문화재조사연구기관협회, 2012, 『한반도의 제철유적』.

東　潮, 2004, 「弁辰と加耶の鐵」, 『國立歷史民俗博物館研究報告』 110.

穴澤義功, 2004, 「日本古代の鐵生産」, 『國立歷史民俗博物館研究報告』 110.

村上恭通, 2016, 「日韓の鐵生産」, 『日韓 4～5世紀の土器·鐵器生産と集落』, 한
　　　일교섭의 고고학–삼국시대–연구회 자료집.

龜田修一, 2016, 「4～5世紀の日本列島の鐵器生産集落」, 『日韓 4～5世紀の土
　　　器·鐵器生産と集落』, 한일교섭의 고고학–삼국시대–연구회 자료집.

「문헌으로 본 가야의 철 생산과 유통」 에 대한 토론문

남 재 우(창원대학교)

가. 먼저 "國出鐵" 주체는 진한과 변한 모두에게 해당되는 것으로 이해하는 것은 타당하다. – "창원 석동유적의 철정 출토 양상을 보면 4세기 후반~5세기 전반 석동집단의 철기 생산 및 유통은 가락국 수장층 지배하에서 운영되었음을 추정할 수 있다.", "특정 계층이 철정을 독점하지 않은 점은 특정 수장층의 독점에서 벗어나 주변부의 다양한 세력이 참여하는 생산과 유통체계를 구축하였을 가능성도 엿볼 수 있다." : 석동집단을 가락국의 지배하에 있었던 정치집단으로 볼 수 있는지 의문이다. 그렇다면 탁순국과는 어떤 관계였는지 그리고 '다양한 세력이 참여하는 생산과 유통체계를 구축하였을 가능성'의 의미는 무엇인지 궁금하다.

나. "4세기 전반의 안라국, 탁순국의 철·철기생산체계는 가락국의 강력한 시스템 통제로 인하여 낮은 수준에 머물렀지만, 4세기 후반이후 백제-가야제국 교섭을 통해 한층 발전된 것"이라 추론하였다 : 4세기대 안라에게 철기 보다는 토기생산이 생산력의 핵심이었다.

한국 고대 철기 생산기술의 발전과 가야

김 상 민*

● **[요약문]** ●

　한국 고대 철기생산과 유통은 단야에서 제련공정에 이르는 제철기술의 등장과 연동하여 발전한다. 고대의 철기생산은 크게 「단야 작업의 개시와

---

* 목포대학교

기술의 개량」, 「취락 내 철기생산과 제련공정의 등장」, 「생산 공정의 전문화와 국가단위 관리체계로의 전환」이라는 획기로 변화하며 지역성을 드러낸다. 특히 제련공정이 정착하는 4세기 이후가 되면 각각의 제철 공정이 유기적으로 연동되며 생산·유통된다.

필자는 단야공정을 중심으로 삼한 철기생산기술의 등장과 발전배경을 논한 바 있다(김상민, 2019). 이를 통해 진·변한을 중심으로 전개되는 삼한 철기문화의 발전은 철기생산기술의 도입 이후 빠르게 독자적인 제련기술을 보유하게 되는 것과 관계가 깊다고 보았다. 그럼에도 아직까지 삼한의 제지역 내 제련기술의 도입 시기를 상향할 직접적인 근거를 찾지 못하고 있다. 기원 전후 진·변한권역 내 등장하는 독자성을 띠는 철제품의 면면이 가야의 그것들과 연관된다는 점을 고려한다면, 제련기술의 도입 시기 역시 같은 맥락에서 보아야 할 것이다.

한편 가야는 그들만의 특색을 보이는 다종다양한 철제품이 부장되고 있음에도 제철유적이 발견되는 사례는 많지 않다. 최근 김해, 창원지역을 중심으로 가야의 제철유적이 발견되고 있지만 무덤 내 철기의 부장량에 비하면 한정적이다. 본고는 진·변한과 가야 철기생산기술의 접점을 도서·해안지역의 패총 내 철기생산유적에서 찾고자 하였으며, 특히 부산 낙민동패총의 철기생산유구에 주목하였다. 더불어 4세기 이후 철정의 분포양상을 살피며 금관가야권역이 철정의 생산과 유통 중심지로서 그 확장성은 한반도 남부지역과 서일본 전역에 이른다는 점을 재확인하였다.

주제어 : 철기생산, 유통, 단야, 제련, 전문화, 변한, 금관가야, 철정

Ⅰ. 머리말

철은 다양한 사회 변동의 계기가 되었고, 고대 국가의 형성에도 큰 영향을 주었다(한국고고학회, 2012 ; 국립중앙박물관, 2017). 이는 국내에서도 고대국가 형성과 관련된 여러 연구를 통해서도 확인된 바 있다(권오영, 1997 ; 국립중앙박물관, 1998 ; 李南珪, 1999). 한반도에서 철의 등장은 선사시대에서 역사시대로 전환되는 계기를 마련하였고, 철기의 제작기술은 삼국시대를 거치면서 크게 발전하여 왔다.

한반도에서 철을 다루기 시작한 것은 기원전 2세기대로 추정된다. 최초의 철기생산은 재활용과 같은 간단한 단야공정이었다. 부산 내성, 김해 구산동, 사천 늑도 유적에서 보이는 소규모의 단야 흔적은 이를 뒷받침한다(宋桂鉉, 1994·1995 ; 武末純一, 2010 ; 金想民, 2010). 본격적인 철기의 생산은 진한과 변한을 중심으로 한 동남부 지역에서 이루어졌으며, 삼국시대 이후 대규모로 철을 생산하면서 도구와 무구로 적극 활용하기 시작한다. 삼국시대의 대표적인 제철유적으로는 진천 석장리, 밀양 임천리·사촌, 충주 칠금동, 화성 기안동 제철유적 등이 있다. 이 유적들은 삼국의 성립과 발전에 큰 영향을 주었다고 평가되고 있다(孫明助, 1998·2011 ; 角田德幸, 2006 ; 김상민, 2015).

더불어 한반도의 고대 철기생산에 대한 연구는 철을 생산한 제련로의 위치와 철기 제작 소재인 판상철기나 철정(鐵鋌)이 출토된 유적 간의 분포 양상에 주목한 연구에서(宋桂鉉, 1995 ; 金度憲, 2004 ; 申東昭, 2007), 금속학적 분석을 통해 철 생산 및 철기 제작기술을 추정하려는 연구(尹東錫, 1983 ; 李南珪, 1983 ; 村上恭通, 1997 ; 최영민, 2015) 등으로 더욱 진전되어가고 있다.

그럼에도 진·변한권역 내 등장하는 독자적인 형태의 철제품이 가야의 그것들과 연관된다는 점을 고려하면, 진·변한권역 내 제련기술의 도입 시기를 특정할 수 있어야 한다. 또한 진·변한의 철기생산기술이 가야의 철기생산기술로 이어지는 연속성 역시 밝혀야할 과제이다.

본고에서는 진·변한권역을 중심으로 고대 한반도 철기생산기술의 등장과 발전과정을 정리하며, 진·변한에서 가야의 철기생산기술로 이어지는 철기생산기술의 접점을 찾아보고자 한다. 나아가 진·변한권역 내 제련기술의 도입시점과 가야 철기생산기술의 확장성에 대해서도 가설적으로 접근해보고자 한다.

II. 진·변한권역 철기생산기술의 등장과 발전에 대한 연구경향

1. 진·변한권역 철기생산기술의 등장과 발전에 관한 연구

진·변한권역은 1960년대 후반부터 동래 낙민동 패총, 마산 성산패총, 고성 동외동 패총의 조사에서 슬래그와 송풍관 등이 확인되면서 야철지의 존재가 인식되었다. 이 유적들은 변한·가야의 철기문화와 관련성이 지적되었지만, 상세히 보고되지 않아 구체적인 분석대상으로 자리 잡지 못했다. 그럼에도 이남규는 1980년대 이전 초기철기시대 자료를 분석학적으로 고찰하며 그 시기를 추정하였는데, 낙동강하류 패총에서 출토된 철기생산 관련유물은 기원 전후에 낙랑의 영향을 받아 도입된 철기 제작기술과 연관된다고 보았다(李南珪, 1982). 이남규의 논고는 기존에 조사 및 보고된 자료를 통해 유구를 명확히 알 수 없는 상황에서 분석학적 조사로 철기 제작기술을 복원하려는 최초의 시도였다.

1990년 이후 부산 내성과 경주 황성동 유적 등에서 단야유구가 확인되면서 비교적 이른 시기에 철기생산유적의 존재가 밝혀졌다. 그리고 사천 늑도 유적 내 철기생산유구가 보고되면서 기원전 단계에 철기생산에 대한 논의가 본격적으로 이루어졌다. 이 유적들에서는 공통적으로 일본의 야요이토기가 출토된다는 점이 주목되는데, 특히 조우노코시식(城ノ越式)과 수구(須久)Ⅰ식의 야요이토기가 출토된 부산 내성 유적의 단야로가 쟁점이 되었다.

내성유적의 보고서를 작성한 송계현과 하인수는 단야와 관련된 유구로 판단하였지만(宋桂鉉·河仁秀, 1990), 이남규는 완형재와 슬래그가 명확하지 않다는 점 등을 지적하며 단야로의 존재를 부정하는 견해를 제시하였다(李南珪, 2002). 내성유적의 단야로는 전형적인 단야로가 아닌 원시적인 형태라고 보기도 하며(村上恭通, 1998), 이후 조사된 늑도나 김해 구산동유적의 공반유물에서 보이는 유사성에 주목하여 내성유적 역시 두 유적과 같은 맥락의 철기생산 유구로 추정되었다(申東昭, 2007).

한편 1980년대 후반부터 조사되었던 경주 황성동 유적의 조사 보고서가 간행되면서 철기생산에 관한 연구도 더욱 활발해졌다. 황성동유적은 기원 2세기에서 4세기대 철기생산유적으로 단야와 용해공정을 중심으로 한 신라형성기 철기생산기술을 확인할 수 있다는 점에서 큰 의미를 두었다(孫明助, 1997). 이후 황성동유적은 편년의 재검토와 함께 일부 단야로가 기존의 연대보다 이를 수 있다는 견해가 제시되었다. 이처럼 황성동 유적 내 철기생산기술의 도입시점은 연구자에 따라 다르게 보고 있다. 황성동 유적 철기생산유구의 등장시점을 기원전 1세기대 까지 올려보면서 늑도 유적과 함께 동남부지역 철기문화의 발전에 원동력이었다고 보는 견해(申東昭, 2007 ; 李熙濬, 2011)와 「삼국지 위지동이전」의 변·진한권역 철 생산 기록과 관련해서 기원 2세기대로 보는 견해(이영훈·손명조, 2000)로 구분된다. 이와 관련하여 필자는 황성동유적의 이른 시기 단야로의 시기를 기원 1세기대로 보았다(김상민, 2019).

그 밖에도 진·변한권역 내 제련공정의 등장에 관한 논의도 이루어지고 있다. 황성동 유적에서 출토된 괴련철괴와 창원 다호리 유적 64호묘에서 출토된 철광석에 대한 해석의 하나로 기원 전후한 시기에 제련공정이 존재하였을 가능성이 지적되었다(村上恭通, 1997 ; 申東昭, 2007). 또한 울산 달천 유적의 조사와 함께 기원 전후에 철광석의 채광이 철 제련을 목적으로 하였을 가능성도 언급된 바 있다(김권일, 2012 ; 김상민, 2017). 하지만 진·변한권역 내 아직까지 기원 3세기 이전의 제련로와 폐기장이 확인되지 않았고 구체적인 근거가 되는 유출재 역시 확인되지 않아 구체화하기 쉽지 않다.

앞서 살핀 바와 같이 진·변한권역 철기생산기술의 도입 시기에 대한 견해차는 아직 큰 편이다. 이것은 명확한 철기생산유구가 확인되지 않은 것에서 기인하며, 일부 불분명한 고고학 자료의 시간성을 반영할 것인가, 반영하지 않을 것인가 라는 연구자의 성향에 의한 것이라고 생각된다. 또한 단야기술의 도입은 「낙랑=단조품」이라는 인식에 근거해 낙랑군 설치 이후라는 그간의 전제와도 무관하지 않아 보인다. 그러나 이 전제는 낙랑군 설치 이전인 기원전 2세기대 까지 올려볼 수 있는 대구 팔달동, 월성동 777-1유적 등에 부장된 소형 판상철부나 따비의 등장과 같은 지역 내 독자성이 강한 철기류의 존재를 해석하기 어려워 모순을 낳는다. 따라서 필자는 유구의 불확실성만으로 제철기술의 존재 자체를 부정하기보다는 가능성을 열어 두고 기존 자료를 재검토해 보고자 한다.

2. 가야의 철기생산과 유통에 관한 연구

가야의 철기생산에 대한 연구는 다음의 문헌기록으로부터 시작된다고 하여도 과언은 아니다.『삼국지』동이전의 "나라에서는 철이 생산되어 韓, 濊, 倭가 모두 이곳에 와서 사갔다. 여러 시장에서의 매매는 모두 철로 이루어져서, 마치 중국의 돈을 쓰는 것과 같았다. 또한 두 郡에 공급하였다[1]." 라는 기록은 3세기 무렵 한반도 동남부지역이 철생산의 중심지로서 역할을 하였다는 점을 알려준다. 일찍이 창원 성산패총, 고성 동외동 패총, 부산 낙민동 패총 등이 조사된 바 있지만, 이 자료들은 보고자료의 한계로 인해 철기생산과 관련된 유구, 유물이라는 연구대상의 하나로 다루어지지 못하였다. 이로 인해 변한·가야권역 내 철기생산과 유통에 대한 높은 관심은 시기에 따른 유통 소재의 변화를 특정 하는 정도에 그쳤다(이현혜, 1995). 분묘에서 다수 부장되던 철기의 기종 중 유통소재는 완제품-소재-정형소재로 변화된다는 것을 상정하면서 그 중 철정은 대표적인 정형소재의 하나로 보았다.

이후 가야의 철기생산과 관련된 연구는 주로 생산 및 소재의 유통을 중심으로 진행되었다(東潮, 1995·1999 ; 송계현, 1995 ; 손명조 ,2003 ; 김도헌, 2004 ; 김양훈, 2013 ; 성정용, 2018). 특히 아즈마 우시오와 송계현은 판상철부와 철정의 상관성을 다루며, 시기별 변화와 분포양상을 통해 철기생산기술이 낙동강 하류역에서 가야 제지역과 왜로 전파되었다고 보았다(東潮, 1995 ; 송계현, 1995). 철기생산소재의 유통이라는 관점의 연구가 진전되면서 정형소재로의 변화라는 관점에서 유통소재의 변용이라는 해석적 접근이 이어졌다. 즉 삼한사회와 가야의 철생산이 갖는 의미는 단순한 생산지

---

[1] 「國出鐵, 韓·濊·倭皆從取之. 諸市買皆用鐵. 如中國用錢, 又以供給二郡」『三國志』卷 30「魏書」30, 烏丸鮮卑東夷傳.

나 공급처의 하나로 보기보다는 철을 매개로 한 교역과 내부적인 공급, 수급체제가 존재하였고, 그 체계변화가 당시 정치사회적 발전의 동인이 있었다는 것이다. 그리고 가야의 철기생산과 유통체계는 5세기대에 들어 김해 중심에서 함안·합천을 중심으로 재편되었다고 보았다(손명조, 2003). 성정용도 철정의 양적 분포양상을 살피며, 5세기 이후 함안 지역 내 철기생산이 있었을 가능성을 제시하였다(성정용, 2018).

그럼에도 아직까지 당시 가야 철기생산의 규모를 알려주는 생산유적은 창원 봉림동, 김해 여래리·하계리·우계리유적 등의 창원·김해지역에서만 확인된다. 가야의 철기문화에 대한 연구가 성행했던 약 25년 전 개최된 국제학술회의 『加耶諸國의 鐵』[2]에서 가졌던 논의에서 크게 진전되지 않았다. 가야의 각지에 부장되는 다종다양한 철기들의 생산거점이 각각 독립된 생산체계를 갖춘 자체적인 것인가, 특정지역에 집중된 생산거점에 의해 지역간의 유통체계를 갖춘 것인가 하는 의문은 아직도 유효하다. 최근 금관가야를 중심으로 부장된 철정을 분석한 이춘선은 금관가야를 중심으로 소지역 단위 공인네트워크가 5세기 이후 읍락별로 철생산을 하게 되면서 교역의 중개자로서 지역집단의 역할을 하였다고 보았다(이춘선, 2020a). 또한 5세기 이후 금관가야 연맹체는 약화되었지만 철생산과 해상지역이라는 이점을 토대로 철기 교역 등의 간접통제권을 가진 대리인과 같은 역할을 수행하였다고 보았다. 금관가야권역 이외에서 철생산유적이 존재하지 않는 점, 가야권역 내 철정의 부장율이 타지역에 비해 월등히 높은 현시점의 출

---

2) 1994년 12월 인제대학교 가야문화연구소에서는 '加耶諸國의 鐵' 이라는 주제로 국제학술회의를 개최하였다. 가야문화연구소 창립 이후 첫 번째 학술회의로서 당시를 대표하는 국내외 연구자들에 의해 가야의 철기문화에 대한 논의가 이루어졌다. 삼국지 위지 변진전의 철을 매개로 한 교역을 전제로 철을 중심으로 원거리 교역이 가야 제지역의 성장배경이었다는 점이 다양한 관점에서 논의되었다. 꽤 오랜 시간이 지났지만, 당시의 학술회의의 논의만큼 가야의 철기문화를 심도 있게 다룬 사례는 없었다.

토양상에서는 고려할 만한 해석이다.

한편 창원 성산패총, 고성 동외동패총, 진해 웅천패총, 부산 낙민동·동래패총 등 동남부 해안지역 일대 패총의 조사 과정에서 공통적으로 철기생산과 관련된 흔적이 소개되면서 도서·해안 거점 내 철기생산의 존재를 추정할 수 있다. 패총 내 철기생산이라는 점, 지석·골각병 도자·송풍관 등 공통된 유물상을 보인다는 유사성이 있음에도 각 패총 내 철기생산유구의 등장시점을 바라보는 관점은 기원전부터 3세기대로 차이가 크다. 이로 인해 변한과 가야의 철기생산공정의 어디에도 포함되지 못하고 참고자료로 다루어지고 있다. 아직도 가야의 철기생산과 유통을 논할 때 유효하게 언급되는 동이전의 「國出鐵」 기록을 참고한다면, 철을 매개로 한 원거리 교역과 해양 거점의 존재, 관련유적과 유물의 인식을 특정하는 것이 더욱 중요할 수 있다. 이러한 관점에서 해양거점을 중심으로 한 철기생산과 교역이 언급되기도 하였다(고일홍, 2019 ; 소배경, 2019 ; 김상민, 2019).

따라서 시기에 따라 가야의 철기생산과 유통거점이 이동해 가는지, 도서·해안지역 패총 내 철기생산유적의 존속 시기와 역할은 무엇인가를 다시 검토해 볼 필요가 있다.

Ⅲ. 삼한권역 철기생산기술의 등장배경

1. 삼한권역 내 철기문화의 등장

한반도 철기문화는 중국대륙 철기문화의 영향을 받았다. 두 번에 걸쳐 철기문화가 유입되었는데, 먼저 주조품이 주체가 되는 전국 연나라 계통의 철기가 들어오고, 단조품이 주체가 되는 한나라의 철기가 들어온다(李南珪, 2002 ; 孫明助, 2009 ; 金一圭, 2011). 이러한 양상은 중국 중원·황하 이북지역에서 유행하는 철기문화의 성향과 맥을 같이 한다. 한반도로 들어오는 최초의 철기는 농공구로서 위원 용연동, 완주 갈동·신풍리유적 등에서 출토된 주조제 철부와 철겸이 있다. 한반도 남부지역의 여러 집단 중 마한권역인 만경강유역에서 가장 이른 철기가 발견된다. 이 지역은 완주 상림리 유적에서 출토된 전형적인 중국식 동검으로 보아, 당시 중국과의 교류가 활발했음을 알 수 있다(이건무, 2015). 초기철기문화의 유입은 중국과의 교류가 활발하였던 마한에서 선점하였던 것으로 추정된다. 이후 금강유역에서는 전형적인 전국시대 연나라산 철기가 아닌 다소 변형된 형태의 주조철부가 등장하는데 부여 합송리, 장수 남양리 유적에서 출토된 주조철부가 대표적이다.

하지만 이후 삼한권역 내 철기문화의 전개양상을 살펴보면 이른바 '진·

〈그림 1〉 삼한 철기문화의 주요유적

변한' 권역의 철기 문화가 크게 발달한다. 그 원인에 대해서는 다양한 견해가 존재하지만 '낙랑', '이주(移住)', '제철(製鐵)'이라는 키워드로 해석되고 있다 (김상민, 2017). 한나라가 낙랑군을 설치한 이후에 전국시대 연나라와 밀접한 관계를 가졌던 마한권역을 배제하고 진·변한권역과 선택적으로 교류하면서 나타나게 된 현상으로 보기도 한다(이남규, 2007 ; 이동관, 2017).

진·변한권역에 등장하는 철기류는 철제단검, 철모, 철촉과 같은 무기류와 주조철부와 같은 농공구이다. 여기서 중요한 것은 '진·변한' 지역에서 확인되는 철기류의 형식과 기종 간의 세트 관계이다. 단조제 무기류가 중심이 되는 한나라의 전형적인 특징과는 다르며, 연나라 철기의 영향을 받은 마한권역의 주조제 농공구를 계승하였다고 보기도 어렵다. 오히려 연나라에서 마한권역으로 철기문화가 유입된 이후 등장하는 진·변한권역의 단조제 철기문화는 삼한의 독자적인 철기문화라고 볼 수 있는 것이다.

한편 낙랑군의 직접적인 영향권이던 평양 일대에서도 한식(漢式)철기와 다른 기종 및 형식을 가진 철기류가 존재하는데, '진·변한' 철기류와의 유사성이 지적되고 있다(김상민, 2013·2017). 이로 인해 일부 연구자는 진·변한권역에서 보이는 독자적인 철기문화가 등장하는 원인을 고조선 이주민의 남하에 따라 철기생산기술도 함께 내려온 것으로 보기도 한다(鄭仁盛, 2013 ; 金想民, 2016). 또한 마한권역에 자리 잡은 철기문화가 어느 시점에 삼한권역 전역으로 확산하였을 수 있고 진·변한권역 철기문화의 등장에 영향을 주었을 수도 있다고 보는 견해도 있다(최성락, 2017 ; 김상민, 2020).

더불어 '제철'이라는 관점에서도 생각해야 한다. 진·변한권역에는 일찍부터 경주 황성동, 사천 늑도 유적과 같은 철기생산과 관련된 유적이 조사된 바 있으며, 울산 달천 유적에서는 진·변한권역을 대표하는 철광석 채굴갱이 확인되었다. 진·변한권역 철기문화의 등장과 독자적인 발전의 밑바탕에는 철기생산에 대한 인식과 자체적인 생산기술을 소유하려는 의지가 깔려있었다고 볼 수도 있다.

삼한권역 철기문화는 연나라에서 제작된 철기가 만경강유역을 중심으로 한 마한권역에 들어온 이후 일부 비전형의 연계철기가 확인되며, 재가공 등 초기 단야와 관련된 흔적도 관찰된다. 따라서 낙랑군 설치와 함께 한 대 단조 철기문화가 크게 성행하여 삼한의 철기문화에 큰 영향을 주었다는 기존의 견해와 함께 자체적인 철기생산기술의 보유에 따른 삼한 철기문화의 독자적인 발전을 지적한 최근의 견해도 주목할 필요가 있다(金想民 외, 2012 ; 金想民, 2019).

2. 삼한 철제련기술의 기원

한국의 철기문화는 중국 철기문화의 영향을 받아 형성되며, 삼국시대에 들어서면서 철기문화의 독자성이 강해진다. 최초로 유입된 철기류가 중국 연나라 계통이라는 점과 낙랑군의 설치 이후 한식 철기가 내려온다는 점은 한반도 철기문화가 중국의 영향을 받았다는 근거이다. 그럼에도 제련기술이 중국 중원지역 제련기술에 직접적인 영향을 받았다고 볼 수 있는가에 대해서는 아직 확신할 수 없다. 오히려 주조품의 재가공이라는 원시적인 형태의 단야공정이 존재하고 그 소재의 공급처가 압록강 중류역을 중심으로 한 천산산맥 이동의 요동지역이라고 본다면, 한나라 또는 낙랑군이라는 중국 제철기술의 유입이 아닐 수도 있다.

현재까지 조사된 국내에서 가장 이른 시기의 제련유적은 평택 가곡동 유적이다[3]. 가곡동유적의 발견으로 제련로의 등장시점이 크게 상향된 것이다. 그럼에도 한반도 남부지역 내 독자적인 형태의 철기가 기원전부터 등장한다는 점을 고려하면, 한반도 철제련기술을 증명할 수 있는 유적은

---

3) 평택 가곡동유적 1區의 제련로는 3세기로 비정하고 있다(한울문화재연구원, 2017). 그럼에도 보고서 내에는 연대를 비정하는 근거가 명확하지 않다. 2區의 제철로 조사성과를 염두에 둔 것으로 추정된다. 발표자는 아직 가곡동유적을 구체적으로 분석하지 않아 유적 자체의 연대를 비정할 수 없다. 여기서는 보고자의 연대를 기초로 살피고자 한다. 가곡동 유적의 제철로에 대해서는 추후 별고를 통해 논하고자 한다.

400여 년이 지난 이후에 확인되어 모순된다.

이 같은 철제품의 등장과 철생산기술의 도입 시점의 차이가 크다는 것에 대한 의구심은 기존 논고로 제기한 바 있다(김상민, 2015). 많은 연구자들은 중국에 의해 제철기술의 유출이 강력히 통제되었으므로 중국의 변방인 한반도 일대는 제철기술의 등장이 늦을 수밖에 없었다고 설명한다(이남규, 2007 ; 최영민, 2010). 중국 대륙

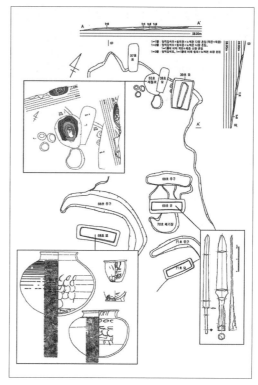

〈그림 2〉 평택 가곡동 제철유적 55호 제철로와 폐기장

의 영향을 받아 철기와 철생산기술이 유입되지만 그 기술의 정착에는 많은 시간이 소요된다는 것이다. 특히 진천 석장리유적으로 대표되는 삼국시대 제련로가 원통형의 고로(高爐)라는 점과 대구경 송풍관을 사용하여 선철을 생산하였다는 점 등은 중국 후한 대의 제철기술과 비교되며 중국의 영향을 받았다는 근거로 삼기도 하였다(村上恭通, 1998).

하지만 마한권역 내에서는 제철유적이 등장하는 3세기대 이전부터 독자적인 형태를 띠는 철기가 확인되기도 한다. 이로 인해 좀 더 이른 시기에 제철과 관련된 유적이 존재할 수 있다는 가능성도 제기되고 있다(村上恭通, 2008). 앞서 언급한 평택 가곡동 유적 2區의 55호 제철로 폐기장인 54호

폐기장을 파괴하고 조성된 68호·69호 주구토광묘의 연대를 근거로 55호 제철로는 적어도 기원 2세기 후반에서 3세기대로 볼 수 있다[4]. 보고서상으로는 정련공정으로 보고된 54호 제철로의 존재는 경기 남부지역 일대 3세기 이전에 철제련기술이 도입되었을 가능성을 추정하게 한다.

가평 대성리 유적 A지구 내 출토되는 2세기대 철기생산기술은 다소 낮은 단위의 수준인 가내 생산 정도의 단야공정으로 보는 것(김일규, 2009)이 일반적이지만, 분명히 중간소재를 제작·공급한 집단이 존재하였을 것이고 중간소재 역시 어디선가 생산한 제련물을 공급받아 재가공한 것일 수 있다. 그렇다면 적어도 중부지역 내 2세기대 제련로가 존재한다고 하여도 모순되지 않는 것이다.

반면 진·변한권역에서는 4세기 이전의 제련공정은 확인되지 않는다. 그럼에도 진·변한권역의 대표적인 유적인 창원 다호리, 밀양 교동 유적에서 철광석을 부장품으로 다루었다는 점은 일찍부터 주목받았다. 그리고 더불어 앞서 언급한 최초의 철광석 광산인 울산 달천 유적은 진·변한인들이 철을 만드는 원료에 대한 이해가 있었다는 것을 알려준다. 더욱 중요한 것은 진·변한권역 내 기원 전후를 기점으로 따비와 같은 독자적인 기종이 등장한다는 것이다(김상민, 2013).

다만 관련유적과 유물로서 파악할 수 있는 간접적인 근거만으로 진·변한권역 내 4세기 이전에 철을 생산하였다고 단정할 수는 없다. 그러나 적어도 삼한 단계부터 철생산기술에 대한 인지(認知)가 있었다는 것을 추정케 한다. 기원 전후부터 진·변한권역에서만 보이는 철기류의 존재는 독자적인 철생산기술의 존재와도 밀접한 관련이 있을 것이다.

그렇다면 기원 전후부터 존재하였을 수도 있는 독자적인 철 생산기술

---

4) 최근 이지은은 평택 가곡리유적의 제련로를 2세기 중엽까지 상향하여 보기도 한다. 삼한권역에서 가장 이른 철 제련로로 비정하고 있는 것으로 판단된다(李芝恩, 2020).

의 기원은 무엇일까? 기존에 존재하던 청동제련기술이 바탕이 되었을 것이다. 기원전 2세기대 철이라는 금속의 존재를 알게 된 후 다시 철광석이 원료라는 것을 파악하면서 삼한인들은 중국에서 제철기술이 들어오지 않았다 하더라도, 철기를 만들어보기 위한 꾸준한 노력이 있었을 것이다. 그리고 이후 한나라의 철기생산기술이 결합되면서 삼한 내 독자적으로 철·철기생산으로 이어졌을 것으로 추정된다.

Ⅳ. 한국 고대 철기생산기술의 발전과정과 가야

한반도 남부지역 내 철기의 제작부터 철생산을 포함한 소위 제철공정이 확인된 유적은 약 100여 개소이다[5]. 각 생산 공정의 등장과 변화에 연동하여 「단야 작업의 개시」 → 「단야공정의 전문화」 → 「1차 소재(제련공정의 산물)의 생산」 → 「생산 공정의 분업화」라는 획기로 이어진다(金想民, 2010).

철기생산유적의 연구에서 가장 큰 문제점이라고 한다면 유적·유구의 구체적인 시간성을 제시하기 어렵다는 점이다. 이것은 시기를 추정할 수 있는 공반유물의 출토 사례가 적은 점이 가장 큰 원인이다. 대부분 초기철기—원삼국—삼국시대라는 큰 시기의 폭을 설정하여 제철기술의 변화를 검토해가고 있지만, 각 생산 공정이 등장하는 대략적인 시기를 파악하는 정도에 불과하다. 또한 안성 만정리유적에서 보이는 주조품의 재가공이라는 소위 '원시단야' 공정을 상정할 수 있음에도 이를 단야공정 보단 낮은 수준의 공정으로 단정할 수 있는가에 대한 의문도 존재한다. 여기서는 재가공

---

5) 2012년 한국문화재조사연구기관협회에서 발간한 '한반도의 제철유적'을 기준으로 삼국시대까지의 제철유적을 기준으로 삼는다.

철기의 등장부터 단야로가 확인되기 시작하는 기원전 2세기에서 기원후 1세기대를 철기생산기술의 등장기, 그리고 단야공방의 집단화와 제련공정이 등장하는 발전기, 분업화 등 철기생산시스템이 구축되는 완성기로 구분하여 그 구체적인 현상을 살펴보고자 한다. 그리고 그 안에서 가야 철기생산기술의 도입시점과 그 확장성을 검토해보고자 한다.

1. 한국 고대 철기생산기술의 발전과정

1) 단야작업의 개시와 기술의 개량

한반도 남부지역의 이른 단계 철기생산유적은 주로 동남부 해안 지역에 위치하며, 총 4개소가 존재한다. 대부분 단야와 관련된 유구가 확인되었는데, 부산 내성유적의 조사가 계기가 되었다. 조사자는 주거지 내부에서 철기생산과 관련된 흔적과 야요이토기가 출토되는 것을 통해 야요이인이 국내에 거주하면서 철기를 제작하였을 가능성을 제시하였다(宋桂鉉·河仁秀, 1990). 이후 1호 주거지에서 출토된 불명철기에 대해 성형·제련된 소재로 파악하면서, 단야와 관련된 유구로 보았다(村上恭通, 1998).

이후 늑도유적의 조사·보고가 이루어지면서 철기생산과 교역에 관한 실체를 알 수 있게 되었다. 특히 단야유구의 유형 분류라는 관점으로 늑도를 철기생산집단으로 분류하고 최고 단계의 철기생산집단으로 위치시켰다(손명조, 2006 ; 김상민, 2009). 또한 최근 조사·보고된 김해 구산동유적의 철기생산을 둘러싼 교역에 관한 지적도 있다(武末純一, 2010). 한편, 경주 황성동유적은 진한권역의 철기생산 중심지로 판단되는데 그 중 단야유구는 삼한의 초기 제철기술을 추정할 수 있는 자료이다. 이 유적들의 시기를 고려하여 초기 단야기술을 추정하면 다음과 같다(김상민, 2019).

한반도 남부지역의 철기생산기술은 주거지 내 단야 작업의 등장과 함께 시작된다. 저온의 초보적인 단야 작업으로 주조철부의 파편과 소형 철편 등의 소재를 가공하여 제품을 만드는 정도의 단순한 기술이다. 이 같은 초보적인 제작기술은 기원전 1세기대(생산Ⅱ기)에 급격한 기술적 발전이 진행된다. 단야공정은 주거지 내부에서 뿐만 아니라 독립된 시설에서도 이루어진다. 출토유물은 송풍관편, 단조박편, 환원철재, 노벽편 등으로 다양해진다. 이와 같은 양상은 저온작업과 함께 고온 작업이 이루어지는 등 다양한 철기생산기술로 발전하였음을 알려준다. 또한 늑도유적과 같이 일정한 범위 내에 다양한 노의 형태가 집중되는 것을 통해 철기생산에 있어서 고온에서 저온 작업에 이르는 분업화된 철기생산집단으로의 발전을 시사하는 것으로 생각된다〈그림 4〉. 이처럼 한반도 남부지역 내 철기생산기술이 등장하고 발전되기 위해서는 어디선가 소재의 공급이 있어야 한다. 최초에는 주조철부 파편이, 그 이후에는 1차 소재(제련 후 가공된 소재)의 유입이 필요한 것이다.

여기서 주목되는 것이 요동지역에서 보이는 철기생산기술의 변화이다. 요동지역은 연나라 문화요소의 확장에 따라 거점 성지(城址)를 중심으로 제철기술이 존재하였다(金想民, 2016). 이후 한반도 서북부지역을 포함한 요동의 일부지역에서는 연나라 철기가 확인되는데, 동시기에 파편철기의 재가공이 확인된다. 이 시기에 보이는 요동지역 파편 철기를 재가공하는 기술이 한반도 남부지역으로 전해져 구산동유적 출토품과 같은 철기 재가공기술의 등장에 영향을 주었을 것이다.

이 같은 파편 철기의 재가공이라는 초보적 기술은 단발적인 경향으로 이후 1차 소재(제련물)의 유입으로 인해 주조철기 파편의 유통은 사라지는 것으로 보인다. 압록강 중류역에 위치한 시중 노남리유적의 제련로는 선철이 아닌 괴련철을 생산했던 유적으로 압록강 중하류일대에서 보이는 재지적 철기의 존재와 관련될 것으로 생각된다(金想民, 2016). 노남리유적은 기원전 2세기에서 기원전 1세기대 유적으로, 여기서 생산된 1차 소재가 한반도

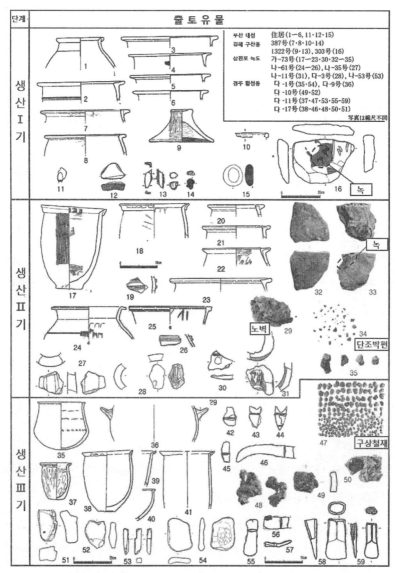

〈그림 3〉 단야공정의 개시와 기술의 개량(김상민, 2019)

남부지역으로 유입되면서 동남부 해안지역을 중심으로 철기생산기술의 다변화를 이루었을 것으로 생각된다. 한반도 남부지역 내 자체적인 제련공정이 시작되었을 것으로 여겨지는 기원 1세기(생산 3기) 이전에는 요동지역에서 파편철기와 함께 재지적 제련공정을 거친 1차 소재가 유입되었다고 볼 수 있을 것이다.

이후 한반도 남부지역에서 독자적인 제련공정이 등장한다고 추정할 수 있는데, 이와 관련하여 주목할 수 있는 유적이 울산 달천유적이다. 달천유적은 철광석을 채광한 국내 최초의 채광유적으로 1차 조사의 7호 수혈과 3차 조사의 48호 수혈에서는 변형삼각형 점토대토기와 수구Ⅱ식 야요이 토기가 공반된다. 공반유물의 구성을 보면 기원전 1세기(생산 2기)에 해당한다. 이 시기 철광석을 채광하였다는 것은 앞서 살핀 것과 같이 생산 2기부터 본격적으로 진행되는 철기생산공정의 집약화와 관련된 것으로 여겨

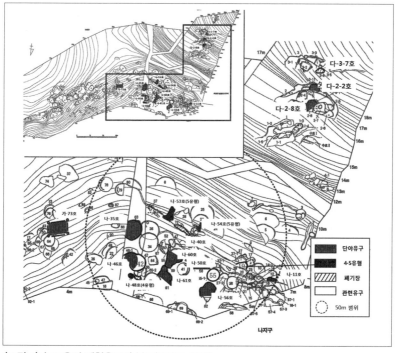

〈그림 4〉 늑도유적 제철유구의 분포(김상민, 2019)

진다. 기원전 1세기 이후 혁신적으로 발전하는 진·변한권역 철기문화가 유지되기 위해서는 안정적인 제작 소재의 공급이 필요했을 것이다. 기원전 1세기대부터 달천유적에서 철광석을 채광하기 시작한다는 것은 철광석을 이용하여 철을 만드는 1차 공정(제련)이 시도되었고 이를 통해 안정적인 철기 제작 소재가 공급되었다는 것을 알려준다.

따라서 생산 1기에서 2기에 걸쳐 요동지역의 철기 제작 소재가 유입되는 와중 어느 시점에 선진적인 철기생산기술이 도입되었고 이를 토대로 한반도 남부지역 내 독자적으로 1차 소재를 만들려는 시도가 있었던 것으로 보인다. 현재까지 고식(古式)제련로가 발견되지 않아 그 구체적인 실체를 파악할 수 없다. 그러나 달천유적에서 철광석을 채광하는 단계에 제련 공정이 존재하였을 가능성이 높다.

한편 이후 기원 1~2세기대 철기생산유적인 경주 황성동유적에서는 늑도와 같이 다양한 철기 생산유구는 확인되지 않는다. 주거지 내 철기생산으로 단야공정만이 확인되고 있다. 그러나 황성동유적 다 지구를 통해 확인할 수 있는 철기생산은 황성동유적의 철기생산의 일면에 불과하다고 생각된다. 이 시기 동남부지역의 분묘에서 다양한 철기류가 다량 부장되는 양상을 고려한다면, 이전 시기보다 철기생산기술은 더욱 발전되었을 것으로 여겨진다. 철기생산기술의 발

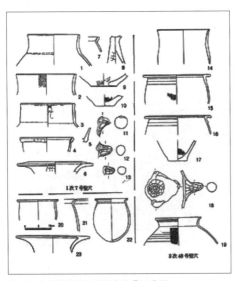

〈그림 5〉 달천유적 채광갱과 출토유물

전을 구체화 할 수 있는 사례는 많지 않지만, 황성동 다-11호 주거지는 그 기술을 추정할 수 있다. 주거지 내 단순한 구조의 단야로이지만, 소형철정과 철편, 단조철부, 슬러그 등이 출토되었다. 그 중 선철계 구형 철괴[6]의 출토가 주목되는데, 단야 작업이 이루어졌던 유구에서 직접적인 소재로 이용될 수 없는 선철이 출토된다는 것은 선철의 재처리가 가능하였거나, 단조 작업 시 소량의 선철을 함께 이용하는 기술을 가지고 있었다고 추정할 수 있기 때문이다. 이를 통해 「선철을 재처리하는 정련공정의 존재」 또는 「탄소량의 차이를 활용한 철기생산기술의 존재」라는 두 가지 가능성을 생각할 수 있다. 이 두 가지 가능성 중 어떤 것이 타당한가에 대해서는 추후 검증이 필요하지만 적어도 한 유형의 단야로 내에서 다양하고 발전된 여러 제작기술을 함께 구현할 수 있었다고 볼 수 있다.

이처럼 철기생산소재의 공급이라는 관점에서 보면, 크게 요동지역이나 한반도 북부지역으로부터 소재를 공급받은 단계와 자체적으로 생산하는 단계로 구분할 수 있다. 파편 철기의 유입-1차 소재(괴련철)의 유입-재지적 1차 소재 생산이라는 일련의 발전과정을 거치는 것으로 보인다. 과연 소재를 통해 제품의 생산뿐만 아니라 제련된 1차 소재를 정련하는 과정이 존재하였을까? 하는 의문도 있지만, 늑도유적을 비롯한 동시기 주변의 분묘와 주거지 내에서 판상철부와 같은 소재로 인식할 수 있는 철기류가 출토되고 있는 것은 고온의 정련과정이 이루어졌다는 것을 추정할 수 있다.

즉 한반도 남부지역 단야공정의 개시는 요동지역 파편 재가공이라는 원시적 철기생산의 영향을 받아 철기생산이 시작(생산 I 기)되었고, 이후 요령~서북부지역에서 제련 소재를 공급받으면서 기술적인 변화와 발전(생산 II 기)이라는 배경 속에서 단야 작업의 전문성(생산III기)을 갖추었다고 생각

---

6) 금속학적 분석을 통해 구상철괴는 선철괴임이 밝혀진 바 있다(尹東錫·大澤正己, 2000).

된다. 그리고 그 과정에서 독자적인 제련기술을 보유하게 되었을 것으로 추정된다.

2) 철·철기생산취락과 철제련기술의 등장

주거지 내에서 소규모로 이루어진 단야의 기술은 점차 발전하여 3세기에는 자체적으로 생산 기능을 갖춘 취락이 전국적으로 확산된다. 나아가 4세기가 되면 소규모 철기생산에서 철생산에 이르는 모든 철기생산공정이 각지에서 확인된다.

경주 황성동유적은 앞서 언급한 것처럼 기원 1세기경부터 단야공정이 존재하였으며, 이 같은 철기생산기술은 비교적 연속적인 발전을 거친다. 3세기 이후 다양한 철기생산공정을 추정할 수 있는 관련유구들이 확인된다. 단야공정은 지하식과 평지식, 지상식의 3종류의 유구가 검출되며, 주조철부의 거푸집과 함께 용해로도 확인된다. 〈그림 6上〉에서 볼 수 있는 것처럼 각 공정은 일정한 범위에 집중적으로 분포하는데, 취락의 중심범위와 인접하여 지하식 단야로〈그림6上-B〉가 분포하고, 그 북서쪽으로 평지식 단야로〈그림6上-D〉, 그리고 남서쪽의 분묘 중심범위와 인접하여 지상식 단야로〈그림6上-A〉가 확인되는 것을 알 수 있다. 이 3종의 단야공정이 분포범위의 중앙으로 용해로가 분포하고 있다는 점은 황성동유적 철기생산공정의 정형성을 알려준다(김상민, 2009). 이 3종의 단야로는 서로 다른 공정으로 각각의 산물을 생산하였던 것으로, 지상식 단야로는 제강공정과 관련된 노로「중간(정련)소재」, 지하식 단야로는 고온조업이 필요한「철기제작소재」나「상급 철제품」, 평지식 단야로는 저온조업과 관련된「철제품의 성형과 수리」로 추정될 수 있다. 이처럼 3세기 황성동 취락 내에서는 세분된 생산 공정을 갖춘 분업화된 전문집단이 있었음을 알 수 있다. 그럼에도 아직까지 제련공정이 확인되지 않아 용해와 단야공정의 소재가 되는 제련물의 생산에 대해서는 명확히 해명하기 어렵다.

황성동유적이 신라 성립기의 대표적인 철기생산 전문집단이라면, 백제 성립기의 대표적인 철기생산 전문집단으로 화성 기안리유적이 있다. 기안리유적은 구획된 공간 안에 단야로와 수혈유구가 조합을 이루며 배치되고 있어 당시 구획화된 철기생산공정이 존재하고 있다는 것을 알려준다. 특히 단야로와 함께 낙랑계 토기류가 출토되고 있어 4세기대 이전부터 백제권역 내 철기생산이 존재함을 추정할 수 있다. 그리고 유적내에서 출토된 대구경 송풍관은 동시기 제련기술의 존재를 추정할 수 있는데, 이후 조사된 서쪽 구릉에서 제련로 1기가 확인되면서 백제 성립기의 철생산의 근거가 되었다.

기안동유적처럼 대규모 취락 내 1기의 제련로와 관련유구가 확인되는 점은 3~4세기 철기생산유적에서 확인되는 특징으로 볼 수 있는데, 평택 가곡동유적, 청원 연제리유적, 창원 봉림동유적, 김해 하계리유적도 마찬가지이다. 단정할 수는 없지만, 한반도 남부지역 내 초기의 제련공정은 지역 거점 내 대규모 취락 단위로 생산되고 유통되었을 것이다. 동시기 김해 여래리, 연천 삼곶리유적 등에서 보이는 소재를 공급받아 중간소재 및 철제품을 제작하는 취락도 존재한다.

연천 삼곶리유적은 주거지 20기와 71기에 이르는 다수의 수혈이 확인되었고 내부에서는 철재, 송풍관, 숫돌 등이 출토되어 정련과 단야가 이루어졌음을 알 수 있다. 김해 여래리유적 역시 동일한 특징으로 심하게 중첩된 수혈이 총 106기가 확인되었고 그 중 37기에서 송풍관, 철기, 철광석, 철재, 단조박편 등 철기생산 관련유물이 출토되었다. 이러한 수혈들의 기능에 대해 보고자는 제철 공방지, 의례, 폐기장 등으로 추정하고 있다(金義中, 2009). 이 같은 철기생산유적은 철기생산과 관련된 수혈을 중복 조성하였다는 공통점이 있으며, 인근에 대규모 취락이 입지하고 있어 대규모 취락에 부속된 전문생산집단이라는 점이다.

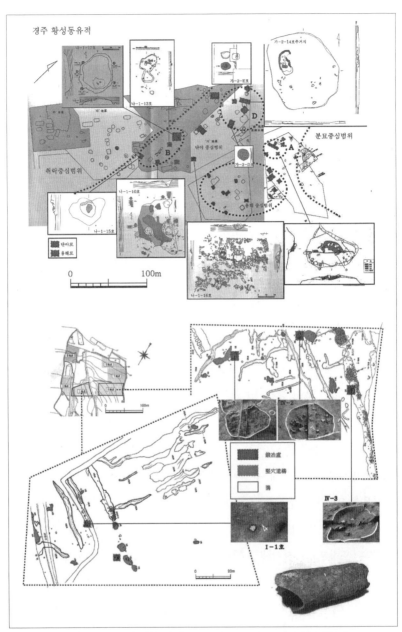

〈그림 6〉 2~3세기 철기생산취락의 사례(上:경주 황성동유적, 下:화성 기안리유적)

地域	유적명	노내 직경 (cm)	제련로 및 관련유구	출토유물	보고 시기	참고문헌
東南部	창원 봉림동	85	제련로1	철광석, 노벽, 슬래그	4~5c	韓国文物研究院 2011
	마산 현동	150?	제련로1, 폐기장1	철광석, 노벽, 송풍관, 슬래그	.	東西文物研究院 2012
	김해 하계리	80	제련로1	철광석, 슬래그	4c	東亞細亞文化財研究院 2011
	양산 물금	.	수혈41, 구상유구3	철광석, 송풍관, 슬래그	5~8c	東亞大學校博物館 2000
	밀양 사촌	65~ 112	제련로7	철광석, 송풍관, 유출재	6~7c	國立金海博物館 2001
	밀양 임천리	.	제련로25, 폐기장11 점토채집장, 목탄요	철광석, 송풍관, 슬래그 유출재 등	6~7c	頭流文化財研究院 2012 삼강문화재연구원 2014
中部	화성 기안동	75	제련로1, 폐기장5	송풍관, 슬래그, 노바닥, 유출재	4c	국립중앙박물관 2014
	평택 가곡동	60~ 130	제련로9, 폐기장	송풍관, 슬래그, 노벽, 노바닥	3c	삼강문화재연구원 2017 한울문화재연구원 2017
	청원 연제리	102	제련로1 폐기장	송풍관편, 노벽편, 슬래그, 철괴 등	4c	中央文化財研究院 2008
	충주 칠금동	115~ 168	제련로25	송풍관편, 노벽편, 슬래그	4c	中原文化財研究院 2008 중원문화재연구소 2018
	충주 대화리	135~ 160	제련로3	송풍관, 슬래그	4~5c	중앙문화재연구원 2012
	진천 석장리	100~ 145	제련로4 단야로 36	송풍관편, 노벽편, 슬래그, 철괴, 철기편	4~5c	国立清州博物館 2004
	청주 송절동	82~ 165	제련로12, 단야 로4, 폐기장7	송풍관편, 노벽편, 슬래그	4c	충북대학교박물관외 2018
	진천 구산리	120~ 130	제련로 3	송풍관편, 노벽편, 슬래그	5~6c	忠淸北道文化財研究院 2010

〈표 1〉 한반도 남부지역 제련유적의 현황

삼곶리유적과 여래리유적은 4세기대가 되면 김해지역 내 철기생산 전문 취락이 등장하기 시작하였다는 것을 시사하고 있다. 왜냐하면 이 같은 현상이 취락 단위 철기생산기술의 수준과 함께 상위에서 하위공정으로 세분되며, 광역화된 소재의 유통이 있었다는 것을 전제로 나타날 수 있기 때문이다. 철생산 집단에서 1차 소재(제련물)를 받아들인 철기생산 전문집단이 정련한 소재나 제품을 만들어 주변의 취락으로 공급하는 유통시스템이 존재하였다는 것을 추정할 수 있다. 즉, 「제련기술을 보유한 철생산 취락」, 「철기제작소재와 제품을 생산·유통하는 취락」, 「철제품을 공급받아 재가공만을 하는 취락」 정도로, 보유한 철기생산기술의 수준에 따라 취락의 규모가 달랐을 수 있다. 분명한 것은 지역별로 시기와 규모의 차이는 있지만 한반도 남부지역 내 공통적인 현상이었으며, 동시기 주요정치체가 위치하던 곳을 중심으로 생산·유통구조가 성립한다는 것이다. 동남부지역의 경우 금관가야권역이 중심이었던 것으로 판단된다.

3) 철기생산공정의 전문화와 국가 단위 철생산·유통구조의 성립

제련기술은 삼국시대에 들어서면서 본격적으로 등장한다. 그 대표적인 유적이 진천 석장리유적과 밀양 사촌유적이다. 한반도 제련로는 기본적으로 원형로이며, 대구경 송풍관을 이용하여 단일 송풍하는 것으로 추정된다. 노벽의 침식이 약하고 노바닥에 점토가 고착된 점이나 유출재의 형상이 소위 조족형(鳥足形)인 점을 통해 송풍 구조가 복원되기도 하였다(村上恭通, 2007). 이를 근거로 원통형의 고로(高爐)라는 점이 중국 제련로 구조와 공통점으로 보기도 한다. 반면 진천 석장리유적과 밀양 사촌유적이 각각 4~5세기, 6~7세기라는 시기차가 있는 점을 고려하여 노의 구조가 반지하식에서 지하식에서 변화한다고 보기도 하였다(角田德幸, 2006).

비교적 최근 조사된 제련로를 포함하여 제련로의 현황을 정리하면 〈표

1〉과 같다. 이 유적들은 모두 원형로로서, 제련로와 함께 배재구, 폐기장 등이 확인된다. 앞서 언급한 것처럼 비교적 이른 시기의 제련로인 창원 봉림동, 김해 하계리, 평택 가곡동, 청원 연제리, 화성 기안동 제철유적의 경우 대규모 취락 내 1~2기와 폐기장으로 구성되고, 노의 직경도 110cm 이하로 비교적 소형에 속한다. 반면 4세기 후반 이후 보이는 제련로는 대규모 취락 내 철·철기생산이라고 보기보다는 철기전문거점과 같은 양상을 띤다. 진천 석장리유적, 진천 구산리, 충주 칠금동유적의 백제권역과 밀양 사촌·임천리유적, 양산 물금유적의 신라·가야권 모두 일정한 범위 내 밀집된 양상으로 제련로가 확인된다. 그 중 진천 석장리유적과 밀양 임천리유적은 다수의 제련로군과 관련된 철기생산유구가 공간을 달리하며 밀집되는 양상을 보인다. 특히 진천 석장리유적은 제련로 주변으로 다양한 철기생산공정을 추정할 수 있는 유구가 확인된 바 있다. 유구의 상태가 좋지 않아 공정별로 구분하여 다루지 못하였지만 최근 연구 성과에 의해 제련로, 제강로, 용해로, 단야로, 배소로 등으로 세분되기도 한다. 특히 A-가 구덩이와 A-7호 수혈은 단야로로 추정된 바 있으며(김상민, 2009), B-7호 노는 경주 황성동유적의 사례와 비교되며 제강로로 분류되기도 한다(김권일, 2012). 이러한 특징은 기존의 철생산 취락 내 1~2기의 제련공정과 비교할 때, 취락 단위의 소규모 철생산에서 전문생산거점 단위의 국가적 철생산과 관리라는 생산·유통구조의 변화가 있었을 것이다.

한편 4세기 후반 이후 각 지역 내 출토되는 철제품의 지역성은 더욱더 커지며, 이전 보다 더 큰 규모의 거점 취락이 형성되게 된다. 기존의 철·철기생산취락은 분업화되는 양상으로 발전한다. 즉 전문생산거점이 등장한 이후 다양한 유형의 철기생산 취락의 상호 작용 속에서 철기문화의 지역차가 커진 것으로 판단된다. 철생산은 국가 단위에서 관리되는 반면, 중간소재는 상위기술의 보유 여부에 따라 다르게 공급되었을 것이다. 제련물(1차 소재)을 받아 정련소재(2차 소재)와 철제품을 생산·제작하는 취락, 정련소재를 공급받아 제품만을 제작하는 취락, 철제품의 수리·재가공만 가능한 취락 유형의 존재는 집단 간의 기술 보유의 차이에 의한 것이라고 보아야 할 것이다.

이처럼 대규모 취락단위 철기의 생산과 유통은 국가 단위의 중앙 관리체계로 흡수·전환되면서 집약화·분업화된 생산체제 속에서 생산력 증가와 관리의 효율성을 꾀했을 것이고, 지방의 취락은 규모에 따른 기술만 보유하게 하여 생산·소비하게 하였을 것이다. 이 같은 생산·유통체계는 전문 생산거점인 충주 칠금동유적과 인접한 탄금대토성 내 정련소재(2차 소재)로 볼 수 있는 대형 봉상소재 40매가 함께 출토되는 양상을 통해서도 일부 유

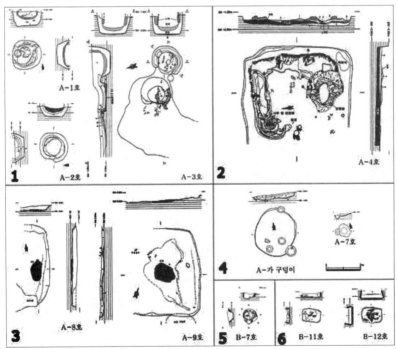

〈그림 7〉 진천 석장리유적 철기생산공정의 전문성

추할 수 있다. 남한강에서도 수로교통의 최적지에 입지하는 탄금대토성은 전문생산거점 중심의 중간소재가 유통되는 구조를 추정케 하며, 수로를 이용한 원거리 유통까지 있었음을 알려준다.

2. 가야 제철기술의 성립과 확장성

가야는 한국 고대사에서 철기문화가 가장 발달하였다고 평가된다. 가야는 다양하고 많은 철기류가 확인되고 있음에도 불구하고 제철기술을 특정하는 것이 쉽지 않다. 분명한 것은 일반적으로 알려진 「철과 국가발전」이라는 상관관계 안에 포함되지 않았다는 것이다. 즉, 국가형성에 중대한 역할을 한다고 평가되는 철기문화는 상당한 수준이었음에도 불구하고 「국가」로 발전하지 못한다. 이로 인해 가야는 제철기술을 가장 「활발하게 사용한 정치체」라고 정의할 수밖에 없다.

그럼에도 불구하고 「가야」라고 하면 「철」이라는 물질문화를 떠올리게 되는 이유는 문헌의 진·변한으로 상정되는 '國出鐵'에 대한 기록과 진·변한에서 철기문화를 계승하여 발전하였다는 철기문화의 연속성 때문일 것이다.

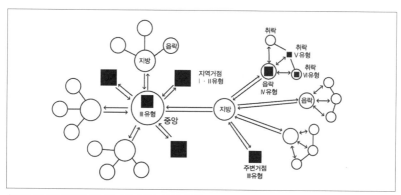

〈그림 8〉 국가단계 철·철기의 생산·유통체계(김권일, 2012)

여기서는 고대 제철기술의 실체를 접근하는 과정에서 구체적으로 해명되지 못한 가야 제철기술의 성립배경과 그 확장성에 대해 유적과 유물의 사례를 통해 추정해보고자 한다.

1) 변한과 가야 제철기술의 접점

앞서 언급한 것처럼 진·변한의 제철기술은 주거지 내 소규모 단야공정에서 시작하여 저온조업에서 고온조업이 가능한 철기생산기술로 발전하였다. 또한 늑도유적의 사례를 통해 일정한 범위 내 다양한 노의 형태가 존재하는 점은 해양 거점 내 분업화된 철기생산집단으로 발전하였다는 것을 알려준다. 반면 황성동유적을 통해 진한권역은 한 유형의 단야로 내에서 저온과 고온조업을 아우르는 여러 제작기술을 함께 구현하는 집약적인 발전을 하였다고 볼 수 있다. 필자는 기존 논고에서 진·변한권역 초기 철기생산유적의 시기에 따른 변화양상을 정리하면서도 그 검토대상을 몇몇 유적으로 한정하면서, 내성·구산리유적→늑도유적→황성동유적의 단야로의 기술변화를 상정하였다. 그리고 기원 전후부터 지속적으로 확인되는 경주 황성동유적 내 다양한 제철유구는 신라가 제철기술의 발전을 기반으로 성장하였다고 보았다. 하지만 진·변한의 철기생산거점이 기원 전후를 기점으로 마치 변한권역 해안일대에서 경주를 중심으로 진한권역으로 이동한다고 보는 것은 아니다. 최근 삼국지 위서 동이전의 '國出鐵'과 관련된 기사를 변한이 아닌 진한으로 바라보는 관점(이도학, 2018), 김해지역 철기의 지역성과 정체성이 두드러지지 않아 금관가야만의 독자적인 제철산업의 존재 자체에 의문을 갖는 의견(김새봄, 2019)마저 존재한다. 그동안 일반적으로 통용되던 금관가야는 제철산업을 기반으로 성장하였다는 「가야=철」이라는 근거가 명확하지 않기 때문이다.

최근 김해·창원지역을 중심으로 발견된 제철유적을 근거로 4세기대 가야 제철공정의 특징과 주요 생산거점의 검토가 이루어고 있지만(성정용, 2018 ; 이남규, 2019 ; 소배경, 2019), 변한에서 금관가야로 이어지는 제철기술의 발전과정에 대한 연속성은 다루어지지 못하고 있다.

필자는 변한권역의 해양거점 내 보이는 철기생산집단 즉, 패총 내 철기생산유적에 주목하고자 한다. 서두에 제시한 바와 같이 기존에 조사된 고성 동외동패총, 성산패총, 낙민동패총 등은 조사내용이 소략해 시기를 비정하기 어렵다. 유적의 현황을 정리하면 〈표 2〉와 같다. 패총유적의 조사

유적		유구의 특징 및 제철 관련 흔적	출토 유물
부산 동래 (낙민) 패총		− 동래 패총의 퇴적층 아래 회색점토층 − 반지하식 구조: 길이/너비/깊이:75/25/18cm − 몇 차례 반복 조성 흔적 − 동남쪽 소형 노 흔적 (길이/폭 : 60/23cm) − 서남쪽 원형 노 흔적(직경/깊이 : 30/25cm) − 상면 다량의 재, 소토, 숯 층을 이룸 − 노벽 적색 소결 및 토기편 보강 흔적 − 바닥: 흑색 소결면 강하게 경화	송풍관, 철괴, 노벽편 철도자
고성 동외동 패총		− 2019년도: 2트렌치 최하층(44층)	야철송풍관
		− 404번지: I 문화층 내 3*1.5m의 철재층 (두께:5mm이내) − 245−1번지: 1차 2층 내 슬래그 출토	송풍 토관, 슬래그
창원 성산 패총	西南區	− 원형유구 (깊이/두께 : 15/3.5cm) − 폭 2~3cm의 굳은 태토 − 쇳물이 흘러갈 수 있도록 경사진 홈통 시설	야철송풍관 (두께 4cm) 슬래그(단야재), 지석 철기류
	北區	− 북서향으로 경사면을 따라 형성된 소결유구 (야철지)	지석, 철도자, 철촉, 낚시바늘 등 철기류

〈표 2〉 1~3세기 패총유적 내 제철유구 및 유물

는 대부분 트렌치를 통해 일부의 범위만이 조사되었는데, 낙민동패총을 제외하고 정형화된 노의 흔적은 확인되지 않는다. 강하게 소결된 경화면 위에 목탄과 재, 슬래그가 부정형하게 혼재된 양상으로 공통적으로 송풍관이 확인된다.

특히 부산 동래패총과 연계된 낙민동패총은 Ⅲ층에 형성된 제철로가 주목된다. 보고자는 일회성으로 조성된 제철로가 아닌 점토와 토기편을 활용하여 반복적으로 보강한 흔적을 강조하였다. 더불어 도면과 사진으로는 구체적으로 제시되지 않았지만, 제철로의 주변으로 관련된 노의 흔적을 기술하고 있다. 반지하식으로 길이 75cm 정도의 규모로 출토된 노벽편과 L자형으로 추정되는 대구경 송풍관의 존재는 점토로 구축한 상부 구조를 갖춘 대구경 송풍관을 활용한 공정을 추정할 수 있다. 더불어 내부에서 출토된 철괴의 금속학적 분석에서 제련공정을 거친 것이라는 결과가 도출되었다(국립중앙박물관 보존과학실, 1998). 2019년도 학술조사의 2트렌치에서도 대구경 송풍관이 확인된 바 있다(시공문화재연구원, 2019). 최근 낙민동패총 제철로는 철생산 관련유적의 하나로 보는 견해도 있다(성정용, 2018). 낙민동패총에서는 유출재 등의 제련공정에서 보이는 부산물이 보이지 않아 제련공정으로 단정하기는 어렵지만, 대구경 송풍관의 존재는 제련에 준하는 고온조업이 있었을 것을 추정할 수 있다. 따라서 변한권역 해양거점의 철기생산집단 중에서 낙민동패총이 가장 선진적인 제철 공정을 보유하였을 것이다.

낙민동패총 내 제철로의 시기적 위치는 노형토기의 층위별 구성을 통해 추정할 수 있다. 노형토기는 제철로가 검출된 Ⅲ층에서 1점만 확인되는 반면 그 상층인 Ⅱ층에서는 35점으로 급격한 증가를 보인다. 노형토기가 증가하는 시기를 고려한다면 3세기 이전으로 상정할 수 있다. 또한 최근 조사된 제철 수혈이 패총 형성 이전층이라는 점을 고려하면, 낙민동 일대의 제철유구는 3세기 이전의 어느 시점부터 조성되기 시작하여 패총이 형성되기 시작한 3세기 후반까지 존속한 것으로 추정할 수 있다.

변한의 도서·해안지역에 점점이 이어지는 패총취락은 철기를 비롯한 산물을 생산하고 유통하는 특수성을 가진 집단으로서 기원전 단계부터 이어져 금관가야 제철기술의 토대가 되었을 것으로 판단된다. 야요이 중기 후엽부터 북부 규슈지역에 급격하게 증가하는 단야유적의 증가는 철소재의 안정적인 수급을 의미한다. 일본열도로 공급되는 철소재는 주조제 파편이었으나 고분(古墳)시대에 들어서면서 판상형 소재의 도입으로 변환된다. 동시기 진·변한권역 내 획일화된 판상철부형 철정의 등장은 철의 제작과 유통을 총괄하는 확대된 정치조직체 즉, 금관가야의 성장으로 이어졌다는 것을 의미한 것이다. 이렇듯 변한의 도서·해양집단은 철이라는 선진 소재를 매개로 한반도와 일본열도의 제지역과 교역을 통해 발전하는 것으로 판단된다. 변한의 도서·해양집단은 각지에서 단야를 중심으로 한 소규모 철기생산을 하였는데 3세기대 낙민동 철기생산집단이 좀 더 선진적인 기술을 보유하였고, 이후 4세기 김해를 중심으로 한 금관가야의 철기문화와 연결되는 것으로 추정된다.

2) 금관가야 철기문화의 확장성

가야권역 내 출토되는 철제무구, 농공구의 다양성은 가야의 발전 배경이 철기문화에 기반을 두고 있음을 추정하게 한다. 특히 국내에서 발견된 단야구 중 많은 수가 가야 고분에서 출토된다는 점이 주목된다. 가야의 지배층 무덤에서 단야구가 출토된다는 것은 당시 철기 생산에 큰 비중을 두었다는 것을 의미하고 있기 때문이다. 그럼에도 가야권역 내에서는 경산 임당 E-132호묘와 창원 다호리 17호묘 이외에 단야구의 부장은 5~7세기대에 걸쳐 나타나는 현상으로 기원 전후에서 4세기대까지 시간적 변화에 대한 추이는 알기 어렵다(김은주, 2007).

또한 가야의 철기생산기술을 알 수 있는 유적 역시 많지 않다. 앞서 언급한 것처럼 김해와 창원지역에서 가야의 철기생산유적이 발견되었다. 김해하계리와 창원 봉림동유적은 철광석에서 철을 추출하는 제련공정이, 김해여래리유적에서는 단야공정과 관련된 유구와 유물이 확인되어 적어도 4세기대 대규모 취락을 중심으로 한 철기의 생산과 유통이 있음을 추정할 수 있게 되었다.

가야의 철기생산과 유통에서 주목되던 점 중 하나가 철정을 다양하게 활용했다는 점이다. 일반적으로 철정은 철기를 제작하는 소재로 파악되나, 지역 간 화폐와 같은 역할을 하며 유통되었다고 보기도 한다. 철정은 가야의 여러 지역에서 무덤의 바닥에 깔거나 관에 덮는 소재로서 널리 사용하기도 했으며, 유자이기와 같이 깃대 등에 장식적인 요소로 표현되기

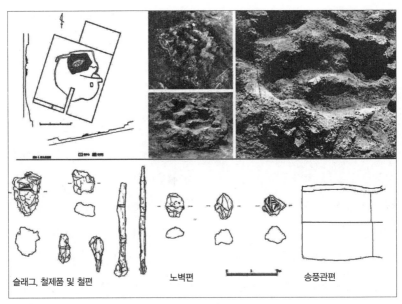

슬래그, 철제품 및 철편   노벽편   송풍관편

〈그림 9〉 부산 낙민동패총 출토 철기생산유구와 유물

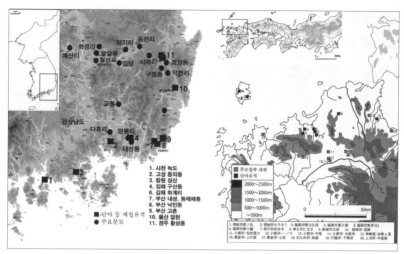

〈그림 10〉 기원전 1세기~기원 3세기대 철기생산유적의 분포와 주요유적

도 한다. 변한에서 가야로 라고 하는 철기문화의 연속성을 가장 잘 보여주는 것이 판상철부 → 판상철부형 철정 → 철정이라는 철기제작 소재일 것이다. 이러한 관점에서 4세기 이후 가야의 철기생산유적과 철정을 포함한 판상형 철제품의 분포양상을 통해 가야 철기문화의 확장성을 살펴보고자 한다.

선행연구를 통해 확인할 수 있는 국내에서 출토된 철정의 수량은 3400점 이상으로 정리된 바 있다(성정용 외, 2012). 그 중 3200여 점이 한반도 동남부지역에서 출토되고 있으며, 경주 일대에서 출토된 2000여 점을 제외하면 1200점 정도가 가야권역에서 확인되었다고 볼 수 있다[7]. 그럼에도 가야권역 내 철정이 출토된 대부분이 무덤의 부장품으로, 충주 탄금대토성에서 출토된 제작 및 유통소재로서 특징을 보여주는 출토양상은 확인되지 않

---

7) 최근 발표된 이춘선의 논문(2020a)에 의하면 금관가야권에서 출토된 철정의 수량을 1800점 이상으로 제시하였다. 본고 작성 시 참고한 논문(성정용외, 2012)의 발간 이후 보고된 마산 현동·김해 망덕리유적(각 동서문물연구원, 2015), 진해 석동유적(동아세아 문화재연구원, 2017) 등에서 580여 점이 반영된 것으로 판단된다.

는다(성정용, 2018). 4세기대 이후 가야권역 내 철기생산유적과 철정의 분포를 살펴보면 부산과 김해, 마산, 창원을 중심으로 한 소위 금관가야권에 집중된다. 대체로 철기생산유적과 철정의 수량이 정비례하는 것을 알 수 있다. 〈그림 11〉을 보면 경주 중심의 신라권역 내 철정의 압도적인 수량으로 인해 생산의 중심지가 신라지역으로 보일 수 있으나 이는 황남대총, 금관총의 막대한 부장량에 따른 것임이 분명하다. 이를 제외하면 김해·부산 중심의 금관가야권이 철정의 생산과 유통의 주체였을 가능성이 높다. 최근 보고된 김해 석동유적 내 400여 점의 철정이 집중된 현상을 토대로 마을 단위 전체가 철정을 소유할 수 있는 집단으로 해석하고 철제련을 담당한 계층이 마을 단위로 존재하였다고 보기도 한다(이춘선, 2020a). 석동유적 내 철정이 부장되는 시점에 창원 봉림동유적, 김해 하계리유적과 같은 제련유적이 존재한다는 점은 적어도 4세기 중엽 이후 앞서 언급한「제련기술을 보유한 철생산 취락」, 「철기제작소재와 제품을 생산·유통하는 취락」, 「철제품을 공급받아 재가공만을 하는 취락」이라는 철기생산과 유통시스템이 완성되었다고 볼 수 있다. 4세기 이후 철정의 생산과 유통은 금관가야 연맹체에서도 구야국이 중심이었을 것으로 보인다. 한편 철정이 중심이 된 금관가야 철기문화의 확장은 가야권역에 그치지 않는다. 한반도 중서부와 서남부일대의 소위 마한권역에서도 금관가야에서 유통된 철정이 출토된다. 2~3세기 변·진한의 소국이 개척한 해로를 통해 금강·서해안지역을 중심으로 광역의 교역이 시작되는 그들 간의 교역의 산물을 철정이라고 보기도 한다(이춘선, 2020b). 이 두 지역이 철기의 생산과 유통에서 밀접한 관계를 가진 것은 부인하기 어렵다. 다만 3~4세기 마한권역 내 철기생산유적이 계속 확인되고 있으며, 서남부지역에서만 보이는 비대칭형 철정의 존재에 주목해(성정용 외, 2012) 마한권역 내 철정은 독자적인 것과 진변한·금관가야와 관련된 것이 섞여있다고 보아야 한다.

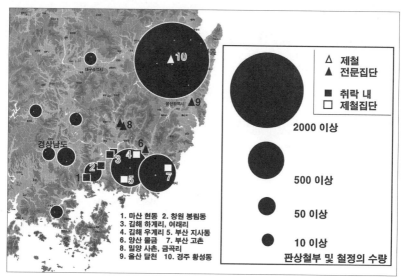

〈그림 11〉 4세기 이후 철기생산유적의 분포와 지역별 철정의 출토량

　또한 금관가야의 철기문화는 일본 고훈시대 철기문화의 전개과정에 많
은 영향을 주었다. 고훈시대 고분 부장품에서 보이는 가장 큰 시기적 획기
를 구분하는 유물은 4세기대 철정, 5세기대는 단야구이다. 무덤에 부장된
철정과 단야구는 지배층의 전유물로 인식되고 있는데, 특히 5세기 중엽에
보이는 단야구가 부장된 고분의 경우 철기생산과 관련된 관리자 무덤으로
보며, 도래계적 요소가 강하다는 것을 부정하지 않고 있다.

　앞서 살펴본 바와 같이 철정과 단야구는 가야 고분의 철기부장양상에서
도 주목되던 기종이다. 철정과 단야구가 부장된 고분에서 공반유물의 면면
을 살펴보면 금관가야와의 관련성이 확인된다. 후쿠오카현(福岡県) 아마기
시(甘木市) 이게노우에(池の上) 6호분의 도질토기, 후쿠오카시 쿠에조노(ク
エゾノ) 5호분의 주조철부 두 점, 니시요시다기타(西吉田北) 1호분의 철탁,
오카야마현(岡山県) 사카기야마(榊山)고분의 마형대구 등 함께 부장된 유물
은 진변한·금관가야의 고분 출토품과 비교되고 있다. 또한 서일본 전역에

서 확인되는 철정은 특히 간사이(畿內)지역을 중심으로 그 수량이 집중되는 양상을 띠는데, 이 역시 금관가야를 비롯한 도래인의 산물로 본다. 5세기 중엽으로 편년되는 나라현(奈良縣) 오죠네코즈카(五条猫塚)고분의 단야구 역시 철기생산과 관련된 지배층의 고분이지만, 앞서 제시한 여러 고분 출토품과 같이 가야와 직접적인 관련을 찾을 수 있는 유물이 출토되진 않는다. 그럼에도 단야구와 공반된 차양주(遮陽冑)는 부산 연산동고분에서 출토된 바 있어 금관가야와의 밀접한 관련성이 있다는 것을 알 수 있다. 오죠네코즈카고분에서 출토된 단야구가 금관가야와의 교류에 산물인가 아닌가는 명확히 알 수 없다. 하지만 고분 내 부장품으로 단야구를 넣는 배경에는 철기생산을 직·간접적으로 관여한 인물로서 가야와 밀접한 관계를 가진 것으로 추정된다.

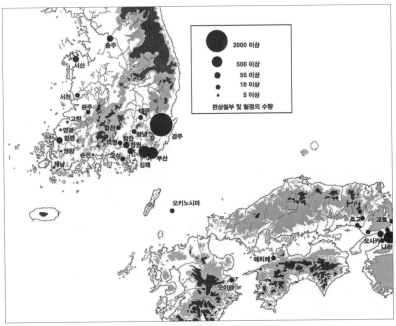

〈그림 12〉 4~5세기 철정 및 봉상철기 분포양상

가야는 양질의 철기문화를 가지고 있음에도 불구하고 국가 단계로 발전하지 못하고 소국연맹체에 그치며 결국에는 신라에 의해 통합된다. 일찍부터 철·철기생산기술을 보유하고 있었지만 국가 단위의 집약·분업화된 관리시스템 속에서 철기문화를 발전시키지 못하였기 때문일 것이다. 6~7세기대 신라지역에서는 밀양 사촌, 임천리유적에서 전업화된 철기생산공방이 확인된다. 이는 가야를 통합한 신라의 국가시스템에서 보이는 지극히 자연스러운 것이라고 볼 수 있다.

V. 맺음말

한국 고대 철기의 생산·유통구조는 단야에서 제련공정에 이르는 각각의 철기생산기술의 등장과 함께 복합적으로 발전한다. 고대의 철기생산은 크게 「단야 작업의 개시와 기술의 개량」, 「취락 내 철기생산과 제련공정의 등장」, 「생산 공정의 전문화와 국가단위 관리체계로의 전환」이라는 획기를 거치며 지역성을 드러내기 시작한다. 특히 제련공정이 정착하는 4세기 이후가 되면 각각의 철기생산공정은 유기적으로 연동되며 생산·유통된다.

삼한사회 내 철기생산기술의 등장과 발전의 배경에는 진·변한을 중심으로 빠르게 전개되는 독자적인 기술 개량과 제련기술의 보유와 관계가 깊다. 아직까지 삼한의 제련공정과 관련된 유구·유물은 확인되지 않지만, 기원 전후부터 진·변한권역 내 등장하는 독자성을 띄는 철제품의 면면이 가야의 그것들과 연관된다는 점을 고려한다면, 제련기술의 도입에 의한 현상이라고 보아야 할 것이다.

한편 진·변한의 철기생산기술과 가야 철기생산기술의 연속성을 밝히기

위해 도서·해안지역의 패총 내 출토된 철기생산유구에 주목하였다. 변한
의 도서해안지역에 점점이 이어지는 패총취락은 철기를 비롯한 산물을 생
산하고 유통하는 특수성을 가진 집단으로서 기원전 단계부터 이어져 금관
가야 제철기술의 토대가 되었을 것이라는 가설을 제시하였다. 더불어 4세
기 이후 철정의 분포양상을 살피며 금관가야권역이 철정의 생산·유통구조
의 중심지로서 그 확장성은 한반도 남부지역과 서일본 전역에 이른다는 점
을 재확인하였다.

삼한·가야의 철기문화의 등장과 발전과정은 중국, 일본을 포함한 동아
시아적 관점에서 철기문화를 이해하고 연구하려는 시도가 있어야 한다. 아
직까지 고구려 권역을 비롯한 중국, 한반도 북부 지역의 철기생산과 관련
된 공개되지 않은 자료가 많아 직접적으로 다루어지지 못한 부분이 많다.
향후 북한과 중국의 자료가 공개되어 점진적인 연구가 이루어진다면, 고대
한반도 제철기술의 등장과 전개과정 속에 가야의 철기문화를 좀 더 구체적
으로 밝힐 수 있을 것이다.

참고문헌

국립경주박물관, 2015, 『일본의 고훈문화』.

국립중앙박물관, 1998, 『한국고대국가의 형성』.

국립중앙박물관 보존과학실, 1998, 「東萊樂民洞貝塚 出土遺物에 對한 分析」, 『東萊樂民洞貝塚』, 國立中央博物館.

김권일, 2012, 「한반도 고대 제철문화의 검토」, 『한반도의 제철유적』, 한국문화재조사연구기관협회.

金度憲, 2004, 「고대 판상철부에 대한 검토」, 『韓國考古學報』 53.

金武重, 2004, 「화성 기안리 제철유적 출토 낙랑계토기에 대하여」, 『백제연구』 40.

김상민, 2009, 「단야유구를 통해 본 무기생산에 대한 연구」, 『제33회 한국고고학전국대회갈등과 전쟁의 고고학』.

김상민·이용범, 2014, 「Ⅳ. 考察」, 『華城 旗安洞製鐵遺蹟』, 國立中央博物館.

김상민, 2015, 「백제 제철기술의 등장과 전개」, 『백제 철 문화』, 국립청주박물관.

_____, 2017, 「한국 제철기술의 등장과 삼국의 발전상」, 『동북아시아 제철기술의 흐름』, 2017년 국립중원문화재연구소 국제학술심포지엄.

_____, 2020, 「호남지역 철기문화 중심세력의 전환과 그 의미」, 『전북사학』 58.

김새봄, 2019, 「금관가야 성립전·후 철기의 변천과 유통」, 『가야 철문화의 특성과 변천』, 제13회 철문화연구회 학술세미나.

김양훈, 2013, 「삼한시대 변한권역 철기생산의 추이」, 『역사와 세계』 44.

김일규, 2007, 「한국 고대 제철유적의 조사현황과 특징」, 『第50回 全國歷史學대회 考古部發表資料集』.

_____, 2009, 「4. 가평 대성리유적의 철기생산기술」, 『加平 大成里遺蹟』, 京畿文化財硏究院.

金銀珠, 2007, 『三國時代 鍛冶具 硏究-嶺南地方을 中心으로-』(嶺南大學校大

學院 碩士學位論文).

김의중, 2009, 「考察」, 『金海 如來里遺蹟』, 우리文化財硏究院.

권오영, 1997, 「고대 국가와 철기문화」, 『철의 역사』, 국립청주박물관.

東 潮, 1995, 「弁辰과 加耶의 鐵」, 『加耶諸國의 鐵』, 신서원.

申東昭, 2007, 『嶺南地方 原三國時代 鐵斧와 鐵矛의 分布定型 硏究』 (慶北大 學校 大學院 碩士學位論文).

宋桂鉉·河仁秀, 1990, 「Ⅳ.考察」, 『東萊福泉洞萊城遺蹟』.

宋桂鉉, 1994, 「三韓 鐵器 變化의 段階」, 『영남고고학회·구주고고학회 제1회 합동 고고학회』.

_____, 1995, 「洛東江下流域의 古代 鐵生産」, 『加耶諸國의 鐵』, 신서원.

소배경, 2019, 「가야시대 창원지역 철생산과 교역·교역로」, 『창원의 고대사회, 가야』, 창원시·창원대 경남학연구센터 가야사 학술심포지엄.

孫明助, 1998, 「韓半島 中·南部地方鐵器生産遺蹟의 現況」, 『嶺南考古學』 22.

_____, 2003, 「加耶地域 鐵生産과 流通」, 『가야고고학의 새로운 조명』, 혜안.

손명조, 2006, 「古代 鍛冶遺蹟의 諸樣相—最近 發掘成果를 中心으로—」, 『科技考 古硏究』 12號.

孫明助, 2009, 「韓半島 鐵器文化의 受容과 展開」, 『東北亞 古代鐵器文化의 形 性과 展開』, 전북대학교 고고인류학과 20주년 BK21사업단 해외석학초청 강연회 및 국제학술대회.

시공문화재연구원, 2019, 「부산 동래패총 유적 내 발굴조사 2차 학술자문위원회 자료」.

성정용·성수일, 2012, 「한반도 고대 제철문화의 검토」, 『한반도의 제철유적』, 한국문 화재조사연구기관협회.

성정용, 2018, 「가야지역의 철 생산과 유통 양상」, 『역사와 담론』 85.

이건무, 2015, 「韓國 靑銅器文化와 中國式銅劍—상림리유적 출토 중국식동검을 중심으로」, 『국립전주박물관 테마전 완주 상림리 靑銅劍』.

李南珪, 1983, 「南韓 初期鐵器 文化의 一考察―특히 鐵器의 金屬學的 分析을 中心으로」, 『韓國考古學報』 13.

_____, 1999, 「韓半島 古代 國家 形成期 鐵製武器의 流入과 普及―中國과의 比較的 視角에서」, 『韓國 古代史 研究』 16, 韓國古代史學會.

_____, 2002, 「韓半島 初期鐵器文化의 流入樣相―樂浪 設置 以前을 中心으로」, 『韓國上古史學報』 36.

이남규, 2007, 「낙랑지역 한대 철제 병기의 보급과 그 의미」, 『연구총서 20 낙랑문화연구』.

_____, 2019, 「가야의 제철문화」, 『가야 철문화의 특성과 변천』, 제13회 철문화연구회학술세미나.

李道學, 2018, 「弁韓 '國出鐵' 論의 檢證과 意味」, 『단군학연구』 39.

이동관, 2017, 「韓半島 南部 鐵器文化의 波動」, 『考古學誌』 23.

李芝恩, 2020, 『南韓地域 古代 鐵製鍊爐의 變遷과 地域性』, 忠北大學校大學院 碩士學位論文.

이춘선, 2020a, 「4~6世紀 鐵鋌副葬을 통해 본 金官加耶 交易網의 變化」, 『嶺南考古學』 86.

_____, 2020b, 「湖西地方 出土 鐵鋌 流通樣相의 變化와 製鐵技術의 擴大」, 『湖西考古學』 46.

尹東錫, 1983, 『韓國初期鐵器遺物의 金屬學的 研究』, 高麗大學校 出版部.

尹東錫·大澤正巳, 2000, 「隍城洞江遺蹟의 製鐵關聯遺物의金屬學的調査」, 『慶州隍城洞遺蹟 II』.

鄭仁盛, 2013, 「衛滿朝鮮의 鐵器文化」, 『白山學報』 96.

최성락, 2017, 「호남지역 철기문화의 형성과 변천」, 『島嶼文化』 49.

최영민, 2010, 「원삼국시대 한반도 중부지역 철기문화의 변천」, 『고고학』 9-2.

_____, 2015, 「원삼국시대 한반도 중부지역 단야기술에 대한 재검토」, 『고고학』 14-2.

한국고고학회, 2012, 『한국고고학강의』(개정신판), 사회평론.

角田徳幸, 2006, 「韓国における製鉄遺跡の現状と課題」『古代文化研究』14.

金一圭, 2006, 「隍城洞遺跡の製鋼技術について」『七隈史学』7.

_____, 2011, 「最近の調査成果から見た韓国鉄文化の展開」『シンポジウム東アジアの古代鉄文化』雄山閣.

金想民, 2010, 「韓半島における鉄生産研究の動向ー初期鉄器時代から三国時代までを中心としてー」『季刊考古学』第113号.

_____・禹炳喆・金銀珠, 2012, 「韓半島南部地域における鉄器文化の成立と発展」『みずほ』43.

_____, 2016, 「燕山南部・遼寧地域における鉄器生産の展開 ー戦国・前漢代を中心として」『考古学は科学か』下巻.

金武重, 2013, 「原三国時代の鉄器生産と流通」『日本考古学協会2012年度福岡大会研究発表資料集』

東 潮, 1999, 『古代東アジアの鉄と倭』溪水社.

武末純一, 2010, 「韓国・亀山洞遺跡A地区の弥生系土器をめぐる諸問題」『古文化談叢』65.

孫明助, 2011, 「古代韓半島鉄生産の流れ」『シンポジウム東アジアの古代鉄文化』雄山閣.

西谷正, 1995, 「加耶の鐵ー鐵鋌」『加耶諸國의 鐵』신서원.

村上恭通, 1997, 「原三国・三国時代における鉄技術の研究」『青丘学術論集』11.

_____, 1998, 『倭人と鉄の考古学』青木書店.

_____, 2007, 『古代国家成立過程と鉄器生産』青木書店.

_____, 2008, 「東アジアにおける鉄器の起源」『東アジア青銅器の系譜』雄山閣.

_____, 2012, 「中国・漢民族とその周辺域における初期鉄器の諸問題」『みずほ』43.

「한국 고대 철기 생산기술의 발전과 가야」
에 대한 토론문

남 재 우(창원대학교)

　가. 먼저 "가야는 양질의 철기문화를 가지고 있음에도 불구하고 국가 단계로 발전하지 못하고 소국연맹체에 그치며 결국에는 신라에 의해 통합된다. 일찍부터 철·철기생산기술을 보유하고 있었지만 국가 단위의 집약·분업화된 관리시스템 속에서 철기문화를 발전시키지 못하였기 때문일 것이다."라고 하였다 : '국가단위'는 무엇을 의미하는 것인지 궁금하다.

　나. 철기의 활용 : 정치집단의 성격에 따라 철의 활용이 달랐을 가능성은 없는지 궁금하다. (철의 상품화, 철의 전쟁도구화 등)

「한국 고대 철기 생산기술의 발전과 가야」
에 대한 토론문

정 인 성(영남대학교)

　김상민 선생님은 고대의 철기생산의 단계를 크게 3단계로 나누어 설명하고 있다.

　「단야 작업의 개시와 기술의 개량」, 「취락 내 철기생산과 제련공정의 등장」 그리고 「생산 공정의 전문화와 국가단위 관리체계로의 전환」 단계라는 정리이다. 그런데 결론에서의 정리를 보면 삼한 사회에서 제련과 관련된 공정을 설명해 줄 유구·유물은 보이지 않지만 기원 전후부터 독자성을 띠는 철제품이 있고 가야 단계로의 계승성이 있다고 하면서 "이는 제련기술의 도입에 의한 현상"이라고 정리하였다. 단계설정과 내용설명에서 상반되는 부분으로 읽힌다. 즉 1단계에서 단야작업을 개시했다지만 차츰 제련기술까지를 개발했다는 이해인지, 보충설명을 부탁드린다. 만약 단야작업만을 실시하는 초보적인 철기제작 단계가 있다면 소재철은 어떠한 방법으로 어디서 입수를 했다고 보아야 하는지 설명을 부탁드린다.

　토론자의 이해는 진변한 지역 발생기 철기와 확산과정이라는 간접 증거를 통해 보건데 이미 김상민 선생님이 설정한 1단계에 지역사회에서 제련작업이 이루어졌다고 보는 것이다. 비교되는 자료가 흉노의 제철이다. 최근 에히메 대학의 사사다 교수가 흉노제철을 증명할 제련로를 발굴하기 전까지 흉노세계에서는 제철은 커녕 철기제작도 없었던 것으로 이해하는 경우가 많았다. 중국 진한세계에서 수입하거나 약탈한 물품으로 이해한 것이다. 그러나 철기유물에서 드러나는 정황증거는 분명히 중국세계와 다른 제철, 철기제작을 암시하였다. 한반도의 진변한 지역의 경우도 유물에서 드러나는 정황증거는 자체적인 제철을 강력하게 시사한다. 이를 바탕으로 다소 공격적으로 해석한다면 진변한 지역 1단계의 상황을 단야와 제련을 포함하는 제철 작업이 이루어지고 있었다고 보는 것이 타당하지 않을까 생각한다.

두 번째, 도서·해안지역의 패총 내 출토 철기생산 유구에 주목하여 변한 도서해안지역의 패총취락 내 철기제작 집단에 주목하고 이것이 기원전 단계부터 이어져 금관가야 제철기술의 토대가 되었다는 가설을 제시하였다. 이와 관련하여 질문 드린다. 이들 해안가 패총집단들은 처음부터 육지의 정치집단에 종속된 집단인지 아니면 어느 단계에 종속화가 이루어지는 관계라고 생각하는지 궁금하다.

마지막으로 진변한 사회에서 처음 철기를 제작하던 장인과 집단은 이전의 청동기 제작공인과 어떤 관계에 있었다고 생각하는지 의견을 구한다.

「한국 고대 철기 생산기술의 발전과 가야」
에 대한 토론문

김 권 일(신라문화유산연구원)

발표자께서는 한반도 동남부지역 제철기술의 유입과 발전에 대해, 가—주조철부 파편 및 소형 철편이 요동지역 파편 철기 재가공 기술과 함께 유입, 나— 시중 노남리유적 등 압록강 중하류일대의 괴련철 소재 유입(기원전 2세기~기원전 1세기), 다—자체적 철 제련 시작(기원후 1세기, 생산 3기)으로 정리하고 있다. 시중 노남리유적에서 괴련철이 생산되었다고 보는 이유와 당시 유입되었을 철 소재의 형태 및 가야 지역으로의 유통 경로에 대한 추가적인 설명을 부탁드린다. 노남리유적 보고문에는 쇳물, 즉 선철을 생산했을 것이라는 추정이 들어 있지만 토론자 역시 괴련철을 생산했을 것으로 판단하고 있다. 문제는 발표자가 말하는 2세기 이후 선철 제련로와 이러한 괴련철 문화의 괴리가 너무 크다는 점이다. 압록강에서 동남부지역까지 철 소재가 유통되었다면 그 사이에 있는 한반도 대부분 지역이 유사한 상황이었을 것으로 생각된다.

발표자께서도 김일규 선생님과 마찬가지로 진천 석장리 등 한반도 삼국시대 철 제련로에서 선철을 생산했다고 보았다. 이 원통형 제련로에서 선철을 생산했다는 근거가 무엇인지 설명해 주시고, 만약 선철을 생산했다면 당시 사용된 철기의 절대 다수를 차지하는 단조철기는 모두 선철을 탈탄해 제조한 것으로 보는지 궁금하다.

김해 대성동고분군 고분전시관부지 Ⅴ지구 27호 목곽묘 출토 주조괭이(주조철부)는 길이 15.4㎝, 신부 너비 5.7㎝, 공부 외경 5.1×2.9㎝, 중량

476.6g의 인부가 약간 호형(弧形)을 띠는 장방형으로, 길이 방향 상면 가장 자리를 따라 능(菱)이 형성되어 있다. 경주 황성동 Ⅱ-다-11호 용범폐기장 출토 용범 내강(內腔; 길이 16.8㎝, 너비 6.2㎝, 공부 높이 3.9㎝)과 형태 및 크기가 거의 유사하다. 금속분석에서는 비소(As)가 검출되어 울산 달천광산에서 제련된 주철 소재가 김해로 운반되어 이 유물의 제작에 이용되었거나 완제품으로 제작되어 이곳으로 수출되었을 가능성이 제기되었다(박장식 2003, 336). 토론자는 이 주조괭이가 경주 황성동에서 생산된 것으로 보고 있는데, 발표자의 의견은 어떤지 궁금하다.

발표자는 4~5세기 금관가야 제철기술이 일본지역에도 영향을 주었다고 하였다. 하지만 5세기부터는 신라산 철정이 나라현(奈良縣)·오사카부(大阪府)·효고현·오카야마현(岡山県) 등지에 대량으로 유통되었다는 견해(박천수 2011, 112~114)가 있다. 특히 나라현 나라시(奈良市) 야마토(大和) 6호분에서는 대형 철정 274점, 소형 철정 636점 등 모두 910점의 철정이 출토되었는데, A·B·C·D·E·F·K의 7개 유형으로 분류한 철정 중 E류에서는 달천철장의 특징적 원소인 비소(As)가 검출되었다(宮內廳書陵部陵墓課 2017, 208). 이러한 정황에 대한 발표자의 견해를 알고 싶다.

「한국 고대 철기 생산기술의 발전과 가야」
에 대한 토론문

소 배 경(삼강문화재연구원)

　발표자는 삼한권역 철기문화는 연나라에서 제작된 철기가 만경강유역을 중심으로 한 마한권역에 들어온 이후 일부 비전형의 연계철기도 확인되며, 재가공 등 초기단야와 관련된 흔적도 관찰된다고 하였다. 이에 낙랑군 설치와 함께 漢代 단조철기문화가 크게 성행하여 삼한의 철기문화에 큰 영향을 주었다는 기존의 견해(이남규 2002, 손명조 2009, 김무중 2010)와는 달리 자체적인 철기생산기술의 보유에 따른 삼한 철기문화의 독자적인 발전(송계현 2002, 정인성 2013, 김상민 2020)을 지적하고 있는 대표적인 분이다.

　마한의 제철유적으로 판단되는 평택 가곡리 제철로에 대한 질문이다. 화성 기안동 제련로 보다 약간 빠른 시기의 제련로와 정연단야로가 확인된 유적인데, 기안동유적과는 다르게 낙랑토기가 한 점도 출토되지 않았다. 당시 조사자로서 기안동유적에 비해 낙랑계 토기가 전무한 사실을 어떻게 해석해야 할지가 어려운 점이었다. 본 유적을 2세기까지 올려보는 연구자도 나오고 있는 실정인데, 2-55호 제철로의 중복관계를 통해 3세기 전반대가 가장 안정된 시기로 보고한 당사자로서 책임감을 무겁게 느낀다. 낙랑계 토기의 미 출토와 2곳의 곡간지에 분업화된 조업공정 등 독자적인 철기문화를 가졌을 가능성이 보이는데, 이 분야 연구를 주도하는 발표자의 의견을 듣고 싶다.

　아울러 '금관가야의 철기문화의 확장성' 중에서 철정을 통해 생산과 유통을 논하는 것이 최근까지의 연구의 중심을 이루고 있고, 실제로 철정의 출토량이 변진한 지역을 중심으로 집중하고 있다. 그 중에서도 금관가야 권역 철정의 변화를 분석해 마을 단위 전체가 철정을 소유할 수 있는 집단으로 해석하고 철 제련을 담당한 계층이 마을 단위로 존재하였다고 보기도 한다(이춘선, 2020). 그러나 삼한시기 대성동고분이나 양동리고분에서 출토된 철정과 하위고분군인 진해석동유적·김해 망덕리유적 등에서 출토된 철정은 규모에서 차이를 보인다. 하위고분군 출토 철정은 실제로 두께가 얇고 작은 규모의 철정이 대부분이다. 이러한 현상은 어떻게 해석해야 하는가? 이 모두를 철기소재용 철정으로 해석하기에는 어려움이 있다고 생각된다. 이에 대한 발표자의 의견을 듣고 싶다.

한국 고대 제철기술 복원의
실험고고학적 접근

한 지 선*

目 次

[요약문]

국내 제철기술 복원실험은 단절된 전통의 제철기술을 복원하려는 제철기술사적 의미와 더불어 고·중세 제철기술 복원을 통해 그것에 내재된 고대문화를 복원하려는 문화사적 의미를 함께 가지고 있다. 이러한 복원실험의 발전양상은 초창기(1990년대), 도약기(2000년대), 성장기(2010년대)로 나눌 수 있다. 먼저 초창기는 금속학자들이 주도되었다. 1991년 한국과학기술원 금속재료연구단에 의해 현대 제철과 비교하여 고대 제철의 원리를 규

---

* 국립중원문화재연구소

명하고자 했던 목적으로 실시되었다. 이후 1993년과 1994년, 1998년까지 지속적인 실험이 실시되었다. 한편 고고학자들이 이러한 복원실험에 뛰어들게 된 계기는 1994년 진천 석장리 제철유적의 발굴과 1997년 국립청주박물관에서 이루어진 첫 실험이다. 이렇게 진천 석장리 발굴조사를 모델로 한 고고학계에서의 첫 실험 이후 2000년대는 이것을 발판 삼아 한단계 도약하는 계기가 되었다. 특히 그 중심에는 2000년대 이후 개발지역에 대한 유적조사의 의무화에 힘입어 경주 황성동 유적 등 다수의 제철유적이 발굴조사 되었고, 신진 연구그룹의 형성과 금속학적 분석연구에서도 제철관련 유물을 광범위하게 분석하여 철 및 철기생산의 공정과 특징에 대한 고찰, 유물의 금속학적 분석을 통한 고고유적의 해석방법이 제시되어 고고학계의 주목을 받게 되었다. 이 기간 동안 제철기술 복원실험은 총 세 차례 이루어졌는데, 2002년 세연철박물관, 2008년 한국전통문화대학교, 2011년 중원문화재연구원 등의 실험이다. 2010년대 이후 성장기, 제철기술 복원실험 추진에 있어서 가장 큰 특징은 고고학 이외에 금속학, 민속학, 문헌학 등 유관 학계 전문가들과 현대 장인 등이 참여한 융복합 연구방법이 본격적으로 활성화 되었다는 점이다. 이러한 연구 경향은 제철유적에서 출토된 철재, 철괴뿐만 아니라 노벽체, 송풍관 등 다양한 고고학적 자료에 대한 세밀한 분석이 더해지면서 한 단계 진전된 결과를 가져오게 되었다. 그리고 단발성에 그쳤던 실험이 과거와 달리 중장기 계획의 수립 하에 체계적으로 추진되었다. 그 중심에는 한국철문화연구회가 주축이 되어 구성한 전통제철기술연구단의 실험과 2014년부터 본격적으로 제철연구에 뛰어든 국립중원문화재연구소의 실험이 있다. 뿐만 아니라 이전까지는 주로 고대 원형로에 대한 제련실험에 집중되어 있었지만, 2010년대 들어 단야, 주조 공정뿐만 아니라 다양한 열처리 기술에 대한 실험고고학적 접근이 이루어지고 있다. 제련공정에 있어서도 울산 쇠부리 실험을 중심으로 조선시대 석축형

제련로에 대한 실험이 새롭게 추가되는 등 보다 제철 공정상 다양한 실험이 전개되었다.

한편 제철공정상 제련-단야-주조기술과 관련한 실험이 활성화 되고 있다. 제철공정은 2019년 말까지 공식적으로 22차례 실시되었다. 뿐만 아니라 단야기술과 주조기술도 이제 본격적인 실험을 통해 조업과정을 복원해 가고 있다. 이렇듯 실험을 통해 그간의 의문점들이 검증된 내용도 있고 아직까지 논쟁인 점도 있으나, 지속적인 실험을 통해 진전된 성과를 창출해 나갈 예정이다. 따라서 해결해야할 과제도 산적하지만 지금은 제철기술 복원연구의 성장기로서 제철유적 발굴조사와 실험고고학적 검증-자연과학적 분석이 한몸이 되어 제철 공정별 조업방식에 대한 기본적인 이해를 통해 유적과 유물에 대한 해석을 더욱 풍부하게 해 나가야 한다. 그렇지만 제철기술 복원실험의 미래지향적 전망도 함께 고민하지 않을 수 없다. 전통기술은 현재도 지속적으로 사라지고 있는 실정으로 그것의 보존·전승에 있어서도 함께 고민할 시점이며 향후 충주나 울산과 같이 지역거점을 중심으로 고중세 제철문화 복원도시를 조성하는 등의 장기적 전망도 함께 고민해 나갈 필요가 있다.

주제어 : 고대 제철기술 복원연구, 초창기, 도약기, 성장기, 제련공정, 단야공정, 주조공정

I. 머리말

국내 고대 제철기술 복원실험은 1991년 한국과학기술원 금속재료연구단에 의해 최초로 실시되었다[1]. 당시 복원 모델로 중국의 문헌을 참고한 한계는 있었지만 현대 제철과 비교하여 고대 제철의 원리를 규명하고자 했던 목적은 뚜렷했다. 복원실험은 1990년대 후반부터 본격화 되었는데 이는 진천 석장리 백제 제철 유적의 발굴이 결정적인 계기가 되었다. 이후 다수의 발굴성과를 바탕으로 지금까지 20여 차례 이상이 실시되었다. 그러나 이러한 국내 제철기술 복원실험은 유럽이나 미국, 중국, 일본 등지보다는 늦은 출발이었다. 유럽에서는 1950년대부터 철기시대 발형로(bowl furnace)를 복원하려는 연구를 시작으로, 1980년대에는 발굴조사 성과를 접목한 실험이 각지에서 활발하게 전개되었다. 1990년대부터는 제련공정뿐만 아니라 정련이나 단야공정 등으로 관심이 확대되는 추세라고 한다[2]. 중국은 연구적 측면보다는 경제적 요구로 시작되었다고 볼 수 있다. 1958년 인민공사가 발족하자 토법 제철 운동을 통해 한 대(漢代)로부터 유래된 토법로(土法爐)를 설치하고 70만기의 가마에서 400만톤의 선철, 300만톤

---

1) 崔炡·兪明基·金賢泰·金裕衡·都正萬, 1991, 「古代 製鐵法의 復元實驗」, 『大韓金屬學會會報』4, 大韓金屬學會.
2) 조대연, 2017, 「고대 철 제련로의 전개과정 및 철생산 복원실험에 관한 검토−유럽의 사례를 중심으로−」, 『숭실사학』제38집, 숭실대학교 사학회.
뿐만 아니라, 영국 북부 웨일즈 스노우도니아(Snowdonia)지역에서는 현재까지 수십년간 철제련실험을 계속하고 있다. 피터크루(Crew Peter)의 주도로 고고학과 자연과학적 분석과 현대 장인들과의 협업을 통해 고중세 제련로 운용과 관련한 모든 쟁점을 정리해 나가고 있다고 한다. 이와 유사하게 국내에도 한국철문화연구회가 학술진흥재단의 지원을 받아 2015년 '전통제철기술연구단'을 구성하였는데 여기에는 고고학−금속학−민속학−문헌학자들과 더불어 현대 장인들이 대거 참여해 실험을 추진하고 있다.

의 강철을 만들어 냈다고 한다[3]. 현재는 다수 제철유적의 발굴조사에 힘입어 각지에서 관련 실험이 실시되고 있다. 일본은 1967년 사라진 전통 제철법을 되살리기 위해 금속 공학자가 중심이 되어 '타타라(たたら) 제철법 복원 계획위원회'를 구성해 국고 보조사업으로 제철기술 복원실험이 시작되었다. 그 후 1977년 하타찌금속(日立金屬)의 자회사인 YSS도리까미(鳥上) 공장에서 '타타라 제철로'를 복원하여 매년 조업을 계속하고 있다. 특히 일본도(日本刀)의 생산 재료로서 타타라에서 생산된 철을 사용함으로써 복원된 전통기술이 상업적으로도 성공을 이룬 사례로 평가된다. 그리고 1986년 요시다무라(吉田村)에 '철의 역사촌(鐵の歷史村)'을 만들어 타타라 관련 시설을 복원, 문화시설과 박물관 등을 갖추고 관련 전문연구시설을 세워 고대철에 대한 첨단화 연구를 수행하고 있다고 한다[4].

이렇듯 시작된 시점은 다르지만 전세계적으로 전통의 제철기술을 복원하려는 노력은 공통되며 현재도 진행중이다. 특히 국가적 지원과 지자체의 관련산업 유치, 지원 등을 통해 연구뿐만 아니라 대중적 사업으로 확장되어 가고 있다. 이렇듯 제철기술 복원실험은 금속학이나 고고학적으로 제철기술을 밝히고, 제철유적에 대한 해석과 기술사적 의미를 규명하려는 의의뿐만 아니라 전통철에 문화적 가치를 부여하여 관광 자원으로의 활용이나 전통 제철법을 이용한 첨단 소재화 등에도 적극 활용될 수 있다[5]. 그 중심에 실험고고학이 있으며, 매년 개최되는 울산 쇠부리 축제에서는 제철기술 복원실험처럼 대중적 행사를 통해 연구에도 기여하는 등 우리나라도 이러한 국제적인 경향성과 비슷하게 추진되고 있다. 본고에서는 그간의 고대

---

3) 한국과학기술연구원, 1999, 『전통 제철로 복원에 관한 연구』, 과학기술부.

4) 한국과학기술연구원, 1999, 앞의 보고서.

5) 이와 관련하여, 국립중원문화재연구소에서는 문화재청 수리기술과와 함께 2016년부터 3년간 관련 용역을 수행하여, 2019년 『전통 철물 제법 기준 마련 및 활성화 방안연구 종합보고서』를 발간하기도 하였다.

제철기술 복원연구에 단계를 설정하여 그 성과를 살펴보고, 각 공정별 내용과 향후 주어진 과제에 대해서도 언급하고자 한다.

Ⅱ. 제철기술 복원실험의 추진 경과

국내 제철기술 복원실험은 단절된 전통의 제철기술을 복원하려는 제철기술사적 의미와 더불어 고·중세 제철기술 복원을 통해 그것에 내재된 고대문화를 복원하려는 문화사적 의미를 함께 가지고 있다. 그간의 복원실험은 철광석 혹은 사철에서 1차적으로 철을 분리해 내는 제련기술 복원에 실험의 80-90%가 집중되어 있는 실정이다. 최근 들어 단야공정 및 주조공정에 대한 관심과 실험이 점차 늘어가고는 있지만, 제철기술 복원실험의 사(史)적 검토에서는 역시 제련공정이 차지하는 비중이 크다. 특히 고고학계에서 주목한 제련공정은 동아시아 철기문화상에서 제철기술의 기원과 전파과정상 매우 중요한 의미를 갖고 있기 때문일 것이다.

국내 제철기술 복원실험의 추진 경과는 제련실험을 중심으로 총 3단계로 나누어 시기별 특징을 살펴보고자 한다.

1. 초창기(1990년대)

국내 최초의 제철기술 복원실험은 금속학자들이 주도해 1991년에 이루어졌다[6]. 한국과학기술원 최주박사팀에 실시된 1차 실험은 중국의 宋應星

---

6) 崔 炷·俞明基·金賢泰·金裕衡·都正萬, 1991, 앞의 논문.

의 『天工開物』(1637)을 바탕으로 하고 있는데 실험의 목적은 경주 황성동유적과 같이 당시 각지에서 발견된 제철유적 제련로의 용도를 판명해 보고, 코크스를 사용하는 현대 제철과 달리 숯을 사용하는 고대 제철의 원리를 규명하는 것이었다.

이후 1993년과 1994년에 우리나라 李圭景의 『五洲衍文長箋散稿』(19세기) '鍊鐵辨證說'에 기록된 노의 형태를 본 따 2차 실험을 실시하였다. 1998년에 추가로 이루어진 2차례의 제련실험에서는 원통형으로 제작한 노에 분광형의 철광석을 장입하여 선철을 생산한 후 용해로에서 철물을 뽑아 주조 철기를 만드는 주조공정 실험도 진행하였다. 달천광산의 분광과 일부 진흙과 반죽한 2~3cm의 막대를 만들어 투입하였다. 가마 속의 온도는 1,450℃이었으나 송풍관 반대쪽은 920℃밖에 되지 않아 노내 온도의 불균형이 발생했다. 그 결과 순수 무쇠(선철)를 얻지는 못했지만 잡쇠 200kg를 회수하였고 이후 1차 및 2차 제련실험에서 얻은 363kg의 잡쇠덩이를 정련작업을 거쳐 무질부리가마(용해로)에 장입하여 철물을 받아 무쇠솥과 후라이팬을 제조하였다.

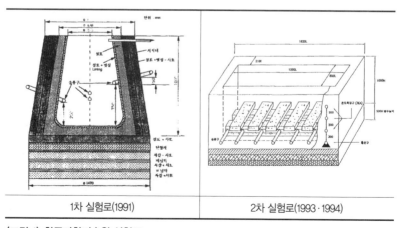

| 1차 실험로(1991) | 2차 실험로(1993 · 1994) |

〈그림 1〉 한국과학기술원 실험로

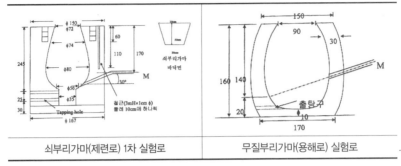

| 쇠부리가마(제련로) 1차 실험로 | 무질부리가마(용해로) 실험로 |

〈그림 2〉 한국과학기술원(1998) 실험로

　이렇듯 최초의 제철기술 복원실험이 금속기술 및 재료학 연구자들에 의해 주도되었다면 1990년대 말부터는 주로 제철 유적의 발굴성과를 적용한 고고학계에서 관련 실험을 주도하게 된다. 1994년 진천석장리 발굴조사[7]와 그것에 기반한 1997년 국립청주박물관에서의 제련실험[8]은 고고학계에서 실험고고학을 시작하게 된 첫 신호탄이 되었다. 국립청주박물관에서는 진천 석장리 유적에서 확인된 제련로를 모델로 하여 상형로와 원형로 제련실험을 실시하였다. 비록 목탄을 연소시키지 못했고 철재가 노밖으로 유출되지 않아 노 내에 생성물과 철재가 뭉쳐진 채 조업이 끝났지만 유적을 사례로 시도한 최초의 실험으로 의의가 있다.

2. 도약기(2000년대)

　진천 석장리 발굴조사를 모델로 한 고고학계에서의 첫 실험 이후 실험은 간헐적으로 이루어졌지만, 관련 연구는 매우 활기를 띄었다.
　2000년대에 들어 고고학자들이 중심이 되어 제철기술 복원을 위한 실험

---

7) 國立淸州博物館, 2004, 『鎭川 石帳里 鐵生産遺蹟』.
8) 國立淸州博物館, 2004, 「古代 製鐵爐 復元 實驗」, 『鎭川 石帳里 鐵生産遺蹟』.

고고학을 주도하게 되었다. 그 이유는 먼저 2000년대 이후 개발지역에 대한 유적조사의 의무화에 힘입어 경주 황성동 유적 등 다수의 제철유적이 발굴조사 되었고, 1980년대부터 관련 연구를 주도한 이남규 등의 초창기 연구를 이어 손명조, 윤종균, 김권일 등의 신진 학자들이 대거 제철연구 그룹을 형성하게 되었다. 금속학적 분석연구에서도 1980년대부터 이루어진 초창기에는 주로 철재와 철기유물의 분석을 기초로 한 철기제조 방법에 주목한 분석이었다면, 2000년대부터는 제철관련 유물을 광범위하게 분석하여 철 및 철기생산의 공정과 특징에 대한 고찰, 유물의 금속학적 분석을 통한 고고유적의 해석방법이 제시되어 고고학계의 주목을 받게 되었다[9]. 마지막으로 일본으로부터 전통 제철기술 복원 사례와 축적된 연구성과가 국내에 전해졌고 실험에 있어서도 많은 자극이 되었다. 이 기간 동안 제철기술 복원실험은 총 세 차례 이루어졌는데, 2002년 세연철박물관, 2008년 한국전통문화대학교, 2011년 중원문화재연구원 등의 실험이다.

먼저 2002년 세연철박물관의 실험[10]은 국립청주박물관의 실험을 보완하기 위해 진천 석장리 A-3호로를 모델로 하였다. 제련실험의 경우 실험 결과, 철광석 480kg와 숯은 약 2배인 1,080kg를 장입하여 약 30%의 잡쇠를 생산하였다. 이전 실험보다는 상당히 계획성 있게 진행하였으나 강한 송풍으로 인해 노 내부의 환원분위기가 조성되지 못해 미환원철과 비산철이 많이 생겼고, 철재가 송풍관을 막으면서 철재가 외부로 유출되지 못한 채 결국 양호한 괴련철 생성에는 실패하고 선철과 목탄, 철재가 엉킨 잡철이 생산되었다.

2008년 한국전통문화학교[11]에도 괴련철을 이용한 제강기술의 메커니즘

9) 金權一, 2020, 『古代 嶺南地域 製鐵技術의 考古學的 研究』, 한신대학교 박사학위논문.
10) 世淵鐵博物館, 2003, 『古代製鐵 復元實驗 報告書』.
11) 정광용, 2008, 「고대 전통제철법의 복원 연구」, 『동아시아 고대 철 문화의 비교』, 한국전통문화학교.

규명과 현대 철과 비교해 황(S), 인(P) 성분이 적고 내식성, 인성, 단접성 등
이 우수한 고대 철 소재를 개발하고자 하는 실험 목표를 수립했다. 진천 석
장리 원형로(A-1호)와 상형로(B-11호)를 모델로 하였으며 하부구조는 마사
토 다짐–자갈층–황토다짐–숯을 이용하여 채웠다. 실험 결과, 원형로의
경우 880kg의 철광석을 장입하여 112.2kg의 철을 회수하였고 상형로도
약 15~22%의 회수율을 나타냈다.

　(재)중원문화재연구원[12]에서는 일본 대표적인 제철연구자인 에히메대학
(愛媛大学)의 무라카미 야스유키(村上恭通)교수의 도움 아래, 충주 칠금동
400-1번지 제련로 발굴성과와 중국, 일본 등지의 실험 성과를 바탕으로
노를 제작하여 선철을 생산하는 실험을 실시하였다. 특히 제련실험의 주목
적이 선철의 생산이었기 때문에 노의 높이도 내경 대비 약 3배(내경 150cm,
높이 260cm)에 달하며 노 내 온도도 높게 유지하여 조업을 실시하였다. 그
러나 실험 결과, 철재 송풍관을 사용하였기에 중간에 녹아내리기도 하였으
며 송풍관쪽으로의 철재의 역류 현상이 발생하여 철재가 밖으로 유출되지
못한 채 조업이 중단되었다. 철의 회수율은 21%였다. 철재 송풍관이나 기

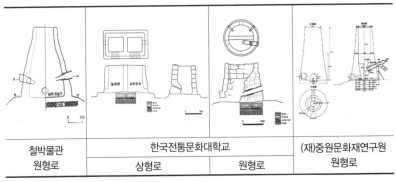

철박물관 원형로	한국전통문화대학교		(재)중원문화재연구원 원형로
	상형로	원형로	

〈그림 3〉 2000년대 제철기술 복원 실험로

---

12) 중원문화재연구원·鐵博物館, 2014, 『한국 고대 제철로 복원실험 보고서』.

계송풍을 이용한 점 등은 아쉬움으로 남지만 이전 실험보다도 객관성을 확보하기 위한 다양한 노력과 보고서 작성의 모델을 제시하였다는 점에서 의의가 있었다.

3. 발전기(2010년대)

2010년대 이후 제철기술 복원실험 추진에 있어서 가장 큰 특징은 고고학이외에 금속학, 민속학, 문헌학 등 유관 학계 전문가들과 현대 장인 등이 참여한 융복합 연구방법이 본격적으로 활성화 되었다는 점이다. 이러한 연구 경향은 제철유적에서 출토된 철재, 철괴뿐만 아니라 노벽체, 송풍관 등 다양한 고고학적 자료에 대한 세밀한 분석이 더해지면서 한 단계 진전된 결과를 가져오게 되었다[13]. 그리고 제철기술 복원실험에서 산출된 부산물도 유물의 사례와 동일하게 분석함으로써 분석결과를 바탕으로 실질적인 고대 제철기술을 복원하는데 지대한 영향을 끼치기 시작했다. 그리고 실험이 단발성에 그쳤던 과거와 달리 중장기 계획의 수립 하에 체계적으로 추진되었다는 점도 주목된다. 그 중심에는 한국철문화연구회가 주축이 되어 구성한 전통제철기술연구단의 실험과 2014년부터 본격적으로 제철연구에 뛰어든 국립중원문화재연구소의 실험이 있다. 뿐만 아니라 이전까지는 주로 고대 원형로에 대한 제련실험에 집중되어 있었지만, 2010년대 들어 단야, 주조 공정뿐만 아니라 다양한 열처리 기술에 대한 실험고고학적 접근이 이루어지고 있다. 제련공정에 있어서도 울산 쇠부리 실험을 중심으로 조선시대 석축형제련로에 대한 실험이 새롭게 추가되는 등 보다 제철 공정상 다양한 실험이 전개되었다.

---

13) 金權一, 2020, 앞의 논문, 5쪽.

1) 전통제철기술연구단의 실험[14]

전통제철기술연구단은 2014년 학술연구재단의 학제간융합연구지원사업에 채택되어 3년간 제철기술 복원연구를 수행하였다. 그리고 대부분의 구성원이 울산 쇠부리 축제 고대 제련로 복원실험에도 참여하여 고대 제철기술 복원실험 성과를 축적해 나갔다.

2015년 3월, 전통제철기술연구단의 첫 실험은 앞서 언급한 다방면의 전문가로 구성된 '융합연구체제'를 구축하여 실시하였다. 실험목표는 괴련철과 선철이 혼합된 혼합철괴였고 제련로의 모델은 밀양 임천리 C-24호로[15]이다. 유적의 사례에 맞춰 하부구조는 석재를 둘러쌓고 목탄과 모래를 이용해 방습시설을 설치한 후 대나무 지지대를 노벽 내에 설치하여 노벽을 축조하였다. 유적에서도 상부구조는 확인되지 않기 때문에 추정할 수밖에 없는데, 이 실험에서는 원래 노의 1/3 높이에서 좁아지는 구조로 계획했으나, 축조과정상에서 어려움으로 인해 좁아지는 플라스크형으로 제작되었다.

배소된 철광석 241kg과 숯 605kg, 첨가제로 황토(117kg)를 투입하였고 조업온도는 노 내 평균 1,200℃를 유지하였다. 그 결과, 괴련철 및 선철 등 약 31.565kg(회수율 약 13.1%)의 잡쇠를 회수하였다. 야철 장인까지 합류했던 이 실험은 결국 앞선 실험들과 유사하게 송풍관이 빠르게 용융·탈락되고, 노하부 생성물이 역류한 채, 철재를 외부로 유출하지 못하고 종료되었다.

---

14) 전통제철기술연구단, 2017, 『한국 고대 제철기술 연구 I』.
　　울산 쇠부리 복원사업단, 2016, 『2016년도 울산쇠부리 고대 원형로 복원실험 연구보고서』.
　　울산 쇠부리 복원사업단, 2017, 『2017년도 울산쇠부리 제철기술 복원실험 연구보고서』.
　　울산 쇠부리 복원사업단, 2018, 『2018년도 울산쇠부리 제철기술 복원실험 연구보고서』.
15) 三江文化財研究院, 2014, 『密陽 林川里 金谷製鐵遺蹟-밀양역~삼랑간 국도건설구간 내 유적 발굴조사(C·D구역)-』.

이후 2016년 2월에 2차 실험을 통해 1차 실험에서 보완된 개선점을 적용한 후, 같은 해 5월, 대부분의 연구진이 참여한 울산 쇠부리 축제 고대 원형로 제철실험에서 국내 제철기술 복원실험 사상 처음으로 315kg나 되는 다량의 철재를 외부로 유출시켜 괴련철 생산 목표를 달성하였다. 총 460kg의 철광석을 장입하여 69.7kg(회수율 약 15.1%)의 괴련철 위주의 잡쇠를 생산했다. 이는 이전까지의 실험을 통틀어 가장 잘된 조업으로서 의의가 크다. 제련실험에서는 철광석과 목탄의 장입량을 거의 1:1.65까지 낮추었고, 철광석 장입 목표가 300kg였으나 최종 460kg를 넣음으로서 철재 유출을 잘 했을 때 조업량이 늘어날 수 있음도 확인하였다. 또한 노 내에 철재가 다량 형성되자 첨가제인 소성패각의 장입을 줄였다가 다시 유동성이 낮아지면 재투입하는 방식으로 조업 상황에 따른 대처도 유연하고 신속하게 이루어진 점도 큰 교훈이 되었다. 무엇보다도 실험이 원활하게 이루어진 결정적 원인은 첨가제로서 '소성패각'을 사용한 것으로 역시 철재의 유동성을 상당히 높였던 것으로 보인다. 다만 유출된 철재 내 CaO 함량이 유적 사례에 비해 너무 높게 나와 향후 첨가제, 특히 CaO의 사용 여부 및 양의 문제를 어떻게 풀어갈 것인지 과제로 남게 되었다. 이외에도 단야조업도 함께 실시되었다.

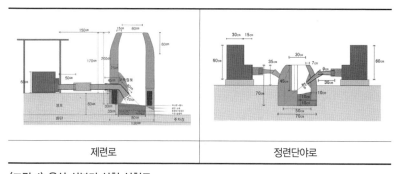

| 제련로 | 정련단야로 |

〈그림 4〉 울산 쇠부리 실험 실험로

2017년 울산쇠부리 2차 실험에서는 1차 실험에 비해 좀 더 개선된 괴련철 생산을 목표로 하였으나, 결과적으로 1차 실험에 비해 철재의 외부 유출이 원활하지 않았고 그 결과 목표한 바의 철광석도 모두 장입하지 못했다. 조업 내용이 2016년 실험 때와 거의 동일했음에도 이러한 결과가 도출된 것은 1차 실험과 달리 목탄의 크기, 송풍관의 태토구성, 풀무의 상태 등의 미세한 변화가 있었고, 이러한 차이가 조업의 결과에 상당히 영향을 끼칠 수 있음을 확인할 수 있었다. 2018년부터는 조선시대 석축형제철로의 조업방식을 구현하기 위한 실험으로 전환되었다.

2) 국립중원문화재연구소의 실험[16]

중원문화재연구소에서는 2014년도 1차 제련로 복원 실험을 실시한 이래 매년 1~2회의 제련로 복원실험과 단야, 주조 실험을 실시해 오고 있다. '중원지역 제철기술 복원연구'라는 중장기 사업을 추진하면서 충주 칠금동 백제 제철유적의 발굴과 이를 바탕으로 한 제철기술의 구명 및 복원이라는 대목표 아래 꾸준히 실험을 실시해 오고 있다. 다수 조업을 통해 오류 수정 및 새로운 조건 적용을 할 수 있어 다양한 실험이 실시되고 있다. 2014년 1차 실험에서는 석장리 B-24호 제련로를 모델로 실제 크기의 70%로 축조하여 노를 제작해 실험을 실시하였다. 이 실험에서는 철재의 유출이 전혀 이루어지지 않은 채 송풍관이 막혀 조업이 중단되었다. 송풍관이 2시간 만에 실금이 가고 3시간 이후로 다수 균열이 확인되는 등 송풍관이 고온에 견디지 못한 측면이 주원인이었던 것으로 추정하였다. 2차 실험은 2015년 5월에 실시되었는데 진천 석장리 B-24호로의 실제 내부 직경(120cm)을

---

16) 국립중원문화재연구소, 2015, 『고대 제철로 복원실험(1·2차) 결과보고서』.
　　국립중원문화재연구소, 2017, 『고대 제철로 복원실험(3·4차) 결과보고서』.
　　국립중원문화재연구소, 2019a, 『고대 제철로 복원실험(5·6차) 결과보고서』.

반영하여 노를 축조하였다. 조재제로 마사토를 사용하였지만 철재의 유출을 유도하지 못한 채 조업이 종료되었는데, 당시까지만 해도 철광석이 녹아 철재가 만들어지는 시점이나 유출해야하는 시점, 첨가제 문제 등등에 대한 사전 검토가 제대로 이루어지지 못한 채 노벽에 설치한 온도에만 의지해 조업한 나머지 적절한 조업 타이밍을 놓쳤던 것이 주원인이었던 것으로 추정되었다. 3차 실험은 노의 높이를 기존의 내경 대비 2배에서 3배로 높이고 조업시간도 기존 10시간 전후에서 20시간으로 늘려 조업을 시도하였다. 그 결과 철재는 외부로 유출되지 않았으나, 내부에서 다량의 선철이 생성되었다. 고로에서 장시간 노내 환원분위기가 형성되어 점차 서냉되면서 선철이 형성된 것으로 선철의 생성조건을 파악해 볼 수 있는 기회였다. 4차 실험부터는 노의 높이를 내경 대비 2.25배로 고정하고 4년간 지속적으로 실시하였다. 그 결과 4차와 6, 7차 실험에서는 괴련철 위주의 잡철이, 5차 실험에서는 용선이 노밖으로 유출된 선철이 생성되었다. 따라서 적정한 노의 높이라면 목표하는 생성물 종류(괴련철, 선철)에 따라 조업이 가능하다는 것을 확인할 수 있었다. 또한 4차 실험에서는 마사토 이외에 석회를 조재제로 사용하여 철재가 다량 유출되었다. 그러나 철재 내 CaO 함량이 너무 높다는 판단하에 6,7차 실험에서는 조재제없이 실시하였으나 우천 등 기후적 요인이 결합해 철재 유출에는 실패했다. 5차 실험의 경우 철광석 장입 시 소탄을 사용하였고, 하강속도가 다른 실험에 비해 2배 이상 감소한 것, 노 내 1,400℃ 이상의 고온 형성 등이 주 원인이 되어 선철이 생산된 것으로 추정된다. 그러나 다른 실험에 비해 역시 노내 고온형성으로 인해 노내벽의 유리질화가 매우 심하게 일어나 유적에서의 현상과는 다르다는 것도 확인했다.

　현재 관련 연구자들이 매년 직접 실험에 참여하고 있는 실험은 울산 쇠부리 실험과 국립중원문화재연구소의 실험이다. 울산 쇠부리 실험의 경우 3

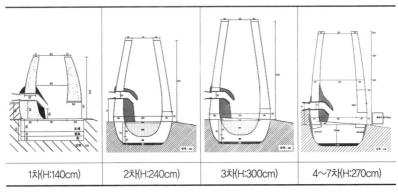

| 1차(H:140cm) | 2차(H:240cm) | 3차(H:300cm) | 4∼7차(H:270cm) |

〈그림 5〉 국립중원문화재연구소 실험로

년간의 고대 원형로 실험에 이어 2018년부터 조선시대 석축로 실험이 실시되고 있어 중세 이후 제철기술사 연구에 많은 정보를 제공해 줄 것으로 기대된다. 한편 국립중원문화재연구소도 지속적으로 고대 원형로 복원실험을 실시할 예정인데, 고대 제철유적에서 확인되는 노내 양상과 유적 철재 내 철과 CaO 등의 함량비가 유사한 실험결과를 도출하기 위해 노력하고 있다.

Ⅲ. 제철공정별 실험의 특징과 성과

실험이 활성화되기 전에는 대부분 학자들이 기술적 측면과 조업내용에 관해 이론적 검토만으로 단정하려는 경향이 강했다. 그러나 실험은 제철의 각 기술요소들을 하나하나 점검하면서 원료의 예비처리, 노 축조의 방식, 송풍 시 누풍 방지, 철재의 상태, 연료·원료 투입량의 적정성 및 조업시간의 적정성, 노내 철괴 형성 상태의 개선, 노의 재사용 등에 대한 실체적인 검증이 가능하다는 것을 보여주었으며, 한편으로는 고도의 기술이었던 것

만큼 장인의 다년간에 걸친 노하우(know-how)가 반드시 필요하다는 점도 알게 되었다. 뿐만 아니라 조업을 할 때의 필수인원과 최소 공간의 확보, 제련로 주변에서 반드시 수행해야 할 작업(배소, 목탄 및 철광석 적재 등)과 그 동선, 생산물의 반출 방식과 반출 후 노의 흔적 등은 유적의 조사에도 적극 활용 가능할 정도의 정보를 제공해 주고 있다. 그 만큼 유적 사례의 복원에 무엇보다 심혈을 기울여야 하겠지만, 아직까지는 공간적, 안전성 문제 등으로 완벽한 구현은 부족한 실정이다.

2010년대 들어 학계가 다수의 실험을 경험하면서 우리나라 고대 제철의 성격과 프로세스 등에 대한 지식이 증가하여 이제는 보다 구체적인 공정이 체계적으로 복원되면서 많은 부분이 정설화 될 수 있는 정도가 되었다. 以下, 발굴과 과학적 분석 등을 통해 확인된 주요 공정별(제련·단야·주조) 실험성과를 검토하고, 현재 쟁점이 되고 있는 사안과 개선점들에 대해 살펴보고자 한다.

1. 제련기술

2019년 말까지 공식적으로 22차례의 제련실험이 있었다. 그 외에도 예비실험이라는 이름으로 무수한 실험이 실시되었지만, 공식적인 실험 가운데 고대 원형로는 17회, 상형로 4회, 조선시대 제련로가 2회 재현되었다. 아래의 〈표 1〉[17]은 그 중 고대 원형로 실험과 조선시대 제련로 실험을 기준하여 작성된 것이다.

이미 여러 차례의 실험을 통해 실험목표 설정, 조업메뉴얼의 작성, 유적의 사례 적용의 치밀성 등의 필요성과 중요성에 대해서는 공감되어 추진되

---

17) 경원택주식회사, 2019, 『전통제련 기술공정의 물리화학적 해석을 위한 기초연구』용역 결과보고서, 29쪽, 수정인용.

순번	복원년도	한국과학기술연구원	국립중원문화재연구소	전통제철기술연구단	울산쇠부리실험	기타
1	1991.3	(1차)고탄소괴/회주철				
2	1993.3	(2차)중탄소괴				
3	1993.4	(3차)저탄소괴				
4	1998.11	(잡쇠투입)선철				
5	1997.4/5					국립청주박물관
6	2002.6					세연철박물관
7	2008					전통문화학교
8	2011.10					중원문화재연구원
9	2014.10		(1차)반환원괴/회주철			
10	2015.3			(1차)저/고탄소괴		
11	2015.5		(2차)흑연조직/고탄소괴			
12	2015.9		(3차)고탄소선철(서냉)			
13	2016.2					
14	2016.5			(2차)괴련철/선철	(1차)괴련철	
15	2016.9		(4차)미응집환원철			
16	2017.5				(2차)괴련철	
17	2017.10				(3차)괴련/아공정	
18	2017.11		(5차)선철(백주철) 유출			
19	2018.5				(4차)괴련철/선철(조선)	
20	2018.9		(6차)선철(백주철)/괴련철			
21	2019.5				(5차)선철/판장쇠(조선)	
22	2019.9		(7차)괴련철			

〈표 1〉 국내 철 제련 복원실험 연혁과 생성물 내역

어 왔다. 뿐만 아니라 보고서 작성에 있어서도 모델이 되는 유적의 사례 조사, 조업의 준비와 조업 진행, 결과와 아울러 금속학적 분석결과를 함께 수록함으로써 기술복원사적 의의를 구체적으로 검토할 수 있게 되었다. 앞서 각 실험별로 간략한 검토를 진행했기 때문에 본 장에서는 제철기술 복원실험에 있어서 핵심 쟁점 위주로 살펴보고자 한다.

1) 철광석의 준비(배소)

유적 내에서 배소로가 제련로 주변에서 확인된다[18]. 모두 야외소성을 전재한 것인데, 이 경우 기본적인 온도대는 550~700℃ 정도이다. 배소 관련 실험은 ㈜중원문화재연구원[19]과 국립중원문화재연구소[20]에서 실시하였다. 배소 전후의 철광석에 대한 주성분 및 탄소, 황의 변화 추이, 물리적 강도 실험 등을 실시하였다. 결론적으로 철광석의 가열(배소) 목적은 표면에 균열을 일으켜 철광석의 파쇄가 용이하게 하는 것이고 이외에 날씨 등으로 인해 표면에 붙은 수분의 제거 등을 위함이다. 즉 반드시 거쳐야할 조업으로 제련실험 1~2일 전에 실시되어야만 가장 효율적이고, 시간은 최소 4시간 이상 소요되며, 화목보다는 목탄의 효용성이 컸다. 유적에서도 제련로 주변으로 노천에 소결 흔적 등이 발견된 경우 배소 등의 흔적일 수 있어 사전 인식이 필요한 부분이다.

---

18) 충주 칠금동 유적(국립중원문화재연구소, 2018, 『충주 칠금동(392-5번지 일대) 제철유적 발굴조사 보고서 I』)에서는 지면에 원형으로 소결흔적이 가득한 소성유구가 다수 확인되었고, 진천 석장리 유적에서는 내부에 소결흔적이 있는 수혈이 확인되어 배소로로 추정되었다. 구산리 유적에서는 배소한 철광석을 파쇄한 도구로 추정되는 돌절구공이도 출토되었다.
19) 중원문화재연구원·鐵博物館, 2014, 앞의 보고서.
20) 국립중원문화재연구소, 2017, 앞의 보고서.

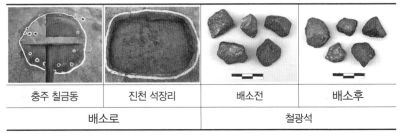

충주 칠금동	진천 석장리	배소전	배소후
배소로		철광석	

〈사진 1〉 배소로와 배소 전후 철광석 비교

2) 노의 축조

현재 제철유적에서는 노의 반지하 이하 부분은 잔존상태가 양호하여 실
험에 적극 적용되고 있으나, 상부구조에 있어서는 추정할 수 밖에서 없어
각종 형태가 제안되고 있다〈그림 6〉. 이 중 철재가 외부로 유출되어 생성
된 철의 응집도가 높았던 실험은 울산 쇠부리 실험로이다. 노내 환경 중 기
체의 흐름이 중요한데 원통형의 경우 기체가 위로 빠져나가는 양이 많아
노내 온도유지가 어려울 가능성이 있다. 따라서 상부의 조임을 최대한 유
도할 필요가 있음이 확인되었다.

노의 높이는 대체적으로 괴련철 생산을 목표로 하부 직경 대비 2배 정도
를 설정하고 있는데 앞선 실험 결과에서도 노의 높이가 2.25배만 되더라도
철광석의 환원과정이 길어져 선철이 생성될 가능성이 있었다.

노의 상부구조 축조는 재료적으로는 모래와 점토, 그리고 볏짚으로 섞은
재료를 사용한다는 점에서 유적 사례를 바탕했기 때문에 공통되지만, 제
작방법상 건조하거나 소성한 점토 벽돌을 쌓아 올리는 방식과 골조를 제
작하여 외벽에 점토를 덧붙이는 방식이 있다. 두 가지 방식 모두 효용성
은 높다. 그러나 유적에서는 점토 벽돌의 흔적도, 골조외벽을 사용한 흔적
도 잘 관찰되지 않는다[21]. 다행히 밀양 임천리 유적에서는 노내부에 대나무

---

21) 골조흔으로 추정된 것들도 대부분 노벽이 녹으면서 목탄이 끼어들어 남겨진 흔적이

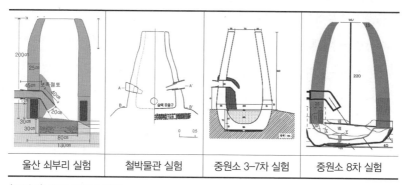

| 울산 쇠부리 실험 | 철박물관 실험 | 중원소 3-7차 실험 | 중원소 8차 실험 |

〈그림 6〉 제련 실험로 각종

| 점토벽돌 쌓기 | 노벽 중간 대나무지지대설치 | 골조제작 외벽 점토부착 |

〈사진 2〉 노벽 축조 각종

등을 댓 던 흔적이 확인되어, 전통제철기술연구단 실험[22]에서 적용하였다. 이 방식은 노벽 축조 시 지지대의 역할과 함께 고온작업 중 노벽의 팽창과 수축에 노벽이 변형되지 않게 하는 효과를 가져 올 뿐만 아니라 조업 후 노벽의 제거도 수월하게 해주는 이점이 있다고 평가했다[23].

많다. 그러나 제작 상 골조에 점토를 덧대는 방식이 시간적으로나 노동력의 효용성 면에서 높았다. 노벽이 다수 용융되기 때문에 골조흔적이 유적에서 잘 확인되지 않을 가능성이 있다고 판단된다.

22) 전통제철기술연구단, 2017, 앞의 보고서.
23) 전통제철기술연구단, 2017, 앞의 보고서.

3) 송풍관의 설치 위치와 각도 문제

송풍관은 대체로 127° 전후의 곡관형 송풍관이 노 내에 설치된다[24]. 충주 칠금동 유적의 사례로 보아 반수혈식 노벽의 잔존 높이가 최대 48cm가 확인되고 있어 지상의 풀무와 연결하는 송풍관의 노 내 거치 높이도 대개 40~50cm 사이였을 것으로 추정된다. 철재의 외부 유출에 실패한 실험의 대다수가 송풍관과 배재부 간의 온도차가 200℃ 이상 날 때였다. 배재부쪽으로 흘러나와야 할 철재가 입구부에서 냉각되는 것이다. 반대로 실험 중 100℃ 이하로 날 경우 철재의 외부 유출이 이루어졌는데 그만큼 고온이 노내에 안정적으로 유지된 것이다. 따라서 송풍관의 거치 높이와 노내에서 중심축이 향하는 방향이 어디인지가 조업에 있어서 중요한 조건일 수 있다. 이와 관련하여, 국립중원문화재연구소와 ㈜포스코 제선연구그룹에서 노체구조의 전산학적 해석을 위한 시뮬레이션을 실시했다[25](그림 7의 ①, ②). 실험 결과, 5차 실험로는 고온조성이 노 전반(송풍관–배재구)에 고르게 조성된 반면, 6차 실험로는 그렇지 못했는데, 송풍관의 거치 위치가 10cm 정도 뒤로 이동해 배재구와 미충돌 되면서 배재구쪽 온도대가 낮게 형성되는 결과를 가져왔다는 것이다. 따라서 노바닥의 중심을 향하게 하기보다는 바람이 배재구쪽에 닿을 수 있도록 설치하는 것이 중요하며, 거치 높이도 바람이 바닥까지 치도록 너무 높게 조성되어서는 안된다. 그리고 송풍관이 설치되는 위치는 노벽의 용융이 더 심하게 나타난다. 유적에서 노벽 용융 상태를 면밀히 관찰하여 침식이 심한 쪽에 대한 조사사례를 축적해 줄 필요가 있다. 칠금동의 경우 배재구 반대편 180° 위치보다는 좀 더 측면으로 이동한 면에서 용융면 침식이 다수 확인되고 있어, 실험 상 반영하여 검토할 필요성이 있다.

---

24) 한지선 외, 2016, 「한성기 백제 송풍관 연구」, 『고고학』15-3호, 중부고고학회, 13쪽.
25) 국립중원문화재연구소, 2019b, 『중원지역 제철기술 복원연구 종합보고서』.

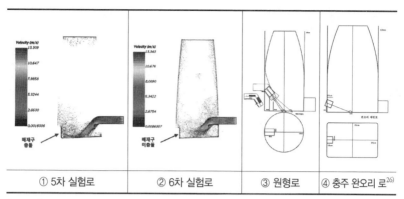

| ① 5차 실험로 | ② 6차 실험로 | ③ 원형로 | ④ 충주 완오리 로[26] |

〈그림 7〉 노내 송풍관의 설치 각종

4) 조재제 문제

패각 등 조재제의 사용과 그 성과는 울산 쇠부리 고대 원형로 1차 실험에서 처음 확인되었다. 결과보고서[27]에서도 밝혔듯이 원활한 철재의 생성과 유출이 조업의 성패를 좌우하는 만큼 조재제로의 패각 역할이 중요했다. 그러나 문제는 실험 유출 철재에서 확인되는 염기도와 CaO 함량이 유적의 그것과 격차가 있다는 점이다. 기존의 연구로는 유적 철재에서는 거의 자연증가분에 해당하는 0.1% 이하의 염기도가 확인된다고 보고된 바 있다[28]. 〈표 2〉를 보면 밀양 임천리 유적과 충주 칠금동 유적간에도 CaO 함량과 염기도 간의 차이가 있었다. 전자는 조재제를 거의 쓰지 않은 상태와 유사하고, 후자는 조재제를 사용한 사례와 유사했다. 다만 조재제의 양이 가장 많이 장입된 울산 쇠부리 1차의 경우 모든 비교된 수치에서 높은데, CaO

---

26) 충주 완오리 유적에서 확인된 고려시대 장방형의 1호로 도면을 각색한 것이다. 국내에서는 유일하게 송풍관이 잔존했는데, 거의 바닥에 붙어서 확인된 점이 특이하다(한국선사문화연구원, 2017, 『충주 완오리 산144-2, 산144-20번지 단독주택신축부지 내 충주 완오리 유적』).
27) 울산 쇠부리 복원사업단, 2016, 앞의 보고서.
28) 김수기, 2012, 「金屬組織과 非金屬介在物 分析을 통한 韓國 古代鐵器의 製造 方法과 溫度 硏究」, 한양대학교 대학원 박사학위 논문.

함량은 18.58-20.0%, 염기도는 0.5-0.56을 보였다. 연구소의 사례가 조
재제(석회)를 넣었음에도 CaO 함량이나 염기도에서 칠금동 유적의 사례와
유사해 장입량으로는 가장 적절해 보이지만, 실험 결과는 철재의 외부유출
에 실패한 만큼 좀 더 신중하게 검토되어야 할 것이다. 연구소는 4차 실험
전후로 조재제를 사용하지 않았고, 노내 온도를 높여 고온형성에 의지하다
보니 송풍관이 조기 소실되는 등의 부작용이 있었다. 현재까지 조재제의

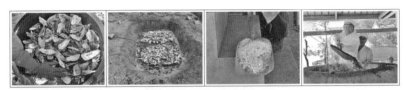

〈사진 3〉 울산 쇠부리 고대 원형로 실험(1차) 패각의 준비와 장입

실험 · 유적명	조재제 장입량	장입 비율	CaO 함량(%)	염기도	비고
전통제철연구단 (2015)	×	×	3.21-14.44	0.04-0.33	
울산쇠부리 (1차)	72kg	0.15	18.58-20.0	0.5-0.56	괴련철
울산쇠부리 (2차)	52kg	0.12	5.13	0.54	괴련철
중원소(4차)	39kg	0.09	1.59-3.04	0.31-0.41	괴련철
중원소(6차)	×	-	11.50-12.34	0.27-0.34	선철(백주철) /괴련철
밀양 임천리 유적	?	?	2.32-4.23	0.02-0.16	괴련철
충주 칠금동 유적	?	?	0.99-8.36	0.14-0.43	괴련철

※ CaO 함량은 슬래그만을 기준하였으며, 주성분분석(XRF) 결과를 참고했음
※ 염기도=CaO+MgO/SiO2+Ai2O3

〈표 2〉 제철실험과 유적별 CaO함량 및 염기도 비교

사용은 철재 유출에 큰 영향을 주고 있음은 분명하다. 그러나 얼마만큼을 사용할지, 다른 방안은 없는지 등에 대한 문제 등이 규명되어야 한다.

5) 제련생산물

울산 쇠부리 축제 고대 원형로 복원실험(1차)이 제련 생성물에서는 괴련철을 가장 잘 생산해낸 실험이었다. 약 15%의 생성물을 얻었지만 이전단계에서 괴련철과 선철 등이 뒤섞인 혼합철이었던 것에 비해서는 진전된 결과라고 할 수 있다. 다른 실험에서는 고탄소괴 혹은 선철과의 혼합철 및 잡철의 형태로 생성된 사례가 많다. 특히나 철재를 외부 유출시키지 못한 경우는 철재까지 혼합되어 반출된다.

뿐만 아니라 저탄소의 불순물이 거의 적은 상태로 생산되어야만 정련 및 단련 단계에서도 노동력이 그만큼 절약될 수 있어 제련생성물의 양호한 생산이 매우 중요한 의미를 갖는다. 초창기에는 제련작업에서 선철과 괴련철의 혼합된 생산을 피할 수 없고 이렇게 생성된 생성물을 재분류단계를 거쳐서 다음 단계(단야 혹은 주조)의 공정을 진행할 수 있다고 여겼다. 하지만 조업 후 생산품을 파악하고 분류하여 채취하는 과정에서 이러한 혼합철의 생산은 이후의 공정 자체를 곤란하게 한다는 사실을 파악하게 되었다[29]. 따라서 괴련철 생산이 목표라면 괴련철을 생산하기에 적합한 조건을 찾아내야 하고, 이것이 현재 고대 철생산 복원의 중대한 목표가 되었다.

이밖에도 철광석 대비 목탄 양의 경우 철광석 장입시를 기준으로 1:1 정도를 유지해야만 노내에서 침탄을 막고 불순물이 적은 철괴를 만들 수 있다는 점을 다수 실험을 통해 검증했다. 다만 지금의 실험이 일몰 후 조업을 중단하지만, 과거에도 예열에 막대한 양의 목탄이 투입되는 제련조업을

---

29) 한국전통제철기술연구단 2017, 앞의 보고서.

하룻밤만 조업했을까에 대한 의문이 있다. 일본의 타타라 조업의 경우 72시간 조업을 하고 있어, 향후 추가적인 실험을 통해 검증이 필요하다. 목탄의 크기도 조업에 상당한 영향을 끼치는데 목탄이 클수록 열량이 높고, 작을수록 열량은 작지만 철광석이 노바닥으로 바로 떨어지지 않게 촘촘하게 면을 유지시킨다. 따라서 조업 시 적절한 상황판단이 절실하다.

2. 단야기술

단야공정은 총 세 단계(정련-단련-성형)로 나뉜다. 단야기술 복원실험은 2010년대 이후 울산 쇠부리 실험단과 국립중원문화재연구소의 주도로 이루어졌다.

정련 (精鍊, refining)	제련에서 생성된 불순물이 많이 포함된 철괴를 반용융상태에서 단타를 통해 불순물을 압출시켜 철의 순도를 높이는 공정
단련 (鍛鍊, forging)	철 소재를 반복적으로 늘리고 접어 미세조직이 균일하고 미세화된 중간(유통)소재인 철정(鐵鋌, iron bar)을 제작하는 공정
성형 (成形, shaping)	(철정을 소재로) 최종적으로 원하는 기형으로 제작하는 공정

〈표 3〉 단야공정의 정의(이은우 외, 2017)

1) 울산 쇠부리 실험단의 실험

먼저 울산 쇠부리 실험단의 정련단야로는 경주 황성동 537-2번지 2-2호로[30]를, 단련단야로는 밀양 금곡 B-12호로[31]를 모델로 하여 제작하

---

30) 韓國文化財保護財團, 2001, 『경주시 황성동 537-2 임대아파트 신축부지 발굴조사 보고서』.
31) 頭流文化硏究院, 2016, 『밀양 임천·금곡 유적』.

였다. 정련단야로에서는 철기성형 목적의 단야보다 고온이 필요하기 때문에 좀 더 높은 온도를 발생시키고 유지하기 위해 두 개의 송풍구가 필요하거나 노의 상단이 좁아지는 등 단련·성형 목적의 단야로와 다른 구조일 가능성이 높다고 보았다. 반면 단련단야의 경우 별도의 단련단야로가 존재할 수도 있고, 정련단야로나 단야로에서도 작업이 가능하다는 의견도 있지만 작업의 용이성을 감안한다면 정련단야로보다는 성형단야로에 더 가까운 형태일 가능성이 있다고 추정하였다[32].

(1) 정련단야로

정련단야로는 1차와 2차 모두 동일한 방식으로 진행되었다. 노 하부에 방습시설로 목탄과 황토, 자갈을 혼합해 10cm 두께로 채웠으며, 바닥에는 철광석가루(탈탄제)를 3cm 두께로 채운 후 장작을 장입해 점화했다. 철생성물 투입 후 목탄과 철광석가루를 추가로 장입하고, 내부 온도를 1,200~1,300℃까지 올렸다. 40분정도 가열 후 꺼내 단타 후 물에 담가 냉각시키는 과정을 반복했다. 대체적으로 제련생성물의 정련 후 무게 변화는 소재에 따라 감소폭이 있었는데, 약 26~72% 정도로, 원소재의 성분과 조직 등이 영향을 미친 것으로 추정했다. 단야 실험에서 짚재를 섞은 황톳물을 지속적으로 철물에 입혀 사용했는데, 이는 단타 및 조재의 촉매재 기능을 할 것으로 추정했다[33]. 정련단야 실험에서 가장 어려웠던 점은 소재에 불순물이 많고 탄소 함량이 고르지 못한 점이었다. 그리고 분리되는 조각 조각이 다수 발생했는데, 이는 노내에서 소재 내 철과 철 사이에 철재가 녹으면서 생긴 부서짐 현상이다.

---

32) 울산 쇠부리 복원사업단 2016, 2017, 앞의 보고서.
33) 이것은 오랜 전통단야기술의 노하우를 보유한 장인들에 의해 제안된 것이다.

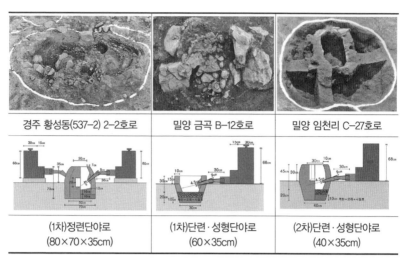

경주 황성동(537-2) 2-2호로	밀양 금곡 B-12호로	밀양 임천리 C-27호로
(1차)정련단야로 (80×70×35cm)	(1차)단련·성형단야로 (60×35cm)	(2차)단련·성형단야로 (40×35cm)

〈그림 8〉 울산 쇠부리 실험 단야로

(2) 단련·성형단야로

1차 실험에서의 단련·성형단야로는 밀양 금곡 B-12호로에서처럼 노 내 최하부에는 두께 10㎝ 정도의 사질토가 충전되어 있고 그 상부에 다량의 소형 천석이 채워져 있어 설계에 반영되었다. 2차 실험에서는 실험장 공간의 협소함으로 좀 더 작게 제작되었다. 소재는 정련단야 실험을 거쳐 압착된 철괴로, 철정을 만드는 조업까지 반복적인 단접과 단타를 통해 불순물을 제거하여 무게 80-90% 정도의 감소를 보였다. 철정으로 낫을 만드는 작업은 숙련된 장인의 손에서 약 15분만에 완성되었다. 2차 실험에서는 유자이기의 제작과정에서 궐수문을 마는 작업을 하던 중 소재가 부러졌는데, 이는 소재의 불순물 및 탄소 과다로 연성이 부족해 발생한 것이다. 단련단야 공정 후 철정에 대한 조직분석 결과, 균질한 저탄소괴가 제작되었음이 확인되었지만, 탄소함량이 매우 낮기 때문에 겹침단조에 따른 단접면에 일부 침탄층이 형성되었다.

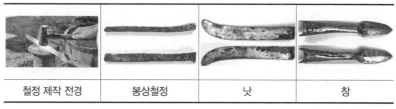

철정 제작 전경	봉상철정	낫	창

〈사진 4〉 울산 쇠부리(1차) 단야공정 산출물

2) 국립중원문화재연구소의 실험

국립중원문화재연구소에서의 단야실험은 2015년부터 2017년까지 3년간(1~3차) 총 13회에 걸쳐 실시되었다. 실험 목적은 제련생성물로 철기를 만드는 것이었지만, 세부적으로는 제련실험 생성물에 대한 단야 가능성 평가, 물성 및 양적 변화, 철정·철기 생산 등에 초점을 맞추어 실시되었다. 실험로는 진천 송두리 2-1-3호로[34]와 동해 망상동 단야로[35]를 각각 정련단야로와 단련·성형단야로의 모델로 선정했다.

실험 결과, 정련단야로는 철재를 녹일 만큼의 고온 형성과 큰 괴상의 제련 생성물을 넣어야 하기 때문에 반수혈식의 내부공간이 넉넉한 구조가 적당했음을 알 수 있었다. 그러나 제련 생성물이 파쇄·선별하는 과정에서 잘게 쪼개진 시료는 반지하식 수혈에 넣을 경우 찾기 어렵거나, 하부 철재 층으로 녹아들어서 시료의 크기에 따라 적용을 달리할 필요가 있었다. 작게 쪼개진 시료는 오히려 지상식의 단야로에서 조업하는 것이 훨씬 수월했고, 동해 망상동로는 지면식노로 노의 직경도 작고 하부 수혈도 깊이가 약 10cm에 불과해 차오른 철재를 쉽게 제거하여 후속 조업이 원활하게 진행될 수 있는 장점이 있었다. 다만 목탄이 주변으로 분산되면서 노의 온도대

---

34) 중앙문화재연구원, 2020, 『진천 송두산업단지 조성사업부지 내 진천 송두리유적 I 』.

35) 예맥문화재연구원, 2010, 『東海 望祥洞遺蹟 II —동해 망상동 176-5번지 단독주택 신축부지내 유적 발굴조사보고서—』.

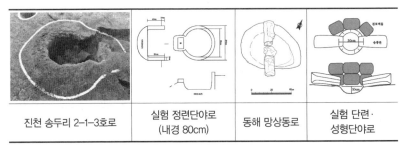

| 진천 송두리 2-1-3호로 | 실험 정련단야로
(내경 80cm) | 동해 망상동로 | 실험 단련·
성형단야로 |

〈그림 9〉 국립중원문화재연구소의 실험 단야로와 모델

를 형성·유지하기 어려워 한쪽 면에 점토 벽돌을 2단 세워 목탄이 한데 모일 수 있도록 설치하였다. 이렇듯 정련생성물의 크기나, 철재와 같은 비금속개재물의 포함 정도 등에 따라 수혈식 정련단야로와 지상식 단련·성형단야로를 적절하게 사용할 필요성을 확인하였다.

제련생성물에서 정련단야까지는 무게 감소율이 약 50-80%를 상회했으나 철정을 만들었을 때는 90-95%가 감소했다(표 4). 이는 제련 생성물에 다량의 철재 등 비금속개재물이 포함되어 있었다는 의미이며, 대부분의 연구소 제련실험이 철재를 외부로 유출시키지 못해 나타난 결과와 연동된다고 할 수 있다. 따라서 무게 감소율이 90% 이상이 될 때까지 고된 노동을 통한 엄청난 단타작업이 있었다는 점도 간과할 수 없다.

공정별로 미세조직 관찰 결과, 공정이 진행됨에 따라 비금속개재물이 줄고, 가공방향으로 연신되어 미세조직이 어느 정도 균질화되는 것을 확인할 수 있다〈사진 5〉. 다만 철기로 제작된 사례들에서 일부 탄소함량이 약 1% 이상되는 것들이 확인되

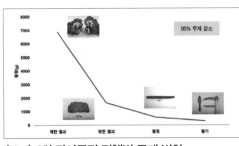

〈표 4〉 2차 단야공정 진행별 무게 변화

었다. 이 경우는 단조가 불가능해 작업 중도에 분류되어 폐기되었다.

위 두 기관의 실험은 정련단야로와 단련·성형단야로의 2종을 제작하여 실시되었다. 울산 쇠부리 실험단의 경우, 단야 실험은 영남지역 단야로를 모델로, 국립중원문화재연구소는 중부지역 단야로를 모델로 선정하였다. 정련단야로의 경우 크게 구조상 차이가 없었지만, 단련·성형단야로는 전자는 반지하식, 후자는 지면식 구조로 되어 있어 차이가 있었다. 조업과정에서도 목탄재를 섞은 황톳물을 사용하는 것은 동일하지만, 국립중원문화재연구소의 경우 철광석가루나 노의 방습시설을 별도로 설치하지 않았던 점에서 차이가 나는데 이는 선정된 유적에서의 사례로 확인되지 않았기 때문이다.

위의 두 실험을 통해 역시 초기 제련 생성물에서 최종 제품에 도달하기까지 많은 양의 무게 손실이 발생하며 이러한 기술적인 문제들은 향후 제련공정에서의 불순물이 적은 생성물의 생산을 통한 개선과 장인의 기술(노하우) 등을 통해 해결할 수 있을 것으로 보인다. 또한 무엇보다 제련실험 철 생성물 내 탄소함량의 차이로 인해 단야 가공성에서도 차이를 보였고 그 결과 철기로 제작된 결과물에서도 차이가 나타났다.

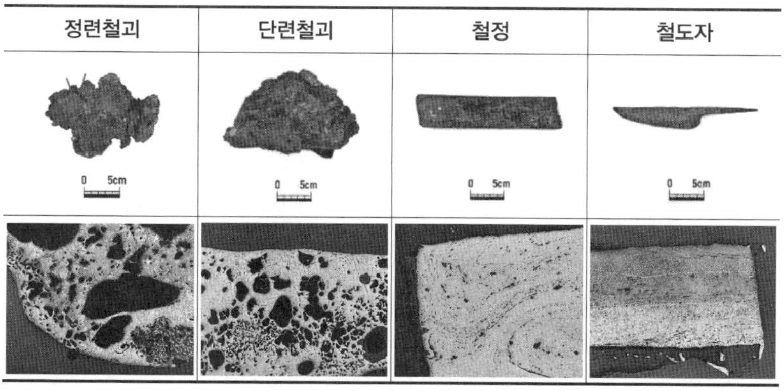

정련철괴	단련철괴	철정	철도자

〈사진 5〉 2차 단야실험 공정 진행에 따른 미세조직의 변화(×25)

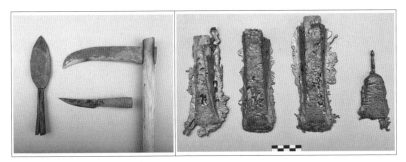
〈사진 6〉 국립중원문화재연구소 제작 단조철기(2차)와 주조철기(1~4차)

3. 주조기술

국내 제철기술관련 연구사적으로 볼 때 제련공정에 집중되어 주조공정 및 기술에 대한 연구는 거의 전무한 상태였다. 그나마 지역 단위의 가마솥 제작 공정에 대한 민속자료 등이 검토[36]되거나 유적에 대한 사례검토[37]를 통해 초보적인 내용이 제시되었을 뿐이다. 최근 고고유물의 고고학적 분석과 자연과학적 분석 결과를 토대로 주조철기의 생산과정을 복원하려는 시도[38] 이후 국립중원문화재연구소에서 「동아시아 전통주조기술」국제학술세미나[39]를 개최하여 한국과 중국, 일본 등지의 고·중세 주조기술에 대한 다양한 정보와 의견을 공유하였다. 현재 국내 발굴 조사된 철기 주조유적은

---

36) 權丙卓, 1969, 「李朝末期 淸道郡 솥계 鎔銑手工業 硏究, 上·下」, 『産業經濟』第5輯, 嶺南大學校申種換, 2006, 「嘉瑟岬寺와 鐵生産 關係 硏究」, 『淸道 嘉瑟岬寺址 綜合學術調査 報告書』, 淸道郡·東國大學校 慶州캠퍼스 博物館.

윤용현·윤대식·정영상·도정만, 2013, 『불미기술』, 국립중앙과학관.

37) 김권일, 2009, 「경주 황성동유적 제철문화에 대한 연구」, 『영남문화재연구』22집, (재)영남문화재연구원.

38) 최영민, 2017, 『고대 한반도 중부지역의 제철기술 연구』, 진인진.

39) 국립중원문화재연구소, 2019, 『동북아시아 전통주조기술』, 국제학술세미나 자료집.

약 23개소가 보고되었다[40]. 그중에서 경주 황성동과 천군동 등 경상지역이 압도적으로 분포하고 있으며, 중부지역에서는 진천 석장리 유적과 풍납토성, 남양주 장현유적 등지에서 관련 유물(범심 및 용범)이 출토되는 정도에 불과하다. 이들 주조유적에서는 대부분 원삼국시대~삼국시대에는 철부가, 통일신라시대에는 솥의 제작이 대부분을 차지했다.

주조기술 복원실험은 한국과학기술연구원(최주 박사팀)에 의해서 초창기에 이루어진 이후로 2010년대 이후에 다시 국립중원문화재연구소에 의해 실험이 재개되었다.

1) 한국과학기술연구원의 복원실험[41]

국내 주조기술 복원실험은 한국과학기술연구원의 최주 박사팀에 의해 1998년 처음으로 실시되었다. 주조실험은 두 단계로 나누어 진행되었는데, 제련실험을 통해 얻은 첫 생성물이 잡쇠덩이였기 때문에 불순물을 제거하고 고순도의 선철을 얻기 위해 '무질부리(용해) 정련'을 먼저 실시하고, 이후 '무질부지(용해) 제련'을 통해 철물을 생산했다.

먼저 실시된 제련실험에서 얻어진 잡쇠덩이로부터 고순도의 무쇠를 얻기 위해 무질부리 정련작업을 실시하였다. 예열 후 50~60kg를 약 2~3시간 간격으로 7차례 목탄과 함께 장입하였다. 가마의 온도는 최고 1,320℃까지 올라갔으며, 이렇게 넣은 760kg의 숯과 363kg의 잡쇠덩이를 사용하여 약 300kg의 순수한 무쇠를 얻었다고 한다. 자세한 기술은 없으나 아마도 잡쇠덩이에 섞여 있던 철재 등의 불순물을 재용해를 통해 분리한 것으로 보인다. 이후 이것을 이용해 대형솥 3개, 소형솥 2개, 후라이팬 2개를

---

40) 김권일·강성귀, 2019, 「한국 고대 철기 주조유적의 현황과 조업방식 연구 시론」, 『한국 고고학보』제113집, 한국고고학회, 45쪽.
41) 한국과학기술연구원, 1999, 『전통 제철로 복원에 관한 연구』, 과학기술부.

주조하였다. 최초의 실험임에도 불구하고 기록이 소략해 자세한 양상을 파악하기는 어렵지만, 제련조업에서 잡쇠덩이가 생산되었기 때문에 주조 이전에 정련작업을 별도로 거친 점, 그리고 숯과 잡쇠의 비율을 2:1로 투입한 점 등이 시사점을 준다.

2) 국립중원문화재연구소의 복원실험[42]

국립중원문화재연구소에서는 2018년(1차)과 2019년(2차)의 2년간 주조실험을 실시하였다. 주목적은 용해로에서 고탄소의 선철을 용해하고 용해된 철물에 용범을 부어 주조철부를 제작하는 것이다. 제작할 주조철부의 용범은 풍납토성 출토 주조철부를 모델로 제작하였으며, 용해로의 모델은 국내에서 가장 다수의 용해로가 확인된 경주 황성동 유적 중 886-1번지 3호 용해로[43]로 선정하였다.

아직까지 학계에서는 주조용 철인 선철이 고대에도 생산되었을까에 대한 논쟁이 있다. 고철을 용해해 주조철기를 생산했을 것이란 주장이지만, 이를 어떠한 방식으로 규명할지 여부도 중요한 연구 대상이라 할 수 있다. 따라서 단순히 주조실험을 통해 조업과정이나 기술을 복원하는 것 이외에도 주어진 임무가 대단히 많아 향후 지속적인 실험과 연구가 병행되어야하는 이유이기도 하다.

실험에 관한 상세한 내용은 결과보고서에 수록되어 있기 때문에 여기서는 그 중에서 주조 기술복원에 핵심이 되는 몇 가지 주제에 대해 실험 결과를 기반으로 소개하고자 한다.

---

42) 국립중원문화재연구소, 2019b, 앞의 종합보고서.
43) 韓國文化財保護財團, 2007, 『慶州 隍城洞 遺蹟 V-隍城洞 886-1番地 共同住宅新築 敷地 發掘調査 報告書』.

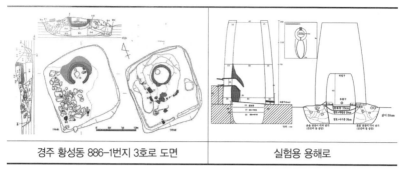

| | 경주 황성동 886-1번지 3호로 도면 | 실험용 용해로 |

〈그림 10〉 경주 황성동 886-1번지 3호로와 실험용 용해로

		1-1차 주조 실험	1-2차 주조 실험	1-3차 주조 실험	1-4차 주조 실험
용 해 로	용해로 모델	경주 황성동 886-1번지 3호 용해로			
	용해로 제원(cm)	높이 1m, 내경 60cm		높이 1.6m, 내경 60cm	
	하부구조(cm)	50cm(숯-모래-점토)			
원 료	원료(선철)	5차 본실험 선철	3차 본실험 선철	5차 본실험 선철	5차 제련 본 실험(1-3차 주조실험)
	원료량(kg)	5차 본실험 생산 선철 40kg(탄소량 약 3.12%)	3차 본실험 생산 선철 40kg(탄소량 약 3.9%)	1, 2차 주조 실험 사용 선 철 50kg	1-3차 주조 실험 생성 선철 40kg
연 료	연료	참나무탄	참나무탄	참나무탄	참나무탄
	연료 크기	중탄, 소탄	대탄, 중탄	대탄, 중탄	대탄, 중탄
	원료 연료 비율	약 1:1	약 1:2	약 1:1	약 1:1
생성물 배출 방법		선철 용해 후 배출	선철 용해 후 배출	선철 용해 후 배출	선철 용해 후 배출
송 풍 관	송풍관	곡관형			
	송풍방식	기계식	기계식	기계식	기계식
실험 목표		제련실험 생성 철괴(선철)의 재용해에 의한 주조철부 제작		1, 2차 주조 실험 개선	

〈표 5〉 1차 주조 실험 개요

(1) 연료 문제

조업은 '(목탄)예열-(선철)장입-(철물)출수'의 순으로 진행된다. 예열은 충분한 온도대를 형성할 때까지 송풍과 연료를 장입하면서 진행되었으며, 예열에 사용할 연료의 크기는 대체로 약 10cm 길이를 반 나눈 정도의 대탄을 사용하였고 선철 40kg를 4~5회에 나누어 중탄 내지 소탄과 함께 장입하였다.

먼저 1-1차와 1-2차 실험은 동시에 실시하였으며, 그 중 철물이 자연유출된 실험은 1-2차였다. 두 실험에서 가장 큰 차이는 선철과 함께 장입한 목탄의 크기였는데, 1-1차는 소탄을, 1-2차는 중탄을 장입하였다. 대탄을 사용할 경우 고열은 내지만 고열을 내는 만큼 목탄연소가 심해져 하강속도가 빨라질 가능성이 있다고 판단해 사용하지 않았으나, 결론적으로는 주조기술에서 고온을 형성하고 유지하는 문제는 매우 중요한 요소였다. 1-3차에서는 다시 중탄을 사용했으며, 1-4차에서는 대탄과 중탄을 함께 사용했다. 그 결과 1-4차 실험에서 선철의 유출이 가장 잘 이루어졌다는 점에서 대탄의 효용성이 컸음을 알 수 있다.

한편 원료 대비 연료의 장입량에 대해서는 처음에 1:1의 비율 혹은 그 이하로 맞추어 보고자 하였다. 이는 중대한 오류로서 제련로보다 고열을 내야하는 용해로에서는 목탄의 장입량이 선철보다 훨씬 많아야 했다.

(2) 원료 문제

1-3차는 장입한 선철 내에 잡철, 철재 등을 제대로 걸러내지 못해 철물자체가 다량 형성되지 못했다. 뿐만 아니라 선철 덩어리의 크기도 컸다. 장입된 선철의 덩어리 크기가 대체적으로 대부분의 실험에서 컸는데, 전문가의 의견으로는 잘게 쪼갤수록 환원이 보다 빠르고 쉽게 이루어질 수 있다고 하였다. 1-4차 실험은 그중에서 가장 파쇄덩어리가 작아서 다량의 철

| 선철 파쇄 작업 | 용해로 장입 | 철물 유출 | 용범 붓기 |

〈사진 7〉 국립중원문화재연구소 1-4차 조업 전경

물이 나왔을 가능성이 있다. 하지만 그것을 쪼개는 것도 결코 쉬운 문제가 아니었다. 그 이유는 실험에 쓰인 선철의 종류 때문인데 고순도의 백주철이라면 쉽게 깨질 수 있지만 일부 잡철의 형태로 섞여 있는 경우 연성이 잔존한 철 등이 끼어있어 깨는데 어려움이 있을 수 있기 때문이다.

그리고 잡철이나 철재가 다수 포함된 경우 제품의 결함으로 연결될 수도 있다. 최주 박사팀의 1999년 실험에서는 용해 정련을 통해 고순도의 선철을 얻었다. 용해 정련과정을 처음부터 고려되지 않았던 것은, 제련 당시 선철이 외부로 유출될 때(5차 제련실험) 대부분 선철만으로 이루어졌기 때문에 순도가 높다고 판단했고, 용해 과정에서 철재와 철의 분리가 잘 일어나기 때문에 정련과정이 불필요할 수 있다고 보았기 때문이다. 그러나 실제 실험 결과는 불순물을 용해과정에서 잘 걸러주지 못했을 가능성이 있어 좀 더 지속적인 실험을 통해 검증해 봐야 한다.

(3) 온도 문제

제련조업도 마찬가지지만 용해조업도 출탕구와 송풍관쪽 온도차가 200℃ 이상 높게 나타났다. 그렇지만 그 차이가 100℃ 전후로 관리되었을 때는 제련, 용해조업 모두 철재의 유출부터, 생성물의 형성까지 조업이 잘 이루어졌다. 1-4차 실험에 주목할 필요가 있는데, 일단 구조적으로는 1-3차 실험과 거의 달라지지 않았다. 대탄을 일부 사용한 것 이외에 거의 조건

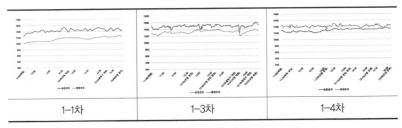

| 1-1차 | 1-3차 | 1-4차 |

〈표 6〉 조업온도 그래프

이 비슷했는데, 다만 송풍관의 삽입 위치와 관련될 가능성이 있다. 매 실험 때마다 송풍관의 삽입 각도나 위치를 정확하게 계측하고 있지 못했다. 그러나 앞서 소개한 제련로의 기체유동 비교 시뮬레이션 결과를 반영했을 때 배재부 쪽으로 깊게 들어간 쪽(배재구쪽으로 송풍관의 바람이 충돌)에서 배재구와 송풍관 간의 온도차가 적게 났음을 확인했다. 따라서 이러한 송풍관의 설치 높이나 각도 등을 향후 면밀하게 비교해야 할 필요성이 있으며, 가장 실험 결과가 좋았던 1-4차 실험의 온도 그래프에서도 보이듯이 출탕구와 송풍관 간의 온도차가 적게 나도록 조업을 실시할 필요성이 있다.

(4) 구조 문제

다음으로 1-1차와 1-2차 그리고 1-3차와 1-4차는 노의 높이가 달랐다. 결과적으로는 후자쪽에서 선철이 더 잘 용융되었다. 전자는 노의 높이가 낮아 충분한 선철의 용융이 이루어지는데 시간적 한계가 있었던 것으로 보이며, 따라서 선철의 용융에 있어서 충분한 환원과정을 거치도록 일정 정도의 높이가 필요하다는 것을 알 수 있었다. 1-2차 실험에서 노의 상면 일부를 판석으로 가려 그나마 배재구와 송풍관쪽 온도차를 100℃ 전후로 낮출 수 있었다. 전체적인 온도그래프에서는 큰 차이를 볼 수 없으나, 조업과정에서는 확실히 효과를 본 것으로 이해했다. 그 결과로 용해로의 상부 조임을 좀 더 강하게 할 필요성을 보여준다고 하겠다. 상부구조가 확

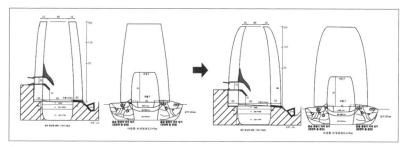

〈그림 11〉 2차 실험용 용해로와 3차 실험용 용해로 구조 변경(상부조임 40→30cm)

인되지 않는 한 얼마만큼을 조여야 하는지는 알 수 없지만 최대한 조일 필요가 있다고 판단했다.

(5) 주조철기 제작 조업

철물이 다량으로 자연유출된 실험은 1-2차와 1-4차였다. 다만 1-2차 실험 때는 도가니의 크기가 너무 작아 용범에 필요양 만큼 부을 수 없었고 도중에 도가니 내부에 철물이 굳어 버려 더 이상의 주입이 어려웠다. 따라서 용량이 큰 도가니를 준비해야했고, 도가니 내부에서 용범에 붓는 시간 동안 철물이 굳지 않게 할 필요가 있었다. 1-3차 실험 때 방문해 주신 ㈜ 안성주물 주물장 전수자(김성태)께서 직접 자문한 결과를 반영하여, 1-4차 실험에서는 철물의 온도저하 방지를 위해 도가니와 용범을 사용 전에 충분히 예열하였다. 또한 도가니의 용량도 늘리고 받은 철물 위로 목탄과 볏짚재 등을 도포하여 열의 손실을 최대한 늦추도록 하였다. 이러한 개선을 통해 1-4차 실험에서 철물의 주입은 1-2차 실험 때 보다는 용이했으나, 용범의 철물 주입구를 너무 좁게 제작하여[44] 철물의 빠른 유입이 어려웠고 주조된 철부에는 다수의 기포가 발생한 것을 확인할 수 있었다. 이렇게 2018년 1차 주조실험을 마감하고, 개선점을 수립 후 용범 내 철물주입구의 크

---

44) 용범과 범심의 결합에 대한 이해가 부족했다.

기를 늘리고, 유동성을 확보하기 위해 표면의 흑연에 해당하는 목탄물을 도포했으나, 도포 직후 간단히 건조시켰더라도 점토 내 잔존한 수분 때문에 또다시 기포가 발생하였다(2-2차 실험). 따라서 목탄물을 도포하더라도 실험 전 고온에서 가열하여 반드시 용범 내 완벽하게 수분을 제거해야 하고 이와 더불어 철물 유동성을 높이기 위해 실험 직전까지 지속적으로 용범을 가열하여 고온을 형성할 필요성이 매우 크다는 점을 다시금 확인할 수 있었다. 이러한 개선점과 용범과 범심의 결합방식 재구성을 통해 2019년 9월 2-2차 실험을 실시하여 기포가 많이 줄어든 양호한 주조철부를 생산해 낼 수 있었다. 기포의 발생은 용범으로 인해 기체가 밖으로 빠져나가지 못한 것도 영향이 있지만 수분이 함유되어있을 때에도 영향이 있다는 점을 확인할 수 있었다.

이외에도 용범과 범심의 태토 문제는 여전히 해결해야할 과제이다. 철물이 주입해 들어오면서 발생하는 가스가 빠져나갈 구멍이 별도로 없기 때문에 태토에서 어느 정도 빠져나갈 수 있도록 해주어야겠지만, 그러한 태토의 조성비율이 어떠한지에 대해서는 아직 근거를 가지지 못했기 때문이다. 향후 유물에 대한 조사를 좀 더 풍부하게 할 필요성이 있다.

IV. 맺음말

제철기술 복원실험의 가장 기본 목적은 당시의 기술수준과 조업 양상을 복원하는 것이다. 대체적으로 고대보다는 중세가, 중세보다는 근대의 제철기술이 철생산의 효율성 측면에서 기술적 진보를 이루어 왔을 것이지만, 그 기술적 진보는 막연한 추정일 뿐 그 실체를 알 수 없었다. 예를 들어 제철유적에서 다수 출토되는 철재 내 철함량의 비율이 점차 감소한다는 점이 확인된다면 철재로 빠져나갔던 철성분이 철생성물에 점차 집적되었으리란 추측을 할 수 있다. 그렇지만 그 기준은 각각 시료마다의 편차가 클 수 있어 결과치만 보면 해석에 한계가 있다. 그래서 실험의 필요성이 더욱 대두된다. 현재 대부분의 제련공정에 대한 실험은 원삼국시대~삼국시대 원형로복원에 맞추어져 있다. 그리고 여기에는 여러 가지 세부목표가 뒤섞여 있었다. 괴련철·선철·혼합철 등 생성물 생성에 기준한 실험, 첨가제 사용의 효용성을 가리는 실험, 노 높이의 적정성을 가리는 실험 등이다. 각각의 실험도 수십 차례 실시되어야 기준이 수립되겠지만, 지금은 한두 차례의 실험으로 성급히 결과를 도출하는 경향이 있다. 뿐만 아니라 고대 제련로는 노의 크기가 크고 그만큼 투입되는 철광석과 생산량이 컸을 것으로 예상되는데, 지금으로 환산해도 투입되는 비용이 만만치 않다는 점이 실험을 지속하는데 어려움이 있다. 따라서 해결해야할 과제도 산적하지만 지금은 제철기술 복원연구의 발전기로서 제철유적 발굴조사와 실험고고학적 검증—자연과학적 분석이 한몸이 되어 제철 공정별 조업방식에 대한 기본적인 이해를 통해 유적과 유물에 대한 해석을 더욱 풍부하게 해 나가야 한다. 그렇지만 제철기술 복원실험의 미래지향적 전망도 함께 고민하지 않을 수 없다. 전통기술은 현재도 지속적으로 사라지고 있는 실정으로 그것의 보존·전승에 있어서도 함께 고민할 지점이며 향후 충주나 울산과 같이 지역 거점을 중심으로 고·중세 제철문화 복원도시를 조성하는 등의 장기적 전망도 함께 고민해 나갈 필요가 있다.

참고문헌

[제철기술 복원실험 결과보고서]

국립중원문화재연구소, 2015, 『고대 제철로 복원실험(1·2차) 결과보고서』.

국립중원문화재연구소, 2017, 『고대 제철로 복원실험(3·4차) 결과보고서』.

국립중원문화재연구소, 2019a, 『고대 제철로 복원실험(5·6차)결과보고서』.

국립중원문화재연구소, 2019b, 『중원지역 제철기술 복원연구종합보고서』.

국립중원문화재연구소, 2019c, 『전통 철물 제법 기준 마련 및 활성화 방안연구 종합
  보고서』.

國立淸州博物館, 2004, 「古代 製鐵爐 復元 實驗」, 『鎭川 石帳里 鐵生産遺蹟』.

世淵鐵博物館, 2003, 『古代製鐵 復元實驗 報告書』.

울산 쇠부리 복원사업단, 2016, 『2016년도 울산쇠부리 고대 원형로 복원실험 연구
  보고서』.

_____, 2017, 『2017년도 울산쇠부리 제철기술 복원실험 연구보고서』.

_____, 2018, 『2018년도 울산쇠부리 제철기술 복원실험 연구보고서』.

전통제철기술연구단, 2017, 『한국 고대 제철기술 연구Ⅰ』.

정광용, 2008, 「고대 전통제철법의 복원 연구」, 『동아시아 고대 철문화의 비교』, 한국
  전통문화학교.

중원문화재연구원·鐵博物館, 2014, 『한국 고대 제철로 복원실험보고서』.

崔 炷·兪明基·金賢泰·金裕衡·都正萬, 1991, 「古代 製鐵法의 復元實驗」, 『大韓
  金屬學會會報』 4, 大韓金屬學會.

한국과학기술연구원, 1999, 『전통 제철로 복원에 관한 연구』, 과학기술부.

[연구논문 및 단행본]

국립중원문화재연구소, 2019, 『동북아시아 전통주조기술』, 국제학술세미나 자료집.

權丙卓, 1969, 「李朝末期 淸道郡 솥계 鎔銑手工業 硏究, 上·下」 『産業經濟』第5
輯, 嶺南大學校.

김권일, 2009, 「경주 황성동유적 제철문화에 대한 연구」 『영남문화재연구』22집, (재)
영남문화재연구원.

김권일·강성귀, 2019, 「한국 고대 철기 주조유적의 현황과 조업방식 연구 시론」 『한
국고고학보』제113집, 한국고고학회.

金權一, 2020, 『古代 嶺南地域 製鐵技術의 考古學的 硏究』 한신대학교 박사학
위논문.

김수기, 2012, 「金屬組織과 非金屬介在物 分析을 통한 韓國 古代鐵器의 製造 方
法과 溫度 硏究」 한양대학교대학원 박사학위 논문.

경원택주식회사, 2019, 『전통제련 기술공정의 물리화학적 해석을 위한 기초연구』용
역결과보고서.

申種換, 2006, 「嘉瑟岬寺와 鐵生産 關係 硏究」 『淸道 嘉瑟岬寺址 綜合學術調
査 報告書』 淸道郡·東國大學校慶州캠퍼스 博物館.

윤용현·윤대식·정영상·도정만, 2013, 『불미기술』 국립중앙과학관.

이은우·곽병문·김은지·한영우·박종력, 2017, 「재현실험을 통한 중원지역 고대 제
련·단 야기술의 공정별 특성 연구」 『보존과학회지』33권 6호, (사)한국문화
재보존과학회.

조대연, 2017, 「고대 철 제련로의 전개과정 및 철생산 복원실험에 관한 검토−유럽의
사례를 중심으로−」 『숭실사학』제38집, 숭실대학교사학회.

최영민, 2017, 『고대 한반도 중부지역의 제철기술 연구』 진인진.

한지선·김태우·정낙현·곽병문·이은우, 2016, 「한성기 백제 송풍관 연구」 『고고학』
15−3호, 중부고고학회, 13쪽.

[발굴조사보고서]

국립중원문화재연구소, 2018, 『충주 칠금동(392-5번지 일대) 제철유적 발굴조사 보고서 I』.

國立淸州博物館, 2004, 『鎭川 石帳里 鐵生産遺蹟』.

頭流文化硏究院, 2016, 『밀양 임천·금곡 유적』.

三江文化財硏究院, 2014, 『密陽 林川里 金谷製鐵遺蹟 밀양역~삼랑간 국도건설구간 내 유적 발굴조사(C·D구역)』.

예맥문화재연구원, 2010, 『東海 望祥洞遺蹟 II동해 망상동176-5번지 단독주택 신축부지 내 유적 발굴조사보고서』.

중앙문화재연구원, 2020, 『진천 송두산업단지 조성사업부지 내 진천 송두리유적 I』.

韓國文化財保護財團, 2001, 『경주시 황성동 537-2 임대아파트신축부지 발굴조사 보고서』.

韓國文化財保護財團, 2007, 『慶州 隍城洞 遺蹟V隍城洞 886-1番地 共同住宅新築敷地 發掘調査報告書』.

한국선사문화연구원, 2017, 『충주 완오리 산144-2, 산144-20번지 단독주택신축부지 내 충주 완오리 유적』.

「한국 고대 제철기술 복원의 실험고고학적 접근」에 대한 토론문

김 권 일(신라문화유산연구원)

　발표자께서는 국립중원문화재연구소에서 2014년도 1차 제련로 복원 실험을 시작으로 매년 1~2회의 제련로 복원실험과 단야, 주조 실험을 실시해 오고 있다. 이 중 1~4차 실험은 조업환경 변수 파악을 통한 실험모델 설정, 첨가제 사용 여부에 따른 슬래그의 유출 양상, 노의 높이에 따른 생성물의 변화, 첨가제의 유용성 등을 파악하는 것이 목적이었고, 5~6차 실험은 괴련철 생산을 목적으로 하였다. 이러한 경험에 기인해 고대 한반도 철 제련기술의 특징을 노의 구조와 원료·생산품의 관련성을 중심으로 간략히 언급해 주셨으면 한다. 또한 발표자께서 생각하시는 중원지역(백제)과 가야지역, 신라지역 철 제련기술 혹은 철 제련유적의 차이가 있다면 설명을 부탁드린다.

「한국 고대 제철기술 복원의
실험고고학적 접근」에 대한 토론문

소 배 경(삼강문화재연구원)

현재 우리나라 제철기술 복원실험을 주도하고 있는 곳은 한국철문화연구회가 주축이 되어 구성한 전통제철기술연구단과 2014년부터 본격적으로 제철연구에 뛰어든 국립중원문화재연구소, 울산 쇠부리 복원추진단이 있다. 이전 제철복원실험이 제련로 중심이라고 한다면 현재는 제련-단야-주조기술과 관련한 실험이 활성화되고 있다. 이 분야 제철기술 복원실험을 주도하고 있는 한지선 선생님께 토론자로서 질문을 드리고자 한다.

제련을 통한 괴련철, 선철, 혼합철 등 생성물에 대한 기준을 명확하게 할 필요성이 있다고 하셨는데 앞으로의 실험은 괴련철 중심이 되는 것인지, 논고로 볼 때 고대 제련을 통해 획득된 산물이 반환원괴 괴련철 중심이다. 그렇다면 괴련철 생성을 위한 전문실험이 필요한 것이 아닌가 한다. 그리고 첨가제 사용의 효용성을 가리는 실험에 대한 문제이다. 패각이나 황토를 넣어 조재제로 사용한다는 것이 일반적이나 실제 제철복원실험에서는 조재제 투입량이 유적에서 출토된 분석결과와 많이 다르다. 밀양 금곡제철유적 분석에서도 CaO 함량이 많아 원료인 철광석에 대한 의문을 제기한 분석도 있었다(신경환 외 2014). 혹시 원료인 철광석의 CaO 함량이 높아서 생긴 문제는 아닌지 묻고 싶다.

마지막으로 노 높이의 적정성을 가리는 문제이다. 국립중원문화재연구소 제철로 실험은 충주 칠금동유적을 중심으로 이루어졌다. 현재까지 보고된 고대 제철로 중 가장 규모면에서 크고 좁은 면적에 중첩되어 확인된 제철유적이다. 실험에서 노의 직경보다 2배 정도 높게 만드는 것이 괴련철을 획득하는데 용이한 것으로 보고되었다. 그렇다면 가야의 제련로는 2기가 조사되었는데, 내경의 직경이 80~85㎝ 내외이다. 백제의 제련로가 110~150㎝ 내외인 것에 비해 가야 제련로의 규모는 작은 것만 확인되고 있어 차이를 보인다. 여러 요인들이 복합적으로 분석되어야 하지만 제련로의 규모로 보아 상당한 차이를 보이는 점에서 그 당시 백제와 가야의 제련 조업은 차이가 있어 보인다. 지금까지의 실험을 통해 볼 때 백제 제련과 가야 제련의 차이는 무엇이라 보는지, 현재까지의 발굴성과로 볼 때, 가야의 제련로가 더 작고 송풍관도 더 얇은 것으로 알려져 있다.

中国古代铁器文化的演进
-以铁器化进程为中心-

白云翔*

在人类历史上，冶铁术的发明、人工铁器的出现和应用，是具有划时代意义的一个大事件，由此，人类文明史进入到铁器时代，铁器文化也随之产生，并且伴随着人类社会历史的发展而不断演进。

何谓铁器文化(或称之为"铁文化")？一般说来，是由钢铁技术文化、铁器工业文化和铁器应用文化这三者共同构成的。钢铁技术文化，是指从铁矿开采、铁金属冶炼到铁器加工制造以及热处理等构成的技术文化。铁器工业文化，是指人们运用一定的钢铁技术进行采矿、冶炼、铁器制造加工和技术处理等生产活动的产业文化。铁器应用文化，是指铁器在社会应用过程中形成的社会文化，具体表现为铁器的社会功能、在社会生产和社会活动中的地位和作用等，是铁器文化最直接、

---

* 中国社会科学院

最广泛和最终的表现。

人类历史上铁器的社会应用，经历了一个从无到有、从少到多、逐步扩展又不断调整的历史过程。在某种意义上，这个历史过程可以称之为"铁器化进程"。从考古学上考察铁器化进程，主要是根据铁器的种类及其结构考察其应用的广度、根据铁器的数量考察其应用的深度、根据铁器与其他材质的同类器具的关系考察其应用的"致用度"，以及铁器在社会人群中应用的普及度。这里以铁器化进程为中心，简要论述中国古代的铁器文化及其演进。

综观中国古代的铁器化进程，大致可以分为四个阶段。

一、铁器化进程的初始

中国古代铁器时代的开端大致在公元前800年前后，而公元前8世纪～前5世纪中叶是铁器化进程的初始阶段，即历史上的西周晚期至春秋晚期。

在中国，公元前13世纪前后的商代晚期的铁器，在北京平谷刘家河、河北藁城台西村和河南浚县辛村等地发现有铁刃铜钺和铁刃铜戈等，但其铁刃部分都是用天然的陨铁加工而成的，还不属于人工冶铁（白云翔2004A）。然而，这些陨铁制品的发现表明，早在公元前13世纪前后，人们对铁金属的性能已经有所认识，并开始了天然陨铁的加工和利用，成为冶铁术起源的前奏。

在中国的中原地区，冶铁术的发明和人工铁器的出现，始于公元前800年前后的西周晚期。公元前800年前后的人工铁制品曾发现于河

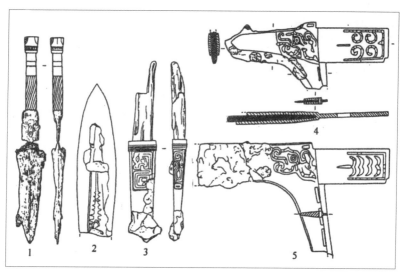

图1. 三门峡虢国墓地出土西周铁器

1. 玉柄铁短剑(三门峡M2001:393), 2. 铜骹铁叶矛(三门峡M2009:730), 3. 铜銎铁刃锛(三门峡M2009:720), 4·5. 铜内铁援戈(三门峡M2001:526、M2009:703)

南省三门峡虢国墓地和陕西省韩城梁带村墓地, 其中, 三门峡虢国墓地出土铁器6件, 包括三门峡2009号墓的铜内铁援戈、铜骹铁叶矛、铜銎铁刃锛和铁刃铜削刀各1件, 三门峡2001号墓的铜内铁援戈、玉柄铁短剑各1件(图1), 年代为西周晚期;韩城梁带村27号墓出土铜内铁援戈和铁刃铜削刀各1件(图2), 年代为春秋早期。经鉴定, 三门峡M2009:703铜内铁援戈、三门峡M2009:720铜銎铁刃锛和三门峡M2009:732铁刃铜削刀等3件铁器的铁刃部分为陨铁制品, 但其余5件的铁刃部分均为块炼铁或块炼渗碳钢制品(韩汝玢等1999;陈建立2014:198~200)。

上述初期铁器的发现表明:以中原地区为代表的中国古代冶铁术发生于公元前800年前后, 其起源地在今豫西和关中东部的黄河两岸一带(白云翔2010:24~28);当时的铁制品, 既有属于块炼铁和块炼渗碳

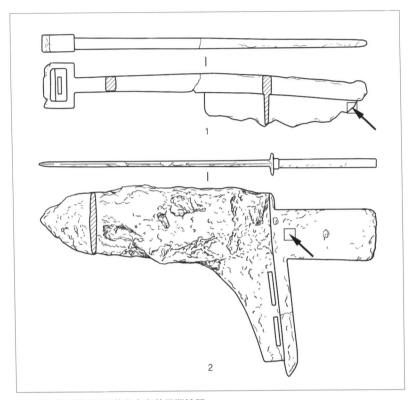

图 2. 韩城梁带村27号墓出土春秋早期铁器

1. 铁刃铜削刀（M27:391）, 2. 铜内铁援戈（M27:970）

钢的人工铁，也有少量的自然陨铁，表现出冶铁术发生之初人工铁和自然陨铁同时并用的时代特征；就铁器的形态和结构看，完全是同类青铜制品的"翻版"，尤其是均为铜（或玉）铁复合制品，尚未出现全铁制品；以兵器为主，另有少量手工工具。当时，尽管还有少量的陨铁制品，但冶铁术毕竟已经发明，人工冶铁制品终于登上了人类历史的舞台，标志着铁器时代的开始。值得注意的是，上述初期铁器的出土墓葬，均为高等级贵族墓，尤其是三门峡M2001和M2009的墓主人，均为西周虢国的国君，可见最初铁器的应用，还仅限于高等级贵族（白云

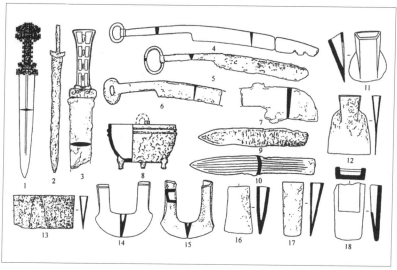

图 3. 春秋时期的铁器

1. 金柄铁短剑(宝鸡益门村M2:1), 2. 中长剑(长沙杨家山M65:5), 3. 铜柄鉄短剑(灵台景家庄M1:14), 4. 金环首鉄削刀(宝鸡益门村M2:4), 5. 铜环首鉄削刀(长子牛家坡M7:56), 6. 削刀(荆门响铃岗T9③A:49), 7. 砍刀(秭归柳林溪BT1817③:1), 8. 鼎形器(长沙杨家山M65:1), 9. 刮刀(长沙杨家山M65:6), 10. 刮刀(常德德山12号墓出土), 11. 铲(宜昌上磨垴T11⑤:6), 12. 铲(凤翔秦公1号大墓出土), 13. 直口锸(凤翔马家庄K132:1), 14. 凹口锸(宜昌上磨垴T12⑤:1), 15. 凹口锸(秭归柳林溪T3③:3), 16. 鉄空首斧(秭归柳林溪H18:1), 17. 锛(荆门响铃岗T15③:51), 18. 竖銎镢(秭归柳林溪H18:2)

翔2004B)。

公元前770年~前476年的春秋时期, 是中国古代铁器的早期发展时期, 也是铁器化进程的初始阶段。就铁器的类型和结构来看, 其突出特点是全铁制品的出现。虽然铜(或玉、金)铁复合制品依然存在, 但数量迅速减少, 代之以全铁制品并逐步增多, 其种类有:用于砍伐和木作加工的斧、锛, 用于土作和农耕的镢、铲、锸, 用于加工作业的砍刀、刮刀、削刀等生产工具;铜内铁援戈、铜柄(或金柄、玉柄)鉄短剑、铁中长剑、铁链铜镞等兵器;鼎形器、带钩等日用器具(图3)。由此可以看到, 春秋时期铁器的应用领域迅速扩展, 铁器在军事和木作加工领

域的应用有所发展的同时，随着公元前6世纪铁铲、锸等的出现，铁器的应用扩展到土作和农耕领域；长沙杨家山春秋晚期铸铁鼎形器的发现表明，至迟在公元前5世纪初叶，鉄金属开始应用于日用器具的制作从向日常生活领域扩展。就铁器应用的社会阶层来看，随着铲、锸、镢等土作农耕鉄工具和类型更多的手工工具等的出现，表明铁器的使用者从社会上层开始向士卒、土作施工人员、农耕民等劳动者扩展，尽管当时的铁器作为一种新兴的金属制品仍然被统治者所喜爱和使用（白云翔2004B）。

值得注意的是，虽然考古发现的春秋时期的铁器种类增多、数量明显增加，但在同类器具中，青铜制品远远多于铁制品。春秋时期的兵器几乎全部是青铜制品自不待言，即使在生产工具中，除了石器以及其他非金属器之外，最为常见的金属工具仍然是青铜制品，其中，既有用于砍伐和木工作业的铜斧、锛、凿、锯，还有手工作业的各种铜刀具，更有用于土作农耕的铜铲、锸、镢、镐、锄、犁以及收割工具铜镰刀和铚刀等（白云翔2002）。很显然，虽然公元前800年前后的西周晚期开始进入铁器时代，但春秋时期作为中国古代铁器化进程的初始阶段，社会生产和社会生活中占主导地位的金属器仍然是青铜制品，铁器的社会应用和社会作用还非常有限。因此，春秋时期实际上是中国古代的"铜铁并用时代"。

二、铁器化进程的快速发展

公元前5世纪末叶~前3世纪中叶的战国时期，是中国古代铁器化进程

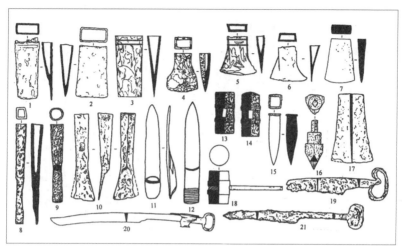

图4. 战国时期的铁手工工具

1. 锛(益阳桃花仑M1:1), 2. 空首斧(抚顺莲花堡T3:91), 3. 空首斧(古丈白鹤湾M32:1), 4. 空首斧(临潼油王村QZYC:01), 5. 空首斧(益阳赫山庙M4:13), 6. 空首斧(湘乡椅子山M52:11), 7. 板状斧(成都北郊M3:1), 8. 凿(燕下都武阳台W21T76②:5), 9. 凿(洛阳战国粮仓LC62:B5), 10. 扁铲(燕下都W22T4:3:14), 11. 刮刀(长沙楚墓M357:8), 12. 刮刀(云阳李家坝M53:8), 13. 锤(燕下都W21T22②:2), 14. 锤(燕下都W21T82②H67:3-1), 15. 錾(黄石铜绿山Ⅸ1:37), 16. 钻头(燕下都YXD66YBB:0214), 17. 铲刀(燕下都M31:8), 18. 锤(黄石铜绿山Ⅸ1:37), 19. 手锯(燕下都YYD66BF:0216), 20. 削刀(信阳长台关M2:258), 21. 削刀(易县燕下都D6T29③:10)

的快速发展阶段。

　　战国时期铁器的发展，一方面是铜铁复合制品的急剧减少并趋于消失，全铁制品迅速成为主流；另一方面是铁器的种类迅速增多，并且同类铁器中其结构和大小趋于多样化。作为生产工具，有用于林木砍伐、木工作业、金属加工、切割加工作业的铁工具，如多种形制的铁空首斧、板状斧、锛、凿、扁铲、铲刀、锯、锤、砧、钻头、冲牙、截具、錾、刮刀、削刀、砍刀、装柄锥、环首锥、T形器、鹤嘴斧等(图4)；用于各种土作工程、农业耕作等的铁工具，如铁竖銎镢、横銎镢、多齿镢、直口锸、凹口锸、铲、六角锄、半圆锄、锄板、人字锄、铧冠、锋刃镰刀、齿刃镰刀、铚刀、夯锤等(图5)；专门或者主要用于矿山开采、金属冶

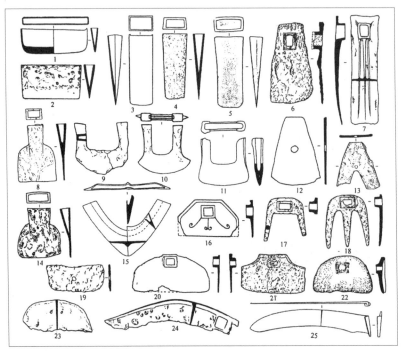

图 5. 战国时期的铁土作农耕具

1. 直口锸(郑州二里冈M430:9), 2. 直口锸(凌源安杖子T2③:7), 3. 竖銎镢(当阳赵家湖YM4:2), 4. 竖銎镢(易县燕下都LJ13T5②:32), 5. 竖銎镢(郑州二里冈M182:3), 6. 横銎镢(登封阳城铸铁遗址YZHT4②:8), 7. 横銎镢(唐山东欢坨M4:1), 8. 铲(燕下都LJ10T35②:2), 9. 凹口锸(宜昌前坪M23:1), 10. 凹口锸(常德德山M32:B1), 11. 凹口锸(长沙楚墓M1102:6), 12. 锄板(辉县古共城铸铁遗址Y1A:2), 13. 人字锄(燕下都LJ10T19②H99:1), 14. 铲(燕下都XG9T21③:1), 15. 铧冠(辉县固围村M2:58), 16. 六角锄(黄石铜绿山IX1:30), 17. 二齿镢(燕下都YXD66YDD:0212), 18. 三齿镢(燕下都LJ10T129②:2), 19. 单孔铚刀(侯马乔村M422:9), 20. 六角锄(淄川南韩村M9:1), 21. 六角锄(燕下都W23T1②Z1:109), 22. 半圆锄(唐山东欢坨M231:1), 23. 双孔铚刀(唐山东欢坨T30②:1), 24. 镰刀(燕下都W22T4:3:5), 25. 镰刀(辉县固围村M2:4)

铸及铁器制造的铁工具和器具, 如铁铸范、坩埚、斧形凿、长柄耙、夹具等。作为兵器武备, 有铁剑、矛、戟、杖等格斗兵器(图6), 铁弩机廓、镞等远射兵器, 铁甲、铁胄等防护装备(图7), 以及铁鐏、镦等兵器的附属部件。作为车马机具, 有马车上的铁构件、铁马具, 以及铁棘轮等古典机具的零部件等。作为日用器具, 有铁炊具、炉具、灯具等家

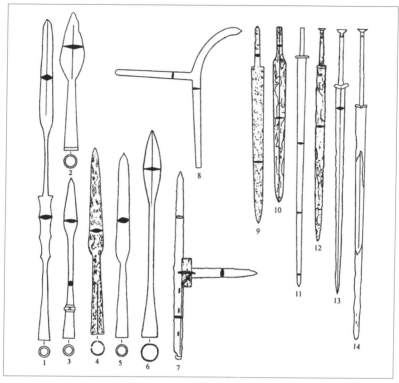

图 6. 战国时期的铁兵器

1. 矛 (易县燕下都M44:47), 2. 矛 (宁县袁家村M:01), 3. 矛 (燕下都M44:69), 4. 矛 (燕下都
67DD:023), 5. 矛 (燕下都M44:48), 6. 矛 (杨郎马庄III M4:13), 7. 戟 (燕下都M44:54), 8. 戟 (长沙
楚墓M356:1), 9. 中长剑 (燕下都LJ10T5②H17:15), 10. 中长剑 (古丈白鹤湾M24:1), 11. 长剑 (咸
阳林院秦墓M11:9), 12. 长剑 (益阳赫山庙M11:1), 13. 长剑 (燕下都M44:59), 14. 长剑 (宜昌前坪
M23:9)

用器具(图8), 铁带钩、带饰等装身具, 铁纺轮和针等纺织器具。此外,
还有建筑物的铁构件和器具的铁部件, 铁颈钳、脚镣等刑具, 以及用
途尚不明确的各种铁制品等。值得注意的是, 铁器在结构和形态上逐
步脱离了青铜器的巢臼, 出现了横銎镢、多齿耙、六角锄等横銎器具,
而这类横銎结构的器具是青铜器中不曾见到的。

战国时期的铁器类型表明, 这一时期铁器的应用领域迅速扩展, 应

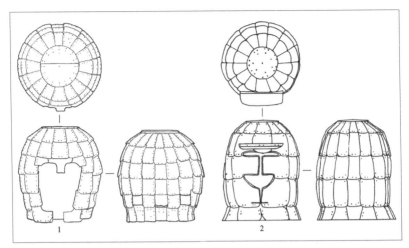

图 7. 战国时期的铁胄

1. 燕下都M44:2, 2. 燕下都YXD95H1:1

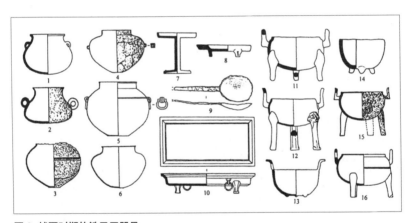

图 8. 战国时期的铁日用器具

1~2. 鏊(宁县西沟古城NXC:01、咸阳林院秦墓M4:7), 3~6. 釜(易县燕下都YXD72W:046、江陵纪南城JB4:30、荆门响铃岗J2:56、咸阳林院秦墓M11:1), 7. 豆形灯(咸阳林院秦墓M19:1), 8. 行灯(咸阳林院秦墓M4:6), 9. 勺(准格尔旗西沟畔M2:21), 10. 火盆(平山中山国王墓M1DK:64), 11~16. 鼎(长沙楚墓M102:2、长沙楚墓M249:2、巩义仓西M52:3、长沙楚墓M643:7)、(易县燕下都YXD66D:0243、大荔朝邑M204:1)

300　가야의 철 생산과 유통

用程度获得了较大提高。在生产领域，铁器的应用不仅扩展到社会生产的各个主要领域，如林木砍伐、土作、木作、农耕、采矿、冶铸、金属加工等各种手工业生产活动等都开始使用铁器，而且逐步深入到这些生产领域的各种劳动作业之中，如农耕生产中的开垦和整理土地、田间管理、谷物收割等各个环节也都开始了铁器的应用。在军事活动领域，不仅有各种格斗兵器和远射兵器，而且出现了甲、胄等铁防护装备，说明从进攻到防护等各种军事活动中铁制品正在迅速取代青铜制品。车马机具是新出现的铁器类型，铁器开始逐步取代青铜车马器，表明在交通运输领域铁器化进程也开始出现。在日常生活领域，无论是饮食的炊煮、衣物的缝织、日常照明还是衣物和身体的装饰等，都开始了铁制品的使用，表明日常生活也开启了铁器化进程。

正是由于铁器应用领域的迅速扩展，铁器的使用者也迅速向社会各阶层扩展。铁器在贵族等上层社会的应用继续发展的同时，从士卒、农耕民到手工业劳动者、建筑工匠等，也都开始了铁器的应用。就当时的社会来说，铁器已经不再是稀有、贵重物品，而是一种常见、常用之物。《管子·海王篇》载："今铁官之数曰：一女必有一鍼一刀，若其事立；耕者必有一耒一耜一铫，若其事立；行服连轺輂者，必有一斤一锯一锥一凿，若其事立。不尔而成事者，天下无有"。这一记述大致是公元前3世纪战国晚期铁器应用的情形。

应当指出的是，战国时期随着铁器应用领域、应用阶层的扩展和应用程度的逐步提高，到战国晚期达到了初步的普及，但是，铁器取代青铜器以及非金属器的过程尚处于进展之中。因为，战国时期的青铜器和非金属器仍有较多的发现。譬如，洛阳中州路东周时期的遗存中，既出土有不少铁器，同时也出土有石骨蚌器，正如发掘者所说，"相当数量的蚌刀、蚌镰等工具的发现蚌镰等工具的发现，说明它们在当时

生产上还占有一定的重要性"(中国科学院考古研究所1959:35);山西
垣曲东关战国时期的遗存中,同样出土有石斧、石铲、石锛、石镰刀、
石铚刀、角锥、角凿、蚌铲、蚌刀等非金属工具计62件(中国历史博物
馆考古部2001:433~469);凤翔八旗屯、凤翔高庄、陇县店子、咸阳塔
儿坡、长治分水岭、侯马乔村、辉县战国墓、邯郸百家村、长沙楚墓等
战国墓葬中,都出土了数量不等的铜工具、兵器、车马器和日用器具
等,如铜斧、凿、锯、刮刀、削刀、刻刀、剑、戈、矛、戟、钺、镞、车
马器、釜、带钩、束发器等(白云翔2005:117~121)。总体上看,战国
时期铁工具的应用多于铜工具,但铜兵器的应用要多于铁兵器,日常
生活中也是铜器多于铁器。很显然,战国时期虽然总体上仍然是铜器
和铁器并用,但铁器的社会应用获得了迅速发展,呈现出铁器逐步取
代青铜器的发展趋势,铁器的社会应用和社会作用迅速增强,是中国
古代铁器化进程的一个快速发展期。

三、铁器化进程的初步实现

　　中国古代铁器化进程的初步实现,是在公元前3世纪末叶~公元3世
纪初叶的秦汉时期,即公元前221年~公元220年的秦、西汉、新莽和东
汉时期。以战国时期铁器化进程的快速发展为基础,历经秦汉时期400
余年的进一步发展,到公元3世纪,铁器化进程初步实现。

　　这一时期铁器的种类进一步增多,铁器类型的多样化、专门化趋势
进一步增强。铁制木作加工器具中,铸造的空首斧继续存在,但锻銎
铁斧、锛、凿逐渐流行开来;横銎斧开始逐步取代空首斧,并出现条

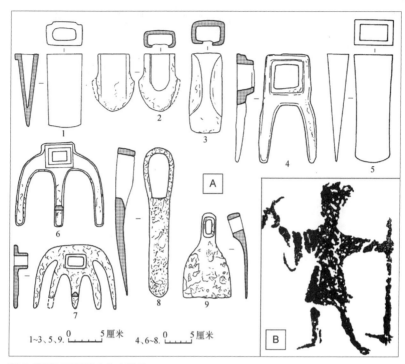

图 9. 秦汉时期的铁土作农耕具

A. 铁土作农耕工具：1~3. 竖銎镢(宜昌路家河T9⑤:1、桑植朱家台MWT92:9、朱家台
MWT93:5), 4. 二齿镢(章丘东平陵故城DPL:0219), 5. 竖銎镢(临淄齐王墓K1:01), 6. 三齿镢
(章丘东平陵故城DPL:0244), 7. 五齿镢(武夷山城村汉城T312:1), 8. 横銎镢(南阳瓦房庄T1①
A:151), 9. 横銎镢(巩义新华M1:110)
B. 持镢图像拓本(渠县蒲家湾无名阙画像石)

形、梯形、扇形和靴形的多种形制；铁锯由手锯逐渐发展出架锯以及具
有特殊功用的弧形锯；铁锤由四棱锤、圆柱锤发展出椭圆形锤和锥状
锤；多齿结构的铁钻头、铁锉、专门用于掏挖的铁铲具等新型工具出
现；弯体削刀逐步减少，代之以直体削刀尤其是刀身与刀柄等宽的直体
削刀，反映出铁削刀在结构上已经脱离了弯体青铜削刀的巢臼。

　铁制土作农耕器具中，横銎镢迅速流行开来，并且形态更加多样，结
构更加合理(图9)；直口锸依然存在，但凹口锸更为流行，并且形制、

大小更加多样，反映出其用途的多样性，其中包括用于畜力牵引的耘锄；直柄锄开始向曲柄锄过渡；犁铧的种类和数量迅速增多，既有长不足20厘米的小型犁铧，更有长达40厘米以上的大型犁铧，并且出现了鞍形和菱形的犁镜；用于播种的耧铧出现并流行开来；收割工具中，形态各异、大小有别的扁平条形镰刀迅速流行，并且出现了矩尺形带骹铁镰刀，成为铁镰刀形制结构的一大改进；抹泥板、鱼叉、鱼镖、二齿叉等建筑施工和渔猎用具出现，反映出铁制工具进一步专门化。

这一时期铁器的种类进一步增多，铁器类型的多样化、专门化趋势进一步增强。铁制木作加工器具中，铸造的空首斧继续存在，但锻銎铁斧、锛、凿逐渐流行开来；横銎斧开始逐步取代空首斧，并出现条形、梯形、扇形和靴形的多种形制；铁锯由手锯逐渐发展出架锯以及具有特殊功用的弧形锯；铁锤由四棱锤、圆柱锤发展出椭圆形锤和锥状锤；多齿结构的铁钻头、铁锉、专门用于掏挖的铁铲具等新型工具出现；弯体削刀逐步减少，代之以直体削刀尤其是刀身与刀柄等宽的直体削刀，反映出铁削刀在结构上已经脱离了弯体青铜削刀的巢臼。

铁制土作农耕器具中，横銎镢迅速流行开来，并且形态更加多样，结构更加合理(图9)；直口锸依然存在，但凹口锸更为流行，并且形制、大小更加多样，反映出其用途的多样性，其中包括用于畜力牵引的耘锄；直柄锄开始向曲柄锄过渡；犁铧的种类和数量迅速增多，既有长不足20厘米的小型犁铧，更有长达40厘米以上的大型犁铧，并且出现了鞍形和菱形的犁镜；用于播种的耧铧出现并流行开来；收割工具中，形态各异、大小有别的扁平条形镰刀迅速流行，并且出现了矩尺形带骹铁镰刀，成为铁镰刀形制结构的一大改进；抹泥板、鱼叉、鱼镖、二齿叉等建筑施工和渔猎用具出现，反映出铁制工具进一步专门化。

铁制兵器武备中，秦和西汉前期通长70厘米以上的长剑，尤其是剑茎

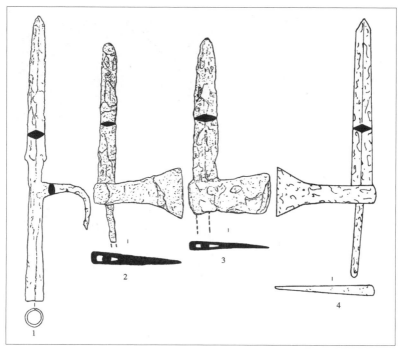

图 10. 秦汉时期的铁戟

1. 汉长安城武库遗址W&7:3:1, 2.郑州碧沙岗公园M13:2, 3. 郑州古荥镇GXZC:01 新乡玉门村
M1:22

长15厘米以上的长茎长剑流行；西汉中期以后通长70厘米以上的长刀
流行开来，并逐步取代长剑成为常用格斗兵器之一，成为当时兵器类
型及形态结构演化的一个突出特点；矛的形态和大小趋于多样化；三叉
戟和卜形戟继续存在的同时，先后出现了剑形刺和钩形援结合的钩戟、
剑形刺和钺形援结合的钺戟（图10），以及将钩和推结合于一体的新型
辅助性兵器钩镶（图11）；铁胄和铠甲多有发现，并且结构和形制多样。

铁制车马机具中，战国时期出现的车钏、车铜等继续存在，新出现了
车軎、车辖、车輨等车器，并且六角釭、八角釭成为流行样式；烙马印
是一种新出现的器物类型；棘轮依然多见，公元1世纪初的新莽时期出

图 11. 秦汉时期的铁钩镶及使用情景图

1. 铁钩镶(鹤壁HBM:3), 2. 铁钩镶(洛阳小川村XCCM:B1), 3. 铜山小李庄苗山1号墓画像石,
4. 绥德黄家塔9号墓画像石

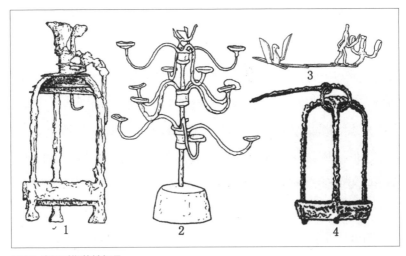

图 12. 秦汉时期的铁灯具

1. 提灯(洛阳烧沟M1035:61), 2. 多枝灯(烧沟M1035:113), 3. 灯架(三门峡华余M16:30), 4. 提灯
(南昌青云谱M1出土)

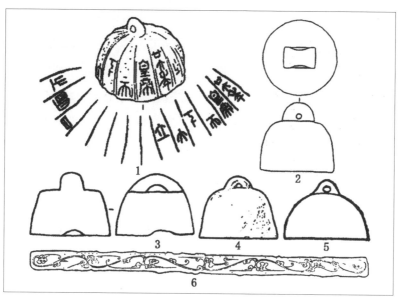

图13. 秦汉时期的铁权与铁尺

1~5. 铁权(咸阳博物馆藏品、偃师白草坡T01②:B:1、广西兴安91T3:5、淅川M48:25、四川彭山出土), 6. 铁尺(满城汉墓M2:3065)

现了正齿轮。

　　铁制日用器具获得了迅猛发展。先是流行鍪和鼎, 后来流行各种形制的釜, 并且又先后出现了双耳锅、鏊子等新型炊具;南方地区流行支撑釜类炊具的三足架, 北方草原地带流行双耳镬;形态多样的火炉、灯具、烛台、镇具、熨斗等流行于各地(图12);新出现的铁日用器具还有火铲、夹子、叉、筷子、锁具, 以及镜子、镊子、耳勺等;铁剪刀于西汉时期出现并逐步流行开来。但是, 铁带钩大为减少, 类型也大为简化。

　　铁钱币和度量衡器出现。铁钱币中, 汉初半两钱、西汉和东汉五铢钱、新莽大布黄千和大泉五十、以及无文钱等均可见到。铁度量衡器中, 数量较多的是铁权, 但铁尺也有所发现(图13)。

　　上述铁器类型和结构的简要叙述以及相关的考古发现, 揭示了秦汉

时期铁器的社会应用状况。秦汉时期，不仅青铜农具完全消失，而且青铜手工工具也很少见到，各种非金属加工工具基本消失更是自不待言，说明在社会生产领域，铁器已经完全取代了青铜器以及各种非金属器，并且铁生产工具的专门化趋势在迅速增强。青铜兵器依然存在，但无论其种类还是数量，都已经不能与铁兵器武备相提并论，说明在军事活动领域，铁器取代青铜器的进程已基本完成。车马机具中，铁器和青铜器同时并存、同时并用，说明在交通运输领域，铁器的应用还处于发展过程之中。日用器具中，尽管非铁制的其他各种材质的日用器具种类更多、数量更多，但铁器的种类和数量迅速增加，并且在最适合使用铁制品的器具中都开始使用铁器。铁钱币的出现，虽然是中国传统青铜铸币发展过程中的一种"怪胎"，铁度量衡器在各种材质的度量衡器中也仅仅是占有"一席之地"，但它们的出现，表明铁器的应用已经深入到商品流通领域。很显然，秦汉时期铁器的社会应用已经扩展到社会生产和社会生活的各个领域，并且在社会生产和军事活动领域，铁器的应用已经相当普及和广泛。

秦汉时期铁器社会应用的发展，还表现在以下诸方面。

大型铁建筑构件的铸造和使用。四川广汉市石亭江大桥发现的铁"雒江桥墩"，整体大致呈圆柱状，直径55.1厘米、高110厘米，重1.38吨（图14），表面铸有"广汉郡雒江桥墩重四十五石太始元年造"的阳文篆书铭文，其年代为公元前96年的汉武帝太始元年（李映福等2015）。这是迄今所见年代最早的大型建筑构件。此类铁构件在西安市北郊渭河桥畔也有所发现，其中一件长120厘米、直径48厘米，重1.1吨。

建筑施工中铁金属的使用。河北满城汉墓2号墓的墓门，是用砖和铁水浇铸的"砖墙铁壁"，即在封堵墓门的两道砖墙之间浇铸铁水，形成两侧为砖墙、中间为铁壁的"砖墙铁壁"。满城1号墓的墓门同样如此。

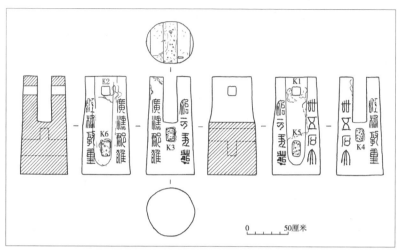

图 14. 四川广汉出土西汉铁"雒河桥墩"

两墓的年代为公元前113年前后的西汉中期。

铁制模型明器的出现和流行。汉景帝阳陵丛葬坑出土420多件佩戴于陶俑身上的铁剑、矛、戟和镞等模型兵器，同时出土的366件铁锸、凿、锯和直口锸等生产工具中绝大多数"制作精良，各部件齐全如真"，只不过形体尺寸小，因而不是实用器，而是专门用于埋葬的模型明器(陕西省考古研究所汉陵考古队1992、1994)。类似的铁模型明器，还发现于满城汉墓、永城柿园汉墓、洛阳烧沟汉墓等地。由此可见，从公元前2世纪初的西汉早期开始，铁已经开始被制作成明器而应用于丧葬活动，拉开了铁制模型明器的序幕。

秦汉时期铁器的使用人群，已经扩展到上至帝王贵族、下至平民百姓的社会各阶层。总体上看，随着生产工具和兵器武备的全面铁器化和日常生活器具的初步铁器化，铁器应用向交通运输、商品流通、建筑施工、丧葬活动等领域的进一步扩展和应用程度的进一步提高，秦汉时期逐步达到了铁器化进程的初步实现。

四、铁器化进程的全面实现

　　自公元3世纪起，中国古代铁器化进程逐步进入全面实现的历史阶段，直至19世纪近代社会的到来。在长达1千多年的历史进程中，铁器更为广泛地应用于社会生产的各个领域、军事活动和社会日常生活的各个方面，并且其"致用度"更加科学合理。就铁器的类型及其结构来说，一方面是各种铁生产工具、兵器武备、日用器具进一步专门化（图15~图18）；另一方面是随着时代的变迁和社会历史文化的演进，若干

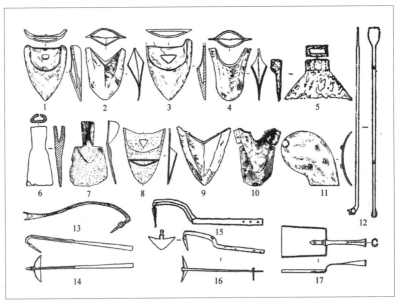

图 15. 宋辽金元时期的铁土作农耕具

1~4. 犁铧（吉林抚松K:16、北京顺义大固现村C:01、抚松K:17、顺义大固现村C:02), 5. 锄（内蒙古伊金霍洛旗C:02), 6. 铲（辽宁康平后刘东屯辽墓出土), 7. 铲（吉林德惠F1:13), 8~10. 犁铧（辽宁岫岩ST③:6、北京房山焦庄村C:01、焦庄村C:02), 11. 犁镜(抚松K1:26), 12. 铲（江苏扬州YCM:31), 13~16. 锄（伊金霍洛旗C:01、房山焦庄村C:02、焦庄村C:03、顺义大固现村C:03), 17. 铲（辽宁朝阳姑营子辽墓M3:23)

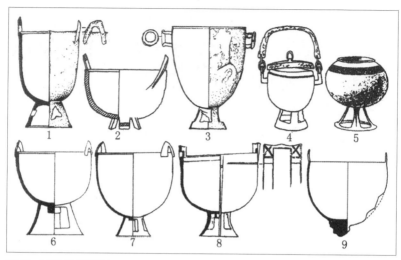

图 16. 北朝时期的铁鍑

1. 辽宁北票喇嘛洞M217:1, 2. 内蒙古乌审旗郭家梁村M3:3, 3. 喇嘛洞M49:18, 4. 辽宁北票冯素弗墓出土于, 5. 新疆罗布泊北部库鲁克山出土, 6. 辽宁朝阳七道泉子北魏墓出土, 7. 辽宁喀左草场乡于杖子出土, 8. 内蒙古乌审旗北魏窖藏, 9. 大同迎宾大道M76:8

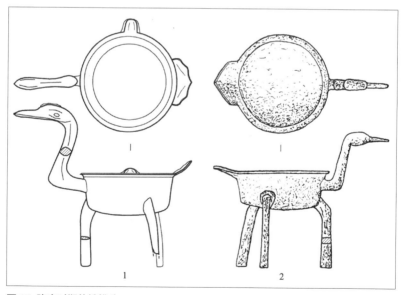

图 17. 隋唐时期的铁鐎斗

1. 带流鐎斗(昌平沙河唐墓M112:5), 2. 无流鐎斗(北京亦庄唐墓M25:14)

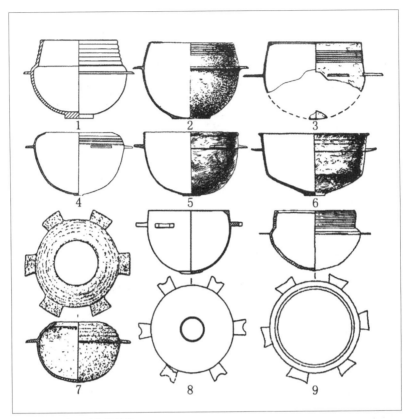

图 18. 宋辽金元时期的铁釜

1. 吉林抚松K:15, 2. 吉林和龙金代窖藏, 3. 吉林敦化敖东城遗址02DAF1:75, 4. 河北廊坊安次区近代遗址出土, 5. 北京通州东门外辽代遗址出土, 6. 北京怀柔上庄村出土, 7. 大同辽墓M1:14, 8. 大同金代徐龟墓M:21, 9. 辽宁新民法哈金代窖藏出土

新的铁器类型出现并流行，铁器的社会应用进一步扩展和深化。这里择要加以叙述。

铁马镫的出现和流行。马镫作为马具之一种，对于骑兵作战至为重要，它可以使骑兵和战马很好地结合在一起。在中国古代，马镫最早出现于公元前4世纪初的西晋时期，最初是一个三角形的单马镫，并且是用木芯外包铜片制成，如辽宁北燕冯素弗墓（415年）、集安地区高

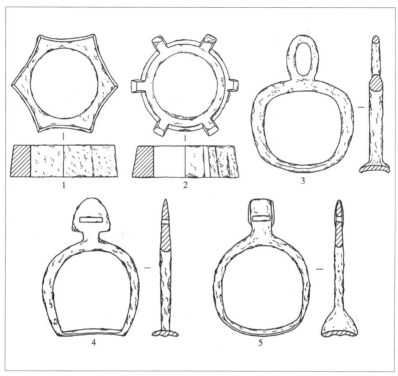

图 19. 隋唐时期的铁承(车釭)与铁马镫

1. 六角承(隋唐洛阳城衙署区砖瓦窑Y3:32, 2. 多齿承(隋唐洛阳城衙署区砖瓦窑Y3:30), 3~5. 马镫(隋唐洛阳城衙署区砖瓦窑Y3:34、隋唐洛阳城宫城圆璧城GT817③:7、圆璧城GT817③:8)

句丽墓等出土的马镫均如此(杨泓1986:101);公元5世纪,铁马镫开始出现,曾发现于宁夏固原北魏墓和辽宁桓仁五女山城等地(李映福等2019:188)。公元6世纪之后,铁马镫流行开来(图19),隋唐及其以后的墓葬中常有发现(白云翔2017)。

铁具装铠的一度流行。具装铠指的是战马的铠甲。中国古代战马的防护装备最早出现于东汉末年,当时主要用皮革制作,并且形制简单。到了公元4世纪的十六国时期以及南北朝时期,具装铠流行起来,继续用皮革制作的同时,出现了铁制具装铠。铁具装铠的实物曾发现于

辽宁北燕冯素弗墓、辽宁北票市喇嘛洞三燕墓地的IM5等地（白荣金 2008：287～304），其中喇嘛洞IM5出土的铁具装铠由马胄、马颈甲、马胸甲、马身甲和搭后构成。具装铠虽然有利于战马的防护，但由于其重量大，加重了战马负担，不利于发挥骑兵轻捷快速的优势，于是到6世纪末叶以后便消失了。

大型工程铁铸件的铸造和使用。早在公元前1世纪初的西汉中期，大型铁建筑构件已经出现（德阳市文物考古研究所等2015），到公元8世纪初叶的唐代中期，则出现了大型土木工程的铁铸件，最有代表性的是山西永济县蒲津渡的铁牛、铁人和铁柱等。蒲津渡遗址，位于山西永济县古蒲州城西门位于山西永济县古蒲州城西门外黄河东岸。唐开元十二年(724年)，将此前浮桥的笮索改为铁链，改木桩为铁牛。经考

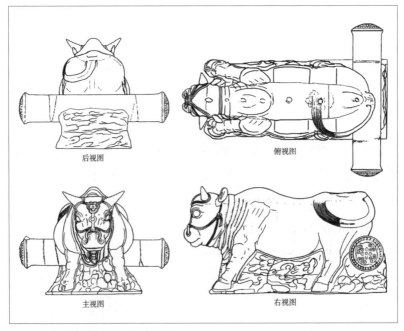

后视图

俯视图

主视图

右视图

图20. 山西永济蒲津渡唐代铁牛(1号)

古发掘，清理出唐代铸造的铁牛4尊，牛的旁边各站立一驭牛的铁人。铁牛形体硕大，造型矫健强壮，身长约300厘米、宽约110厘米、高约150厘米，每尊重45～75吨不等，尾后各有一根直径约40厘米、长220厘米的横轴(图20)。铁牛立于铸铁基座之上，基座下各有六根直径40厘米、长360~380厘米的铁锚柱斜向插入地下，功能犹如铁锚。驭牛之铁人，造型生动，雄健有力，地表以上人像高185~203厘米，脚下各连接一根直径30厘米、长140厘米的铁柱桩被埋于地下。4尊铁牛之间，又有南北排列的中空的铁山2座，另有4个底部直径40~50厘米、高50~110厘米、中部有圆形穿的圆柱形铁礅。这一大型铁铸件群，总重约300吨以上，为古代世界所罕见(山西省考古研究所2013：50~70)。宋代以后，大型工程铸件日渐增多，经常用于镇龙、镇水，以防止水患、祈福消灾等，如湖南茶陵洣江河畔用于镇水的宋代绍定年间(1228~1233年)铸造的铁犀牛等(李映福等2019：251~252)。

铁塔的出现和流行。塔作为佛教的重要构筑物，在佛教寺院和佛事活动中具有重要意义。随着佛教传入中国，木塔、砖塔和石塔的建造随之出现。铁塔的铸造，始于唐代，五代至宋代(907~1279年)日趋活跃，直至明清时期依然有所建造(张剑葳2015：43~218)。现存铁塔实物中，广州光孝寺西铁塔和东铁塔，分别建造于南汉大宝六年(963年)和大宝十年(967年)，都是平面呈方形的仿砖楼阁型铁塔，表面密布佛龛，其中西铁塔残存3层，残高360厘米，铁须弥座边长157厘米。湖北当阳玉泉寺铁塔，修建于宋嘉祐六年(1061年)，是一座仿木楼阁型铁塔，塔高13层，高约17米，塔身平面为八边形，塔身隔面开壸门，门两侧各立一菩萨像。聊城隆兴寺铁塔，是一座结构改进的仿木楼阁型铁塔，最初可能铸造于12世纪前后的宋代，明代成化二年(1466年)重立；铁塔建在方形石砌须弥座上，铁铸塔身平面为八边形，原为13级，现

存12级，现存高度15.5米（张剑葳图3-24）。与之类似的仿木楼阁型铁塔，还有初建于宋代、明代又补建的济宁崇觉寺铁塔等。

铁宗教法器及宗教艺术品的出现和流行。包括铁经幢、佛造像、铁钟、香炉和地宫铁函等。佛教于公元1世纪初的东汉早期开始传入中国，4世纪初的北魏初年开始用铜铸造佛像，隋代初年的开皇年间（581~600年）开始出现铁铸佛像，此后流行开来，唐代及其以后的铁铸佛像多有存留。譬如，太原开化寺的2尊唐代铁铸佛像，一尊为坐佛，另一尊为迦叶弟子像，其铸造年代，大致在初唐的高宗末年至武周时期（680~704年），是迄今保存最为完好、年代最早的铁佛像；山西临汾大云寺唐代铁佛头，高约6米，直径5米，重达10吨（白云翔2017）；此外还有西安发现的唐代铁弥勒佛坐像、浙江湖州铁观音立像、福州宋代铁弥勒佛坐像等（李映福等2019：252~253）。与佛教有关的铁铸件，还有湖北当阳玉泉寺的大铁镬，圆形深腹，底部有4个裸体大力士形状的足，通高87.5厘米、口径157厘米、腹深60厘米，铸造于隋大业十一年（615年），是迄今所见形体最大、年代最早的寺院用铁镬；湖南常德乾明寺的唐代铁幢，生铁铸成，圆柱形，分为七层，总高约5米、底部直径80厘米，其铸造年代约在唐懿宗咸通年间（860~874年）；云南弥渡县蔡庄铁柱庙中殿的圆形铁柱，称之为"南诏铁柱"或"天尊柱"，柱高330厘米，圆周105厘米，是唐懿宗咸通十三年（872年）南诏铸造的（白云翔2017）。宋代以后，铁钟、铁香炉等出现并流行开来（王福谆2016）。

与宗教活动有关的铸铁艺术品，常见有人物像、狮子像等。铸铁人物像，出现于宋代，大多被塑造成武士形象。登封中岳庙古神库四角各有一尊"守库铁人"武士像，每尊高2.52~2.65米、重约1.5吨，铸造于宋英宗治平元年（1064年）；太原晋祠金人台四角各有一尊北宋时期铸造

的高约2.2米、身着铠甲的铁人像，意在永保晋水之源。在古代，狮子被认为是护门瑞兽。现存最大的铁狮子，是河北沧州古城内的铁狮子，背负莲花座，高5.4米，重29.3吨，铸造于五代后周广顺三年（953年）。类似的铁狮子，太原晋祠中现存有6对12尊，其中一对铸造于北宋政和八年（1118年）；登封中岳庙现存有2对4尊金代铁狮子，石家庄现存有1尊金代铁狮子（李映福等2019：252~253）。

铁丧葬专用物品的丰富多样。作为专门用于丧葬活动或用于随葬的铁制丧葬专用物品，早在西汉时期就出现了铁模型明器、东汉时期又出现了买地券，隋唐时期则新出现铁制生肖俑和动物俑等，并一直延续了下来。譬如，十二生肖俑，是一种专门用于随葬的十二生肖。偃师杏园2603号唐墓出土一组12件，均兽面人身，高26厘米；头部分别铸成子鼠、丑牛、寅虎、卯兔、辰龙、巳蛇、午马、未羊、申猴、酉鸡、戌狗、亥猪的形象；躯体铸成文官俑的形象，身着宽袖长袍，拱手而立，足着如意头靴，脚下无托板（中国社会科学院考古研究所2001：145）。铁动物俑，在洛阳红山唐墓、杏园唐墓等地都有所发现。铁买地券，曾发现于凤翔隋唐墓、偃师杏园唐墓等地。

在兵器武备方面，各种长柄大刀、长柄钺形斧和骨朵等具有时代特点的新型铁兵器及铁甲胄出现和流行的同时，随着火药的发明和应用，宋代以后陆续出现铁制的火兵器，如铁火炮、铁火铳、铁鸟铳和铁红衣炮等，铁制火器开始登上历史舞台并与冷兵器并用，铠甲类防护装备则随着火器的推广应用逐步退出战争的舞台，直至近代（杨泓2005：221~270）。这里不再详述。

总体上看，公元3世纪以后的一千多年间，铁器在社会生产、军事活动和日常生活中普遍应用的同时，在工程建设、宗教活动和丧葬活动等领域的应用进一步扩展，铁器的社会应用进一步深化，铁器的艺

术性表现增强，中国古代的铁器化进程最终全面实现，铁器文化全面成熟。

　　这里需要指出的是，铁器化进程的全面实现，"并不意味着铁器将其他材质的器具全部取而代之，而是因器具的功能要求不同而选用不同的材质制作，从而在更经济的条件下使器具能够发挥其功能，也更有效地利用自然界中不同材质的不同性能，即可谓'因材致用'或者说'因器取材'的协调发展"（白云翔2005:291）。中国古代铁器化进程全面实现的标志是:基于社会生产和社会生活的实际需要，同时基于铁和其他金属及非金属的材料特性、自然丰度、珍稀程度、获取难易度等，达到了使用铁器为最佳的领域铁器普遍应用、使用铁器或使用其他金属器及非金属器均可的领域也应用铁器的状态。实际上，铁器化进程全面实现的过程中，在社会生产和社会生活的诸多领域，铁器和其他金属器尤其是铜器始终是同时并存、同时并用，只不过各自所占的比重有所不同。譬如，在日常生活领域，铁镜和铜镜长期并存，而铜镜始终是主流;在宗教活动中，佛像和法器等也是铁制品和铜制品及非金属制品并行，而铜制品远远多于铁制品;在丧葬活动的模型明器和俑类制品中，铁制品也是与铜制品及陶瓷制品长期并存，而数量最多、最为常见的是陶瓷制品。

五、结束语

　　上述中国古代铁器化进程从发端到全面实现的简要叙述，初步揭示了中国古代铁器化进程的发展轨迹和基本规律。铁器的种类和结构，

最初是铜（或玉、金）铁复合制的兵器和手工工具，后来才出现全铁制品，又先后出现土作农耕具、日用器具、车马机具、丧葬用品和宗教用品等。由此反映出，铁器最先应用于军事活动和手工加工活动，尔后逐步向土作农耕、手工业生产、日常生活、交通运输、商品流通、工程建设、丧葬活动和宗教活动等领域扩展；铁器在社会生产和军事活动中最终得到了普遍应用，而在其他领域只是有某种程度的应用。正因为如此，铁器的制作，最初强调的是其实用功能，后来随着种类的增多和应用范围的扩大，其艺术表现才逐步增强。与之相适应，铁器的应用人群，最初仅限于贵族等社会上层，后来才逐步向社会各阶层扩展。这也正是中国古代铁器文化演进的总体脉络和基本轨迹。

需要指出的是，中国古代铁器化进程并不是孤立的，而是在与钢铁技术进步和铁器工业发展的互动中演进的。譬如，西周晚期块炼渗碳钢技术的发明，促进了块炼铁的实际应用；春秋早期液态生铁冶炼技术的出现，使得土作农耕具以及铁容器等的铸造成为可能；春秋晚期铸铁脱碳技术、铸铁脱碳钢技术的发明以及铸铁可锻化热处理技术的进步，为锻造技术应用于液态生铁材料的加工以及锻造和铸造技术的结合运用开辟了广阔的前景，从而加速了铸铁器和钢制品的生产和推广应用；战国中期"锻銎技法"的出现和应用，极大地推动了铁器在冶铁业缺乏或欠发达地区的制作和使用，并且为铁器形态的多样化和结构的复杂化提供了技术条件。又如，战国时期铁器的推广应用和铁器化进程的快速推进，是在当时冶铁业官营和私营并举的背景下铁器工业快速发展为基础的；西汉中期以后"盐铁官营"背景下铁器工业的大规模发展，使得到东汉末年铁器化进程初步实现成为可能。毫无疑问，以铁器化进程为代表的铁器应用文化，是在与钢铁技术文化和铁器工业文化的相互制约、相互促进中发展演变的；铁器应用文化、钢铁技术文化和铁

器工业文化以及三者之间的互动和发展演变，共同构成了整个铁器文化及其演进图景。也正因为如此，中国古代的铁器化进程，在很大程度上反映了中国古代的铁器文化及其演进历程。

参考文献

白荣金等 2008：《甲胄复原》，大象出版社。

白云翔 2002：《我国青铜时代农业生产工具的考古发现及其考察》，《农业考古》2002年 第3期 166~171頁。

白云翔 2004A：《中国的早期铁器与冶铁的起源》，《桃李成蹊集——庆祝安志敏先生八十寿辰》第298~310頁，香港中文大学出版社。

白云翔 2004B：《"美金"与"恶金"的考古学阐释》，《文史哲》2004年 第1期 54~57頁。

白云翔 2005：《先秦两汉铁器的考古学研究》，科学出版社。

白雲翔 2010：《中国古代鉄器の起源と初期の発展》，《東アジアの古代铁器文化》第23~45頁，雄山閣。

白云翔 2015：《中国鉄器工業考古学における若干の問題とその再認識》，《中国考古学》第十五号7~22頁，日本中国考古学会。

白云翔 2017：《隋唐时期铁器与铁器工业的考古学论述》，《考古与文物》2017年第4期第65~76頁。

白云翔 2019：《秦汉时期的铁器与铁器工业》，《秦汉考古与秦汉文明研究》第270~306頁，文物出版社。

陈建立 2014：《中国古代金属冶铸文明新探》，科学出版社。

德阳市文物考古研究所等 2015：《四川广汉市发现西汉纪年铁"雒江桥墩"》，《四川文物》2015年 第5期。

韩汝玢等 1999：《虢国墓出土铁刃铜器的鉴定与研究》，《三门峡虢国墓》第559~573頁，文物出版社。

李映福等 2015：《四川广汉石亭江汉代铁桥墩相关问题研究》，《考古》2015年第9期101~113頁。

李映福等 2019:《中国古代物质文化史》，开明出版社。

山西省考古研究所2013:《黄河蒲津渡遗址》，科学出版社。

陕西省考古研究所汉陵考古队:《汉景帝阳陵南区丛葬坑发掘第一号简报》，《文物》1992年 第4期。

陕西省考古研究所汉陵考古队:《汉景帝阳陵□□区丛葬坑发掘第二号简报》，《文物》1994年 第6期。

王福谆2016:《我国古代大型铸铜和铸铁文物的发展与现况》，《铸造设备与工艺》2016年 第1期。

杨泓 1986:《中国古兵器论丛》(增订本)，文物出版社。

杨泓 2005:《中国古代兵器通论》，紫禁城出版社。

张剑葳 2015:《中国古代金属建筑研究》，东南大学出版社。

中国科学院考古研究所 1959:《洛阳中州路(西工段)》，科学出版社。

中国历史博物馆考古部 2001:《垣曲古城东关》，科学出版社。

中国社会科学院考古研究所 2001:《偃师杏园唐墓》，科学出版社。

중국 고대 철기 문화의 진보
- 철기화 과정을 중심으로 -

白云翔 *
번 역 : 이현우**

인류 역사상 야철술(冶鐵術)의 발명, 인공철기(人工鐵器)의 출현과 사용은 획기적인 의미를 가진 하나의 큰 사건이다. 이로써 인류문명사는 철기시대에 들어서게 되고 철기문화 역시 이로부터 생겨났으며 인류사회 역사의 발전과 함께 끊임없이 진보하였다.

철기문화란 무엇인가 (혹은 무엇을 "철문화"라 부르는가)? 일반적으로 강철기술문화, 철기공업문화와 철기사용문화 이 세 가지가 함께 구성된 것이다. 강철기술문화는 철광 채굴, 철금속 제련부터 철기가공제조 및 열처리 등으로 구성된 기술문화를 가리키는 것이다. 철기공업문화는 사람들이 일정한 강철기술을 활용하여 채광, 제련, 철기제조가공과 기술처리 등의 생산 활

---

* 중국 사회과학원
** 부산대학교

동을 하는 산업문화를 가리키는 것이다. 철기사용문화는 철기가 사회에서 사용되는 과정 중에 형성된 사회문화를 가리키는 것인데, 철기의 사회적 기능, 사회적 생산과 사회 활동 내에서의 지위와 역할 등을 구체적으로 표현하며, 철기문화의 가장 직접적이고 가장 광범위한 최종적인 표현이다.

인류 역사상 철기의 사회적 사용은 무에서 유로, 적음에서 많음으로, 점차 확장되고 끊임없이 조정되는 역사 과정을 겪었다. 어떤 의미에서 이 역사 과정을 "철기화 진보"라 부를 수 있다. 고고학상에서 철기화 진보의 고찰은 주로 철기의 종류 및 그 구조에 근거한 사용 범위 고찰, 철기의 수량에 근거한 사용의 정도 고찰, 철기와 다른 재질의 동류(同類) 용구와의 관계에 근거한 사용의 "실용도[致用度]" 고찰 및 철기가 사회 사람들 내에서 사용된 보급률이다. 여기에서는 철기화 과정을 중심으로 하여 중국 고대의 철기문화와 그 진보를 간단명료하게 논술하겠다. 중국 고대의 철기화 과정을 종합하여 보면 대체로 4단계로 구분할 수 있다.

一. 철기화 과정의 시초

중국 고대 철기시대의 시작은 대체로 기원전 800년 전후로, 기원전 8세기~5세기 중엽이 철기화 과정의 시초 단계인데 역사상 서주 후기에서 춘추 후기이다.

중국에서 기원전 13세기 전후의 상대 후기의 철기는 북경 평곡(平谷) 유가하(劉家河), 하북 고성(藁城) 대서촌(臺西村)과 하남 준현(浚縣) 신촌(辛村) 등지에서 철인동월(鐵刃銅鉞)과 철인동과(鐵刃銅戈) 등이 발견되었지만 그 철인 부분은 모두 천연의 운철(隕鐵)을 가공하여 만든 것으로 인공야철에

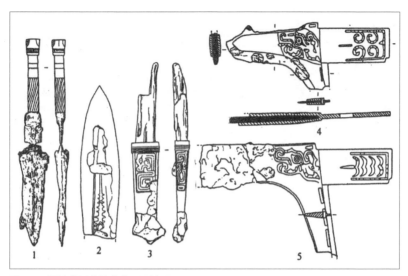

图 1. 三门峡虢国墓地出土西周铁器

1. 玉柄铁短剑(三门峡M2001:393), 2. 铜骹铁叶矛(三门峡M2009:730), 3. 铜銎铁刃锛(三门峡
M2009:720), 4·5. 铜内铁援戈(三门峡M2001:526、M2009:703)

속하지는 않는다(白雲翔 2004a). 하지만 이들 운철제품의 발견은 일찍이 기원전 13세기 전후에 사람들이 철금속의 성능에 대해 이미 어느 정도 지식이 있었고 천연 운철의 가공과 이용을 시작하였음을 보여주며, 야철술 기원의 전주가 되었다.

중국의 중원지역에서는 야금술의 발명과 인공철기의 출현이 기원전 800년 전후의 서주 후기에 시작되었다. 기원전 800년 전후의 인공철제품은 이미 하남성 삼문협(三門峽) 괵국(虢國)묘지와 섬서성 한성 (韓城) 양대촌(梁帶村)묘지에서 발견되었다. 그 중 삼문협 괵국묘지에서 철기 6점이 출토되었는데, 삼문협2009호묘의 동내철원과(銅內鐵援戈), 동교철엽모(銅骹鐵葉矛), 동공철인분(銅銎鐵刃錛)과 철인동삭도(鐵刃銅削刀) 각 1점, 삼문협2001호묘의 동내철원과, 옥병(玉柄)철단검 각 1점(도1)이 포함되며, 연대는 서주 후기이다. 한성 양대촌27호묘에서는 동내철원과와 철인동삭도 각 1점이 출

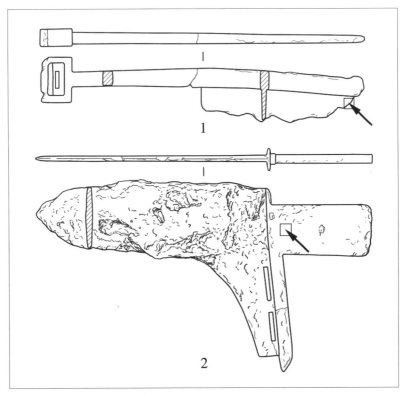

图 2. 韩城梁带村27号墓出土春秋早期铁器

1. 铁刃铜削刀(M27:391), 2. 铜内铁援戈(M27:970)

토되었는데(도2), 연대는 춘주 조기이다. 분석 결과 삼문협M2009:703 동내철원과, 삼문협M2009:720 동공철인분과 삼문협M2009:732 철인동삭도 3점 철기의 철인 부분은 원철제품이지만 기타 5점의 철인 부분은 모두 괴련철(塊煉鐵) 혹은 괴련삼탄강(塊煉滲炭鋼)이다(韓汝玢 등 1999; 陳建立 2014:198~200).

상술한 초기 철기의 발견으로 알 수 있는 것은 중원지역으로 대표되는 중국 고대의 야철술은 기원전 800년 전후에 발생하였고 그 기원은 현재 예서(豫西)와 관중(關中) 동부의 황하 양안 일대에 있다(白雲翔 2010:24~28). 당시의 철제품은 괴련철 혹은 괴련삼탄강의 인공철이 있을 뿐만 아니라 소량의 자연운철도 있어 야철술 발생 초에 인공철과 자연운철을 동시에 병용한 시대적 특징을 보여준다. 철기의 형태와 구조로 보면 완전히 동류 청동제품의 "복제"로, 특히 모두 동(혹은 옥)철 복합제품이며 완전한 철제품은 아직 출현하지 않았다. 병기(兵器) 위주로, 소량의 수작업공구가 별도로 있다. 당시 소량의 운철제품이 있었다고 하더라도 야금술이 이미 발명되었기에 결국 인공야철제품이 인류 역사의 무대상에 등장하여 철기시대의 시작을 보여주고 있다. 주목할 만한 것은 상술한 초기 철기가 출토된 무덤은 모두 높은 등급의 귀족묘인데 특히 삼문협M2001과 M2009의 피장자는 모두 서주 괵국의 국군(國君)으로 최초 철기의 사용이 높은 등급의 귀족에게만 한정되었음을 알 수 있다(白雲翔 2004b).

기원전 770~476년의 춘추시대는 중국 고대 철기의 조기 발전시기이며 또한 철기화 과정의 시작 단계이다. 철기의 종류와 구조에서 보면 그 두드러진 특징은 완전한 철제품의 출현이다. 비록 동(혹은 옥, 금)철복합제품이 여전히 존재하지만 수량이 급격히 감소하였고 그것을 대신하여 완전한 철제품이 점차 증가하였고 그 종류도 벌채와 목제 가공에 사용되는 부(斧)와 분(錛), 토공(土工)과 농경에 사용되는 궐(钁), 산(鏟), 삽(鍤), 가공작업에 사용되는 감도(砍刀), 괄도(刮刀), 삭도(削刀) 등의 생산공구, 동내철원과와 동병(혹 금병, 옥병)철단검, 철중장검, 철정철촉(鐵鋌鐵鏃) 등의 병기, 정형기(鼎形器)와 대구(帶鉤) 등의 일상용구가 있다(도3). 이로부터 춘추시대 철기의 사용 영역이 빠르게 확산되었으며 철기는 군사와 목제 가공 영역에서의 사용에 발전이 있었던 동시에 기원전 6세기 철산, 철삽 등의 출현에 따라 철기의 사용이 토공과 농경영역까지 확장되었음을 알 수 있다. 장사(長沙) 양가산(楊家山) 춘추 후기의 철정형기(鐵鼎形器)의 발견은 늦어도 기원전 5세기초엽 철금속이 일상용구 제작에 사용되어 일상생활의 영역까지 확장되

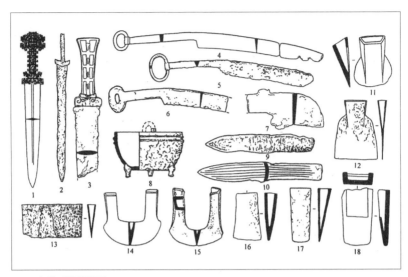

图 3. 春秋时期的铁器

1. 金柄铁短剑(宝鸡盆门村M2:1), 2. 中长剑(长沙杨家山M65:5), 3. 铜柄鉄短剑(灵台景家庄 M1:14), 4. 金环首鉄削刀(宝鸡盆门村M2:4), 5. 铜环首鉄削刀(长子牛家坡M7:56), 6. 削刀(荆门响铃岗T9③A:49), 7. 砍刀(秭归柳林溪BT1817③:1), 8. 鼎形器(长沙杨家山M65:1), 9. 刮刀 (长沙杨家山M65:6), 10. 刮刀(常德德山12号墓出土), 11. 铲(宜昌上磨垴T11⑤:6), 12. 铲(凤翔秦公1号大墓出土), 13. 直口锸(凤翔马家庄K132:1), 14. 凹口锸(宜昌上磨垴T12⑤:1), 15. 凹口锸(秭归柳林溪T3③:3), 16. 鉄空首斧(秭归柳林溪H18:1), 17. 锛(荆门响铃岗T15③:51), 18. 竖銎镢(秭归柳林溪H18:2)

었음을 알 수 있다. 철기를 사용한 사회 계층을 보면, 산, 삽, 궐 등 토공농경 철공구 및 종류가 더 많아진 수공업공구 등의 출현에 따라 철기의 사용자가 사회 상층에서 사졸, 토공시공인원, 농경민 등의 노동자로 확산되었으며 당시의 철기가 하나의 신흥 금속제품으로 여겨지기는 하였으나 여전히 통치자들에게 애호를 받아 사용되었음을 보여준다(白雲翔 2004b).

주목할 만한 것은 비록 고고학으로 발견된 춘추시기 철기의 종류가 증대되고 수량도 분명히 증가하였으나 같은 종류의 용구 중 청동제품이 철제품보다 훨씬 많다는 점이다. 춘추시기의 병기는 두말할 필요도 없이 거의 전부가 청동제품이다. 생산공구 중 석기 및 기타 비금속을 제외하고 가장 흔한 금속용구도 여전히 청동제품으로, 그 중 벌채와 목공작업에 사용된 부, 분, 착(鑿), 거(鋸)가 있을 뿐만 아니라 수공작업의 각종 동도구(銅刀具), 더욱이 토공농경에 사용된 산, 삽, 궐, 고(鎬), 서(鋤), 여(犁) 및 수확공구인 동겸도(銅鐮刀)와 질도(銍刀) 등이 있다(白雲翔 2002). 기원전 800년 전후의 서주 후기에 철기시대에 진입하기 시작하였지만 춘추시기가 중국 고대 철기화 과정의 시작 단계로 여겨지며, 사회 생산과 사회 활동 중 주도적 위치를 차지하는 금속기는 여전히 청동제품이며 철기의 사회적 사용과 사회적 작용이 매우 한정되었던 점은 명백하다. 따라서 춘추시기는 실질적으로 중국 고대의 "동철병용시대(銅鐵倂用時代)"이다.

二. 철기화 과정의 신속 발전

기원전 5세기말~3세기중엽의 전국시대는 중국 고대 철기화 과정의 신속 발전 단계이다.

전국시기 철기의 발전은 한편으로는 동철복합제품이 급격히 감소하여 사라지고 완전한 철제품이 빠르게 주류가 되었으며, 다른 한편으로는 철기의 종류가 급속히 증대되었고 같은 종류의 철기 내에서 그 구조와 크기가 다양화되었다. 생산공구로서 임목 벌채, 목공작업, 금속가공, 절단가공작업에 사용되는 철공구는 예를 들어 여러 형태의 철공수부(鐵空首斧), 판상부(板狀斧), 분, 착, 편산(扁鏟), 산도(鏟刀), 거, 추(錘), 침(砧), 찬두(鑽頭), 충아(沖牙), 절구(截具), 참(鏨), 괄도, 삭도, 감도, 장병추(長柄錐), 환수추(環首錐), T형기, 학취부(鶴嘴斧) 등이 있다(도4). 각종 토목 공사와 농업 경작 등에 사용되는 철공구는 철수공궐(鐵竪銎钁), 횡공궐(橫銎钁), 다치궐(多齒钁),

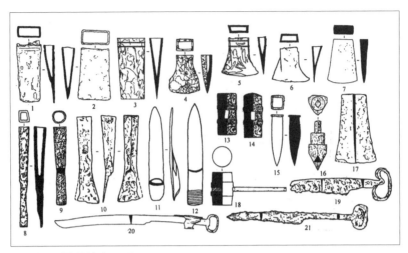

图 4. 战国时期的铁手工工具

1. 锛(益阳桃花崙M1:1), 2. 空首斧(抚顺莲花堡T3:91), 3. 空首斧(古丈白鹤湾M32:1), 4. 空首斧(临潼油王村QZYC:01), 5. 空首斧(益阳赫山庙M4:13), 6. 空首斧(湘乡椅子山M52:11), 7. 板状斧(成都北郊M3:1), 8. 凿(燕下都武阳台W21T76②:5), 9. 凿(洛阳战国粮仓LC62:B5), 10. 扁铲(燕下都W22T4:3:14), 11. 刮刀(长沙楚墓M357:8), 12. 刮刀(云阳李家坝M53:8), 13. 锤(燕下都W21T22②:2), 14. 锤(燕下都W21T82②H67:3-1), 15. 錾(黄石铜绿山IX1:37), 16. 钻头(燕下都YXD66YBB:0214), 17. 铲刀(燕下都M31:8), 18. 锤(黄石铜绿山IX1:37), 19. 手锯(燕下都YYD66BF:0216), 20. 削刀(信阳长台关M2:258), 21. 削刀(易县燕下都D6T29③:10)

직구삽(直口錔), 요구삽(凹口錔), 산, 육각서(六角鋤), 반원서(半圓鋤), 서판(鋤板), 인자서(人字鋤), 화관(鏵冠), 봉인겸도(鋒刃鐮刀), 치인겸도(齒刃鐮刀), 질도, 항추(夯錐) 등이 있다(도5). 전문 혹은 주로 광산 채굴, 금속야주(冶鑄) 및 철기 제조에 사용되는 철공구와 용구는 철주범, 도가니[坩堝], 부형착, 장병파(長柄耙), 고정구[夾具] 등이 있다. 병기와 무구로서 철검, 모, 극(戟), 장(杖) 등 격투병기(도6), 철노기곽(鐵弩機廓)과 촉 등 원사병기, 철갑과 철주 등 방호장비(도7) 및 철준(鐵鐏), 대(鐓) 등 병기의 부속구가 있다. 거마구로서 마차 상의 철부속구, 철마구 및 철극륜(鐵棘輪) 등 전통적인 거마구 부품이 있다. 일상용구로서 철제 취사도구, 노구(爐具), 등구(燈具) 등 가정용구(도8), 철대구, 대식(帶飾) 등 장신구, 철방추차와 바늘 등의 방직용구

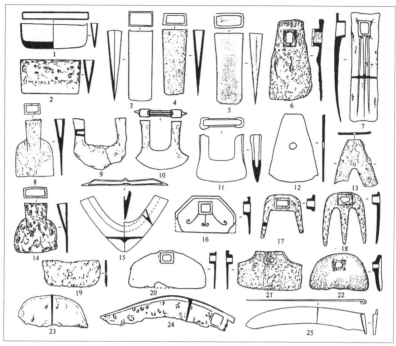

图 5. 战国时期的铁土作农耕具

1. 直口锸(郑州二里冈M430:9), 2. 直口锸(凌源安杖子T2③:7), 3. 竖銎镢(当阳赵家湖YM4:2), 4. 竖銎镢(易县燕下都LJ13T5②:32), 5. 竖銎镢(郑州二里冈M182:3), 6. 横銎镢(登封阳城铸铁遗址YZHT4②:8), 7. 横銎镢(唐山东欢坨M4:1), 8. 铲(燕下都LJ10T35②:2), 9. 凹口锸(宜昌前坪M23:1), 10. 凹口锸(常德德山M32:B1), 11. 凹口锸(长沙楚墓M1102:6), 12. 锄板(辉县古共城铸铁遗址Y1A:2), 13. 人字锄(燕下都LJ10T19②H99:1), 14. 铲(燕下都XG9T21③:1), 15. 铧冠(辉县固围村M2:58), 16. 六角锄(黄石铜绿山IX1:30), 17. 二齿镢(燕下都YXD66YDD:0212), 18. 三齿镢(燕下都LJ10T129③:2), 19. 单孔铚刀(侯马乔村M422:9), 20. 六角锄(淄川南韩村M9:1), 21. 六角锄(燕下都W23T1②Z1:109), 22. 半圆锄(唐山东欢坨M231:1), 23. 双孔铚刀(唐山东欢坨T30②:1), 24. 镰刀(燕下都W22T4:3:5), 25. 镰刀(辉县固围村M2:4)

가 있다. 이외에 건축물의 철부재(部材)와 용구의 철부속구, 철경감(鐵頸鉗/칼), 각요(脚鐐/족쇄) 등의 형구(刑具) 및 용도를 알 수 없는 각종 철제품 등이 있다. 주목할 만한 것은 철기가 구조와 형태에 있어 점차 청동기의 구격식을 탈피하고, 횡공궐, 다치파(多齒耙), 육각서 등 횡공(橫銎)용구가 출현하는데 이러한 횡공구조의 용구는 청동기 중에서는 보이지 않는 것이다.

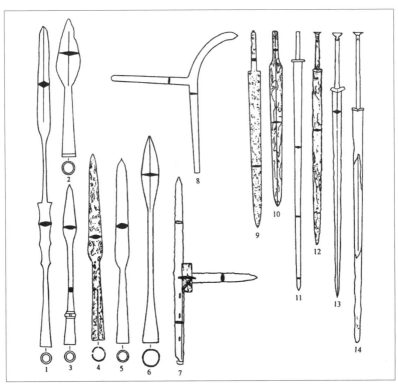

图 6. 战国时期的铁兵器

1. 矛(易县燕下都M44:47), 2. 矛(宁县袁家村M:01), 3. 矛(燕下都M44:69), 4. 矛(燕下都67DD:023), 5. 矛(燕下都M44:48), 6. 矛(杨郎马庄ⅢM4:13), 7. 戟(燕下都M44:54), 8. 戟(长沙楚墓M356:1), 9. 中长剑(燕下都LJ10T5②H17:15), 10. 中长剑(古丈白鹤湾M24:1), 11. 长剑(咸阳林院秦墓M11:9), 12. 长剑(益阳赫山庙M11:1), 13. 长剑(燕下都M44:59), 14. 长剑(宜昌前坪M23:9)

　전국시기의 철기 유형(類型)은 이 시기 철기의 사용 영역이 빠르게 확장되었고 사용 정도가 비교적 크게 향상되었음을 보여준다. 생산 영역에서 철기의 사용은 사회 생산의 여러 주요 영역까지 확장되었는데, 예를 들면 임목 벌채, 토공, 목공, 농경, 채광, 야주, 금속가공 등의 수공업 생산 활동에서 모두 철기를 사용하기 시작하였다. 또한 점차 이들 생산영역의 각종 노동 작업까지 깊이 파고 들었는데, 농업 생산 중의 개간과 토지 정리, 경

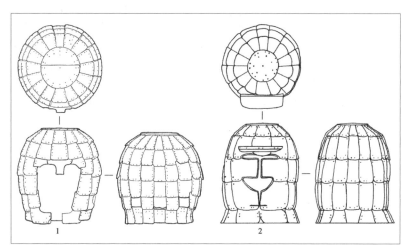

图 7. 战国时期的铁胄

1. 燕下都M44:2, 2. 燕下都YXD95H1:1

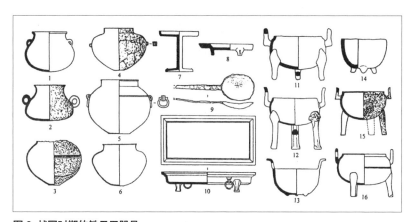

图 8. 战国时期的铁日用器具

1~2. 鍪(宁县西沟古城NXC:01、咸阳林院秦墓M4:7), 3~6. 釜(易县燕下都YXD72W:046、江陵纪南城JB4:30、荆门响铃岗J2:56、咸阳林院秦墓M11:1), 7. 豆形灯(咸阳林院秦墓M19:1), 8. 行灯(咸阳林院秦墓M4:6), 9. 勺(准格尔旗西沟畔M2:21), 10. 火盆(平山中山国王墓M1DK:64), 11~16. 鼎(长沙楚墓M102:2、长沙楚墓M249:2、巩义仓西M52:3、长沙楚墓M643:7)、(易县燕下都YXD66D:0243、大荔朝邑M204:1)

지 관리, 곡물 수확 등 각 부분에도 철기의 사용이 시작되었다. 군사 활동 영역에서도 각종 격투병기와 원사병기가 있을 뿐만 아니라 갑주 등 철방호 장비도 출현하였는데 공격에서 방어까지 각종 군사 활동 중에 철제품이 빠르게 청동제품을 대신하고 있었음을 설명한다. 거마구는 새롭게 출현한 철기 유형으로, 철기가 점차 청동거마구를 대체하기 시작하였고 교통운송 영역에 있어서 철기화 과정이 출현하기 시작하였음을 보여준다. 일상생활의 영역에서 음식의 조리, 의복의 방직은 물론 일상 조명과 의복, 신체의 장식 등에도 모두 철제품의 사용이 시작되었는데 일상생활에도 철기화 과정이 시작되었음을 보여준다.

철기 사용 영역의 빠른 확장으로 인해 철기의 사용자도 빠르게 사회 각 계층으로 확산되었다. 철기는 귀족 등 상층 사회에서의 사용도 계속해서 발전하는 동시에 사졸, 농경민에서 수공업 노동자, 건축공인 등에 이르기까지 모두 철기의 사용이 시작되었다. 당시 사회에서 철기는 더 이상 희소하고 귀중한 물품이 아니라 이미 흔하고 자주 사용되는 물품이었다. 『관자(管子)·해왕편(海王篇)』에 "이제 철관(鐵官)의 방법에 대해 말씀드리겠습니다 : 한 명의 여성은 반드시 침(鍼) 하나와 도(刀) 하나가 있어야 일을 할 수 있습니다 : 농사짓는 사람은 반드시 뇌(耒) 하나와 사(耜) 하나와 조(銚) 하나가 있어야 일을 할 수 있습니다 : 연(連), 초(軺), 연(輂)을 만들고 담당하는 사람은 반드시 근(斤) 하나와 거(鋸) 하나와 추(錐) 하나와 착(鑿) 하나가 있어야 일을 할 수 있습니다. 그렇지 않고 일을 이루는 자는 천하에 없습니다."라고 적혀 있다. 이 기록은 대체로 기원전 3세기 전국 후기 철기 사용 정황을 보여주는 것이다.

지적하고 싶은 것은 전국시기 철기 사용 영역, 사용 계층의 확장과 사용 정도가 점차 확대되면서 전국 후기에 이르러 초보적 보급에 도달하였지만 철기가 청동기와 비금속기를 대체하는 과정은 진척 중에 있었다. 따라서 전국시기 청동기와 비금속기는 비교적 많이 발견된다. 예컨대 낙양 중주로(中州路) 동주시기의 유적 중 적지 않은 철기가 출토되었을 뿐만 아니라 동시에 석골방기(石骨蚌器)도 출토되었는데 발굴자가 언급한 바와 같이 "상당한 수량의 방도(蚌刀)와 방겸(蚌鐮) 등 공구의 발견은 그것들이 당시 생산에 있어 상당한 중요성을 가지고 있었음을 보여준다(中國社科院考古硏究所 1959:35)". 산서 원곡(垣曲) 동관(東關) 전국시기의 유적에서 마찬가지로 석부(石斧), 석산(石鏟), 석분(石錛), 석겸도, 석질도, 각추(角錐), 각착(角鑿), 방산(蚌鏟), 방도 등 비금속공구 총 62점이 출토되었다(中國歷史博物館考古部 2001:433~469). 봉상(鳳翔) 팔기둔(八旗屯), 봉상 고장(高庄), 농현(隴縣) 점자(店子), 낙양 탑아파(塔兒坡), 장사 분수령(分水嶺), 후마교촌(候馬喬村), 휘현(輝縣)전국묘, 한단(邯鄲) 백가촌(百家村), 장사초묘 등 전국묘지에서 수량이 다른 동공구, 병기, 거마구와 일상용구 등이 출토되었는데 동부, 착, 거, 팔도, 삭도, 각도(刻刀), 검, 과, 모, 극, 월, 촉, 거마구, 부(釜), 대구, 속발기(束髮器) 등이 있다(白雲翔 2005:117~121). 전체적으로 보면, 전국시기 철공구의 사용은 동공구보다 많지만 동병기의 사용은 철병기보다 많고 일상생활 중에서도 동기가 철기보다 많다. 전국시기 전체적으로는 동기와 철기가 여전히 같이 사용되기는 하지만 철기의 사회적 사용은 빠르게 발전하여 철기가 점차 청동기를 대체하는 발전 추세가 나타났고 철기의 사회적 사용과 사회 작용이 빠르게 증대되었기에 중국 고대 철기화 과정의 신속 발전기라는 점은 매우 분명하다.

三. 철기화 과정의 초보적 실현

　중국 고대 철기화 과정의 초보적 실현은 기원전 3세기말~기원후 3세기초의 진한시기에 있는데, 기원전 221년~기원후 220년의 진, 서한, 신망(新莽)과 동한시기이다. 전국시기 철기화 과정의 신속한 발전을 기초로, 진한시기 400여년의 진일보한 발전을 거쳐 기원후 3세기에 이르러 철기화 과정이 초보적으로 실현되었다.

　이 시기 철기의 종류는 더욱 증가하였고, 철기 유형의 다양화, 전문화 추세는 더욱 증강되었다. 철제 목제 가공용구 중 주조제 공수부는 계속 존재하였으나 단공(鍛銎)철부, 분, 착이 점차 유행하였다. 횡공부가 점차 공수부를 대체하기 시작하였고 종장형, 제형, 선형(扇形), 장화형의 여러 종류의 형태가 출현하였다. 철거(鐵鋸)는 작은 톱에서 점차 가거(架鋸)와 특수한 기능을 가진 호형거(弧形鋸)로 발전해 나갔다. 철추(鐵錘)는 사릉추(四棱錘), 원주추(圓株錘)에서 타원형추와 추상추(錐狀錘)로 발전해 나갔다. 다치(多齒)구조의 철찬두(鐵鑽頭), 철좌(鐵銼), 전문적으로 땅을 파는데 사용되는 철산 등 신형의 공구가 출현하였다. 만곡한 삭도가 점차 감소하고 직선적인 삭도 특히 도신과 도병의 폭이 같은 직체삭도가 그것을 대신하였는데 철삭도가 구조적으로 이미 만체청동삭도의 구형식을 탈피했음을 반영한다.

　철제 토공농경용구 중 횡공궐이 빠르게 유행하였는데 형태가 더욱 다양해지고 구조도 더욱 합리적으로 되었다(도9). 직구삽(直口鍤)이 여전히 존재하였으나 요구삽(凹口鍤)이 더욱 유행하고 형태와 크기가 더욱 다양해 졌는데 그 용도의 다양성을 반영한다. 그 중 축력을 사용하여 끄는 운서(耘鋤)도 포함된다. 직병서(直柄鋤)는 곡병서(曲柄鋤)로 넘어가기 시작한다. 운서의 종류와 수량이 빠르게 증가하는데, 길이가 20cm를 넘지 않는 소형 운서가

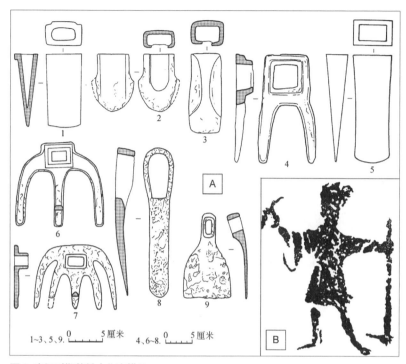

图 9. 秦汉时期的铁土作农耕具

A. 铁土作农耕工具 : 1~3. 竖銎镢(宜昌路家河T9⑤:1、桑植朱家台MWT92:9、朱家台MWT93:5), 4. 二齿镢(章丘东平陵故城DPL:0219), 5. 竖銎镢(临淄齐王墓K1:01), 6. 三齿镢(章丘东平陵故城DPL:0244), 7. 五齿镢(武夷山城村汉城T312:1), 8. 横銎镢(南阳瓦房庄T1①A:151), 9. 横銎镢(巩义新华M1:110)
B. 持镢图像拓本(渠县蒲家湾无名阙画像石)

있을 뿐만 아니라 길이가 40cm 이상 달하는 대형 운서도 있다. 또한 안장형과 능형(菱形)의 서경(鋤鏡)도 출현하였다. 파종에 사용되는 누화(耬鏵)도 출현하여 유행하였다. 수확공구 중 형태가 각기 다르고 크기 차이가 있는 편평하고 긴 형태의 겸도가 빠르게 유행하였고, 곱자형의 대교(帶骹)철겸도가 출현하였는데 철겸도 형태 구조의 큰 개량이 이루어졌다. 흙받이, 작살, 조침, 이지창 등 건축시공과 어업×수렵용구가 출현하였는데 철제 공구의 진일보한 전문화를 반영한다.

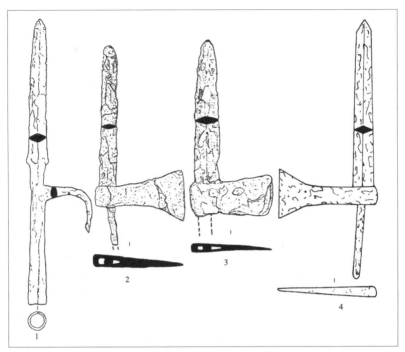

图 10. 秦汉时期的铁戟

1. 汉长安城武库遗址W&7:3:1, 2.郑州碧沙岗公园M13:2, 3. 郑州古荥镇GXZC:01 新乡玉门村 M1:22

　철제 병기와 무구 중 진과 서한 전기의 전체 길이 70cm 이상의 장검 특히 검경(劍莖) 길이 15cm 이상의 장경장검이 유행하였다. 서한 중기 이후 전체 길이 70cm 이상의 장도가 유행하였는데 점차 장검을 대신하여 상용 격투병기의 하나가 되었으며 당시 병기 유형과 형태 구조 변화에 있어 두드러지는 특징이 되었다. 모의 형태와 크기도 다양화되었다. 삼차극(三叉戟)과 복형극(卜形戟)도 계속 존재하는 동시에 검형자(劍形刺)와 갈고리형 원(援)이 결합된 구극(鉤戟), 검형자와 월형(鉞形) 원이 결합된 월극(鉞戟)(도 10) 및 갈고리와 추(推)를 결합시켜 일체로 만든 신형의 보조성 병기인 구양(鉤鑲)(도11)이 연이어 출현하였다. 철주(鐵胄)와 개갑(鎧甲)도 많이 발견되었

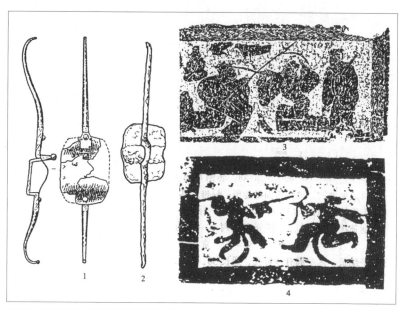

图 11. 秦汉时期的铁钩镶及使用情景图

1. 铁钩镶(鹤壁HBM:3), 2. 铁钩镶(洛阳小川村XCCM:B1), 3. 铜山小李庄苗山1号墓画像石,
4. 绥德黄家塔9号墓画像石

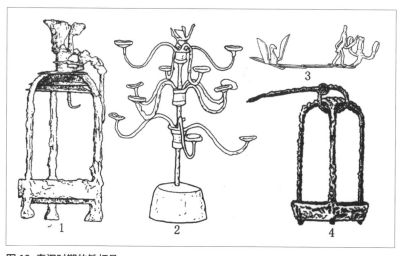

图 12. 秦汉时期的铁灯具

1. 提灯(洛阳烧沟M1035:61), 2. 多枝灯(烧沟M1035:113), 3. 灯架(三门峡华余M16:30), 4. 提灯
(南昌青云谱M1出土)

는데 구조와 형태는 다양하다.

철제 거마구 중 전국시기에 출현한 거강(車釭), 거간(車鐗) 등이 계속 존재하였고 거전(車軎), 거할(車轄), 거관(車輨) 등의 거마구가 새롭게 출현하였다. 또한 육각강, 팔각강이 유행하는 양식이 되었다. 낙마인(烙馬印)은 새롭게 출현하는 기물 종류 중 하나이다. 외치 톱니바퀴[棘輪]는 여전히 많고 기원후 1세기초의 신망시기에 정치 톱니바퀴[正齒輪]가 출현하였다.

철제 일상용구도 빠른 발전을 이루었다. 먼저 무(鍪)와 정(鼎)이 유행하였고 이후에 각종 형태의 부(釜)가 유행하였다. 또한 쌍이과(雙耳鍋), 번철[鏊子] 등 신형의 취사도구가 연이어 출현하였다. 남방지역에서는 부(釜) 종류의 취사도구를 지탱하는 삼족가(三足架)가 유행하였고 북방 초원지대에서는 쌍이복(雙耳鍑)이 유행하였다. 형태가 다양한 화로, 등구(燈具), 촛대, 진

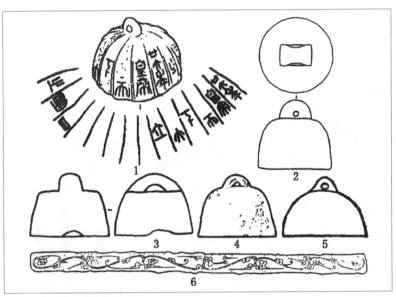

图 13. 秦汉时期的铁权与铁尺

1~5. 铁权(咸阳博物馆藏品、偃师白草坡T01②:B:1、广西兴安91T3:5、淅川M48:25、四川彭山出土), 6. 铁尺(满城汉墓M2:3065)

구(鎭具), 위두(熨斗) 등이 각지에서 유행하였다(도12). 새로 출현한 철제 일상용구에는 부삽, 집게, 차(叉), 젓가락, 자물쇠 및 거울, 족집게, 귀이개 등도 있다. 철제 가위는 서한시기에 출현하여 점차 유행하였다. 하지만 철대구는 크게 감소하였고 유형도 간략화되었다.

철화폐와 도량형기도 출현하였다. 철화폐 중 한초의 반량전(半兩錢), 서한과 동한의 오수전(五銖錢), 신망의 대포황천(大布黃千)과 대천오십(大泉五十) 및 무문전(無文錢)이 모두 확인된다. 철도량형기 중 수량이 비교적 많은 것은 철권(鐵權)이지만 철척(鐵尺)도 발견된 바 있다(도13).

상술한 철기 유형과 구조에 대한 간단한 서술 및 관련 고고학적 발견은 진한시기 철기의 사회적 사용 상황을 보여준다. 진한시기 청동농구가 완전히 소멸되었을 뿐만 아니라 청동 수공업공구도 매우 소수 확인된다. 기본적으로 각종 비금속 가공공구가 소멸하는 것은 두말할 필요도 없다. 사회 생산 영역에서 철기가 이미 청동기 및 각종 비금속기를 완전히 대체하였으며, 철생산공구의 전문화 추세가 빠르게 증강하였음을 말한다. 청동병기는 계속해서 존재하지만 그 종류와 수량에 관계없이 이미 모두 철병기, 무구와 함께 논할 수 없는데 군사활동 영역에 있어 철기가 청동기를 대체하는 과정이 기본적으로 이미 완성되었음을 보여준다. 거마구 중 철기와 청동기가 동시에 존재하고 동시에 사용되었는데 교통운송의 영역에서 철기의 사용은 아직 발전 과정 중에 있다. 일상용구 중 비철제의 기타 각종 재질의 일상용구의 종류가 더 많고 수량도 더 많기는 하지만 철기의 종류와 수량이 빠르게 증가하였고 철제품으로 사용하기 가장 적합한 용구 중 모두 철기를 사용하기 시작하였다. 철화폐의 출현이 중국 전통 청동주조화폐의 발전 과정 중 일종의 "기형"이고 철도량형이 각종 재질의 도량형기 중에서도 겨우 "한 자리"를 차지할 뿐이지만 그들의 출현은 철기의 사용이 이미 상품유통 영역까지 깊이 파고 들었음을 보여준다. 진한시기 철기의 사회적

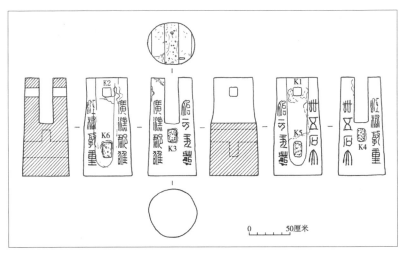

图 14. 四川广汉出土西汉铁 "雒河桥墩"

사용이 이미 사회 생산과 사회생활의 각 영역까지 확장되고 사회적 생산과 군사활동 영역에서 철기의 사용이 이미 상당히 보급되고 광범위해진 것은 분명하다. 진한시기 철기의 사회적 사용의 발전은 아래의 여러 방면에서도 나타난다.

대형 철건축부재의 주조와 사용 : 사천 광한시(廣漢市) 석정강(石亭江)대교에서 발견된 철 "낙강(雒江)교각"은 전체가 대체적으로 원주상을 보이며 직경 55.1cm, 높이 110cm, 중량 1.38톤이다(도14). 표면에는 "广漢郡雒江橋墩重四十五石太始元年造"이라는 양각의 전서(篆書) 명문이 주조되어 있는데, 그 연대는 기원전 96년 한무제 태시원년(太始元年)이다(李映福 등 2015). 이것은 지금까지 발견된 것 중 연대가 가장 이른 대형 건축부재이다. 이러한 종류의 철부재는 서안시 북교 위하(渭河) 다리 근처에서도 발견된 바 있는데 그 중 한점은 길이 120cm, 직경 48cm, 중량 1.1톤이다.

건축 시공 중 철금속의 사용 : 하북 만성한묘(滿城漢墓) 2호묘의 묘문은 전(磚)과 쇳물로 주조한 "전장철벽(磚墻鐵壁)"이다. 즉 묘문을 막는 두 전벽

사이에 쇳물을 부어 양쪽은 전벽이고 중간은 철벽인 "전장철벽"을 형성하였다. 만성1호묘의 묘문도 이와 같다. 양 묘의 연대는 기원전113년 전후의 서한 중기이다.

철제 모형 명기(明器)의 출현과 유행 : 한 경제(景帝) 양릉(陽陵) 총장갱(叢葬坑)에서는 도용(陶俑)의 몸에 패용된 420여 점의 철검, 모, 극, 촉 등 모형 병기가 출토되었다. 동시에 출토된 366점의 철분, 착, 거, 직구삽 등의 생산공구 중 절대다수는 "제작이 뛰어나고 각 부분이 진짜처럼 완전하지만" 형태와 크기가 작을 뿐이다. 따라서 실용기가 아니고 전문적으로 매장에 사용된 모용명기이다(陝西省考古研究所漢陵考古隊 1992,1994). 유사한 철모형명기가 만성한묘, 영성(永城) 시원한묘(柿園漢墓), 낙양 소구한묘(燒溝漢墓) 등지에서도 발견되었다. 이로부터 기원전 2세기초 서한 조기부터 시작하여 철이 이미 명기로 제작되어 상장(喪葬) 활동에 사용되었으며 철제 모형명기의 서막을 열었음을 알 수 있다.

진한시기 철기를 사용한 사람들은 이미 위로는 황제×왕×귀족에 이르고 아래로는 평민×백성에 이르러 사회 각 계층으로 확산되었다. 전체적으로 보면, 생산공구와 병기무구의 전면 철제화와 일상생활용구의 초보적 철기화에 따라 철기의 사용도 교통운송, 상품유통, 건축시공, 상장활동 등의 영역으로 한층 더 확장되었고 사용 정도도 한층 더 향상되어 진한시기 점차 철기화 과정의 초보적 실현에 도달하였다.

四. 철기화 과정의 전면 실현

기원후 3세기부터 중국 고대 철기화 과정이 점차 전면 실현의 역사 단계

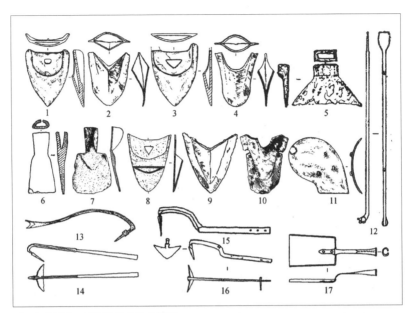

图 15. 宋辽金元时期的铁土作农耕具

1~4. 犁铧(吉林抚松K:16、北京顺义大固现村C:01、抚松K:17、顺义大固现村C:02), 5. 锄(内蒙古伊金霍洛旗C:02), 6. 铲(辽宁康平后刘东屯辽墓出土), 7. 铲(吉林德惠F1:13), 8~10. 犁铧(辽宁岫岩ST③:6、北京房山焦庄村C:01、焦庄村C:02), 11. 犁镜(抚松K1:26), 12. 铲(江苏扬州YCM:31), 13~16. 锄(伊金霍洛旗C:01、房山焦庄村C:02、焦庄村C:03、顺义大固现村C:03), 17. 铲(辽宁朝阳姑营子辽墓M3:23)

에 진입하였고 19세기 근대사회의 도래에 이르렀다. 1천년간 역사 흐름 중에 철기는 사회 생산의 각 영역, 군사 활동 및 사회 일상생활의 각 방면에서 더욱 광범위하게 사용되었고 그 "실용도"는 더욱 과학적, 합리적이게 되었다. 철기의 유형 및 그 구조로 말하면, 한편으로는 각종 철생산공구, 병기무구, 일상용구의 진일보한 전문화이고(도15~도18), 다른 한편으로는 시대의 변화와 사회역사문화의 변천에 따라 약간의 새로운 철기 종류가 출현하여 유행하고 철기의 사회적 사용이 더욱 확산되고 심화되는 것이다. 여기에서는 요점을 선별하여 서술하겠다.

철등자의 출현과 유행 : 등자는 마구의 일종으로, 기병이 전투하는데 매

图 16. 北朝时期的铁鍑

1. 辽宁北票喇嘛洞M217:1, 2. 内蒙古乌审旗郭家梁村M3:3, 3. 喇嘛洞M49:18, 4. 辽宁北票冯素弗墓出土于, 5. 新疆罗布泊北部库鲁克山出土, 6. 辽宁朝阳七道泉子北魏墓出土, 7. 辽宁喀左草场乡于杖子出土, 8. 内蒙古乌审旗北魏窖藏, 9. 大同迎宾大道M76:8

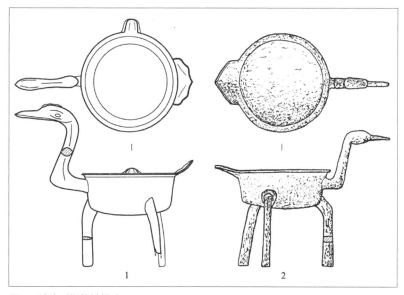

图 17. 隋唐时期的铁鐎斗

1. 带流鐎斗 (昌平沙河唐墓M112:5), 2. 无流鐎斗 (北京亦庄唐墓M25:14)

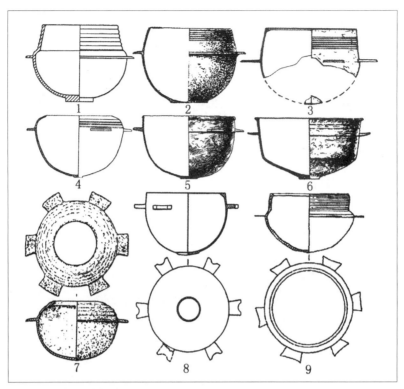

图 18. 宋辽金元时期的铁釜

1. 吉林抚松K:15, 2. 吉林和龙金代窖藏, 3. 吉林敦化敖东城遗址02DAF1:75, 4. 河北廊坊安次区近代遗址出土, 5. 北京通州东门外辽代遗址出土, 6. 北京怀柔上庄村出土, 7. 大同辽墓M1:14, 8. 大同金代徐龟墓M:21, 9. 辽宁新民法哈金代窖藏出土

우 중요하며, 기병과 전마를 한데 잘 결합시킨다. 고대 중국에서 등자는 기원후 4세기초의 서진시기에 가장 먼저 출현하는데, 가장 이른 것은 삼각형의 단등(單鐙)으로 목심의 바깥을 동판으로 감싸 만들었다. 예를 들어 요령 북표(北票) 풍소불묘(馮素弗墓 415년), 집안지역의 고구려묘 등에서 출토된 등자가 모두 이러하다(楊泓 1986:101). 기원후 5세기 철등자가 출현하기 시작하는데 영하 고원(固原) 북위묘와 요령 환인 오녀산성 등지에서 이미 발견되었다(李映福 등 2019:188). 기원후 6세기 이후 철등자가 유행하였으며

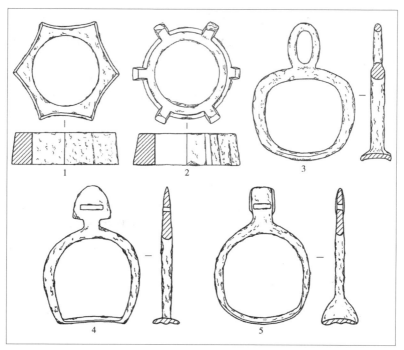

图 19. 隋唐时期的铁承(车钏)与铁马镫

1. 六角承(隋唐洛阳城衙署区砖瓦窑Y3:32, 2. 多齿承(隋唐洛阳城衙署区砖瓦窑Y3:30), 3~5.
马镫(隋唐洛阳城衙署区砖瓦窑Y3:34、隋唐洛阳城宫城圆璧城GT817③:7、圆璧城GT817③:8)

(도19), 수당 및 그 이후의 무덤에서도 자주 발견된다(白雲翔 2017).

철구장개(鐵具裝鎧)의 한시 유행 : 구장개는 말의 개갑을 가리킨다. 중국
고대의 전마의 방호장비는 동한 말년에 가장 먼저 출현하였는데 당시에는
주로 피혁으로 제작하였으며 형태가 단순하였다. 기원후 4세기의 십육국
시기 및 남북조시기에 이르러 구장개가 유행하였고 계속해서 피혁으로 제
작하는 동시에 철제 구장개가 출현하였다. 철구장개의 실물은 요령 북연
풍소불묘, 요령 북표시 라마동(喇嘛洞) 삼연묘지의 ⅠM5호등에서 발견되
었는데(白榮金 2008:287~304) 그 중 라마동ⅠM5에서 출토된 철구장개는 마
주, 마경갑, 마흉갑, 마신갑과 고갑[搭後]으로 구성된다. 구장개는 비록 전

마의 방어에는 유리하지만 그 중량이 무거워 전마에 부담을 주게 되고 기병의 날렵하고 쾌속한 우세를 발휘하는데 불리하였기에 6세기 말엽 이후 소멸하였다.

대형 공사의 철주조물의 주조와 사용 : 일찍이 기원전 1세기초의 서한 중기에 이미 대형 철건축부재가 출현하였고(德陽市文物考古研究所 등 2015), 기원후 8세기초의 당대 중기에 이르면 대형 토목공사의 철주조물이 출현하였다. 가장 대표적인 것이 산서 영제현(永濟縣) 포진도(蒲津渡)의 철우(鐵牛), 철인(鐵人), 철주(鐵柱) 등이 있다. 포진도유적은 산서 영제현 고포주성(古蒲州城) 서문 밖의 황하 동안에 위치한다. 당 개원(開元) 20년(724년) 이전 부교(浮橋)의 다리 줄을 쇠사슬로 바꾸고 나무말뚝을 철우로 바꾸었다. 고고 발굴을 거쳐 당대에 주조된 철우 4개를 정리하였고, 소의 옆에는 소를

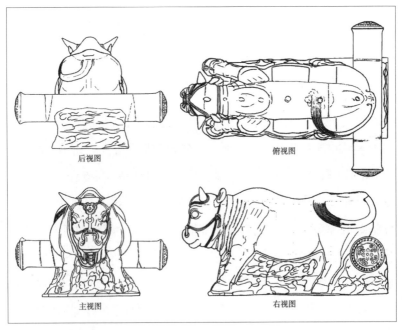

图 20. 山西永济蒲津渡唐代铁牛(1号)

끄는 철인이 각각 서 있다. 철우의 형체는 매우 크고 조형은 힘차고 강건하다. 신장 약 300cm, 폭 약 110cm, 높이 약 150cm, 매 중량은 45~75톤으로 다르고, 꼬리 뒤에는 각각 직경 약 40cm, 길이 220cm의 횡축이 있다(도20). 철우는 주철 기좌(基座) 위에 있고 기좌 아래에 각각 6개의 직경 40cm, 길이 360~380cm의 철 고정주가 경사지게 지하로 박히는데 기능은 철닻[鐵錨]과 같다. 소를 끄는 철인은 조형이 생동감 있고 웅건하며 힘이 있는데 지표 위의 사람의 상은 높이 185~203cm이고, 다리 아래에 각각 연결된 직경 30cm, 길이 140cm의 철말뚝은 지하에 파묻혀 있다. 4개의 철우 사이에는 남북으로 배열되고 가운데가 비어있는 철산(鐵山) 2개가 있고 또 4개의 저부 직경이 40~50cm, 높이 50~110cm, 중앙에 원형 구멍이 있는 원주형 철돈(鐵鐓)이 있다. 이 대형의 철주조물군은 총 중량이 300톤 이상으로 고대 세계에서 매우 희소한 것이다(山西省考古研究所 2013:50~70). 송대 이후 대형 공사주조물은 나날이 증가하였고, 진용(鎭龍), 진수(鎭水), 수해 방지와 복을 기원하고 액막이를 하는 등에 자주 사용되었다. 예를 들면 호남 다릉미강(茶陵洣江) 강변 진수에 사용된 소정(紹定) 연간(1228~1233년)에 주조된 철코뿔소 등이 있다(李映福 등 2019:251~252).

철탑의 출현과 유행 : 철탑은 불교의 중요 건조물로, 불교사원과 불사 활동에서 중요한 의의를 가진다. 불교가 중국에 전해짐에 따라 목탑, 전탑과 석탑이 출현하였다. 철탑의 주조는 당대에 시작되었는데 오대~송대(907~1279년)에 나날이 활발해졌고 명청시기에 이르기까지 계속해서 건조되었다(張劍葳 2015:43~218). 현존하는 실물 철탑 중 광주 광효사(光孝寺) 서철탑과 동철탑은 각기 남한(南漢) 대보(大寶) 6년(963년)과 대보 10년(967년)에 주조되었는데 모두 평면이 방형을 보이는 방전누각형(仿磚樓閣型) 철탑이다. 표면에는 불감(佛龕)이 촘촘히 분포하며, 그 중 서철탑에 3층이 잔존하는데 잔고 360cm이고 철수미좌(鐵須彌座)의 한변 길이는 157cm이다.

호북 당양(當陽) 옥천사(玉泉寺) 철탑은 송 가우(嘉祐) 6년(1061년)에 건조되었는데 방목누각형(仿木樓閣型) 철탑으로, 탑고 13층, 높이 약17m, 탑신 평면은 8각형이다. 탑신은 면을 사이에 두고 곤문(壺門)을 뚫었으며 문 양측에는 각각 하나의 보살상이 서있다. 요성(聊城) 융흥사(隆興寺) 철탑은 구조가 개량된 방목누각형 철탑으로, 12세기 전후의 송대에 처음으로 주조되었을 가능성이 있고 명대 성화(成化) 2년(1466년)에 되세웠다. 철탑은 방형 석조 수미좌 위에 만들어졌는데, 철주(鐵鑄) 탑신은 평면 팔각형이다. 원래는 13층이었으나 현재는 12층만 남아있고 현존 높이는 15.5m이다(張劍葳 도3-24). 이와 유사한 방목누각형 철탑은 송대에 처음 만들어져 명대에 다시 보수하여 세운 제녕(濟寧) 숭각사(崇覺寺) 철탑 등이 있다.

철종교법기 및 종교 예술품의 출현과 유행 : 철경당(經幢), 불조상, 철종, 향로와 지궁철함(地宮鐵函) 등이 포함된다. 불교는 기원후 1세기초의 동한 조기에 중국에 전해지기 시작하였고 4세기초의 북위 초년에 동주조불상을 사용하기 시작하였으며 수대 초년의 개황(開皇) 연간(581~600년)에 철주불상이 출현하기 시작하여 이후에 유행하였다. 당대 및 그 이후의 철주불상은 많이 남아 있다. 예를 들면, 태원 개화사(開化寺)의 2기 철주불상은 하나는 좌불이고 다른 하나는 가섭제자상인데 그 주조연대는 대체로 초당(初唐)의 고종(高宗) 말년에서 무주(武周)시기(680~704년)이고 현재까지 보존이 가장 완벽하고 연대가 가장 이른 철불상이다. 산서 임분(臨汾) 대운사(大雲寺) 당대 철불두(鐵佛頭)는 높이 약6m, 직경5m, 중량이 10톤에 다다른다(白雲翔 2017). 이외에 서안에서 발견된 당대 철미륵불 좌상, 절강 호주(湖州) 철관음 입상, 복주(福州) 송대 철미륵불 좌상 등이 있다(李映福 등 2019:252~253). 불교와 관련된 철주조물은 호북 당양 옥천사의 큰 철가마[鑊]도 있는데 원형의 심복에 저부에는 4개의 나체 역사(力士) 형상의 다리가 있다. 전체 높이 87.5cm, 구경 157cm, 복심(腹深) 60cm이고 수 대업(大

業)11년(615년)에 주조되었는데 현재까지 형체가 가장 크고 연대가 가장 이른 사원용 철가마이다. 호북 상덕(常德) 건명사(乾明寺)의 당대 철당(鐵幢)은 생철(生鐵)로 주조하였는데, 원주형으로 7층으로 나뉘며 총 높이는 약5m이고 저부 직경은 80cm이다. 그 주조 연대는 당 의종(懿宗) 함통(咸通)연간 (860~874년) 경이다. 운남 미도현(彌渡縣) 채장철주묘(蔡庄鐵柱廟) 중전(中殿) 의 원형철주는 "남소철주(南詔鐵柱)" 혹은 "천존주(天尊柱)"로 불리는데, 주의 높이는 330cm, 원주 105cm이고 당 의종 함통13년(872년) 남조(南詔)에서 주조된 것이다(白雲翔 2017). 송대 이후 철종, 철향로 등이 출현하여 유행하였다(王福諄 2016).

종교 활동과 관련된 주철예술품은 인물상, 사자상 등이 흔하게 보인다. 주철 인물상은 송대에 출현하여 대다수 무사 형상으로 소조(塑造)되었다. 등봉(登封) 중악묘(中岳廟) 고신고(古神庫) 네 모서리 각각에 "수고철인(守庫鐵人)" 무사상이 있는데 매 상의 높이가 2.52~2.65m이고 중량은 약1.5톤이다. 송 영종(英宗) 치평(治平) 원년(1064년)에 주조되었다. 태원 진사(晉祠) 금인대(金人臺)의 네 모서리 각각에 북송시기에 주조된 높이 약2.2m, 몸에는 개갑을 입은 철인상이 있는데, 진수(晉水)의 근원을 영원히 보호한다는 뜻이 있다. 고대에는 사자가 문을 보호하는 서수(瑞獸)로 인식되었다. 현존하는 가장 큰 철사자는 하북 창주고성(滄州古城) 내의 철사자로, 연화좌(蓮花座)를 지고 있는데 높이 5.4m, 중량 29.3톤이다. 오대 후주(後周) 광순(廣順) 3년(953년)에 주조되었다. 유사한 철사자는 태원 진사에 6쌍 12기가 현존하는데 그 중 한 쌍은 북송 정화(政和) 8년(1118년)에 주조되었다. 등봉 중악묘에는 2쌍 4기의 금대 철사자가 현존하며 석가장(石家庄)에는 1기의 금대 철사자가 현존한다(李映福 등 2019:252~253).

철상장(喪葬)전용물품의 풍부함과 다양함 : 전문적으로 상장활동에 사용되거나 부장에 사용된 철제 상장전용물품은 일찍이 서한시기에 철모형명기가 출현하였고 동한시기에도 매지권(買地券)이 출현하였으며 수당시기에 철제 십이지신용과 동물용 등이 새로이 출현하여 계속되었다. 예를 들면, 십이지신용은 전문적으로 부장에 사용된 십이지신이다. 언사(偃師) 행원(杏園)2603호 당묘에서 1세트 12점이 출토되었는데 모두 수면인신(獸面人身)으로 높이는 26cm이다. 두부는 각각 자서(子鼠/쥐), 축우(丑牛/소), 인호(寅虎/호랑이), 묘토(卯兎/토끼), 진용(辰龍/용), 사사(巳蛇/뱀), 오마(午馬/말), 미양(未羊/양), 신후(申猴/원숭이), 유계(酉鷄/닭), 술구(戌狗/개), 해저(亥猪/돼지)의 형상을 주조하였다. 신체는 문관용(文官俑)의 형상으로 주조하였는데, 몸에는 소매가 넓은 장포를 입고 공수(拱手)하며 서있으며 다리에는 여의(如意) 장화를 신고 발 아래에는 받침대가 없다(中國社科院考古硏究所 2001:145). 철동물용은 낙양 홍산(紅山)당묘, 행원당묘 등에서 모두 발견되었다. 철매지권은 봉상 수당묘, 언사 행원당묘 등에서 발견되었다.

병기무구 방면에서 각종 장병대도, 장병월형부와 골타(骨朶) 등 시대적 특징을 가진 신형 철병기 및 철갑주가 출현, 유행하는 동시에 화약의 발명과 사용에 따라 송대 이후 철제의 화병기가 잇따라 출현하였다. 예를 들면 철화포, 철화통, 철조총과 철홍의포(紅衣炮) 등이 있는데 철제화기가 역사 무대 상에 등장하여 냉병기(冷兵器)와 함께 사용되었다. 개갑류 방호장비는 화기의 확대 사용에 따라 점차 전쟁의 무대에서 사라져 근대에 이르렀다(楊泓 2005:221~270). 여기에서 더 자세히 기술하지는 않겠다.

전체적으로 보면, 기원후 3세기 이후의 일천여 년간 철기는 사회 생산, 군사 활동과 일상생활에서 보편적으로 사용된 동시에 공사 건설, 종교 활동과 상장활동 등 영역에서의 사용이 한층 더 확장되었다. 철기의 사회적 사용이 더욱 심화되었고 철기의 예술성 표현이 강해져 중국 고대의 철기화 과정이 최종적으로 전면 실현되었고 철기문화도 전면적으로 성숙했다.

여기에서 지적이 필요한 것은 철기화 과정의 전면 실현이 "철기가 다른 재질의 용구를 전부 대체하는 것을 의미하지 않는다. 용구의 기능적 요구가 달랐기에 다른 재질을 선택하여 제작하였다. 그리하여 경제적 조건 하에 용구가 그 기능을 발휘할 수 있게 하였고 자연계의 다른 재질의 다른 성능을 더 효과적으로 이용하였는데 '재료에 따른 실용' 혹은 '기물에 따른 재료의 선택'이라 할 수 있는 조화로운 발전이다(白雲翔 2005:291)." 중국 고대 철기화 과정의 전면 실현의 표지는 사회 생산과 사회생활의 실제적 필요에 근거하는 동시에 철과 기타 금속 및 비금속 재료의 특징, 자연 존재도, 진귀하고 희소한 정도, 획득 난이도 등에 근거하여 철기의 사용이 최적화된 영역에서 철기가 보편적으로 사용되고, 철기가 사용되거나 기타 금속기 및 비금속기가 사용되는 모든 영역에서도 철기를 사용할 수 있는 상태에 도달한 것이다. 실제로 철기화 과정의 전면 실현의 흐름 중 사회 생산과 사회 활동의 많은 영역에서 철기와 기타 금속기 특히 동기가 시종 동시 병존, 동시 병용되었는데 각자 점하는 비중이 다를 뿐이다. 예를 들면, 일상생활 영역에서 철경과 동경이 오랜 기간 병존하였으나 동경은 시종 주류를 점하였다. 종교 활동 중 불상과 법기 등도 철제품과 동제품 및 비금속제품이 병행하였으나 동제품이 철제품보다 훨씬 많았다. 상장활동에서 모형명기와 용류(俑類)제품 중 철제품 역시 동제품 및 도자제품과 오랜 기간 병존하였으나 수량이 가장 많고 가장 흔한 것은 도자제품이었다.

五. 맺음말

상술한 중국 고대의 철기화 과정은 발단부터 전면 실현까지 간단명료히 기술하였고, 중국 고대의 철기화 과정의 발전 궤적과 기본 규칙을 초보적으로 명시하였다. 철기의 종류와 구조는 처음에는 동(혹은 옥, 금)철복합제의 병기와 수공업 공구이고 이후에 완전한 철제품이 출현하였으며, 토공농경구, 일상용구, 거마구, 상장용품과 종교용품 등이 연이어 출현하였다. 이로부터 철기가 가장 먼저 군사활동과 수공가공활동에 사용되었고 그후 점차 토공농경, 수공업생산, 일상생활, 교통운송, 상품유통, 공사건설, 상장활동과 종교 활동 등의 영역으로 확장되었음을 반영한다. 철기는 사회 생산과 군사 활동 중 결국 보편적으로 사용되었지만 기타 영역에서는 어느 정도만 사용되었다. 그래서 철기의 제작에서 처음으로 강조된 것은 그 실용성이며 이후 종류의 증가와 사용 범위의 확대에 따라 그 예술 표현이 점차 증대되었다. 이와 상응하여 철기를 사용하는 사람들은 처음에는 귀족 등 사회 상층에 한정되었는데 이후 사회 각 계층으로 점차 확대되었다. 이것이 바로 중국 고대 철기문화 진보의 전체 맥락과 기본 궤적이다.

지적하고 싶은 것은 중국 고대 철기화 과정이 결코 독립적인 것이 아니라 강철기술의 진보와 철기공업의 발전과의 상호작용 속에서 진보했다는 점이다. 예를 들면 서주 만기의 괴련삼탄강기술의 발명은 괴련철의 실제 사용을 촉진하였고 춘추 조기 액상의 생철 제련기술의 출현은 토공농경구 및 철용기 등의 주조가 가능하게 하였다. 춘추 후기의 주철탈탄기술과 주철탈탄강기술의 발명 및 주철가단화열처리기술의 진보는 액상 생철 재료의 가공에 사용되는 단조기술 및 단조와 주조기술의 결합 운용으로 광활한 미래를 열게 되었다. 따라서 주철기와 강(鋼)제품의 생산과 확대 사용이 가속되었다. 전국 중기 "단공기법"의 출현과 사용은 야철업이 결핍되거나 덜 발달된 지역에서의 철기의 제작과 사용을 크게 촉진하였고 철기 형태의 다양화와 구조의 복잡화에 기술적 조건을 제공하였다. 또 전국시기 철기의 확대 사용과 철기화 과정의 빠른 추진은 당시 야철업 관영(官營)과 사영(私營)이 함께 행해진 배경 하에 철기 공업도 급속히 발전한 것이 기초가 된 것이다. 서한 중기 이후 "염철관영(鹽鐵官營)"의 배경 하에 철기 공업의 대규모 발전은 동한 말기 철기화 과정의 초보적 실현을 가능하게 하였다. 의심의 여지없이 철기화 과정으로 대표되는 철기사용문화는 강철기술문화와 철기공업문화의 상호 제약, 상호 촉진 중에 발전 변화한 것이다. 철기사용문화, 강철기술문화와 철기공업문화 삼자 간의 상호작용과 변화 발전은 철기문화 전체와 그 진보의 그림을 함께 구성한다. 그렇기 때문에 중국 고대의 철기화 과정은 중국 고대의 철기 문화와 그 진보의 역정(歷程)을 크게 반영한다.

참고문헌

白荣金 외, 2008, 『甲胄复原』 大象出版社.

白云翔, 2002, 「我国青铜时代农业生产工具的考古发现及其考察」 『农业考古』第3期, pp.166~171.

白云翔, 2004a, 「中国的早期铁器与冶铁的起源」 『桃李成蹊集——庆祝安志敏先生八 十寿辰』 pp.298~310, 香港中文大学出版社.

白云翔, 2004b, 「"美金"与"恶金"的考古学阐释」 『文史哲』第1期, pp.54~57.

白云翔, 2005, 『先秦两汉铁器的考古学研究』 科学出版社.

白雲翔, 2010, 「中国古代鉄器の起源と初期の発展」 『東アジアの古代鉄器文化』 pp.23~45, 雄山閣.

白云翔, 2015, 「中国鉄器工業考古学における若干の問題とその再認識」 『中国考古学』第十五号, pp.7~22, 日本中国考古学会.

白云翔, 2017, 「隋唐时期铁器与铁器工业的考古学论述」 『考古与文物』第4期, pp.65~76.

白云翔, 2019, 「秦汉时期的铁器与铁器工业」 『秦汉考古与秦汉文明研究』 pp.270~306, 文物出版社.

陈建立, 2014, 『中国古代金属冶铸文明新探』 科学出版社.

德阳市文物考古研究所等, 2015, 「四川广汉市发现西汉纪年铁"雒江桥墩"」 『四川文物』第5期.

韩汝玢 외, 1999, 「虢国墓出土铁刃铜器的鉴定与研究」 『三门峡虢国墓』 pp.559~573, 文物出版社.

李映福 외, 2015, 「四川广汉石亭江汉代铁桥墩相关问题研究」 『考古』第9期, pp.101~113.

李映福 외, 2019, 『中国古代物质文化史』 开明出版社.

山西省考古研究所, 2013, 『黄河蒲津渡遗址』 科学出版社.

陕西省考古研究所汉陵考古队, 1992, 「汉景帝阳陵南区丛葬坑发掘第一号简报」 『文物』 第4期.

陕西省考古研究所汉陵考古队, 1994, 「汉景帝阳陵南区丛葬坑发掘第二号简报」 『文物』 第6期.

王福谆, 2016, 「我国古代大型铸铜和铸铁文物的发展与现况」 『铸造设备与工艺』 第1期.

杨　泓, 1986, 『中国古兵器论丛』(增订本), 文物出版社.

杨　泓, 2005, 『中国古代兵器通论』 紫禁城出版社.

张剑葳, 2015, 『中国古代金属建筑研究』 东南大学出版社.

中国科学院考古研究所, 1959, 『洛阳中州路(西工段)』 科学出版社.

中国历史博物馆考古部, 2001, 『垣曲古城东关』 科学出版社.

中国社会科学院考古研究所, 2001, 『偃师杏园唐墓』 科学出版社.

종합토론

- 일시 : 2020.10.31(13:30~16:00)
- 장소 : 국립김해박물관 대강당

이남규 : 안녕하십니까. 토론 좌장을 맡은 한신대학교 이남규입니다. 이번 토론의 경우 한 분의 토론자께서 여러 발표자께 질문하는 방식입니다. 먼저 창원대학교 남재우 선생님부터 질문 부탁드립니다.

남재우 : 반갑습니다. 가야에서 철을 강조하지만, 문헌에 나타나는 현상은 드뭅니다. 저는 문헌을 전공하기 때문에 철에 대한 지식은 일천합니다. 가야 사회에서 철이 차지하고 있는 역할이 많습니다. 특히 사회발전에서 철이 가지고 있는 역할이 중요합니다. 저는 발표문을 읽고 제가 이야기할 수 있는 부분에 대해 간략한 언급을 하는 것으로 토론을 대체하도록 하겠습니다.

첫 번째로 김일규 선생님께 질문하겠습니다. 가야사 시대구분과 관련하여 3세기 말 이후부터를 금관가야의 시작으로 보는 설이 있습니다. 김일규 선생님께서도 똑같은 입장에서 그와 같은 말씀을 하시고 있습니다. 3세기대의 가야, 전기가야에서 변한, 목곽묘 단계 제철기술을 이어받아서 금관가야로 발전한다는 언급들을 보면 계승성을 고려할 때 굳이 우리가 4세기대, 3세기 말 이후를 가야의 시작으로 이야기하는 것이 오래된 논쟁이지만, 맞을까하는 생각이 듭니다. 그래서 저는 일반적으로 문헌에서 이야기하고 있는 기원을 전후한 시기를 가야사의 시작으로 봐도 크게 문제가 되지 않을 것으로 생각합니다.

두 번째로 김양훈 선생님께 질문하겠습니다. 최근 이도학 선생님께서 '국출철(國出鐵)은 진한이다.'고 하셨는데 삼국지 기록을 보면 진·변한이 나뉘어 있지 않은 것 같은 느낌이 큽니다. 그래서 굳이 국출철의 주체를 진한으로 이야기하는 것은 문제가 있다고 생각합니다. 발표자의 주장처럼 진·변한 모두에게 해당하는 것으로 이해하는 것이 타당하다는 생각이 듭니다.

두 가지 정도의 의문은, 최근에 창원 석동에서 고분군들이 조사 되고 있습니다. 이와 관련하여 발표자는 4세기 후반 5세기 전반 석동 집단의 철기 생산 및 유통이 가락국 수장층 지배하에 운영된 것으로 추정하고, 특정 계층이 철정을 독점하지 않는 것에 대하여 특정 수장층의 독점에서 벗어나 주변부의 다양한 세력이 참여하는 생산과 유통체계가 구축되었을 가능성을 언급하고 있습니다.

이 부분과 관련하여 석동집단을 가락국 지배에 있었던 집단으로 볼 수 있는지, 그렇다면 4세기대 이후에 일반적으로, 탁순국의 위치에 대한 다양한 논의들이 있지만 요즘 대체로 탁순국을 창원으로 보는 경향이 짙어져 가고 있으므로, 과연 탁순국과의 관계는 어떻게 되는지 궁금합니다. 그래서 가야 시기를 지금까지는 각 나라 중심으로 생각해왔지만 그런 나라들이 하나의 대규모로, 신라나 백제처럼 통합되지 않았던 이유를 지역이 가지고 있는 조건들 속에서 그들 나름의 다양한 형태의 정치집단들이 존재하는 것으로 보려고 노력해야 하지 않을까 생각합니다.

지금까지 가야사를 연구하는 사람들 대부분이 중심지를 중심으로 거기서 영역의 확대를 이해하고 고대국가의 발전으로 보는 경향이 다수였습니다. 이제는 그것을 극복해야 하지 않을까 생각합니다. 항상 김해, 대가야 아니면 아라가야 중심으로 연구해왔던 경향보다 사이사이에 존재했던 정치집단들의 존재를 인식하고 특히 이번 석동집단과 바닷가에 위치에 있었던 대규모의 집단들과 김해의 관련성을 연구하는 것이 중요하지, 김해세력이라고 단정 짓는 것은 문제가 있다고 생각합니다.

다음으로, 발표문을 보면 '4세기 전반의 안라국, 탁순국의 철, 철기 생산체제는 가락국의 강력한 시스템 통제로 인하여 낮은 수준에 머물렀지만 4세기 후반 이후 백제·가야지역의 교섭을 통해 한층 발전된 것으로 추정하였다.'라는 내용이 있습니다. 그런데 지금까지 가야사를 연구하는 학자들 대부분은 전기 가야와 후기 가야에 대하여 전기 가야는 가락국을 중심으로, 후기 가야는 대가야를 중심으로 이야기를 해왔습니다.

그런데 가야의 발전 모습들은 다양합니다. 특히 철기의 문제에서 함안의 경우 제 생각에는 가락국과의 관계가 아닌 함안 내에서 안라국 자체에서 가지고 있는 주요 산업이 다를 수 있습니다. 예를 들어 가야는 내부에서 전쟁이 일어나지 않습니다. 그래서 철기보다 그들이 가지고 있는 조건 속에서의 생산력이 다른 것일 수도 있습니다. 굳이 보편화시켜 신라나 백제, 고구려에 대비하여 이해하는 것은 문제가 있다고 생각합니다. 오히려 4세기대 안라는 철기보다 토기에 관심을 더 많이 둔 것을 국가의 경쟁력, 생산력으로 보는 것이 옳지 않을까 생각합니다.

사실 저는 김상민 선생님의 내용을 잘 모릅니다. 그런데 발표문에서 가야와 신라를 비교하고 특히 '신라는 국가 단위의 집약 분업화된 관리 시스템이 있었고 가야는 그런 것이 없었기 때문에 고대국가로 발전하지 못했다'라는 글귀가 있습니다. 이런 국가 단위라고 하는 것이 무엇을 말하는 것인지, 철기와 관련된 생산·유통·통제 관리 시스템은 어떤 것을 의미하는지, 가야는 왜 그런 것이 없었을까는 의문이 듭니다.

그리고 철기의 활용에 대하여 '가야에서 철기의 활용이라는 것에는 중요한 의미가 있다. 무기로서 역할과 농기구의 역할도 있고 중국의 경우 굉장히 다양한 생활 도구들이 철기로 만들어진 것을 확인할 수 있다.'라고 언급하셨습니다. 여기서 가야에서 철기는 어떤 의미가 있는지, 가야에서 철기가 무기, 아니면 신라나 백제의 경우에는 무기의 기능들이 활성화 되었다고 볼 수 있습니다. 그 이유가 사로국이라는 소국이 인근에 있는 소국들을 병합해 나가는 과정과 같은 통합이 있었습니다. 이때 철기의 무기적 역할을 상정한다면 가야는 전쟁이 가지고 있는 기술력을 통한 교역이 오히려 더 중요한 철기가 아니었을까 생각합니다. 그래서 철기의 용도가 집단이나 지역에 따라서 다를 수 있다는 관점을 가져야 하지 않을까 생각합니다.

다음으로 김재홍 선생님께서는 별다른 질문이 없었는데 한번 짚어보려고 합니다. 발표문 속에서 '가야는 5~6개로 구성된 통합성과 10여 개의 국가로 나누어진 자율성이 공존하는 사회였다.'라고 표현하셨습니다. 5~6개의 가야는 아마 삼국유사의 가야, 6가야를 염두에 두신 것 같고 10여 개의 국가는 일본서기에 등장하는 것을 이야기하시는 것 같습니다. 이때 앞에 포함되었던 삼국유사 속의 대가야, 일본서기에서 표현된 가라국, 아라가야와 안라국 이런 것들은 어떤 관계가 있는지, 통합성과 자율성의 의미에서 질문을 드립니다.

다음으로 가야에서 철의 역할에 대해 언급하시면서 '가야는 철을 생산하고 대외적으로 유통하는 과정에서 국가의 경쟁력을 확보하였다. 이를 통해 정치 권력을 성장시켰고 시기별로 정치 권력의 변화를 볼 수 있다.'라고 하셨습니다. 물론 가야사에 있어 교역을 통한 성장이 중요합니다. 하지만 가야를 이야기할 때 지나치게 가야 내부의 변화에 대한 관점이 없는 연구자들이 많습니다. 주로 교역, 선진지역과의 교류, 그리고 전파 이런 것들이 주로 가야를 이야기하면 떠오르는 것들입니다. 가야는 어떻게 보면 대외관계사에 치중하는, 가야 자체적으로 가야에 대한 기록이 거의 없기 때문이기도 하지만, 가야 연구사 자체가 대외관계사이기도 하다고 볼 수 있습니다.

앞으로 가야사를 연구할 때 내부의 갈등들을 주의 깊게 볼 필요가 있다고 생각합니다. 예를 들어 포상팔국 전쟁의 경우 저는 내부의 갈등이라고 생각합니다. 그런 과정에서 가야사가 좀 더 진전된 모습으로 전환되어 나갈 것으로 생각합니다. 포상팔국 외에도 물질적으로나 아니면 사건으로나 보여줄 수 있는 노력이 있었으면 좋겠다고 생각합니다. 제가 철기와 관련된 전문적인 지식을 가지고 있지 않기 때문에 여러분의 글 속에서 그냥 지엽적인 문제를 한번 말씀드렸습니다.

이남규 : 감사합니다. 김일규 선생님부터 답변을 부탁드립니다.

김일규 : 남재우 선생님께서 사실 시대구분에 대하여 말씀해주셨는데 영원한 숙제입니다. 특히 문헌 쪽에서 보는 관점과 고고학에서 보는 관점에서 많은 차이가 납니다. 특히 가야 고고학 쪽에서 '3세기 말엽부터 본격적인 삼국시대 국가체제로 전환되었다.'라고 하시고, 신라나 백제 쪽은 조금 더 시기를 올려 보고 있습니다. 이번 학술회의에서도 가장 많이 인용된 삼국지 위서 동이전을 보면 여전히 가야, 가라, 백제, 신라라는 명칭은 3세기 후반에 쓰인 책인데도 아직 드러나지 않습니다. 그런데 그 시점까지 올리는 자체도 조금 문제가 있다고 봅니다. 제일 큰 문제는 정체성의 확립이라고 생각합니다. 정체성 자체가 과연 있는지, 사실 3세기 대의 자료, 특히 목곽묘가 출현한 신식 와질토기 출현단계에 오면 신라의 범주, 가야의 범주로 나누어지는 구분이 영남지역에서 나타나지 않습니다. 무덤의 구조나 형태, 그리고 부장된 유물, 토기, 철기를 보면 거의 구분이 없습니다. 굉장히 공통적인 습성을 가지고 있습니다. 그런데 김해 대성동 고분군의 발굴 이후 29호분 시점부터 김해와 경주를 중심으로 하는 고고학적 습성이 완전히 양식화합니다. 무덤 자체는 소위 김해형 목곽묘라고 하는 틀이 형성되고 경주는 경주형 목곽묘가 형성됩니다. 토기에서도 이전에는 도질토기 자체를 낙동강 기준으로 동서로 나누고 공통양식이라고 했는데, 최근 경주에서 4세기대 무덤이 많이 발굴되면서 경주지역의 독특한 토기 양식이 확인됩니다. 김해지역에서는 소위 도질토기라는 양식이 나누어지고, 또 하나는 위신재의 형성이 나타납니다. 특히 마구 같은 경우 마장이라고 총괄적으로 모든 장식화 된 마구를 장착한 말 쉽게 말하면 위신이죠, 특정한 어떤 계층에서 사용할 수 있는 위신재, 그리고 마구와 함께 금동관의 사용도 말할 수 있습니다. 김해에서는 금동관이 사용되고, 그 이외의 대외교류가 본

격적으로 이루어집니다. 저는 독자적 교류 자체도 철을 매개로 한 일본, 중국과의 교류가 이전까지만 해도 낙랑 등을 통해서 이루어졌습니다만, 이러한 여러 사정으로 볼 때 3세기 말엽 그 단계부터 가야라는 정체성이 확립되고, 경주도 경주의 정체성이 확립되었기 때문에 그 시점부터 삼국의 신라와 가야가 본격화되는 시점이 아닐까 생각합니다.

이남규 : 토론자께서는 어떤 견해이신지 말씀 부탁드립니다.

남재우 : 문헌에서 보는 가야사의 시작은 기원을 전후로 하는 시기를 설정하고 있습니다. 변한이라고 하는 것이 가야로 전환되는 것이고 신라 같은 경우 사로국에서 신라로 발전하는 것이고 백제는 백제국에서 발전하는 것입니다.

4세기대에 나타나는 동북아시아에서의 낙랑과 대방의 소멸은 중요한 기점입니다. 그때 한반도 내에서의 중요한 변화가 가야도 다르지 않았을 것으로 본다면 저는 기원을 전후한 시기부터 가야의 시작으로 보는 것이고 전기 가야와 후기 가야를 나눌 때는 4세기 초반으로 보든지 아니면 고구려의 남정(南征)으로 보는 견해들이 있습니다.

이남규 : 여기서 난점의 하나는 가야 고고학이 고분 중심의 고고학이 되면서 취락과 주거 내지는 이런 것이 사실상 없지 않습니까. 이 부분에 대해서 김일규 선생님은 어떻게 생각하십니까?

김일규 : 최근 부산이나 진주, 이 주변에서 가야 단계의 취락 조사가 많이 된 것으로 알고 있습니다만 그 부분에 대해서는 아직 드릴 말씀이 없습니다. 전공자들이 많이 계시기 때문에 향후 이 문제도 해결될 것이라고 믿

고 있습니다.

이남규 : 알겠습니다. 다음 김양훈 선생님 답변을 부탁드리겠습니다.

김양훈 : 질문 주셔서 감사합니다. 크게 질문이 4가지 정도 되는 것 같습니다. 첫 번째, 석동 집단을 가락국 지배하에 있던 정치집단으로 볼 수 있는지 의문이라고 하셨습니다. 사실 문헌을 통해서는 아무것도 볼 수가 없습니다. 고고 자료를 가지고 확인을 해야 하는데 석동 유적 같은 경우에는 소위 고고학자들이 이야기하는 양식에서 말하자면 김해·부산·고성·함안 등 다양한 지역 양식의 토기들이 출토되고 있습니다. 근데 제가 주로 다루었던 4세기 후반 5세기 전반의 경우에는 김해 부산과 함안 양식 토기들이 대부분입니다. 그런데 김해, 부산 양식 토기가 함안 양식 토기보다 압도적으로 많습니다. 김해, 부산 양식 토기라고 이야기하는 외절구연고배가 상당수 확인되는데 이 토기가 여러 고고학자 선생님들께서 유통망이 제한적이라고 보기 때문에 그 분포를 두고 금관가야의 영역, 아니면 권역이라고 논하고 있는 점에서 보면 가락국과 창원 석동 집단은 어떠한 정치적 관계를 맺고 있지 않나 생각합니다. 특히 388호 목곽묘에서 김해지역에서 출토되는 통형동기와 종장판갑이 나오는데 이런 것을 보면 석동 집단과 가락국 수장층 사이에 정치적인 유대관계가 있었다고 생각됩니다. 그런데 4세기 후반, 5세기 전반에 석동 집단만의 특징이 보이지 않고 고고 자료에서 김해 양식 토기가 다른 양식 토기를 압도하고 다른 양식 토기들이 드러나지 않는 점을 보면 석동 집단은 가락국의 하부 집단으로 판단됩니다.

두 번째 질문은 석동 집단과 탁순국의 관계에 대한 질문인데, 이는 탁순국의 성격을 먼저 보고 석동 집단과의 관계를 이야기해야 합니다. 사실 발표자는 가야사를 연구하고 있지만, 탁순국에 대해서는 면밀하게 살펴보지 못했습니다.

　지금까지의 연구자들 의견을 제 기준에서 정리하면 창원 탁순국은 안라국과 가락국의 경계지역에 입지하고 4세기 후반에서 5세기 전반에 창원지역에 있는 도계동이나 주요 고분군에서는 특정 양식의 토기가 다른 특정 양식을 압도하지 못합니다. 거의 비슷한 수준으로 출토하고 있습니다. 그리고 창원지역만의 고고학적 특성이 잘 나타나지 않습니다. 따라서 탁순국은 안라국이나 가락국의 정치적 상황에 따라 대응하거나 유대관계를 맺었던 것 같습니다. 그렇다고 해서 무조건 주변국의 정황을 따라간 것은 아닌 것 같습니다. 일본서기 신공기 탁순과 관련하여 백제를 방문한 기사를 보면, 독자적인 외교활동을 한 것으로 보입니다. 석동 유적 같은 경우에는 5세기 전반 이후부터 김해 양식 토기가 완전히 사라지고 고성, 창녕 양식 토기가 증가합니다. 이 경우를 보면 5세기 후반부터 석동집단이 가락국 수장층에서 이탈하고 자체적으로 주변 세력들과 교섭을 활발히 한 것으로 추정됩니다. 그렇다면 석동 집단과 탁순국은 5세기 전반 이후부터 교섭이 빈번해졌을 것으로 추정됩니다.

　세 번째 다양한 세력이 참여하는 생산과 유통체계를 구축하였을 가능성의 의미는 무엇인지 질문 주셨는데 사실 다양한 세력이라는 용어를 어떻게 이해하는지에 따라 의문이 제기된 것 같습니다. 발표자가 어제 발표에서 가락국의 철 생산과 유통이 4세기 후반에 이르러 중심에서 주변으로 확산하고, 철정은 특정 계층에게 독점되지 않았던 것으로 추정하였습니다. 수장층 뿐 아니라 주변부의 세력들도 참여한 것으로 추정했습니다. 더불어 특정 지역에서 종장판갑과 통형동기 등이 출토된 점을 보면 가락국 수장층의 통제 아래에서 이루어진 것으로 추정되기 때문에 주변부 여러 세력이 가락국의 생산과 유통체계 안에 포함된 것으로 생각됩니다.

　마지막 질문은 안라국의 경우 토기생산이 핵심이라고 하셨는데 저도 선생님의 의견에 동의합니다. 그런데 안야국에서 안라국으로의 성장은 정치적인 성장이기 때문에 기반이 있어야 한다고 생각합니다. 하지만 토기생산만을 기반으로 보기에는 의문점이 있다고 봅니다. 다른 무언가 있을 것 같은데 이것은 향후 알아보도록 하겠습니다.

이남규 : 사실 제철 유적이 제대로 확인되지 않은 상황에서 제철과 관련하여 확대된 얘기를 한다는 것 자체가 부담스럽습니다. 가야의 여러 지역 중에서도 철 생산이 가능한 지역과 어려운 지역이 있었을 것이고 이는 고고학적 조사를 통해서 밝혀질 것이라고 봅니다.

저는 사실 김해 같은 경우 가야 여러 나라에서 생산한 철의 집산지이자 여러 군데로 수출하는 집결지가 아니었을까 생각합니다. 한 군현과의 관계가 단절되면서 기존의 철 생산과 유통의 시스템이 붕괴하고 가야 내부에서도 혼란으로 인한 질서 개편이 이루어지지 않았을까 생각하는데 이에 대해서 남재우 선생님의 의견이 궁금합니다.

남재우 : 그러한 가야사 내부의 가장 중요한 변화를 보여주는 예시가 포상팔국 전쟁과 같은 것으로 생각합니다. 전문적으로 생산체계나 관리통제 시스템이라고 하는 것들이, 전체적인 것을 잘 모르기 때문에 정치적인 사건으로 본다면 그런 사건들이 중요한 의미가 있을 것으로 생각합니다.

이남규 : 다음으로 김상민 선생님 답변 부탁드립니다.

김상민 : 질문이 크게 두 가지인 것 같습니다. 먼저 '국가 단위의 집약 분업화에서 국가단위가 무엇인가'라는 질문에 답변을 드리겠습니다. 인류학자 클라센이 이야기했던 초기국가론 그것을 쓰데 히로시 선생님이 적용한

사례들이 있습니다. 초기국가와 성숙국가로 구분을 하셨습니다. 그래서 초기국가의 성질에 대하여 수장제 혹은 호혜적 교역을 이야기하셨고, 그다음 성숙국가에 대해서는 지배조직의 성숙도가 높아지고, 중요한 것은 중앙 물자의 유통에 중앙이 개입한다는 점이 제가 주목한 점입니다. 그렇다면 공방 내 개인이 주도적으로 하고 사적 견해가 포함되고 상황에 따라서 다른 결과물이 나온다면, 그 불안정성은 저는 국가 단위 시스템으로 보기 어렵다고 생각합니다. 그래서 제가 이해하고 있는 국가 단위라는 개념, 제가 이 논지에서 국가 단위라고 적용한 개념은 한둘의 공인, 개인이 주도하는 철기 생산보다는 여러 공인이 조직 안에서 효율적이고 안정적으로 철기를 공급하는 시스템이 구축되었을 때 이는 국가 단위로 보아야 하지 않을까 생각합니다. 사실 여기서 나오는 국가 단위라는 개념은 김권일 선생님 논문을 인용한 것이기 때문에 추후 김권일 선생님의 의견을 듣고 싶습니다.

두 번째로 정치집단의 성격에 대해서 철의 활용도가 달랐을 가능성이 있지 않은지 말씀하셨습니다. 당연히 정치집단의 성격에 따라서 철의 활용도는 달랐을 겁니다. 변한 같은 경우에는 한반도 남부지역 정치체 중에서 가장 효율적으로 철을 성장수단으로 활용한 것을 볼 수 있습니다. 그 방법은 성장, 공급의 거점으로 소재의 생산으로 생각합니다. 그건 남재우 선생님과도 같은 견해인 것 같습니다. 그리고 고구려 남정 이후에 갑옷, 갑주 등이 증가하는 양상을 보이는데, 결과적으로 변한 세력, 전기 가야 세력 같은 경우 철을 바라보는 관점이 그 이후로 급속도로 바뀌었을 것으로 생각합니다. 그전에는 경제적인 관점에서 철을 바라보았다면 그 이후로는 무기, 전쟁의 도구로서 인식의 전환이 있었을 것이라고도 생각합니다.

이남규 : 저도 가야의 특수성이 궁금합니다. 더불어 정치집단에 따라 철 활용에 차이가 있다는 말씀에서 짚고 넘어가야 할 것이 있습니다. 현재 고

고학자들이 문화적 상황을 이야기할 때 너무 지배자 중심으로 이야기를 하고 있습니다. 생산과 유통은 공급자가 있으면 수요자가 있습니다. 수요 공급의 상관관계 속에서 이야기가 되어야 하는데 무덤 속에 있는 지배자만의 세계에 한정되어 가야를 이야기하는 한계가 있습니다.

저는 정치집단에 따른 철의 활용에서 가장 중요한 것이 무덤의 과다한 철기 부장이라고 봅니다. 이것은 지배자들이 사후세계에 철을 가져가는 것입니다. 그 철을 민간에 공급하는 것이 국가발전에 더 도움이 될 텐데 그렇지 않고 있습니다. 이러한 특수한 관념들 덕분에 가야가 철의 제국이 되었습니다만 실질적으로 집단 전체, 지배자, 피지배자, 노예들까지 어떻게 철을 이용했는지에 대한 연구는 지금 전혀 이루어지지 않았습니다. 그래서 가야 철의 연구가 지배자 철의 연구이지 과연 가야 철인가에 대한 고민도 해보아야 할 것으로 생각합니다. 다음으로 김재홍 선생님 답변 부탁드립니다.

김재홍 : 남재우 선생님께서 핵심을 잘 찌르셨습니다. 저도 고민하는 문제지만 현재 제가 연구한 수준에서 답변을 드리겠습니다. 아까 선생님께서 일부 5~6개 가야의 통합성은 삼국사기, 삼국유사에 나오는 내용이고 10개는 일본서기 당대 고려 시대의 인식과 같다고 말씀하시고 지금까지 그렇게 인식했습니다. 저는 두 개를 정합적으로 이해하는 것이 필요하다고 생각합니다. 그래서 최근 경향은 6가야에 대해 고려의 인식이라고 하지만 적어도 10여 개 나라가 기본적으로 분지를 기반으로 자율성에 기반을 두었지만, 그것을 통합하는 것도 중요한 의미가 있다고 생각합니다.

제가 추상적으로 썼더니 다음 질문이 통합의 의미를 가진 대가야와 자율성의 국가를 가진 가라국, 똑같은 이야기지만 저의 시각을 물어보신 것 같습니다. 아라가야 안라국도 마찬가지입니다. 저의 시각은 기본적으로 가라국과 안라국을 핵심으로 하는 집단에 있었는데 여기에 또 하나 우리가 가야의 역사에서 백제와 고구려, 신라는 비슷할 수도 있습니다만 달리 보아야 할 것이 이 소국 핵심이 국읍이나 읍락 같은 집단에 있었지만, 또한 국에 속하지 않는 집단들이 소별읍이라는 이름으로 삼국지 위서 동이전에 나왔는데, 저는 그 과정도 중요하다고 생각합니다. 최근에 고고학에서는 금관가야를 설명하면서 구야국과 독로국의 연합으로만 설명했지만 실은 거기에 두 나라에 속하지 않은 나라에 대한 배려가 필요합니다. 그런 측면에서 제가 10개로 한정했습니다만 기본적인 자율적 성격을 우선시하고 신라가 그것을 광역으로 합쳐가는 과정이지만, 대가야나 아라가야는 가라국과 안라국을 핵심으로 하여 그 읍락 집단의 확장으로 가는 것입니다. 영역으로 간다라는 것은 남재우 선생님께서 말씀하셨지만 저는 가야사 연구에서는 조심해서 사용해야 하는 용어가 아닌가 싶습니다.

두 번째도 전혀 다른 문제 같지만, 앞의 질문과 결부해서 답변을 드리겠습니다. 가야의 성장을 보통 이야기할 때 농업 생산력이 있습니다. 저도 최근 가야의 생업이라는 논문을 작성하여 거기에 농기구 등을 통하여 하천변에 국가로서 아라가야의 성격을 언급하였습니다. 그렇다면 이번의 경우 왜 그것이 아니고 대외관계를 다루었는가 하면, 발표문 마지막 장에서 다룬 대가야를 설명할 때 여러 소국의 집적에 의한 네트워크가 중요해진 이유가 바로 그것입니다. 하나의 완결성은 가야가 고구려나 백제, 신라의 지역사회보다 뛰어났다고 생각합니다. 도리어 이 국가는 자기 완결성이 강한 소국으로 이루어졌으므로 관계성으로 해나가는 과정이 중요합니다. 거기에서 권력이 나타나는 과정입니다. 고고학 자료에서 실질적으로 고분에서 철기라고 나오지만, 거기에서 대외교류, 상대방의 상징들을 많이 넣어 주었는지 살펴보면 신라의 경우 자기 정체성만 표시합니다. 그래서 이 용어를 쓴 이유가 자율적으로 움직이고 있지만, 관계성을 하는 것이 권력에서 제일 중요하기 때문에, 물론 선생님께서 말씀하신 내부적인 갈등, 내부의 성장, 그건 당연한 이야기입니다. 그렇지만 사료의 문제, 현재까지 고고학 자료는 아직 그 문제에 대해서 실질적으로 대외교류와 관계된 것들을 나타 내는 그 관계 속에서 그것도 네트워크라고 볼 수 있습니다. 그러한 측면에 서 말씀드렸습니다.

이남규 : 감사합니다. 다음 정인성 선생님 질문 부탁드립니다.

정인성 : 반갑습니다. 먼저 김일규 선생님에게 질문하겠습니다. 김일규 선생님께서는 김해지역이 기원전 2세기 후반에 철기가 유입되면서 석기와 공존하는 시간을 거쳐 선생님께서 설정한 2단계, 즉 기원전 1세기대에 본 격적으로 한(낙랑) 문물이 유입되면서 철기가 석기를 밀어낸다고 말씀하셨 습니다. 이런 이해는 선생님께서는 무심코 쓰셨는지 모르지만 시대 구분 론을 생각하면 대단히 중요한 문제입니다. 적어도 일본 야요이시대 그리 고 한반도까지 금석병용기라는 맥락에서 일제강점기에 평북 위원 용연동 철기가 명도전과 동반되어 출토되면서 오히려 소위 말하는 한반도식 청동 기보다 철기의 시기가 빠른 것이 아닌가는 맥락에서 한반도에 야요이시대 병용기를 적용하여 금석병용기라고 했습니다. 이런 일본열도의 상황이라 면 석기와 공존하다가 석기를 밀어내는 철기, 이런 정리가 되지만 한반도 의 경우 이미 1960년대 이후로 청동기시대가 설정되었고 비파형동검 단계 뿐만 아니라 세형동검 단계가 위원 용연동을 인정하더라도 순수 세형동검 단계가 있고 일부 철기가 공반되는 단계에도 대다수의 공구는 청동기로 대 체 됩니다. 무기형 청동기들 검, 과, 모, 사, 동부, 이런 사항들은 일본열도 하고는 전혀 다릅니다. 청동기가 오히려 석기를 대체하고 일부 잔존이 있 습니다만 철기가 청동기의 기능을 대체하면서 전개되는 그런 상황이 한반

도인데 선생님께서는 김해 구산동을 의식하시는지 모르겠습니다만 이시기를 소위 석기를 대체하는 철기, 이런 정리를 하셨는데 제가 생각하는 이해하고 선생님의 생각이 다른 것 같은데 여기에 대해서 답변을 부탁드리겠습니다.

다음으로 2단계를 말씀하시면서 역시 2단계 시작이 기원전 1세기 초라고 하셨죠. 대성동 84호 여기서 구슬과 철부가 나왔는데, 발굴상황을 기억하는 송원영 선생님과 이야기해보니까 구슬 자체는 아마 동반관계에서 흔들림이 없지만 철부는 위에 있는 부식토에서 나왔기 때문에 조금 고려를 해보아야 한다고 하셨습니다. 그럼에도 불구하고 지석묘가 부분적으로 잔존 하는 시기가 기원전 1세기 일수도 있겠죠. 이것을 기준으로 2단계의 시작이 기원전 1세기 낙랑군의 설치 이렇게 생각하시는 것 같은데 이때가 되어서 한의 철기기술이 본격적으로 들어와서 김해지역에서 큰 철기제작기술에서 변화가 일어났으며 그 이후 2세기 후반대 한 문물의 2차 파급이 있습니다. 예전 선생님 논문에서 이런 말을 쓰셨는데 여기에도 한 낙랑의 기술을 언급하셨는데 어떤 부분에서 재지 철기와 구분되는 한, 낙랑의 철기인지 답변 부탁드립니다.

그리고 이 시기가 기원후 2세기 후반이라고 언급하셨는데 본문에는 없습니다만 후기 와질토기와도 관계가 있는데 후기 와질토기는 그러면 낙랑토기의 영향이 있다고 생각하는 인식과 연동되는 것인지, 후기 와질토기에 낙랑 토기의 영향이 어떤 부분이 있었는지 설명 부탁드립니다.

그러면서 3세기 말엽 5세기 초엽에 가야 제철기술은 계승성이 있다고 하셨는데 2단계는 단절성인데 본문을 쭉 살펴보아도 2단계로 가면서 어떤 단절성이 있는지에 대한 설명이 분명하지 않습니다. 그리고 3단계의 계승성도 철기 자체에는 근거가 충분히 제시되지 않았습니다. 이 부분 보충설명을 부탁드리겠습니다.

김일규 : 첫 번째 질의는 제목 자체가 낙동강 하구 유역에 한정된 것입니다. 김해라는 특수적인 부분 때문에 가능한 김해 자료를 많이 활용해 달라는 주최 측의 부탁도 있어서 일단 김해 자체로 한정을 하는 것이지 한반도 전체, 동아시아 전체 철기의 흐름 이런 것은 약간의 절대적 시간의 차이에서는 견해가 있습니다만 큰 흐름 자체는 정인성 선생님과 별 차이가 없습니다. 대신 문화 자체가 공통으로 일반화되고 전문적으로 제일성을 띤다고 합니다. 그 자체는 지역마다 특수성을 가지고 있으며 어느 지역이 먼저 문화가 들어오고 어느 지역은 기존 문화가 지체하고 새로운 문화가 들어오는 시점이 차이가 나기 때문에 시간적 차이는 분명히 있다고 생각합니다. 따라서 호서지역 같은 경우 철기가 가장 먼저 들어오죠, 따라서 호서지역과 영남지역의 시간적 차이는 인정할 수밖에 없는 문제라고 생각합니다.

그리고 세형동검 단계도 물론 세형동검 자체가 한반도 전체로 이행되는 것도 시간 차이를 봅니다만 일단은 구산동 유적에서는 김해지역에 한정한다고 하면 분명히 동일한 시간적 범주를 가진 취락 내에서 석기의 도구가 이용되는 것은 틀림없는 것입니다. 자료집 69p 〈그림 1〉의 18번이 반월형 석도입니다. 그리고 22번은 낫이죠, 석기입니다. 이 자체가 시간적 격차가 있는 것은 아니고 똑같은 단계입니다. 철편들과 함께 이용되었기 때문에, 이 단계까지는 철기 자체가 도구로 완전하게 전체를 다 점유한 것은 아니라고 보입니다. 물론 이것이 취락에서 나왔기 때문에 석기 자체가 어떤 도구로 활용되었다고 봅니다. 무덤 자료의 경우에는 부장용이라든지 어떤 장송 의례의 전통으로 치부할 수 있습니다만 〈그림 2〉의 석기 자료들과 같이, 취락 집자리에서 나왔기 때문에 엄연하게 도구로 이용되었다고 저는 인식하고 있습니다. 물론 다른 지역 같은 경우에는 다를 수도 있겠죠. 이 단계까지는 김해는 아직 낙후된 지역이라고 생각하고 있습니다.

두 번째, 이제 한의 철기에 대한 질문은 제가 어제 발표를 빠르게 진행하다 보니까 미처 말씀을 못 드렸습니다. 이 단계가 목관묘 단계입니다. 목관묘 단계의 제철기술은 저는 괴련철 제련이라고 봅니다. 괴련철을 제작하고 그것을 철 소재로 철기를 만드는 그런 기술적 수준이었으면 이제 2세기가 되면 본격적으로 당시의 중국 선진 철 기술을 이용하여 초강을 만들어내고 이러한 선철 제련과 초강 정련, 이러한 기술이 이 시점에 나타납니다. 그리고 한 문물이라고 했는데 〈그림 5〉를 보시면 5번 같은 철솥 입니다. 이것은 서한에 기원전 1세기대 그리고 서기 1~3세기대 중국 전 지역에서 굉장히 유행하는 철솥 입니다. 이것은 한반도에서 제작되었다고 보기 힘든 것이고 어제 제가 발표에서 보여드렸는데 15번 같은 경우에도 이 단계 한반도 전역에서 다 나옵니다. 하지만 2세기 후반에서 3세기 전반 대 시기에 한정됩니다. 이러한 특징들과 그리고 환두대도, 철제 장검 이런 스타일은 기존에는 없던 것입니다. 물론 기원1세기 대 울산 교동 같은 경우 조그만 환두도가 나오기는 합니다. 하지만 중국의 서한 후기 동한 대에 유행하던 이러한 병장기가 이 시기부터 돌연 출현하는 것이죠. 이외에도 여러 가지 있습니다만, 저의 답변은 이정도로 정리하고자 합니다.

이남규 : 정인성 선생님, 다음 김상민 선생님에 대한 질문 부탁드립니다.

정인성 : 구산동 유적 자체는 취락에서 나온 토기 대부분이 야요이계 토기이기 때문에 기본적으로 김해지역의 일반적인 상황을 설명해주는 취락이라고 저는 생각하지 않습니다. 김상민 선생님께는 좀 길게 썼습니다만 처음부터 완성된 제철기술이 들어온 것은 아니고 처음에는 단야 정도를 하는 단계가 이렇게 발전되어서 종국에는 제철까지 완성되어 철기를 생산하는 이런 시스템으로 발전한다 이렇게 설명을 했습니다. 그것이 무엇이냐면 제철과 관련된 직접적인 제련로, 정련로, 용해로 이런 것들을 가지고는 이

런 단계를 설정하는 것이 맞겠습니다만 사실 물건을 가지고 생각할 수 있는 정황, 간접적인 증거 이런 것들을 따져보면 김상민 선생님께서는 기원 전후라고 하셨지만 사실 그 이전부터 지역의 독자성을 가지는 철기가 만들어지고 있고 제철부터 상정하지 않으면 곤란하다고 생각합니다. 이 부분에 대해서 이남규 선생님께서는 유적은 없지만 1단계부터 진변한사회도 제철을 했을 것이라고 보고 계십니다. 이러한 의견 차이에 대하여 정리를 해주셨으면 좋겠습니다. 아마도 정황 증거, 예를 들어 최근 10년간 에히메대학 사사다교수가 흉노에서 제철 유적 발굴을 많이 했습니다. 그 이전에 아무도 유목국가 흉노에서 설마 제철을 했을까 이런 생각을 많이 했었습니다. 그런데 발굴을 해보니까 정말 간단하게 제철을 한 유적들이 여기저기에서 발견되었습니다. 그런데 문제는 흉노는 제철만 있지 소위 단야 공방은 없습니다. 그렇다고 흉노사회에서 단야를 안 했을까요? 그런 것은 아니듯이 적어도 가야 사회건 진변한 사회건 철기유물에서 보이는 정황 증거가 분명하고 그런 제품의 정체성 이런 것들이 주변에서 찾을 수 없다면 당연히 제철기술을 미루어 설정할 수 있어야 하는데 이게 왜 주저되는지 궁금합니다. 그래서 김상민 선생님께 1단계 단야에서부터 시작되는 이런 것들 당연히 취락 근처에서는 단야만 하는 것들이지 제철을 할 수가 없는 거겠죠. 흉노처럼, 그래서 어딘가에서 못 찾고 있는 산림과 철광석이 많은 그런 곳에서 분리된 공정으로서의 제철 단계가 인정되는 유구가 앞으로 발견될 가능성이 있다고 보는 게 맞지 않는지 그런 질문입니다.

두 번째는 패총 내 철기를 말씀하셨는데 다른 유적은 좀 그렇습니다만, 늑도 같은 경우 흔히 학술대회에서 많이 이야기하는데 처음부터 늑도 자체적인 철기 생산인지 아니면 이것을 관장할 수 있는 정치세력이 육지에 있는지, 있다면 언제부터 육지에 정치세력이 늑도지역과 같은 혹은 해안지역 패총유적의 제철 문제를 관장하는지, 이것이 금관가야하고 연결된다면 설명이 어렵지 않습니다. 거기에 대한 의견이 있는지 묻고 싶습니다.

김상민 : 선생님께서 말씀하신 것처럼 진변한 철 생산과 관련된 정황 증거는 충분하다고 생각합니다. 그래서 조금 더 해석 중심으로 한다면 문제가 되지 않는다고 생각합니다. 사실 신라, 가야의 경우 연구자들이 사실관계에 치중해서 살피고 있어서 진변한은 해석으로 가고 있고 전체적인 맥락 안에서 어떤 관점으로 가야 할지에 대해서 저도 현재 모순된다고 생각하고 있고 어떻게 해결할지 고민하고 있습니다.

이번 발표에서 말씀드린 것처럼 지금 유적에서 명확하게 제련로가 나오지 않더라도 현재 여러 가지 정황 증거가 있다면 높게 가능성을 보고 검토해나가야 한다고 생각합니다. 그리고 어떤 생산기술이었냐는 의문에 간단하게 말씀드리면 아마도 위만조선 단계에서 괴련철 중심으로 독립적인 철기 생산이 있었고 압록강 중류 지역에도 이어져서 발달하지 않았을까 생각합니다. 그런 것이 현시점에서 좀 더 올라갈 수 있을 것으로 전제를 열어놓습니다만 현시점에서는 기원전 단계에서 그 기술이 한반도 남부지역으로 들어온 후에 어느 정도 발전되지 않았을까 생각하고 있는 상황입니다. 이와 관련해 아직은 제가 확신할 수 없습니다. 어떤 세력이고 어떤 세력과 연결된다고 직접 설명할 수 있는 상황은 아닌 것 같습니다.

두 번째로 해안가 패총집단이 처음부터 육지와 정치 관계 속에서 종속된 집단이냐 라는 개념인데 부산대학교 이창희 교수님이 지난번 진주박물관에서 늑도와 관련된 학술대회에서 다호리와 늑도 패총과의 관계에 대하여 발표한 바가 있는 것으로 알고 있습니다. 두 유적에서 보이는 유물의 일관성이라든지 복합체적인 관점에서는 사실 차이가 큽니다. 그래서 그것을 어떻게 직접 연결할 수 있을지는 아직 의문을 가지고 있습니다. 선생님께서 말씀하신 것처럼 종속의 관계라고 하면 일찍 조직화한 생산체계를 갖추었어야 한다고 생각합니다. 철 제련한 소재가 어찌되었든 간에 내륙집단에서 공유 혹은 의지한 채 소재나 제품을 생산하는 집단은 그 정도의 역량으로 볼 수 있지 않을까 생각합니다. 예를 들어 동래패총 낙민동 단계 같은 경우에는 해양 도서 지역에서 상호 네트워크 속 각 집단 사이 공인의 역량에 따라서 생산과 유통의 주체가 된다고 생각하는데, 당시에는 아마도 낙민동 집단이 생산과 관련된 역량이 가장 높았기 때문에 그 안에서 다른 지역에 공급하는 주체가 되지 않았을까 생각해봅니다.

어느 단계부터 종속이 되었는가에 대한 질문도 있었습니다. 굳이 종속의 개념으로 살핀다고 하면 육지와 도서 해안지역이 서로 연결된 시점, 대규모 취락이 만들어지고 취락 내 제련로가 형성되는 4세기 중엽 이후가 되지 않을까 생각해봅니다.

이남규 : 정인성 선생님 마지막 질문 부탁드립니다.

정인성 : 이남규 선생님께는 지금 질문하고 관계가 있습니다만, 김상민 선생님하고 김일규 선생님은 소위 진변한 사회에서 철기가 유입되었을 때 철기 생산기술에 대한 평가가 단계적인 발전론, 지역사회 내에서 단계적인 발전과정을 거칠 것이라고 이해하신 것 같습니다. 기술 자체는 외부에서 들어오는데, 처음부터 완성된 기술이 들어오는 것도 아니고 지역사회에서 또 단계를 거친다는 설명인 것 같습니다.

이남규 선생님께서는 제일 중요한 설명이 진변한 지역에서는 괴련철을 먼저 생산하고 정련, 단련 그다음 성형단계를 거쳐 단조 철기를 제작하였고 주조 철기도 자체적으로 생산하고 있다고 정리하셨습니다. 이는 확대해석하면 진변한 사회에서는 이미 출현기부터 거의 선생님이 설정하신 공정 대부분이 이루어졌을 것이라는 이해 같은데, 앞서 두 분 선생님의 생각과

좌장님의 생각이 다릅니다. 이에 관하여 설명해주시고 또 하나 제가 질문 안 하면 아무도 안 할 것 같은데 최근 남원, 장수 일원에 제철 유적, 최근에 신발견이 있고 단야관련 유물이 나와서 전북지역에 가야 제철이 본격적으로 대중들의 뇌리를 파고든 그런 상황입니다. 이런 지역의 제철관련 유구, 유물들에 대한 적합한 의견을 주시면 감사합니다.

이남규 : 철 제련과 관련해서 패총 혹은 유적 등에서 나오는 자료들을 보면 1차 괴련철을 정련하면서 나온 것 같은 슬래그도 보입니다. 그다음에 단야 중심인데 그 단야를 하려면 소재가 공급되어야 하지 않습니까. 이제 슬래그들을 보았을 때는 철정같이 이런 완성된 단련 단야에 의한 소재가 아니고 괴련철 소재들이 이동하면서 아마 공급되었을 가능성이 크기 때문에, 그런 것은 한 군현에서부터 왔다고 보기는 어렵고 남부 일정 지역에서 간단한 철 소재를 생산해서 공급하는 시스템이 소규모로 있지 않았는가 생각합니다. 수요가 적기 때문에 대량생산을 해도 공급하기가 마땅치 않은 상황이었습니다. 그런 유적들이 지상에 있었기 때문에 사실은 나중에 침식되고 하면서 반 지하식 노 같은 경우에는 나머지 지하로 나와 있는데 그 노들은 찾기가 힘듭니다. 다만 어떤 퇴적된 토양이나 폐기된 층 이런 것들이 확인될 경우 그런 것들이 나타날 가능성이 있다고 생각합니다. 덧붙여서 김상민 선생님의 문제와도 관련되는데 소재의 공급과 철기의 생산에서 문제 되는 부분이 내성유적을 상정할 수 있습니다. 제가 내성유적 발굴보고서를 여러 번 읽어봤는데도 거기에는 제철 관련된 자료가 없습니다. 이제 故 송계현 선생님이 말씀하신 다음에 故 손명조 선생님께 계승되고 또 무라카미 선생님께 계승되고 또 무라카미 선생님의 제자이신 김상민 선생님도 그렇게 생각하시는 것 같아서 그 부분에 대해서는 다시 검토할 필요가 있다고 생각합니다. 결론적으로 내성이든 늑도든 다른 패총유적을 종합해

서 제련부터 2차 공정, 3차 공정, 4차 공정까지 종합적으로 보아야 한다고 생각합니다.

그리고 장수 제철 유적 문제는 저도 한 번밖에 못 가봤습니다. 보니까 제철 유적 말고 옆에 통일신라 유구 하나가 있었습니다. 제철 유적의 경우 거기 조선 시대 백자들이 박혀있었습니다. 이와 관련하여 대답을 명확하게 못 들었습니다. 조선 시대의 것이라고 얘기는 안 하고 그러고 나서 가야토기가 나오는 제철 유적은 아직 보고된 바가 없는 것 같습니다. 그래서 이것은 제가 발표에도 말씀드렸습니다만 장수지역과 전북지역에서 제철 유적들은 세종실록지리지에 철 산지로 기록이 되지 않은 지역들입니다. 그래서 아마도 조선 시대 후기에 경제가 발전하면서 철 생산이 확대되는 과정의 조선 시대 후기 수공업 발전을 증명해주는 자료일 가능성이 큰 중요한 유적이라고 생각합니다. 꼭 가야만 이야기할 것은 아니라 조선 시대 후기 수공업 발전이 어떻게 되었는지도 우리는 잘 모르고 있습니다. 그걸 밝혀줄 수 있는 중요한 자료를 가야로 변질시켜서 이야기하는 자체를 저는 납득할 수 없습니다.

정인성 : 철문화연구회 회장님이신 이남규 선생님께서 한 번밖에 안 가보셨다고 하니 놀라운 일입니다. 철문화연구회에서 울산 쇠부리 보다 장수 남원지역 제철 유적을 검증하고 현장에서 하는 작업이 더욱 필요할 것 같습니다. 바쁘시겠지만 시간을 쪼개서 방문해주시면 좋겠습니다.

이남규 : 알겠습니다. 열처리와 관련하여 언급하자면 국내에서 생산된 주요 철기들을 제가 많이 분석했습니다. 중국에서 보이는 가단철, 회주철 이런 것들은 보이지 않습니다. 이것을 설명하면 중국의 경우 대량생산의 방법에서 주조를 택하고 주조 철기가 가지고 있는 취약성을 극복해야 하는

지속적인 배경이 있습니다. 그런데 우리는 그렇게 많은 수요가 있지 않고 단조 철기, 괴련철을 이용한 것이 발달했기 때문에 주조 철기는 주로 괭이에 땅을 파는 등 큰 충격을 주지 않는 도구 제작에 활용되었기 때문에 열처리기술을 해야 할 필요성을 별로 느끼지 않는 전반적인 철기문화의 특성이 있습니다. 때문에 주조철기에서 조선 시대까지도 열처리기술이 별도로 발달하지 않습니다.

저는 중국식 제철 공정도에 기초해서 오랫동안 해석하려고 시도하다가 작년 한국고고학보 논문에서 우리나라의 경우 열처리기술을 거의 하지 않았으며 열처리기술을 한 철기가 있다면 아마 중국에서 수입된 철기일 가능성을 제시하였습니다.

이남규 : 김상민 선생님 추가 의견 말씀 부탁드립니다.

김상민 : 내성 유적 관련하여 제 사견을 말씀 드리겠습니다. 당시 최초로 주거지 내에서 이른 단계의 단야가 나왔기 때문에 체질이라든지 물체질이라든지 그런 부분이 부족했을 가능성이 있을 것 같습니다. 그러다 보니 보고서에 실리지 않았을 가능성도 생각할 수 있습니다.

또 하나 초기단계의 단야로를 현재 삼국시대의 단야로의 기준 조건인 단조표현의 유무를 가지고 단야로 여부를 단정 짓기는 어렵다고 생각합니다. 더 열린 마음으로 자료를 보는 것이 어떨까 생각합니다.

이남규 : 사실 단야로 같은 경우 1200℃까지 온도가 올라가고 노벽이 유리질화됩니다. 현재 단야로라고 해서 가보면 가마처럼 1000℃ 이하의 낮은 온도에서 파열된 것을 단야로라고 하는 경우가 대부분입니다. 그래서 단야로가 어떤 것인지 직접 경험을 해보고 조사 했었어야 하는데 현재 내

성 유적의 단야로라고 하는 유적의 경우 단야로에 대한 경험이 없는 상태에서 조사했던 것으로 보입니다. 여주 연양리 유적 같은 경우 단야로 라고 했지만 사실 주거지 안에 단야로를 만드는 것은 화재의 위험이 있어서 어렵습니다. 우리나라에서 실내 단야로가 확인되었다는 유적을 저도 방문했습니다만, 연천 삼곶리 유적 정도가 유일한 단야로 입니다.

정인성 : 황성동에 기둥구멍이 다 있지 않습니까?

이남규 : 제가 황성동은 보지 못했는데 삼곶리 정도가 단야로라고 할 수 있습니다. 피열정도가 다릅니다. 앞으로는 쉽게 단야로라고 하면 안 되고 단야로가 어떤 것인지 정확하게 경험해본 분들이 판단해줘야 한다고 생각합니다.

정인성 : 늦도 유적, 내성 유적과 비슷한 단계인 구산동이라던지 이런 곳에 제철과 관련하여 선생님이 분석하신 흔적들이 있는데 내성 같은 경우 다 잘려나가고 부분적으로 남아서 철편 자체가 단야를 해서 어떻게 하지 않으면 사용할 수 없는 소재이기 때문에 김상민 선생님처럼 공격적으로 그렇게 해석하는 것이 타당하다고 생각합니다. 이남규 선생님의 결론도 이 단계의 제철을 긍정적으로 평가하는 편인데 또 내성 문제에 대해서는 왜 그렇게 박하게 평가를 하시는지 궁금합니다.

이남규 : 저는 늦도 유적 노를 보지 못했습니다. 제가 이쪽 노들을 보지 못했는데 그런 것들은 신중하게 볼 필요가 있다는 것입니다. 흘러들어온 제철 폐기물은 수혈이나 주거지 안에 흘러들어온 것입니다. 대부분 당시에는 제철의 노와 같은 유구는 지상에 나와 있었습니다. 실내에서 할 수 있는

작업이 아니기 때문입니다. 실내에서 하려면 지붕에 대한 특별한 방어시설이나 소방시설이 필수적이었습니다. 이런 것을 하지 않으면 금방 화재가 발생하기 때문에 앞으로 그런 것을 부탁드리고 싶다는 생각입니다. 김일규 선생님 추가로 말씀하시고 싶으신 것 같은데, 말씀하시겠습니까?

김일규 : 저도 이남규 선생님 의견에 동의하는 바입니다. 저도 삼곶리를 보았는데 보기 전까지는 주거 내에서의 단야 가능성을 크게 보았습니다. 그런데 삼곶리를 보고 깜짝 놀랐습니다. 거의 수준이 황성동에서 보이는 정련로라고 할 정도가 나타나기 때문에, 만약 삼곶리가 100% 단련단야로라고 한다면 기존에 우리가 단야라고 치부했던 유적들에 대해서 재평가의 필요성이 있다고 생각합니다.

이남규 : 다음 김권일 선생님 질문 부탁드립니다.

김권일 : 반갑습니다. 먼저 김일규 선생님께 질문드립니다. 김일규 선생님께서는 김해 하계리 제철로의 경우 선철을 생산하는 노로 파악하셨습니다. 그 근거가 금속분석 결과를 통해서 초기 환원괴와 유출재, 철재 등에서 3~10%의 굉장히 높은 탄소함량이 확인된 것을 말씀하셨습니다. 그런데 이 시료들은 제련의 결과물이 아닙니다. 철괴가 아닙니다. 그리고 분석에 사용된 SEM-EDS분석법은 특정 부위의 미량 원소 함량을 보여주는 정성분석입니다. 그 시료의 전체적인 성격을 보여주는 정량분석이 아니므로 이것을 가지고 선철을 생산했다고 보는 것은 어렵다고 생각합니다. 지금까지 연구에 의하면 한반도에서 고대 철 제련기술은 괴련철을 목적으로 하지만 그 기술이 오롯이 괴련철만을 생각할 수가 없으므로 일부 함께 형성되는 선철이 포함되어 있습니다. 그래서 장인의 숙련도와 선별에 따

라 괴련철은 단조 철기제작에, 선철은 주조 철기제작에 사용된 것으로 추정하고 있습니다. 더불어 한지선 선생님께서 복원실험에 대해 말씀하셨지만, 지금까지 실험에서도 선철을 선별 생산하는 실험은 성공한 사례가 없습니다. 그래서 하계리 제련로를 선철 제련로로 판단하기에는 신중할 필요가 있다고 생각하는데 이에 대한 발표자의 견해를 알고 싶습니다.

두 번째 질문으로는 〈그림 4-7, 8〉 다호리 134호묘에서 출토된 주조 괭이의 인부가 넓어지는 현상을 주조 후에 변형된 것으로 보고, 날 부분을 탈탄 처리한 가단주철로 파악하셨습니다. 그런데 아까 이남규 선생님께서도 말씀하셨지만 4세기 이전에는 주조 철기에 열처리된 사례가 거의 확인되지 않습니다. 그리고 기본적으로 주조 철기의 형태는 거푸집 안쪽에 새겨진 그 모양으로 좌우됩니다. 따라서 처음부터 이러한 형태의 주조 철기가 제작된 것으로 보는 것이 어떠한지 궁금합니다.

세 번째 질문은 퇴래리 소업 유적 출토 대형 망치 중 작은 망치와 큰 망치는 단야 공정에서부터 다를 수 있다는 제 개인적인 생각을 말하는 것으로 넘어가겠습니다. 그 대신 다른 것을 말씀드리자면 어제 발표하실 때 선생님께서 제철 공정도를 제시하셨습니다. 그런데 그것은 조금 생뚱맞다는 생각이 들었습니다. 지금까지 15년 동안 9개 정도의 제철 공정도가 제시된 바가 있습니다. 그런데 이 제철 공정도는 제철기술과 생산체계가 완전히 압축된 도면이라 할 수 있습니다. 지금까지 여러 가지 조사와 연구 분석이 이루어져 점점 발전하고 있고 작년 이남규 선생님께서 한국고고학보에 공정도를 제시한 바 있습니다. 그런데 어제 선생님께서 제시하신 공정도는 이와 크게 다르고 중국 백운상 선생님을 포함한 여러 선생님께서 이런 공정도를 제시한 바가 있습니다. 그런데 중국은 선철을 생산해서 이것을 탈탄하는 굉장히 복잡한 여러 열처리기술이 있는데 우리나라는 그렇지 않습니다. 그렇게 복잡한 기술은 보이지 않습니다. 그래서 작년 이남규 선생님이 발표하신 공정도를 참고를 해주시면 좋겠다고 생각했습니다.

이남규: 김일규 선생님 답변 부탁드립니다.

김일규: 먼저 하계리 관련 질문부터 답변 드리겠습니다. 저는 하계리의 분석결과를 가지고 선철로라고 보지는 않았습니다. 질문자께서 아마 오독하신 것 같습니다. 그 노 자체를 보고서에는 제련로가 아니고 제련으로 들어가기 전의 어떠한 환원괴를 만드는 별도의 공정에 사용된 노라고 보고하고 있습니다. 쉽게 말해서 배수와 제련의 가운데에 있는 공정이라고 보고서에는 서술되어 있습니다. 그런 분석결과를 가지고 저는 힘들게 그런 과정을 거칠 필요가 있는지, 오히려 제련로 라고 보아도 무방하지 않을까는 측면에서 제시한 것입니다.

두 번째로 〈그림 4〉의 7번 유물을 말씀하셨습니다. 주조 철기는 거푸집에 주물을 부어서 만드는 것입니다. 거푸집을 만들 때는 모범이라고 하는 만들어진 주조 철기와 똑같은 틀이 있습니다. 손으로 일일이 만드는 것이 아니고 모범에 의해서 거푸집을 찍어냅니다. 그래서 대체로 날 부분이라든지 형태가 직선화되어 있습니다. 이후 5세기대 고분, 황남대총 남분 등에서 전혀 사용감이 없는 부장용 철기들을 확인하면 굉장히 각이 서 있습니다. 만들 때 힘들게 만들 필요자체가 없다고 할 수 있습니다.

그리고 4세기 이전에 탈탄된 것이 없다고 하셨는데 이 지역은 아니지만, 가평 대성리 유적에 2세기 후반대 3세기 전반으로 저는 보는데 조금 더 빨리 보시는 분들은 1세기까지 올려 보십니다만 그 유적에서 출토된 유물 중 탈탄처리 된 경우가 있습니다. 주조 철기 파손품을 다시 쐐기 용도로 사용한 것이 있습니다. 윗부분은 타격을 받아서 꼭 망치처럼, 소업리 유적에서 출토된 망치를 보면 끝부분이 삐져나오지 않습니까? 그렇게 변형된 철기들이 있어서 아직 단정 지을 수는 없다고 할 수 있습니다. 따라서 저는 이 경우 19번과 비교해보면 확실하게 차이가 나기 때문에 물론 탈탄된 채로 수입되었을 가능성도 있습니다만 이 지역에서 이런 부분이 선별적으로 탈탄처리 되었을 개연성도 없지 않다고 생각합니다.

그리고 마지막으로 제가 발표에 사용한 제철 공정도는 15년 전 제가 만든 것입니다. 제철 공정을 단순화시킨 것입니다. 선철은 이런 식으로 정련해서 철기가 되고 괴련철은 이런 식으로 정련해서 철기가 되고, 그 과정 자체가 문제가 있는 것은 아닙니다. 그게 기본이고 오히려 이남규 선생님께서 도식화한 것이 제가 한 것보다 여러 가지 복잡한 것이 많습니다.

이남규 선생님께서는 철저하게 실험을 통해서 정리하셨기 때문에 그 자체가 틀렸다고 생각하지 않습니다. 그리고 실험 공정에서 만들어내지 못했다고 해서 그 기술을 부정할 수는 없다고 생각합니다. 우리가 했던 실험 자체에서 오류가 있을 수도 있고 실험이 처음부터 끝까지 똑같은 결과물이 나오는 건 아니지 않습니까? 그래서 이는 향후 우리가 보완해 나가야 할 문제라고 생각합니다. 아직 실험에서 그런 결과를 도출해내지 못했다고 해서 그것을 부정하는 것 자체는 문제가 있다고 생각합니다.

이남규 : 하계리는 2014년에 분석했던 유적입니다. 그 이후 제철 복원실험이 엄청나게 진전되었습니다. 그래서 과거에 했던 부분에 대해서 수정할 부분이 생긴 사례가 하계리의 경우인 것 같습니다. 김권일 선생님 이어서 질문 부탁드립니다.

김권일 : 김상민 선생님과 같이 김일규 선생님께 말씀드리면 2세기 이후 선철 제련로가 들어왔다고 말씀하시는 것 같습니다. 김상민 선생님도 석장리 등 삼국시대 철 제련로에서 선철을 생산했다고 보시는 것 같습니다. 따

라서 원통형 제련로에서 선철을 생산했다는 근거가 무엇인지 말씀해주시
길 바랍니다.

그리고 선철을 생산했다면 당시 사용된 철기의 절대다수가 단조 철기입
니다. 그럼 이 철기들은 모두가 선철을 탈탄해서 제조한 것으로 보는지 궁
금합니다. 그리고 선생님께서는 4~5세기 금관가야 제철기술이 일본지역
에 영향을 주었다고 하셨는데요. 그런데 박천수 선생님께서는 5세기부터
는 신라산 철정이 나라현이나 오사카부, 효고현, 오카야마현 등지에 대량
으로 유통되었다고 보고 계십니다. 특히 나라시에서 조사된 야마토 6호분
에서는 철정이 모두 910점 출토가 되었습니다. 황남대총에서 1412점이 출
토되었고 천마총에서 700점 정도가 출토되었기 때문에 통틀어서 2번째로
많은 철정이 출토된 게 야마토 6호분입니다. 보고자는 크기와 형태에 따
라 7개의 유형으로 분류했는데 그중에 한 유형에서 달천철장의 특징적 원
소인 비소가 검출되었습니다. 그래서 이러한 정황에 대한 발표자의 견해를
알고 싶습니다.

김상민 : 질문이 총 3가지인 것 같습니다. 원통형 제철로에서 선철 생산
의 근거는 사실 저도 현재 발견되는 원통형 제철로에서 모두 선철을 콸콸
뽑아냈다고 생각하지 않습니다. 기본적으로 대구경 송풍관 이라든지 원통
형의 고로라는 것들은 중국 한나라 때 유적들을 보면 선철을 목적에 두고
생산을 하지 않았을까 생각합니다. 후한대 고영진 유적 같은 유적들은 선
철을 뽑기 위한 유적의 구조와 세팅 구조가 똑같습니다. 그렇다면 분명히
이 시기에 한반도 남부지역에서 원통형 제철로라고 해서 선철을 바로 뽑았
을 거라고 하기는 어려울 것 같습니다. 적어도 선철을 뽑겠다는 의식을 갖
고 작업을 하지 않았을까 생각합니다. 그래서 우리나라 모든 원통형 제철
로에서 선철을 생산했다고 단정해 보기는 어렵고 선철을 생산하기 위한 인

식은 존재했을 것으로 생각합니다. 하지만 결과적으로는 선철의 일부 선철과 일부 괴련철을 생산하는 정도였을 것으로 생각하고 있습니다. 그렇다면 단조 철기들은 다 선철을 탈탄한 것인가에 대하여 질문을 주셨습니다. 이는 다분히 초강을 의식한 질문이라고 생각합니다. 초강의 논쟁에 대해서는, 제가 공부가 부족해서 정확하게 말씀드릴 수는 없습니다. 하지만 적어도 4세기가 되면 초강의 가능성이 있지 않을까 생각해봅니다. 우선 초강에 대해서는 배제하고 본 질문으로 돌아가서 삼국시대 단조 철기가 다 선철탈탄인가에 대해서는 실제로 선철을 목표로 하였더라도 괴련철이 많이 만들어졌을 겁니다. 그렇다면 다양한 괴련철을 병행해서 활용했을 것으로 추정됩니다. 실제로 석장리나 금곡 등 대규모 철기 생산 유적의 경우 제련로 주변으로 정련로, 소위 제강로라고 불리는 것이 있습니다. 분명하게 2차 공정이 존재하기 때문에 그 공방 내에서 탄소량을 조절해주면서 가공 소재를 정련해주는 과정이 있지 않았을까 생각합니다.

마지막으로 야마토 6호분과 관련된 질문을 해주셨습니다. 사실 저는 큐슈에서 공부하다 보니 긴키지역의 실상에 대해서는 잘 모릅니다. 그리고 질문에 대해서도 질문을 받고 나서 찾아봤을 정도로 그런 부분에서는 많이 부족했다는 점 말씀드립니다. 그래서 구체적인 말씀을 드리기는 어려울 것 같습니다. 일단 5세기 이후 금관가야세력이 철을 매개로 하는 해양교류 네트워크의 구심점이 약해진 것은 사실인 것 같습니다. 그렇다고 하면 신라산 철 소재가 긴키로 넘어갔을 수도 있지 않았을까 그리고 비소가 검출되었다고 하면 달천 광산하고 당연히 연결되는 추론으로 이어지는 것 같습니다. 저는 달천 광산을 사로국 또는 신라의 전유물로 단정 짓기 어렵다고 생각합니다. 혹시 구야국이나 금관가야에서 금관가야 해양네트워크 세력과 공유한다는 개념으로 어느 정도 산지를 활용하지 않았을까 추정합니다.

이남규 : 감사합니다. 신라에는 사실 제련 유적이 아직 제대로 없습니다. 백제 제련 유적을 관찰해도 선철 생산을 했다고 볼 수 있는 증거들이 거의 없습니다. 선철과 관련하여 뒷받침할 고고학 자료들이 현재 부족한 상황입니다.

김일규 : 선철 관련해서 한마디만 해도 괜찮겠습니까? 사실 황성동에서 선철괴가 출토되었습니다. 그런데 일본에 오사와 선생님과 윤동석 선생님이 분석한 결과 선철이 확실시 되었고 비소가 나왔습니다. 달천 광산의 철광석이 비소를 함유하고 있습니다. 그래서 두 분께서 '이것은 달천의 철광석을 소재로 만든 것이다'라고 말씀하셨습니다. 그리고 선철 혹은 초강의 문제인데 제가 전에 아나사와 선생님이랑 오사와 선생님이랑 이야기하는 도중에 이분들이 철기 분석의 문제점을 토론하셨습니다. 철기의 아주 일부분만 가지고 분석하는 것은 50%도 믿을 수 없다. 철기는 많은 변형이 있어서 일부분으로 철기의 속성을 판단하는 것은 위험한 시도라고 하셨습니다. 그리고 나중에 분석하게 되면 통째로 분석을 해달라고 저한테 부탁하셨습니다. 그래서 오산 수청동 유적을 발굴하고 환두대도를 그런 식으로 자르자 제안을 해서 분석했습니다. 그 결과 3세기 후반부터 5세기 초까지의 유적인데 분석한 5점이 모두 초강으로 판명되었습니다. 초강 자체는 선철을 연료로 합니다. 이러한 초강의 존재가 4세기대 나타났기 때문에 선철 자체를 만들지 않았다고 판단하기는 어렵다고 생각합니다. 초강의 존재만으로도 선철의 존재를 생각해볼 수 있다고 봅니다.

이남규 : 황성동 같은 경우에는 제련유적이 아니라 용해 주조 유적입니다. 선철을 수리할 때 제일 쉬운 방법이 무엇일까요? 고철을 이용하는 겁니다. 현대 제철에서도 고철을 50%까지 사용합니다. 고대에서도 쓰다가

부서진 단조 철기를 모아다가 수리에 사용하면 됩니다. 수지 유적에서 항아리에 철기 깨진 것이 모여 있었습니다. 고철을 이용했다는 것입니다.

한 가지 더 지적하자면 홍익대학교 박장식 선생님은 '백제 철기는 강을 만들어서 하는 것이고 가야 철기는 대부분 괴련철에서 침탄을 하는 철기이다'라는 의견을 갖고 계십니다. 결국 괴련철과 선철 다양한 방식들이 공존하면서 존재한 것 같습니다. 다음 김권일 선생님 한지선 선생님께 질문 부탁드립니다.

김권일 : 저는 원삼국시대 가야 철기가 어떤 철기인지에 대하여 질문 드리고 싶습니다. 제 견해는 대부분 단조 철기입니다. 주조 철기는 주조 괭이 정도밖에 없습니다. 그래서 90% 이상이 단조 철기이기 때문에 기본적으로 하계리나 봉림동 같은 곳에서는 괴련철을 생산하지 않았을까 생각합니다. 그리고 한지선 선생님께 드리는 질문은 어제 여러 가지 제련 복원실험에 대한 말씀을 많이 해주셨는데 이러한 경험을 토대로 고대 한반도 철기제련 기술의 특징을 혹시 노의 구조와 원료나 생산품에 관련이 있는지 말씀해주시면 감사합니다. 그리고 선생님께서 검토해보신 결과 백제, 신라, 가야지역 철 제련로가 다른 점이 있다면 설명을 부탁드립니다.

하나 덧붙이자면 아까 김일규 선생님께서 말씀하셨지만, 황성동에서 구형 소철괴라고 하는 선철들이 많이 나왔습니다. 현재 그것을 원료로 보고 있습니다. 제련복원실험을 진행하면서 그런 생성물이 생성된 적이 있는지 있다면 어떤 과정에서 생성된 것인지 궁금합니다.

한지선 : 제가 이쪽 전공이 아니라서 질문하신 것처럼 생성물을 비교하기는 어렵습니다. 다만 자료들을 검토한 결과 사실 가야, 백제, 신라가 크게 몇 가지를 제외하고 기술적으로는 크게 차이가 없지 않은가 생각을 기

본적으로 하게 되었습니다. 몇 가지 차이점을 살펴보면 2020년 충북대학교 이지은 선생님이 영남지역과 충주 중심으로 중부지역의 제련로를 모두 섭렵해서 석사학위 논문을 쓴 것이 있습니다. 그 논문에서 잘 제시가 되어 있는데 기본적으로 중부지역, 즉 백제지역의 노 규모와 신라와 가야지역의 노 규모에는 상당히 차이가 있습니다. 예를 들어 이지은 선생님 논문에 따르면 내경 평균값이 중부지역은 137cm, 영남지역은 86cm, 외경은 거기에 더해지니까 거의 3cm 이상 차이가 있습니다. 이러한 규모 차이가 차이점 중 하나이고 두 번째 차이점은 입지적인 부분입니다. 중부지역 같은 경우 선상지, 낮은 구릉지 등 항상 평탄지에 입지하는 것이 대부분입니다. 영남지역에서는 대부분 산록에 있는 경사지에서 확인되고 있고 대표적으로 밀양 임천리를 제시할 수 있습니다. 다만 창원 봉림동 같은 경우 선상지에 입지하는 예외적인 요소라고 할 수 있습니다. 이러한 이유 때문인지는 모르겠지만 노의 하부구조를 설치하는 이유는 두 가지로 생각됩니다. 하나는 방습입니다. 지하에서 습기가 올라오면 노 안의 온도 형성에 굉장히 치명적인 영향을 끼칩니다. 날씨도 중요합니다. 날씨가 습기가 많으면 아무리 송풍관내 바람을 불어넣어서 노 안에 고온으로 올리려고 해도 주변 습도 때문에 안 올라갑니다. 그것보다 땅에서 올라오는 습기가 중요합니다. 습기를 방지하는 것이 첫 번째 이유입니다.

두 번째는 지상으로 올라가는 노의 두께가 상당히 두껍습니다. 아직 어느 정도 높이까지 올라갔는지 추정되지 않고 있지만 올라가는 하중을 지반이 받쳐주어야 하는 몫이 있습니다. 그래서 이 두 가지 목적을 위해서 하부구조를 만들었다고 생각합니다.

중부지역의 경우 점토, 다짐 그리고 목재를 깐다거나 숯·모래·점토 등을 깊은 수혈을 만들어서 그것을 채운 다음에 상부 하중을 올리고 방습을 하는 방식이라면 가야나 신라지역에서 나오는 특히 임천리 등에서 많이 확인되고 있는 것들은 지하에 할석을 채우는 방식입니다. 그래서 이는 산록 경사지에 위치하기 때문에 그만큼 돌의 채취가 쉽지 않았을까 생각합니다. 그리고 기본적으로 깊이보다는 돌을 다 채우는 것이 아닌 벽선을 중심으로 하중을 고려하여 채웠던 것으로 생각됩니다.

그런 측면에서 보면 3가지 차이점이 있고 나머지 노의 크기에 따라서 달라지기 때문에 크기는 다르겠지만 송풍관의 형태라던가, 그리고 저희 국립중원문화재연구소에서 중원지역, 경상지역, 전라지역 슬래그를 분석한 결과들이 있습니다. 삼국시대 슬래그를 분석해 본 결과, 철 함량이나 미세조직상이나 정량분석에 있어서 큰 차이가 없습니다. 물론 튀는 데이터가 있습니다만 그것은 어느 부위를 측정했는지에 따라서 차이가 있어서 전반적으로 봤을 때 차이가 크게 보이지 않는다는 결론에 도달했다는 이야기를 들었습니다. 그런 부분으로 보았을 때 철기를 생산해내는 기술 수준에 있어서 상당히 유사했을 것으로 생각됩니다. 다만 그렇다면 왜 노의 규모가 작을까에 대하여 언급하자면, 노의 규모를 크게 해서 실험했을 때는 훨씬 더 영향받는 조건들이 많았습니다. 노를 작게 하면 그만큼 영향받는 조건들이 줄어드는 것을 확인할 수 있었습니다. 작은 노에서 다수의 생산이 가능하다면 큰 노는 다량의 생산이 가능합니다. 그래서 대량의 생산과 다수의 조업에 차이가 있었던 것이 아닐까 생각합니다. 그런 것들은 어떠한 지역적인 측면, 기후적인 측면 그리고 연간생산율을 보았을 때 중부지역 같은 경우 일정 기간에 치우쳤을 가능성이 있고 남쪽의 경우 연간생산의 지속성이 있었을 가능성이 있지 않을까 추정합니다. 향후 추가적인 분석과 발굴을 통해서 연구가 필요합니다. 현재 절대 비교가 성급한 이유는 중원지역은 현재까지 확인된 제련로만 76기가 넘습니다. 그런데 가야는 단 2기에 불과합니다. 절대적으로 가야의 철, 백제의 철 혹은 신라의 철을 비교하기에는 제련로 자체가 절대적 수에서 부족한 부분이 있습니다.

그런데 그렇게 따져보면 백제의 그 많은 제련로에서 생산한 철은 어디로 갔을까는 생각이 들고 가야 같은 경우 이미 엄청나게 생산된 철이 있는데 그 철은 어디서 생산되었을까는 생각이 듭니다. 이와 같이 양자 간에 공백이 있다고 생각합니다. 이러한 공백들이 향후 조사와 실험을 통해서 채워지지 않을까 기대합니다.

　그리고 구형 소형 선철 관련 질문에 대하여 답변을 드리겠습니다. 제가 황성동 유물을 보지는 못했지만, 선철을 저희도 생산 해봤고 울산 쇠부리 실험단에서도 선철을 생산해봤습니다. 선철이 쏟아지기는 하지만 그 안에 튀면서 동글동글한 형태의 선철들이 형성되는, 탄소가 뭉쳐서 나오기도 합니다.

　괴련철 사이에서도 동그랗게 나오는 선철괴들이 있습니다. 사실 이를 괴라고 표현하기는 어렵습니다. 크기가 매우 작은 원형이기 때문입니다. 그런데 그것을 때리면 탄소함량이 상당히 높습니다. 괴련철 생산을 주도적으로 실험을 하는 과정에서도 그 사이사이에 동그란 철 형성물이 있는데 그런 것들을 분석해보면 대부분 선철입니다. 그래서 괴련철 생산이 주 생산 방식이더라도 김권일 선생님 말씀처럼 선철괴가 일부 계속 형성되는 것은 그 조업 안에서는 필연적으로 나올 수밖에 없는 현상으로 생각됩니다. 그리고 그런 것들을 모아서 황성동에서 썼을 가능성도 충분히 있었을 거라 말씀드리면서 정리하겠습니다.

　이남규 : 알겠습니다. 구형의 선철은 매우 작은 것들을 말합니다. 설명하자면 제련할 때 선철이 밑에 고이기도 하고 괴련철 생산이나 무엇이든 슬래그층이 형성됩니다. 슬래그층이 무게도 있고 표면장력이 있습니다. 선철이 흘러내려 오다가 슬래그층 위에서 걸리고 모이면서 그대로 굳어버립니다. 그래서 슬래그를 뺄 때 구상의 철들이 얹혀서 같이 나오는 현상이 있

습니다. 이는 의도적으로 만든 것이 아니라서 괴련철 만들 때도 나오고 선철 만들 때는 더 많이 나옵니다. 하지만 이를 소재로 이야기하는 것은 곤란하다고 생각합니다.

앞의 첫 번째 질문이 구조, 생산품, 원료 굉장히 중요한 이야기입니다. 괴련철을 생산하려면 노의 높이와 상관관계가 적어도 5차 함수까지 됩니다. 이런 관계 속에서 노가 높으면 침탄 된 선철을 만들기 쉽고 노가 아주 높지 않더라도 철광석을 조그맣게 넣으면 낮은 온도에서도 선철을 만들 수 있습니다. 그다음 목탄을 큰 것으로 하면 통기성이 좋아서 괴련철을 만드는 데 유리하고, 목탄을 작게 해서 집어넣으면 탄소가 침탄이 되면서 선철을 만들기가 쉽습니다. 여러 가지 요소들이 상관관계를 이루면서 제철이 이루어집니다. 이런 것들은 제철 경험을 해보면 이해할 수 있다고 생각합니다. 제철기술은 지식과 이론, 몸으로 배우는 것으로 직접 해 봐야 한다고 생각합니다. 다음으로 소배경 선생님 질문 부탁드립니다.

소배경 : 복잡한 이야기가 많이 나왔습니다. 저는 현장조사를 많이 하다 보니까 1차 자료에 충실할 필요가 있다는 생각 아래 질문을 드리겠습니다.

김일규 선생님께서 낙동강 하구 지역의 철 문화 전개를 잘 정리해 주셨습니다. 가야의 제련로인 하계리 유적의 유구는 직경 85cm 정도밖에 되지 않습니다. 유구에서 유리질화가 과도하게 되지 않았을 뿐만 아니라, 또 다른 1기도 가야의 제련로라고 하면 직경 80cm밖에 되지 않는 것들입니다. 실제로 신라의 제철 유적이라고 하는 낙동강 하구 지역의 사촌이나 금곡 제철 유적도 제련로의 노 직경이 실제로 110~140cm를 벗어나지 않습니다. 이러한 하부구조만 확인되고 있어서 하부구조의 직경에 충실하고 주변 유구의 분포와 구조를 철저하게 고민해야 한다고 생각합니다. 그렇게 보았을 때 작은 노에서 제련 조업이 이루어지면 선철을 생산하기 어렵다고 봅니다. 실제로 하부구조의 직경에 두 배 정도밖에 구조물을 올릴 수 없어서 고로가 2m를 넘지 못합니다. 주로 180~200cm 내외인 고로를 생각할 수 있습니다. 실제 실험에서 작업 해보면 그런 작은 높이의 고로에서는 선철보다 괴련철을 훨씬 더 쉽게 뽑을 수 있습니다. 그래서 김일규 선생님께서 토론하시면서 말씀하셨기 때문에 따로 답변은 필요 없을 것 같습니다. 그래서 하계리 유적은 괴련철 중심의 제련공정이 있었다고 봅니다. 그래서 유적에서 제련로만 볼 것이 아니라 제련로와 함께 하는 단야로나 탄치장이나 중복되는 점토 채취장 같은 수혈 같은 것들이 같이 확인되는데 이는 장인 집단들이 거주하면서 생산하는 제철 전문 취락이 아닐까 생각합니다. 이런 양상들은 여래리 유적과 현동 유적에서 확인되고 있습니다. 그래서 괴련철 중심의 제철 조업이 가야 제련의 특징이 아닐까 생각합니다. 일차적인 자료들이 그렇게 보여서 말씀드릴 수 있습니다. 그리고 어제 발표에서 언급하신 밀양 금곡 제철 유적의 경우 제련로가 28기가 나왔습니다. 그 중 27기를 저희 연구소에서 발굴조사 했습니다. 그 27기와 함께 나온 C-27를 저희는 정련로로 보고했습니다만, 선생님께서는 초강로로 보고 계시는 점에서 차이가 있습니다.

밀양 금곡 제철 유적의 제련로도 직경이 작고 다른 점이 있다면 활석을 이용한 벽체를 만든다는 것에 있습니다. 상부구조를 지탱하는 기능도 있겠지만 노 내의 환원 분위기를 조성하는 데 있어서 활석이 구들처럼 열을 잡아주는 기능도 있어서 환원 유지를 더 잘할 수 있었던 것이 아닐까 생각합니다. 여기서도 선철보다 괴련철 중심의 조업이 이루어졌고 따라서 두류문화연구원에서 조사했던 아래쪽의 경우 소형의 노들이 60여 기가 집약적으로 모여 있는 것이 확인되었습니다. 1차적인 생성물이 불순물이 많이 들어간 괴련철이기 때문에 이를 정제하기 위하여 정련이나 단야가 더 집중적으로 유적에서 확인되고 있는 것이 아닌가 생각합니다. 그래서 이런 질문을 드렸는데 선생님께서도 괴련철 중심의 가야 제련로를 말씀하셔서 답변을 듣지 않아도 될 것 같습니다.

그래서 김상민 선생님께 질문 드리겠습니다. 평택 가곡리 유적에서 제련로 1기와 정련로, 단야로가 확인이 되었습니다. 조사할 당시 어려움이 있었는데, 그때까지만 해도 4세기대 기안동 제련로가 가장 이른 시기의 백제의 노로 알려져 있었습니다. 그보다 이른 2세기 말이나 3세기 전반대로 확인되는 정련로가 확인되었고 구릉 쪽에서도 제련로가 나왔습니다. 그런데 이런 부분에 낙랑 토기와 같은 것들이 전혀 보이지 않았습니다. 선생님께서 기안동을 조사하셨기 때문에 가곡리 유적을 해석하는 부분에 있어서 의견을 듣고 싶어서 질문 드렸습니다. 이게 곡간지마다 어떤 곡간지는 제련작업을 하고 어떤 작은 소곡에서는 정련작업을 하고 또 다른 공간에서는 단야작업을 하는 공간이 분리되어 위치하는 특징이 있습니다. 이렇게 분업화된다는 것은 전문적으로 생산을 해낸 것을 의미한다고 생각합니다. 가야에서는 4세기대가 되면 제련, 정련, 단야와 같은 것들이 나오기 시작합니다. 이보다 빠른 3세기대에 분업화된 공정이 나오고 있어서 이런 것들을 볼 때 이것이 마한의 자체적인 제철기술의 발전으로 볼 수 있는 여지도 있지 않을까는 관점에서 김상민 선생님의 의견을 들어보고 싶습니다.

김상민 선생님께서 가야의 유통 관련하여 철기문화의 확장성을 말씀하시면서 보통 철정을 언급하시고 있습니다. 그런데 실제 철정을 발굴조사하게 되면 크기가 다 다릅니다. 3~4세기대 금관가야에서 확인되는 대성동이나 양동리 유적에서 나오는 판상 철정이 큰 규모를 가지고 있다면 그 주변 지역인 진해 석동 120여 기 무덤에서 철정이 확인되었습니다만 크기가 같지 않습니다. 같은 크기도 있지만 정말 작은 것도 있습니다. 철정의 크기가 저희가 알고 있는 대성동이나 양동리에서 나오는 크기의 철 소재가 아닙니다. 그렇다면 철 소재가 달라진다는 것은 다른 철제품을 만들기 위한 부분도 있었을 것이고 부장품으로서 만들다 보니 의기화 된 부분도 없지 않았을 것으로 생각합니다. 그것이 진해 석동 유적과 창원에서 확인되는 분묘에서도 나타나는 특징입니다. 그래서 이것을 동일시하여 부산 경남지역 함안까지 해서 1500여 점의 철정이 출토되었다고 보기에는 무리가 있습니다. 철정의 크기들이 다른 것은 철기 소재가 다르다는 부분인데 이를 어떻게 봐야 하는지 의견을 듣고 싶습니다.

김상민 : 먼저 선생님께서 가곡동 유적 낙랑계 토기 미출토에 주목하셨고 이가 마한권역의 독자적인 철기 문화적 요소라고 할 수 있는지에 대한 질문인 것 같습니다. 사실 평택 가곡동 유적은 제가 가본 적이 없어서 저보다 소배경 선생님께서 잘 아실 것으로 생각합니다. 조사자로서 기안동 유적의 낙랑계 토기를 의식할 수밖에 없었다고 여겨집니다. 오히려 저는 선생님의 의견을 들어보고 싶은 생각도 있습니다.

우선 가곡동 유적에서 낙랑계 토기가 미출토 되는 것을 독자적인 마한 제철기술과 연계 지어볼 수 있느냐에 대해서는 당장은 어렵다고 생각합니다. 그런데 기원전 단계 1~2세기대에 철기가 등장하고 많이 존재하고 있다가 기원 전후 단계에 갑자기 공백 또는 단절이라고 불리면서 사라졌다가 2세기 이후부터 다시 증가하는 양상을 보입니다. 다시 증가하는 양상이 나타난다는 것은 그들만의 철기 생산이 존재했다는 것입니다. 그런 의미에서 본다면 평택 가곡동 유적의 등장 시기와 마한권역 내에서 철기 수량이 증가하는 시기가 우연히도 일치하는 듯한 느낌이 들어서 어느 정도 가능성이 있지 않을까는 생각을 해봅니다.

잘 아시겠지만, 가평 대성동 A지구, 춘천 우두동 같은 경우에도 2~3세기대 취락 내에서 철기 생산 유적들이 존재합니다. 그런데 그것들이 상위공정이라기보다는 하위공정, 단야 단계 공정이라고 본다면 그 소재의 공급처가 분명히 존재해야 하므로 가곡동 유적은 어느 정도 그 시기에 존재하는 것에 대해서는 타당하지 않을까 생각합니다. 그렇다면 마한이 성장하는 배경에 있어서 철기 생산이 2~3세기대 다시 등장하는 것에 대하여 철기 생산유적의 독자성과 관련되지 않을까 생각합니다.

정인성 : 이 부분에서 제가 한마디만 하겠습니다. 기안리하고 가곡동입니까? 이 유적들에서 낙랑계 토제품의 유무가 김상민 선생님 발표에서 중요하다고 하셨는데, 사람들 대부분이 기안리 유적에서 나온 토제품을 송풍관으로 생각합니다. 제가 이 유적을 살펴보러 갔더니 송풍관이 아니었습니다. 토제품인데 등에 소성하기 이전에 구멍을 뚫어서 다른 용도로 사용한 흔적이 있었습니다. 이것이 도면에 표현이 되지 않으면서 마치 대구경 송풍관처럼 인식이 되면서 기안리에서 이루어진 제철 관련 공정은 낙랑계 기술이 현저하게 들어와 있었고 가곡동 같은 경우 그렇지 않다고 이해된 것 같은데 기안리 자체도 송풍관이 낙랑계 토제품이 아니라는 것을 알고 연구를 하시면 좋을 것 같습니다.

김상민 : 두 번째로 대성동, 양동리, 석동, 망덕리 철정의 규모 차이가 분명히 존재하는데 제가 분포도를 정리하면서 일괄적으로 모두 소재인 것처럼 정리한 것에 대해서 불편해하신 것 같습니다. 마찬가지로 부장용, 일상 소재용 철정은 분명히 구분되어야 한다고 생각합니다. 황남대총의 철정처럼 부장을 위한 철정이 분명히 존재할 것이고 그런 개념으로 본다고 하면 대성동, 양동리 유적은 당연히 상위 계층 부장을 위해 만든 철정이라고 생각합니다. 그리고 하위 고분군이라고 할 수 있는 소형 철정 같은 경우 부장용이 아닌 다른 의미가 있었을 것으로 생각합니다. 최근 이춘선 선생님 견해를 활용하면 그들이 철기제작 집단이었다면 그들의 정체성을 드러내기

위해서 철정이라는 소재를 부장할 수 있었지 않았을까, 그리고 본인의 정체성을 드러내기 위해 일상에서 사용하는 소재를 부장하지 않았을까 현재까지는 이것이 타당하지 않을까 생각합니다.

소배경 : 다음 한지선 선생님께 질문 드리겠습니다. 선생님께서도 발표 과정에서 이야기가 많이 되었기 때문에 짧게 질문 드리겠습니다. 제련로 실험에서 생성물의 경우 보통 괴련철이나 선철, 아니면 괴련철, 선철이 혼합된 혼합철 3가지 종류가 지금 확인이 되고 있습니다. 실제로 고대 제철의 제련의 1차적인 생성물이 괴련철이라면 우리가 실험에 있어서 괴련철 중심으로 실험을 진행해야 하는 것이 아닌가 그런 생각이 듭니다. 그리고 조재제 투입에 대해서는 발표과정에서 말씀이 있었습니다만 실제로 밀양 금곡 제철 유적을 조사하니 분석결과에서 CaO 함량이 높게 나왔습니다. 실제 2.5 정도가 높다고 생각했었는데 실험을 통해서는 20%가 더 넘어가고 있어서 조재제 투입에 조심해야 한다는 분석결과가 있습니다. 그렇다면 CaO 함량이 높게 나타난 이유가 원 원료인 철광석에 포함된 부분이 있는지, 이런 것들은 어떻게 봐야 하는지에 대한 의문이 있었습니다.

다음으로 노 높이의 적정성 문제입니다. 현재 2기밖에 발견되지 않았습니다만 가야의 제련로가 그런 작은 규모라면 실제 높은 고로를 만들 수 없습니다. 그래서 직경의 두 배정도 이상이 되면 괴련철이 생산이 되고 있는 실험결과가 나타나고 있습니다. 그래서 이런 노의 높이 적정성으로 봤을 때 역시 가야의 제련로는 현재 충주 칠금동 유적에서 나오는 제련로 보다 규모가 작습니다. 이러한 것들이 백제 중심의 제련에 있는 생산시스템과 가야의 생산시스템의 차이이지 않을까 생각합니다. 이쪽 지역에서 나오는 송풍관은 기본적으로 그쪽보다 얇습니다. 송풍관을 만드는 기술력에 다른 차이가 있습니다. 그래서 송풍 기벽이 얇은 것과 함께 노가 작은 것들이 가야 제련의 특징이라고 생각되는데 실험을 통한 결과로 추가로 말씀해주실 것이 있다면 말씀 부탁드립니다.

한지선 : CaO 함량과 관련하여 철광석에 CaO 함량이 높아서 슬래그에서 나온 것이 아니냐는 말씀에 답변을 드리자면 가능성이 있습니다. 충주는 철 산지이기 때문에 근대까지도 광산개발이 되었던 곳이 13군데이고 그중 9곳에서 저희가 철광석을 수습해서 CaO 함량들을 비교한 자료가 있습니다. 높은 곳은 높고 낮은 곳은 낮습니다. 그래서 낮은 곳은 자연증감분이 발생하더라도 밀양 임천리의 경우처럼 나오는 사례는 없습니다. 거의 0.1~0.15% 정도 밖에 나오지 않습니다. 나머지 CaO 함량이 자연증감분보다 높게 나온다고 한다면 가능성은 두 가지인데 조재제를 넣었거나 철광석에 CaO 함량을 가지고 있는 분포비율이 높다고 할 수 있습니다. 그보다 더 높게 나온다고 하면 조재제의 영향이 상당히 높은 것으로 볼 수 있을 것 같습니다. 그 기준을 앞으로 분석되었던 내용, 자료집 159p에 철광석 조재제를 넣었을 때 함량비와 CaO 함량 그리고 염기도를 비교한 자료가 있는데 이 자료를 조금 더 많이 축적해서 철광석에서의 비율까지 비교한다면 실험결과를 통해서 이런 부분들을 확실히 구분되지 않을까 생각합니다.

그리고 노의 적정성에 대한 부분의 경우 괴련철은 탄소함량이 굉장히 낮아야 합니다. 그런데 노에 목탄과 오랫동안 함께 있으면 침탄이 되어서 탄소함량이 높아집니다. 그러면 선철이 됩니다. 그래서 노의 높이를 많이 높이지 않는 이유는 철이 빨리 내려와서 환원된 채로 끝나야 하기 때문입니다. 그런데 선철을 생산할 때는, 고로라고 해서 높은 노에서 오랫동안 목탄과 함께 노출됩니다. 그래서 탄소가 많이 흡착됩니다. 그래서 괴련철 생산의 기본은 최소 2배 이상을 넘지 않을 것 이라고 학계에서 추정해왔고 그것을 증명하기 위해서 저희가 2배 실험을 계속 해왔습니다. 1.5배 실험과 2배 실험, 저희 연구소에서는 2.5배 실험도 했었는데 거기서는 선철, 괴련철 모두 목탄의 크기, 조업시간에 맞춘 생산이 가능하다는 것도 확인한 바 있습니다. 그래서 그 부분에 대해서는 조금 더 실험결과를 통해서 봐야 할 것 같습니다. 한편으로 지금 가야지역을 보시면 직경이 80~85cm 내외라고 하셨고 송풍관이 얇다고 하셨습니다. 이러한 부분은 상당히 중요한 부분이 될 수 있습니다. 예를 들어 중부지역의 경우 얇지 않습니다. 기본적으로 1~1.5cm 이상 나오고 있습니다. 송풍관이 안에서 고열로 무너져 버리면 바람이 들어가지 않고, 그러면 조업이 되지 않습니다. 그래서 송풍관이 내려앉으면 조업을 할 수 없어서 저희 실험도 멈추게 됩니다. 송풍관이 오랫동안 철광석을 장입해서 철물을 빼낼 동안 잔존해야 합니다. 그래서 송풍관 위에 점토를 피복하기도 하고 오래 존속시키기 위해서 노력을 합니다. 송풍관에 바람을 많이 주입 시키는 것이 중요한 것이 아니라, 송풍관이 안 녹을 정도로 바람을 넣어줘야 합니다. 그게 실험의 핵심 부분인 것을 발견했습니다. 그렇다면 왜 얇은가에 대하여 논하자면 이는 다른 것을 반증한다고 생각합니다. 고온을 크게 생성하지 않았을 가능성과 조업시간이 짧았을 가능성, 아까 말씀드린 것처럼 대형로 같은 경우는 장기조업이 유리했을 가능성이 있는데, 작은 것들은 단시간 조업을 하지만 빈번한 조업이 가능한 부분이 있었던 겁니다. 그러한 조업의 선호도 차이라든가 기술체계에서 유입되었을 때 차이들이 실제로 발생할 가능성이 있다고 생각합니다.

이남규 : 조재제와 관련하여 잠깐 언급하자면, 제철할 때 내부에 생기는 쇠똥을 조절해줘야 합니다. 어느 정도는 잔존시키고 노내 온도를 유지 시키면서 쇠똥을 빼내야 합니다. 쇠똥이 많이 생성되면 송풍관 앞을 막아 역류하게 됩니다. 그러면 제철이 어려워서 쇠똥을 적절히 유지하는 기술이

필요합니다.

　그래서 실험할 때 패각이나 칼슘을 넣었던 이유에 대하여 말하자면 현대 제철하시는 분들의 경우 칼슘을 넣으시는데 그렇게 되면 쉽게 염기성의 슬래그가 흘러나옵니다. 문제는 저희가 제철실험을 했을 때 제철 유적에서 나온 상태처럼 슬래그를 빼낸 사례가 많지 않습니다. 제철실험이 성공하려면 제철 유적에서 나온 것과 똑같은 쇠똥도 만들어져야 합니다.

　중요한 게 슬래그입니다. 양산 물금 유적에서는 패각이 나왔습니다. 양산 물금 유적의 슬래그에는 CaO가 10여 퍼센트 나왔습니다. 패각을 직접 넣은 것이 맞는데 다른 유적에서는 그렇게 나오지 않았습니다. 다른 유적의 슬래그에서는 CaO가 2% 대가 나옵니다. 그런 것은 적극적으로 칼슘을 넣지 않은 대신 조재제로 점토를 넣는다든지 그때는 산성의 슬래그가 됩니다. 그래서 슬래그 관련된 연구를 하는 게 현재 실험에서 중요한 과제라고 생각합니다. 그다음 노 높이가 두 배라고 말씀하셨는데 백제 같은 경우 노의 직경이 1.5m이면 노 높이가 3m가 됩니다. 제가 생각하기에 3m는 선철이 나오기 쉽습니다. 그래서 백제의 경우 직경은 크지만, 높이가 2.2m 이상 넘어가면 괴련철을 만들 때 곤란하다고 생각합니다. 가야 같은 경우에는 80cm이나 1.5m 정도에서 철광석을 2cm 정도 넣고 목탄은 중탄 그렇게 하면 괴련철은 쉽게 만들어집니다. 제 경험상으로는 더 높아 지면 선철이 만들어집니다.

　제철에서 3박자, 높이, 광석 크기, 목탄의 크기 3가지 요소와 송풍, 온도와 같은 요소들의 융합이 중요합니다. 앞으로 더 많은 분이 실험에 참여해서 더 많은 연구가 이루어지길 바랍니다.

　철 생산기술에 대한 논의가 많았고 유통에 관한 논의는 부족했습니다. 사실 제철 유적들이 많고 그 유적을 분석하면서 정치 사회적 맥락과 연계하여 논의하면 좋을 텐데 부족했던 것 같습니다.

마지막으로 한분씩 가야 철 생산의 유통에 대하여 강조하고 싶은 부분에 대한 말씀 부탁드립니다.

소배경: 역시 자료가 적기 때문에 중원문화재연구소에서 열심히 하고 있습니다만 가야의 제철과 관련된 본고장인 우리 지역에 있는 국립김해박물관이나 가야문화재연구소에서 지표조사라든지 면밀하게 추진하면 좋겠다고 말씀드리고 싶습니다.

김권일 : 가야 제철기술에 대해서 할 이야기가 많습니다. 가야 제철 관련해서 유적이나 보고서를 누구보다 많이 검토하고 있다고 생각합니다. 가야 철기는 지금까지 보는 한 단조 철기 중심입니다. 주조괭이를 제외하고는 대부분 단조 철기입니다.

그리고 괴련철을 생산하는 과정에서 김일규 선생님께서 말씀하신 구슬 모양의 덤으로 생산된 선철괴를 일부 주조 철기 제작에 사용한 것 같습니다. 그래서 아마 봉림동, 하계리 이런 곳에서 괴련철을 생산하고 여래리 유적 등과 같은 곳에서 철 소재를 만들었던 것 같습니다. 그리고 낙동강 하류 동안지역에는 밀양 금곡, 사촌, 양산 물금 유적 물론 그 중심에는 물금 광산이 있습니다. 그리고 상동 광산을 중심으로 하계리, 우계리, 여래리 등의 유적들이 있습니다. 이런 것들은 5세기 이후의 각각 가야와 신라의 낙동강 철 생산 벨트라고 말할 수 있습니다. 이런 광산들을 차지하기 위한 가야, 신라의 혹은 지키기 위한 치열한 각축전이 눈에 보입니다. 그리고 어제 대가야의 축소 모형 철기에 대한 말씀이 나왔는데 굉장히 독특합니다. 이 철기가 창원에서도 출토되고 있습니다. 창원 집단의 출자 관계를 보여주는 견해로 보는 시각도 있습니다. 그리고 백제 탄금대 도성에서 출토된 봉상 철정이 철 소재인데 합천 옥전에서 출토된 봉상 철정도 있습니다. 그래서 가야 철기의 생산 과정의 일면을 보여주는 중요한 자료라고 생각합니다. 더불어 3세기 경주 황성동에서 제작된 주조 괭이가 김해에 유통되었습니다. 김해 대성동 고분 전시관 부지 5지구 27호 목곽묘에서 2점의 주조 괭이가 출토되었는데 그 중에 한 점이 경주 조양동이나 포항 옥성리에서 출토된 주조 괭이하고 크기하고 형태가 똑같은데, 그런 똑같은 거푸집이 황성동에서 다수 출토되고 있습니다. 이런 재미있는 이야기들이 많은데 다음 기회에 많이 검토되면 좋겠고 이번 기회에 마지막으로 제안 드린다면, 고성 동외동 패총이 조금 불분명하지 않습니까. 이것은 재발굴이 이루어지면 좋겠습니다. 그리고 성산패총에서 출토된 슬래그들이 지금 있습니다. 이것도 분석을 해봤으면 좋겠습니다.

하나만 더 말씀드리면 가야 제철의 중심지를 찾을 수 있을 것 같습니다. 그래서 아까 말씀드린 동쪽 대동면 상동광산 아래쪽에 제련유적이 더 있을 가능성이 있고 그 이후의 단야, 용해 유적은 그 반대로 서쪽 주촌면 인근에서 찾을 수 있을 것 같습니다. 이런 부분들을 체계적으로 조사하면 좋겠다고 생각합니다.

정인성 : 흔히 철기는 고대국가의 성립과 밀접한 관계가 있다고 이해하고 한반도에서 고대국가는 낙랑을 제외하고는 생각할 수가 없다고 생각하는 선입견이 많이 있습니다. 오늘 학술대회에서도 이런 선입견이 여전히 작동하고 있는 것을 확인했습니다. 실제로 고고학적인 현실은 발전된 낙랑 철기라고 하는 것들이 우리의 상상 속에서만 있는 것이지 실제 고고학적인 상황은 다르다는 것이 밝혀지고 있습니다. 발전된 환상 속의 낙랑 철기 그 가운데 하나가 평양에서 나왔다고 전하는 '大河五'라는 명문이 있는 주조 철기였는데요 이 주조 철기를 이미 오래전에 이성규 선생님께서 대하군, 즉 중국의 황하 유역에 있는 산동성에서 만들어졌다는 것을 밝혔습니다.

고고학계에서 이러한 연구 성과를 전혀 수용하지 못하는 분위기 같습니다. 결국은 기원전 52년에 동평국으로 바뀌는 대하군에서 생산된 철기가 낙랑군으로 공급되는 상황이었기 때문에 낙랑군 자체가 의외로 철기 생산이 불안한 구조였고 그런 철기들을 이른 시기에 변진한 사회에서 공급받았을 가능성이 크다고 생각합니다. 오늘 들어보니까 결국 진변한 사회 철기라는 것들도 괴련철 단계에서 우리가 생각하는 환상 속의 선철 내지는 초강으로 무장된 낙랑하고 약간은 괴리가 있어 보이기 때문에 우리가 앞으로 변진한 사회와 가야 철기를 이야기할 때 한쪽 뇌리에 반드시 서북한 지역의 발전된 철기와의 관계로만 생각하는 사고에서 벗어나 변진한 철기의 자체적인 발전, 그 과정에서의 특수성을 적극적으로 생각해야한다고 생각합니다.

남재우 : 요즘 가야와 관련된 학회가 많습니다. 문헌을 하는 가야사학자들은 껴묻거리로 앉아있는 느낌이 듭니다. 그런데 그게 사실은 문헌이 가진 한계일 수도 있습니다. 고고 자료는 새로 계속해서 발굴되고 있어서 새로운 해석이 가능한 측면이 있을 것으로 생각합니다. 사실 가야는 내부의 발전과정을 이야기할 수 있는 게 고구려, 백제, 신라에 비해서 적습니다. 그래서 고고학자들이 정말 그 자료들을 잘 분석해서 오늘처럼 가야의 내부의 발전과정을 이해하는데 많은 도움을 줄 수 있었으면 좋겠습니다. 감사합니다.

김일규 : 기안리 문제의 경우 정인성 교수님께서 송풍관이 아니라고 하셨기 때문에 제철 유적이 아니라고 오해하실 수도 있는데 송풍관이 아니더라도 유출공 주변으로 볼 수 있는 노벽 편부터 단조 박편 같은 많은 제철 과정에서 나오는 파생물들이 있어서 그 유적 자체가 제철 유적인 것은 틀림없습니다. 혹시나 오해하실까 말씀드립니다.

이남규 : 아까 소배경 선생님께서 가야의 경우 송풍관이 얇고 그런 차이에 대해서 말씀하셨는데 그게 큰 문제는 아닙니다. 제가 해보니까 송풍관 없어도 됩니다. 중요한 것은 노 내에 들어오는 송풍관을 피복해서 조업이 끝날 때까지 송풍관의 송풍이 유지될 수 있도록 해주는 기술, 거기에 피복하는 점토를 내화토에 가까운 것을 골라서 하게 되면 충분히 열을 견디며 제철을 할 수 있습니다.

앞으로 가야지역에서 더 많은 유적이 나와서 종합적 가야복원을 위하여 융합적인 연구자들의 노력이 필요하다고 생각합니다.